北京服装学院
2021年度教学研究论文报告会优秀论文集

北京服装学院教学研究论文报告会优秀论文集编委会　编

中国纺织出版社有限公司

图书在版编目(CIP)数据

北京服装学院 2021 年度教学研究论文报告会优秀论文集／北京服装学院教学研究论文报告会优秀论文集编委会编 . --北京：中国纺织出版社有限公司,2022.1

ISBN 978-7-5180-9154-6

Ⅰ.①北… Ⅱ.①北… Ⅲ.①高等学校—教学研究—文集 Ⅳ.①G642.0-53

中国版本图书馆 CIP 数据核字(2021)第 230575 号

BEIJING FUZHUANG XUEYUAN 2021 NIANDU JIAOXUE YANJIU LUNWEN BAOGAOHUI YOUXIU LUNWENJI

责任编辑：朱利锋　　责任校对：楼旭红　　责任印制：何　建

中国纺织出版社有限公司出版发行
地址：北京市朝阳区百子湾东里 A407 号楼　邮政编码：100124
销售电话：010—67004422　传真：010—87155801
http://www.c-textilep.com
中国纺织出版社天猫旗舰店
官方微博 http://weibo.com/2119887771
三河市宏盛印务有限公司印刷　各地新华书店经销
2022 年 1 月第 1 版第 1 次印刷
开本：787×1092　1/16　印张：20
字数：386 千字　定价：108.00 元

凡购本书，如有缺页、倒页、脱页，由本社图书营销中心调换

北京服装学院
教学研究论文报告会优秀论文集

编委会

主　　编：詹炳宏　赵洪珊
副主编：张　然　贾云萍
编　　辑：吴冠钰　薛　慧

前　言

2021年是"十四五"规划开局之年，也是北京服装学院（以下简称"北服"）聚焦内涵特色发展，高质量建设高水平特色大学关键的一年。为深入贯彻习近平总书记在庆祝中国共产党成立100周年大会上的重要讲话，以及全国、全市思想政治工作会议、教育大会精神，更好地落实各项教育发展规划部署和北服2021年工作要点及教育思想大讨论研讨成果，提升教师教学能力和研究水平，推进北服高水平特色大学建设，2021年7月教务处组织召开了北服2021年度教学研究论文报告会，联合中国纺织出版社有限公司编辑出版了本论文集。

本次论文报告会围绕高水平特色大学建设及人才培养模式，新发展理念和形式下课程体系的优化整合，体现高水平特色的跨学院和跨专业的核心基础课程体系建设，以高质量本科教育成果为目标的团队教学和专题式教学模式探索，结合专业特点和创新创业教育深化课程思政建设，以学生为中心的育人模式和教学质量评价体系探索，结合专业评估和工程认证完善教学质量保障及评价体系建设，融合"以体育智，以体育心"思想发展"校园体育文化"，智能科技助推智慧教学及管理信息化建设，如何将劳动教育纳入人才培养全过程等方面展开了全面深入的研讨和交流，特别结合学校课程思政建设和实现"五育并举，知行合一"等提出了工作的思路和改进建议。全校共有12个部门参加此次报告会，提交教研论文134篇，其中优秀论文46篇。

本论文集收录了此次论文报告会的全部46篇优秀论文，内容涵盖课程思政建设、教学研究与改革和管理研究等，既是北服教师在教学实践与课题研究中的经验总结与反思创新，更是教师们潜心研究、笔耕不辍的智慧结晶。希望通过本论文集的出版，能进一步加强学校各部门、各专业之间的沟通与交流，同时也向其他高校打开一扇沟通之门，以期得到广大同行、专家学者的指正引导，进一步促进北服的教育教学改革与创新发展，使北服的高水平特色大学建设再上一个新台阶！

本论文集在编写过程中得到了全校12个教学及其相关部门的大力支持和积极配合，在此致以诚挚的谢意！

北京服装学院教学研究论文报告会优秀论文集编委会
2021年10月

目 录

课程思政建设专栏

"染料化学"课程思政教学设计与实践
································· 张丽平　鲍利红　王建明　姬立玲（2）

专业教材编写与课程思政相结合的探索和思考
　　——《消费者行为学》教材课程思政的体会和感想
··· 白玉苓（6）

"管理信息系统"课程思政教学融入实践探索
··· 冯复平（12）

"国际经济学"课程思政的双维度挖掘
··· 李敏（17）

我的选修课与思政课教学
··· 郑俊娟（21）

体育课程思政之路径研究
··· 徐立国　邰莹（24）

以学生为中心开展"大学英语"课程思政
··· 王娜（29）

新文科背景下"大学英语"课程思政教学模式探究
··· 康洁平（33）

课程思政融入"大学英语"教学的可行性路径研究
··· 刘庆华（37）

协同育人理念下高校"课程思政"建设探析
　　——以北京服装学院为例
··· 贾云萍　吴冠钰（41）

教学研究与改革

基于 OBE 理念与 SPOC 模式的项目制服装设计教学探索
　　——以"运动服装设计二"课程为例
....万岚（48）

服装设计过程中创意与实践的教学思考
....王媛媛（57）

实践型设计课程的情景体验式教学的形式探究
　　——无废茶染研习的学习与思考
..............................王文潇　潘海音　程坦　丛小棠（67）

多平台混合教学的设计与实践
　　——以"数字服装模拟技术"课程为例
....马凯（76）

珠宝首饰色彩设计课程实践与探讨
....熊芏芏（84）

CMF 设计课程教学实践与探讨
....聂茜（94）

轻化工程"创业与企业管理"课程建设与探索
....陈莹（100）

多学科交叉背景下纺织品色彩教学模式的探索与实践
....刘达（105）

"波谱分析"课程应用型教学模式的探讨
................李文霞　刘振东　张焱　王晓宁　张力冉（112）

新文科与新媒体背景下"海报设计"课程的教学探究
....朱天航（119）

"时尚策展"的历史演进与教学模式初探
　　——基于时尚传播教育的探索与思考
....王文岩　谢平（127）

历史和现实：关于广告学专业课程设计的思考
　　——以北京服装学院广告学专业为例
....周易军（138）

"艺商融合"市场营销专业特色教学体系和人才培养模式的创新与实践
....................................白玉苓　王秋月　王涓（148）

基于云班课的"统计学"混合式教学效果评价研究
··邵争艳（152）

"设计素描"之课题体验式教学实践研究
··李祖旺（159）

北京服装学院啦啦队表演拉丁服饰设计
······················孔凌鹤　张文龙　杜雨桐　高怡宁　王曼卿（172）

新时代学校体育育人价值及实现路径研究
··赵勇军（180）

BOPPPS教学模型在程序设计类课程中的应用探索
··姜延（185）

新一代信息技术在艺术设计类专业教学中的初探
··马小铁（191）

"大学英语"课程信息化应用案例
···訾韦力　郭燕（195）

审美教育融入艺术类大学英语教学的策略与方法探究
——以《新视野大学英语》第四册第二单元为例
··史亚娟（202）

外语教师的文化自觉探讨
··徐艳秋（209）

中国传统服饰文化英译语境分析
··肖海燕（213）

艺术专业学生英语学习元认知能力实践与研究
··薛凤敏（218）

法语中的性数配合难点
··张佳（226）

共产党人精神谱系贯穿艺术元素阐释下的"毛泽东思想与中国特色社会主义
　理论体系概论"课程研究
··王晓娜（230）

"期待导向型"思政课教学的驱动因素探究
——基于北京服装学院大学生的扎根理论探究
··张婷（236）

当代中国故事融入思政课教学要义探究
　　　　　　　　　　　　　　　　　　　　　　　　　　潘琪（248）

习近平总书记"七一"重要讲话对"中国近现代史纲要"课程的指导作用
　　　　　　　　　　　　　　　　　　　　　　　　　　史学伟（253）

"四史"教育融入艺术类高校"思想道德与法治"课程教学路径探赜
　　——以北京服装学院为例
　　　　　　　　　　　　　　　　　　　　　　　　　　付婉莹（256）

薛冰老师"大学英语"课程深入浅出的教学方式分享
　　　　　　　　　　　　　　　　　　　　　　　　　　郭燕（262）

管理研究

新技术革命背景下艺商交叉学科人才培养模式初探
　　——以时尚管理专业方向为例
　　　　　　　　　　　　　　　　　　　　　　　　　　马琳（268）

艺术类高水平特色大学基层教学组织建设的创新路径研究与探索
　　　　　　　　　　　　　　　　　　　　　　　　　　田红艳（274）

高校公共选修课现状分析及问题研究
　　——北京服装学院公共选修课调研报告
　　　　　　　　　　　　　　　　　　　　　　　　　　白雯静（280）

强化学生调查与反馈，提升毕业设计（论文）质量
　　——基于2021届毕业生毕业设计（论文）问卷调查
　　　　　　　　　　　　　　　　　　　　　　　　　　顾萍（287）

图书馆资源推介性软文探究
　　　　　　　　　　　　　　　　　　　　　　　　　　张海明（299）

国外图像类资源开放获取实践及其启示
　　　　　　　　　　　　　　　　　　　　　　　　　　张闪闪（303）

课程思政建设专栏

"染料化学"课程思政教学设计与实践[1]

张丽平[2]　鲍利红　王建明　姬立玲

摘　要：本文分析了"染料化学"课程内容及课程思政教学背景，设计了课程思政教学方案，并在教学实践中充分运用，使思政教育与专业教育有机融合，把立德树人落到实处。

关键词：染料化学；课程思政；教学

党的十八大以来，习近平总书记围绕"培养社会主义建设者和接班人"做出了一系列重要论述，深刻回答了"培养什么人、怎样培养人、为谁培养人"的根本性问题，提出要坚持把立德树人作为中心环节，把思想政治工作贯穿教育教学全过程，充分挖掘各类课程中的思想政治教育元素，发挥所有教师、课程和教育的育人功能，形成全员、全方位、全过程育人的教学体系。习近平总书记在全国高校思想政治工作座谈会上指出，各类课程都要守好一段渠、种好责任田，与思想政治理论课同向同行，形成协同效应，课程思政是彰显中国特色社会主义大学特征的重要内容。

一、课程内容及思政教学背景

"染料化学"是基于化学知识的理论课，是基础课程与轻化工程专业课程的连接基，属于专业基础课，主要学习各类合成染料的发展、制备及性能，是学生深入学习纺织品染色和印花的专业必修课，是专业人才培养过程中重要的教学环节。整个课程体系几十年来基本保持一致，课程内容繁杂，既内在联系又彼此独立。如何将课程知识、技能传授与理想信念教育有机结合起来，不断挖掘专业课程体系中蕴含的思政教育元素，作为教师首先要提高政治站位，把握新时代高等教育的发展方向和使命，要做到在知识传授和能力培养之中输出核心价值观，弘扬爱国精神、奉献精神和创新精神，将专业课程中丰富的思政元素与专业内容有机融合起来，引导并帮助学生在专业学习中塑造正确的世界观、人生观、价值观。

当前理工科专业教学中课程思政建设的主要矛盾是教师思想政治教育能力达不到课

---

[1] 资助项目：北京服装学院"课程思政"教育教学改革专题项目"基于'课程思政'理念的'染料化学'课程教学改革"（项目编号：KCSZZT-2119）；2021年北京高等教育本科教学改革创新项目"新工科背景下轻化工程专业艺工融合人才培养模式创新研究"（项目编号：202110012002）。

[2] 作者简介：张丽平，北京服装学院材料设计与工程学院，副教授。

程的要求。所以授课教师在前期进行了一系列学习、观摩和实操，在实践课程思政教学中不再局限于点或面，而是初步形成了课程思政教学方案。根据2018年高校师生思想政治状况滚动调查结果显示，对大学生思想言行和成长影响最大的第一因素是专业课教师，所以建立有效的课程思政教学方案、系统的课程思政教学体系，规范课堂育人要求，能达到润物细无声的育人效果。

二、课程思政教学体系设计及实践

1. 明确教学目标，修订教学大纲

马克思主义哲学就是讲方法论的，哲学对具体科学有指导作用。钱学森说：要有智慧，就必须得学会运用哲学去观察和分析客观世界；奥地利著名物理学家薛定谔说：哲学并不属于知识大厦本身，它只是不可缺少的脚手架，没有它，大厦就建造不下去。这些都突出了科学的方法在研究中的作用。因此课程育人中要帮助学生掌握科学的方法，从而完成课程的各层次教学目标，第一个层次是使学生掌握关于染料的专业知识，为基础课、实践课和专业课架构起桥梁；第二个层次是培养具备本专业的职业素质和职业道德；第三个层次是为学生树立大教育观，培育为国家做贡献，实现个人价值的理念。课程将结合行业发展、研究进展和思政元素进一步优化教学内容，将课程教学目标的教育性、知识性、技能性相互交融，教学大纲能反映本专业的多学科交叉特点、行业应用特性以及节能减排生态染整的时代要求。

2. 充分发掘课程思政元素，设计教学内容

作为授课教师，最直接的课程思政则来自自己的师德，如何上好一堂课，小到仪容仪表、语音语调，大到课程资料、教学方法，都会影响教学双方的课堂体验，进而影响课程教学质量。同时教师的学习态度和从业态度也潜移默化地影响着学生的学习观、职业观和价值观，因此教师需要时刻警醒自己的言行举止，能以"行为世范"的标准做学生的榜样。

轻化工程专业的方向是"纺织色彩与功能"，染料化学作为学科基础课，在纺织色彩的发挥上起着重要作用，课程将引导学生认识学科，理解学科，热爱学科。因此与专业知识相关的课程思政元素则主要从学科和课程知识体系中天然自带的科学理性价值观、行业发展中闪耀的先辈楷模示范性、本专业与国计民生的关联度、实践中真实可信的事业生活指导等方面发掘，运用马克思主义哲学理论把握规律，扎根中国，放眼世界，融通中外，面向未来创新思维，充分发挥专业课程本身的特色和优势。举例如下：

例1，绪论中融入纺织行业在国民经济发展中的重要作用，涉及上天入地的各个行业，调动学生的积极性，为行业感到骄傲自豪。通过我国年均纤维消耗量的逐年提高，充分认识到我们国家在中国共产党的领导下经济实力的大力增长，同时与国外发达国家的对比，也认识到我国经济发展水平和发达国家的差距。使学生在增强民族自信心的同时能有奋起直追的勇气和担当，从而将培育筑梦新时代、民族复兴的精神融入课程，提升家国情怀。

例2，课程属于化学类课程，具有天然的物质文明、精神文明、政治文明、社会文明和生态文明的教育功能。例如，化学变化和化学方法是物质资源节约、合理开发、高效利用的前提和技术。化学制备可以变旧为新、变废为宝，是物质文明建设的基础。中国特色社会主义进入新时代，社会主要矛盾转化为人民日益增长的美好生活需要和不平衡不充分的发展之间的矛盾。美好生活离不开物质文明的支撑，化学课程不仅教授学生物质文明建设的本领，也引导学生深刻认识物质文明建设的本质。

例3，课程前三章是染料概述、中间体及重要的单元反应和染料的颜色和结构，内容与后面按应用分类讲述的各类染料都有关系，所以课程整体上是相对独立和有机统一、共性和个性的关系，授课时可以适当引用矛盾的普遍性和特殊性的哲学理论引导学生充分认识课程知识点之间的相互关系。

例4，合成染料自1856年英国的Perkin发现苯胺紫以来历经了165年，对其合成及性能研究随着现代有机化学、胶体化学、物理化学和量子化学等学科的发展也不断深入，教学中引导学生认识学科间的相互联系，认识量变到质变的发展过程，同时在授课时通过合成染料出现的典型事迹，从"实践是检验真理的唯一标准"引导学生不断创新、积极探索，为国家、为真理奋斗。

例5，在讲述行业污染和禁用染料时，运用习近平新时代生态发展观、马克思主义辩证法和历史观加以分析，引导学生理解事物曾经的贡献和现在的淘汰，要善于观察事物的两面性，同时深刻理解生态文明建设与美好生活愿景、美丽中国建设密不可分。在分析纺织行业发展等社会问题时，通过横向和纵向的对比，通过我国纺织服装行业的发展状况和趋势等，引导学生全面客观认识当代中国的发展道路和全球化的变化趋势。

3. 完善课程设计，建立混合式教学体系

教学模式向以学生为中心转变，以学生学习效果为评价标准，以促进学生发展为目的，注重教会学生怎么学，培养学生养成终身学习的习惯。由于居家学习模式催生了各类教育教学平台、移动互联网的快速发展，以及优质教育资源的普及化，学生的学习习惯、学习态度、学习方式都在发生改变。如果教师还是一味地沿用惯常的教学模式，对课程的开展往往起不到传统教学的效果，这就要求教师一方面开展适合的线上线下混合式教学，提高教学效果，另一方面需要引导学生选择优质的网络资源，使其能够保证学习课程思政的时间，成为课程思政良好的载体，从而在上课时间内给予学生高质量的学习生活。

"染料化学"课程思政教学中，除了在线下课堂教授专业知识时有机融合思政元素，还以超星的学习通为主要的线上教育平台，整合线下教学的每一节课堂内容，并进一步拓展课程思政内容，做到课后育人不脱节。

线上教育平台会推荐与课程知识相关或衍生的各类资料（含视频、文档、网上资源等）。比如，纪录片《布衣中国》，学生可以通过了解"道法自然"的服装材料，结合民族工艺、中式美学底蕴融合现代元素的创新款式，从平民蓝到流传3000多年极富新疆民族特色的艾德莱丝绸，国人穿着款式从大一统到个性化发展，大规模制作下工匠精神的执守和传承，建立对行业的认可和专业自信；影视剧《大染坊》，学生可以了解新中国成立前我国民族工业（青岛第二印染厂）在内忧外患的环境下如何艰难发展；纪录片

《扎染》《蜡染》《枫香印染》等，帮助学生认识中国传统印染文化。

4. 创新教学方法，激发学生学习兴趣

课程教学中继续推进案例教学法，通过讲授与研讨（比如，染料结构与颜色的关系）、讲授与提问（探究）（大部分知识点），帮助学生掌握科学方法和课程知识点。同时利用课程群或线上学习平台进一步提升学生的讲课体验和拓展阅读笔记分享，提高学生学习主动性、能动性和学习兴趣，主动探究问题，深度挖掘知识本质。充分利用线上线下资源深入开展混合式教学，课前线上预习和复习，线下课堂教学，保证深度融合实施效果。

三、课程思政实践效果

总体来说，在"染料化学"课程教学中以理想信念教育为核心，按照知识、能力、情感和价值观等几个方面明确课程目标，挖掘和梳理课程所蕴含的思想政治教育元素和承载的思想政治教育功能，充分发挥课程和课堂教学的育人主渠道作用，增强学生的专业自信和文化自信。课程思政教学实践中逐渐建立了有效的基于课程思政理念的"染料化学"教学方案，使思政教育与专业教育有机融合，有助于提高教师的师德，进一步规范课堂教学，不同教师授课时能有统一的执行方案，减少班级间学习效果的差别过大，从而为小班教学提供课程教学方案，进一步提高课程教学质量，真正达到"教书"和"育人"的目的。此外，课程思政建设中还和思政部教师联合，思政部老师能帮助专业课教师全面把握课程思政建设所要求的思政元素的基本内容与时代问题，提升专业教师课程思政教学的能力，从而形成特色鲜明的课程思政教学体系，打造专业育人示范课。

专业教材编写与课程思政相结合的探索和思考

——《消费者行为学》教材课程思政的体会和感想[1]

白玉苓[2]

摘　要：课程思政不仅体现在课堂上老师讲授的内容，还可以贯彻到课程教学的多个方面。通过专业教材的编写和精心合理的设计，把课程思政的内容自然融入教材内容中，将富有正能量的课程思政思想和专业知识相结合，体现正确的世界观、人生观、价值观，是课程思政范围和广度的进一步延伸。使学生在阅读使用教材时不仅能够获得专业知识，还能够在思想上受到启发和激励，从而达到影响学生、鼓舞学生，帮助学生成长成才的目的。

关键词：教材；课程思政；内容；形式

为全面贯彻落实全国高校思想政治工作会议精神，发挥专业课程在课程思政建设中的作用，实现专业课程教学立德树人的目标，课程思政受到各个高校的高度重视，很多高校开始了相关教学改革探索。

本人作为一名专业课程的教师，一直探索专业教育教学改革与课程思政融合发展的路径和方法，本人在2021年6月出版的教材《消费者行为学》（人民邮电出版社）中，结合教材内容和本人多年授课教学经验，提出如何通过专业教材来实施课程思政，归纳为以下几个方面，体现本教材在课程思政建设中的落实点和特色。

一、教材编写反映了我国改革开放之后，我国经济社会的发展、消费市场的繁荣和消费者地位提升的社会大背景，使学生了解我国消费市场过去和现在的巨大变化，对国家的强大和人民生活水平的提高产生自豪感

在教学中，通过"消费者行为学"课程产生背景的介绍，使学生感受到我国人们的日常消费的衣、食、住、行等各个方面产生的变化，而产生对国家强大的自信，因此，对我国消费市场的发展以及消费者消费水平的新变化在教材的内容安排和设计中是从始至终贯穿的主题。

---

[1] 资助项目：北京服装学院高水平教师队伍建设专项资金（项目编号：BIFTTD202001）；北京服装学院教育教学改革项目（项目编号：ZDJG-1911和ZDJG-1905）。

[2] 作者简介：白玉苓，北京服装学院商学院，教授。

例如，在教材的前言部分指出：

"改革开放40多年来，我国消费市场发生了巨大的变化：消费市场规模持续扩大，消费结构不断改善升级，网络消费等新兴业态方兴未艾。随着人们收入水平的不断提高以及消费观念的转变，消费从注重量的满足转向追求质的提升，网络消费、绿色消费、文化消费、旅游休闲消费、个性化消费等新型消费蓬勃发展。

我国消费市场的繁荣，反映了我国经济发展长期持续向好。在推进供给侧结构性改革和注重需求侧改革的背景下，消费对带动产业发展和拉动经济增长的作用更加显著。2019年，我国社会消费品零售总额为41.2万亿元，首次超过40万亿元。消费成为我国经济迈向高质量发展的重要支撑。"

以上我国消费市场的变化正是我国改革开放政策以及各项经济政策和策略的实施，为我国经济的发展带来强大的支持，而经济的发展带来人们收入的提高正是消费市场繁荣的基础，当今的我国消费者可以吃得更好，穿得更美，住得更舒适，而且，汽车早已步入家庭消费……因此，可以以我国消费市场的变化来引导学生感受当前的消费生活来之不易。

再如，在教材的第9页"数字化消费者行为的兴起"部分，特别指出：

"截至2020年底，我国网络购物用户规模达7.82亿人，并且从2013年起，我国已连续7年成为全球最大的网络零售市场。"

综上所述可以看出，我国网络消费方面处于世界领先地位，这得益于我国网络基础设施建设和网络的普及和应用。

因此，我国消费市场的繁荣得益于我国经济的发展、社会的稳定，通过该方面背景知识的介绍，激发学生的爱国主义情怀，感受到我国经济的发展、社会的强大以及消费者地位的提升，从而通过专业知识实行对学生进行爱国主义教育的目的。

二、教材从学科建设和专业建设的发展需要出发，以提高学生运用理论分析和解决实际问题的能力为目标，通过学习消费者行为学理论知识，了解消费者心理和行为活动的规律，丰富学生的学识，增长学生的见识，实现符合国家、社会、企业对经济和管理人才的需要

本教材的编写借鉴了国内外专业和学科发展的成果，通过呈现严谨、科学、规范的教材内容，以符合当前学科和专业建设和发展。通过"消费者行为学"的教学，阐述消费者行为学的基本概念、相关原理、主要内容及研究方法，研究在不同因素的影响下消费者行为和心理的基本特征、主要表现、变化趋势和发展规律等。从而实现使学生全面系统掌握消费者行为学的基本知识与方法体系，使学生具有综合运用所学的理论和方法来分析和解决市场中的有关消费实际问题的能力的教学目标，使学生具备从事不同行业、不同企事业工作时，具有对消费者心理和行为的识别、判断、分析以及运用能力。

例如，教材第78页中，分析了消费者生活方式的变化对消费者心理和行为的影响，特别指出：

"20世纪80年代以来，随着经济社会的发展，人们的日常活动更加丰富，生活方式多种多样。尤其是在我国，改革开放带来的经济发展使消费者感受到了从短缺经济到物质丰富的市场经济所带来的生活方式的全新变化，体现在衣食住行等诸多方面，各种新生事物成为消费者生活方式的重要内容，生活方式对企业营销及预测消费者行为具有很大的价值。"

同时，在市场经济的背景下，各行各业对消费者行为的研究特别迫切，通过该门课程的教学，加深学生对我国消费市场理论和实践问题的认识，掌握消费者行为背后的理论、现象和规律，增强对环境变化的敏感性，增加对国家对消费有关政策方针的指导，以及对国家社会、文化对消费者行为的影响，提高运用理论分析和解决实际问题的能力，也满足了国家、社会对高校人才培养的需要。例如，教材207~216页，学习网络消费心理与行为，更加全面地分析我国网络消费的发展以及影响网络消费行为的影响因素，指出：

"2019年，我国已建成全球最大规模光纤和移动通信网络，行政村光纤和4G覆盖比例均超过98%，固定互联网宽带用户接入超过4.5亿户。如今5G时代的到来，为网络消费的发展奠定了更加坚实的基础。"

同时，加强了对学生对网络环境下消费者心理和行为的分析，为电商经营者提供具体策略和技巧（教材第213页），以满足我国当前电商发展对人才的需求。从而加强了学生的理论应用能力与职业发展能力的培养。另外，在"视野拓展"知识模块中，以"新零售'盒马鲜生'新思路和生鲜电商的中老年用户激增"等来体现我国网络消费中的新现象，展现网络消费给普通百姓带来的方便和好处。

三、教材内容全面、系统、科学地构建消费者行为学的理论框架，反映理论前沿发展，并有大量补充的、更新的教学材料和实践案例，突出"实际+实践+实用"特征，不仅便于老师系统针对性地授课，还能够使学生知识体系更加完善，思维上得到启发，视野更加开阔，从而塑造良好的品格和修养

一本好的教材应该是使老师愿意使用，使学生愿意翻开教材，特别是吸引学生愿意阅读教材，并从学习教材中受益非常重要。本教材的内容体系和写作方法"以学生为中心"，教材共15章，分为6大篇。针对的问题包括：在大数据和移动互联网时代，如何理解消费者行为的复杂性和多变性？面对瞬息万变的市场和越来越"聪明"的消费者，如何通过影响消费者决策和行为实施有效营销？面对琳琅满目的商品和"花样翻新"的营销手段，你是否可以做一个理性的消费者？你是否愿意做一个负责任的消费者，等等。内容上涉及心理因素与消费者行为的关系、环境因素与消费者行为的关系、营销因素与消费者行为的关系，以及网络消费、绿色消费等消费者行为发展的新趋势和新特征。全面体现本书的理论性、实践性、互动性、实用性和趣味性5大特色。本教材的内容理论上紧跟时代步伐，并结合大量消费实践，让学生充分明白任何一门课程都是建立在多种科学研究的基础之上，教材内容是建立在专家和学者大量研究的基础之上的，因此，使学生对前人以及他人的研究成果保持一种敬畏之心，提高学生兼听则明、缘事析理，明

辨是非的能力，使其成为德才兼备、全面发展的人才。

四、教材编写中强调采用启发性、灵活多样和综合多种教学方法的教学手段，强调学生对知识的主动探索、主动建构，激发学生学习兴趣，引导学生深入思考，培育学生的学术研究能力和与人交流共情能力，为未来走向社会、职场打下扎实的基础

本教材每章设置学习目标、导入案例、实践活动、扩展阅读等教学环节，并设置大量的"课堂讨论""小思考""知识点滴""人物谱""视野拓展""微视频"等课程模块，附百余个二维码资料来拓展学生的学习空间。另外，在每章的综合练习题中都设置"实践题"，采取启发式、探究式、讨论式及任务驱动教学法等，保证良好的教学效果。

例如，第一章第10页的实践题：

1. 选择你学校附近的一家面包店进行观察，统计一天中哪个时间段进店的顾客人数最多（最少）。观察进店顾客的特征（年龄、性别等），并观察这些顾客主要买了哪些品类的面包。

2. 采用访谈法调查你身边5位同学的手机消费状况，请列出访谈提纲，包括购买原因、手机品牌、价格、购买渠道、使用时间、用后处置等内容。

第九章第146页的实践题：

1. 在你的日常消费中，品牌的影响体现在哪些方面？列举三项以上。

2. 你最喜欢哪种瓶装水的包装？这个包装有什么特点？问一下你的同学是否和你同感？

3. 班级分组，单位时间之内（例如：一分钟或三分钟）说出品牌的名称，统计各个小组列出品牌名称的数量，然后，讨论这些品牌的特征及对该品牌的评价。

以上题目都是密切结合学生的日常消费生活，分析比较学生日常消费生活中的实际问题，引导、带领学生进入不同的消费情境，体会感受消费者行为的产生、变化和表现，了解学习消费市场上的企业根据消费心理而进行产品设计开发，消费场景和营销策略制订的特点，进行实践现场感受、点评和分析。使学生能够把实践中的问题上升到理论层面，很好地进行实践和理论相结合，更好地学习理论的同时，学会从生活中体会学习，增强自身思考能力，为个人未来发展，具备"终身学习能力"做好准备。

采取讲授与案例教学相结合时，本教材还大量结合了不同行业、企业的案例，提升学生对行业企业的理解和热爱，为学生毕业后进入行业工作打下基础；采取实践调查法、小组讨论法等开展研究性学习活动，可以使学生根据选择的研究题目，运用所学理论和知识，进行资料收集、数据分析、研究结果的讨论，不但锻炼了学生的学术研究能力，而且与其他同学交流中，能够团结互助，分享知识，培养学生的协作精神。

五、教材选取新材料、新资讯，以消费热点问题为切入点，研讨消费领域的新变化和新现象，不但使学生能够"学以致用"，还帮助学生塑造正确的世界观、人生观、价值观

例如，教材第 200 页，第十三章中的第四节内容为"决策中的非理性行为"，指出：

"消费者的非理性消费是指消费者在各种因素影响下做出的不合理的消费决策，它一般表现为消费者不按价值最大化原则进行消费。非理性消费表现为冲动消费、炫耀消费、攀比消费、奢侈消费、不节约能源消费和不保护环境消费等。"

特别指出违反消费情境中的可接受的行为规范，破坏社会秩序、消费秩序的非伦理行为，这些是消费者行为中的"黑暗一面"。从而使学生认识在消费中消费者要受法律、法规和道德等方面的约束，消费者应该具有法制观念和道德观念，遵纪守法。

教材第三章中第 43 页中讲到消费者应具有对消费利益的自我保护能力，因此，消费者作为一个社会人，不仅要有能力保护自己的消费权益，也应该是负责人的人，对消费者的非伦理行为和问题行为等有正确的认识。

教材的第 203 页的"知识点滴"小模块分析了强迫性购物心理，分析了强迫性购物的危害，引导学生深入思考价值观对行为的影响及其后果；另外，本书第十五章的内容为"绿色消费心理与行为"，指出：

"在消费过程中，尽管各种消费品的使用性能和属性差别巨大，减少其环境影响的环节和关键点也各不相同，但是绿色消费可以有效预防和减少消费行为对环境和生态造成的各种不利影响。"

以上内容，使学生关注现实问题，对自我社会活动、实践进行思考，对虚荣、任性、炫耀等心理有正确的评价和认知，做一个负责任的消费者，引导学生做诚信品质、表里如一、德法兼修的好学生、好公民。

六、结合教材内容加强中华优秀传统文化教育，弘扬以爱国主义为核心的民族精神，并以人们消费方式的变化来展示科学技术发展的力量，激发学生科技报国的使命担当和文化自信

例如，教材第 99 页第七章的导入案例是"一碗拉面折射的文化"，指出：

"中国人对面食的喜爱可以说是全世界有目共睹的，家常的面食有饺子、花卷、馒头等，除此之外，在各大菜系中还有数不清的面点。我国是有着五千年文明历史的国家，小麦是主要的粮食作物，所以我国也是最早把面粉作为食物的国家。把面粉利用得这样极致，也是合情合理的了。"

一方面，说明中国的传统饮食文化对人们心理和行为的影响，这些食物以欢乐、喜庆、祥和的基调传承到现代社会，人们在日常的饮食消费中能够体会到的是一种文化的传承。另一方面，指出中国传统饮食文化对其他国家的影响，这表明我国传统文化强大的生命力和影响力，引导学生传承中华文脉，富有中国心、饱含中国情、充满中国味，

从而增强了学生民族自豪感，提高学生的责任感和使命感。

教材第159页，通过展示"都一处""楼外楼"等老字号的招牌设计、外观设计等，分析我国许多老字号以名人题写店名的牌匾作为招牌，并通过店的名称来展现商店的经营理念和价值理念，反映商品和经营特色。再如，老字号狗不理、内联升、同仁堂等，这些老字号的店名不但易读易记，寓意深刻，具有很强的识别功能和传播功能（第132~134页），还具有深刻的文化内涵。引导学生传承和弘扬中华优秀传统文化，全面提高学生的审美和人文素养，增强文化自信。

总之，"消费者行为学"是随着我国经济社会的发展而发展完善起来的一门新学科，具有交叉性、融合性、综合性等特点，这门课程是市场营销、工商管理、贸易经济等专业的一门重要的学科基础课及专业必修课。目前，无论是综合类高校、财经类高校或者行业特色高校中的相关专业中，几乎全部开设"消费者行为学"课程。本人出版的《消费者行为学》作为专业课教材，从教材的内容、教材的形式上严格把关，始终坚持立德树人的根本任务，引导学生树立坚定理想信念，发挥教材和课程的育人作用，力图成为新时代中国特色高校课程与特色教材统一的载体，使教材成为高校专业课程中传授知识、培养能力和塑造价值的载体。

"管理信息系统"课程思政教学融入实践探索

冯复平[1]

摘 要：思政教学融入专业教学是高等教育面临的新任务，"管理信息系统"课程中研究对象主要为各类信息的管理和应用，学生必须具有正确的价值观和人生观，才能在信息系统设计中遵守国家法律，维护国家和公民利益，由此探讨"管理信息系统"思政教学与专业课教学融合模式，确定教学目标，设计教学内容，探讨思政教学重点。

关键词：管理信息系统；思政教学；教学内容；教学融入

一、"管理信息系统"课程思政教学意义

习近平总书记在2019年3月18日主持召开学校思想政治理论课教师座谈会并发表重要讲话，要求"用新时代中国特色社会主义思想铸魂育人，引导学生增强中国特色社会主义道路自信、理论自信、制度自信、文化自信，厚植爱国主义情怀，把爱国情、强国志、报国行自觉融入坚持和发展中国特色社会主义事业、建设社会主义现代化强国、实现中华民族伟大复兴的奋斗之中"[1]。

"管理信息系统"作为一门交叉学科课程，融合了管理理论、计算机技术、网络通信技术、数据库技术等，是信息管理与信息系统专业的专业基础课。作为主要研究信息系统开发与设计的课程，传统课程中讲授内容主要以信息系统的开发设计理论为主，辅之以实践类课程，旨在培养学生系统分析和设计能力，掌握软件开发流程和方法，教学重点是专业技能的培养，缺少系统化的思政教育与专业技能培养的融合。

随着信息化进程，系统已经渗透到每一个人的生活中，在各种系统中产生了大量的数据。这些数据中不仅涉及用户个人信息、企业信息，部分软件系统中还会涉及国家信息，信息的利益和价值越来越受到关注，尤其在中美贸易战争进入科技领域后，芯片、5G、APP等技术越来越多地关系到国家和民族利益。《中华人民共和国数据安全法》和《中华人民共和国个人信息保护法》也在2021年正式实施，标志着我们信息安全的法治时代的到来。

在此背景下，如何在"管理信息系统"课程中开展思政教育，培养学生爱国意识、法律意识、科技创新意识的迫切性和重要性日益显著。

---

[1] 作者简介：冯复平，北京服装学院商学院，副教授。

二、课程思政教学培养目标设立

思政教育融入专业课程教学首先需要修改教学培养目标，从传统的知识和技能培养转变为知识技能教学和思政教学并重。根据"管理信息系统"课程特征，在以往培养学生信息系统分析和设计技能的基础上，增加相应的思政教学目标，并围绕思政教学目标调整教学内容和教学模式。

1. 培养学生信息安全法律意识

在"互联网+"时代，网站、手机 APP、应用软件等各种信息系统充斥着大学生的日常学习和生活中，"管理信息系统"课程在信息安全法律意识方面的目标分为两个层次：一是学生作为信息系统的使用者，培养学生对个人信息安全的保护意识，识别虚假信息，避免个人信息泄露，预防诈骗；二是在学习信息系统分析和设计过程中，需要培养学生信息伦理道德，树立信息使用法律意识，在未来设计工作中避免触犯他人和国家利益。

2. 树立国家民族信息价值观

信息的价值随着信息系统的应用的范围和深度的扩展，越来越受到重视，尤其是涉及人民群众日常生活的信息系统，在给生活带来便利的同时，也产生了信息安全风险，甚至对国家安全产生威胁。因此，在思政教学目标中增加学生的国家民族观的培养，在信息系统设计过程中将国家和民族利益放在首位。

3. 培养认真求实的科学研究态度

对以往信息系统分析设计技能培养目标进行提升，在培养实践动手能力的同时有意识地引导学生认真的学习和研究态度，深入了解学生的学习需求，培养学生的探究精神，启发学生的创新思维。

因此，思政教学融入"管理信息系统"课程后教学目标变化如表1所示。

表1 思政教学引入后教学目标

项目	教学目标
思政教学引入前	①熟练掌握管理信息系统的基本概念 ②系统地掌握信息系统的开发流程 ③具备系统分析设计能力
思政教学引入后	①熟练掌握管理信息系统的基本概念，树立信息安全法律意识 ②系统地掌握信息系统的开发流程 ③具备系统分析设计能力 ④培养实事求是的科学作风，严肃认真的工作态度，主动研究的探索精神 ⑤分析热点事件，为学生树立国家民族利益观

三、课程思政教学内容设计

根据"管理信息系统"课程思政教学目标，对原有课程教学内容进行扩充，主要体现在以下四个方面。

1. 时事热点事件引入课堂

随着中国经济的快速发展，近几年，美国频频针对中国通信及互联网相关行业的企业进行制裁。为了遏制中国经济和科技发展，美国政府采取了种种措施。华为芯片事件、字节跳动的TikTok事件、滴滴公司美国上市等事件都引发了社会极大的关注，这些事件的本质问题就是国家利益的问题。在这种国际形势下，将时事热点事件引入课堂讨论，采用小组调查的作业形式，让学生深入了解热点事件背景、起因、发展过程、核心矛盾及发展趋势，思考事件的本质原因。通过案例分析增加爱国情，建立起国家民族利益至上的人生观和价值观。

2. 增加国家信息相关法律解读

2021年下半年，《中华人民共和国数据安全法》和《中华人民共和国个人信息保护法》先后颁布实施，这是第一次用立法的形式保障国家数据和公民个人信息的安全。其中对国家数据处理活动和个人信息处理活动做出了规定。

《中华人民共和国数据安全法》总则中的第二条中规定："在中华人民共和国境外开展数据处理活动，损害中华人民共和国国家安全、公共利益或者公民、组织合法权益的，依法追究法律责任。"并在第三条中对数据处理做出了明确的说明："数据处理，包括数据的收集、存储、使用、加工、传输、提供、公开等。"

《中华人民共和国个人信息保护法》总则中的第十条对个人信息安全也做出了规定："任何组织、个人不得非法收集、使用、加工、传输他人个人信息，不得非法买卖、提供或者公开他人个人信息；不得从事危害国家安全、公共利益的个人信息处理活动。"

"管理信息系统"课程的内容就是对各类数据进行收集、整理、存储、加工、利用，使其能够帮助企业管理决策。因此，学生在课程学习过程中必须补充对这两部法律的学习，作为未来从业的准则。在教学内容设计上，除了在教学中结合知识点解读法律条款，还要求学生阅读两部法律全部条款，结合自己体会，以学期小论文的形式提交学习心得体会，从而树立起个人信息保护意识和遵纪守法意识。

3. 探讨科技创新发展趋势

"管理信息系统"的定义是一个发展的概念，从20世纪70年代产生至今，一直在随着管理理论和信息技术发展而不断更新，始终应用最前沿的技术，从数据库技术、通信技术、网络技术到大数据技术，只有不断进步才能设计出跟得上应用需求的信息系统。2018年5月28日，习近平总书记在中国科学院第十九次院士大会、中国工程院第十四次院士大会的讲话指出[2]："中国要强盛，要复兴，就一定要大力发展科学技术，努力成为世界主要科学中心和创新高地。"因此，建设社会主义现代化强国，实现中华民族伟大复兴，也需要学生学习先进科学技术。在课程中将会通过推荐阅读与课堂介绍相结合的方式，让学生了解信息技术发展的现状与趋势。

4. 增加中华民族传统文化类信息系统设计实践内容

中华民族有着悠久丰厚的文化，传统文化的信息化能够有效提升文化的传承和发展,"管理信息系统"课程的上机实践之前是以企业管理信息系统为主,在上机实践部分增加中华民族传统文化信息系统的设计题目,例如,中国传统服饰、建筑、风俗、图案、色彩等,让学生在信息系统的设计实践中了解传统文化,传承并发扬传统文化,增强民族自豪感。

四、课程思政教学重点

1. 加强教师思想政治学习,行为人师,行为世范

思政教育融入专业教育的执行人是教师,教师的一言一行都会对学生产生深远的影响,要培养学生的爱国主义情怀,需要教师首先具备爱国主义情怀。因此教师要加强日常思想政治学习,学习国家政策法律,在教学过程中以身作则,推行社会主义核心价值观[3],才能达到言传身教的效果。

2. 教学方式从传统"讲解—理解"方式转为"讲解—思考—实践—理解"

课程思政教学能否达到预期效果,需要教师转变教学方式,改变师生角色,从讲授者变为引领者。思政教学内容以往教材中较少,需要教师收集资料,扩展教学内容,并融入日常教学中。因此,教学方式要从老师讲解学生理解的方式转变为老师讲解知识点,然后增加学生自主阅读、讨论,启发学生思考,从内心认同建设社会主义强国和实现中华民族伟大复兴,从而树立正确的人生观和价值观。

3. 关注教学反馈,改变作业模式,培养自主探究精神

传统的知识讲解融入思政教育后,学生对教学内容和教学模式的接受程度决定着思政教学效果。当前的00后大学生思维活跃、学习能力强、个性突出,不喜欢被说教,课程思政教学需要根据当代大学生的心理特点,减少说教,增加沟通交流,案例选择上选用热点事件,引起学生的探索兴趣,随时听取学生反馈,调整教学内容和方式,作业形式改变传统的做题模式,代之以探究性题目,不设标准答案,鼓励学生创新性思维,培养主动研究的探索精神。

五、结语

思政教育融入专业课程教学对高校教师提出了新要求,不能采用硬性填鸭式教学,而是需要润物细无声地将爱国主义教育引入传统授课内容中,让学生逐步树立起正确的人生观和价值观,因此更需要研究学生心理,掌控教学过程,通过师生沟通、课堂反馈、作业等多种手段追踪教学效果,在实践中总结经验教训,切实达到课程思政教育目标。

参考文献

[1] 新华社. 习近平主持召开学校思想政治理论课教师座谈会[EB/OL]. http://www.gov.cn/xinwen/2019-03-18/content_5374831.htm,[2019-03-18].

[2] 新华社. 习近平:在中国科学院第十九次院士大会、中国工程院第十四次院士大会的讲话[EB/OL]. http://www.gov.cn/xinwen/2018-05-28/content_5294322.htm.

[3] 李柳元,曹晋滨. 新时代一流航天类课程建设实践与思考：以"空间数据分析基础"课程改革为例[J/OL]. 北京航空航天大学学报（社会科学版），DOI：10.13766/j.bhsk.1008-2204.2021.0049.

"国际经济学"课程思政的双维度挖掘

李敏[1]

摘　要："国际经济学"作为国际经济与贸易专业的基础课，与"西方经济学""国际贸易"和"国际金融"课程有内容上的关联性。在贯彻课程思政过程中，如何避免与其他相关经济类课程的重复性是本文要探讨的内容。

关键词：国际经济；课程思政

2016年习近平总书记在全国高校思想政治工作中明确提出："其他各门课都要守好一段渠、种好责任田，使各类课程与思想政治理论课同向同行，形成协同效应。""我们围绕培养什么人、怎样培养人、为谁培养人这一根本问题。"结合这一根本任务，教师在传授本专业基础知识的同时更要对学生进行正确的价值引领，专业教学和思想教育齐头并进，努力培养为社会主义经济建设服务的德才兼备的优秀人才，帮助学生在大学阶段树立正确的人生观、价值观和世界观，坚定社会主义理想信念。

一、"国际经济学"课程思政的必要性

"国际经济学"课程的研究对象是国际资本关系运动的一般规律，教学内容涉及国际贸易、国际金融和国际投资三大领域。在经济一体化浪潮下，贸易、投资、金融领域逐渐交汇融合在一起，这就要求课程体系的设计要结合课程特点，体现整体性、全面性、开放性。要紧密结合国际国内形势的发展变化和政策导向，引导学生正确分析国内外经济形势，从而增强对中国特色社会主义道路的自信。

国际经济学具有广域性、理论性和融合性三大特点。广域性体现在全球视野，理论性体现在量化研究，而融合性则体现为国际贸易理论与国际金融理论的融合，投资与产业的融合，基本原理与理论思想史的融合。只通过课上学习教材内容难以领悟这种融合性，必须通过有一定深度的课外阅读资料来提升，课外阅读资料正是贯彻课程思政的有效载体。选择有一定时效性的、研究方法科学、结论观点正确、能够凸显育人元素的课外阅读资料，能够与刚完成的教学内容相互交融、相互促进，让学生在教材知识之外有价值收获，能以更宽广的视野看待身边的人和事，从而更好地理解所学知识。通过思政教育与专业知识教育的融合建设，深化教师课程思政教学能力，传授知识的同时对学生

---

[1] 作者简介：李敏，北京服装学院商学院，副教授。

进行价值引领。

因该课程之前学生已经学过"国际贸易"和"国际金融"课程，这两门课程的思政已经进行得非常完善，而"国际经济学"课程是用经济学模型分析贸易和金融中的理论，如果依然按照知识点进行思政授课，有可能让学生感觉重复，因此本文摒弃按照每章知识点挖掘思政元素的做法，而是把整个课程分为两个维度，然后将思政融入两个维度之中。

二、"国际经济学"课程思政双维度分解

"国际经济学"是以国际经济关系为研究对象的。它的研究目的就是要解释各个国家之间经贸往来的内在机制和政策含义，从思政角度就是要培养学生面向国际、胸怀祖国的爱国情怀，用国际化的眼光看待国内国际的政治经济事件。但是国际化的概念较为抽象，学生都能理解却不知如何在现实中贯彻。因此，本课程思政建设的第一个维度就选取"国际"两个字，也就是说，把抽象的国际化概念具体化为与我国经济往来密切的主要国家，本文选取了美国、日本和德国三个国家。第二个维度是"经济"二字，经济涵盖的内容更为广泛，根据课程教学大纲的知识点，本文将经济细化为贸易、产业、金融等角度，然后将教学大纲中主要章节体现的思政元素同时贯穿于这两个维度中（表1）。

表1 "国际经济学"课程的思政双维度

国家	贸易			产业	金融	
	古典贸易理论	要素禀赋理论	关税与非关税壁垒	规模经济	国际收支调整	宏观政策配合
中国	树立大国自信	第二届"一带一路"国际高峰论坛开幕式主旨演讲			第二届"一带一路"国际高峰论坛开幕式主旨演讲	世界经济论坛2017年年会开幕式主旨演讲
美国	世界经济论坛2017年年会开幕式主旨演讲	第三届进博会主旨演讲	中美贸易战；2018年中非合作论坛北京峰会开幕式主旨讲话			
日本	2018年APEC工商领导人峰会主旨演讲	第二届"一带一路"国际高峰论坛开幕式主旨演讲			2021年中国国际服务贸易交易会全球服务贸易峰会致辞	

续表

国家	贸易			产业	金融	
	古典贸易理论	要素禀赋理论	关税与非关税壁垒	规模经济	国际收支调整	宏观政策配合
德国			2018年中非合作论坛北京峰会开幕式主旨演讲	工业4.0；2019世界制造大会贺信		

三、"国际经济学"课程教学内容与思政融合

如表1所示，将国际经济学的各章教学内容按照两个维度进行分解后，可以将思政内容与国家和经济结合起来。在思政结合点上，为了与"国际贸易"课程和"国际金融"课程做区分，本文大多以近年来习近平总书记在各种国际会议及论坛上的主旨演讲作为思政的结合点，也体现了国际化。

1. 古典贸易理论

古典贸易理论认为，国际贸易可以提高各国的实际工资水平，所以现实中以国家间工资水平差距悬殊为理由反对自由贸易是站不住脚的。习近平总书记在世界经济论坛2017年年会开幕式上的主旨演讲指出，当前贫困、失业、收入差距拉大，世界面临的不确定性上升，但是不能简单得将其归因于经济全球化。也就是说收入水平的差距并不是自由贸易经济全球化所导致。授课过程中通过学生收集中美两国平均工资水平的数据，分析具体原因，尤其对比近年来两国收入水平和贸易量的变化，使学生了解贸易对我国整体生活水平提高所起的作用，从而坚持改革开放和自由贸易的信念。

2. 要素禀赋理论

日本等东亚国家在战后几十年国际贸易商品结构发生了明显变化，主要出口产品由初级产品到劳动密集型再到资本密集型，充分说明了利用本国资源优势带来的经济增长。习近平总书记在第三届进博会开幕式上的主旨演讲中提到，中国将继续秉持开放、合作、团结和共赢的信念，坚定不移全面扩大开放，在全球市场实现要素资源的共享，有效率地实现国内外市场联通，中国市场不仅是中国自己的市场，也是世界的市场、共享的市场、大家的市场，为国际社会注入更多正能量。习近平总书记在第二届"一带一路"国际合作高峰论坛开幕式上的主旨演讲中也提到中国目前帮助部分国家建设基础设施，有利于各国更好地发挥资源禀赋，更好地融入全球供应链、产业链、价值链，实现联动发展。这充分说明新的时代赋予了要素禀赋论新的内涵，各国不仅在本国利用优势资源，而且在世界范围内共享优势资源，帮助其他国家发掘本国的优势资源，凸显了大国责任担当。

3. 关税和非关税壁垒

以中美贸易战为切入点，在课上以经济学模型分析美国提高关税的福利效应，引导

学生树立正确的国家贸易利益观，同时学习习近平总书记在第二届"一带一路"国际合作高峰论坛的主旨演讲，要促进贸易和投资的自由化便利化，旗帜鲜明反对保护主义，推动经济全球化朝着更加开放、包容、普惠、平衡、共赢的方向发展。中美对于自由贸易的观点和行动形成鲜明对比，有助于学生增强民族自豪感。

4. 规模经济理论

以工业强国德国为例，学生通过了解"德国工业4.0"和我国的"中国制造2025"计划，能够用规模报酬理论分析我国在新兴产业上所取得的优势。2019年世界制造业大会指出，全球制造业正经历深刻变革，各国需要加强合作、互学互鉴，共同把握新一轮科技和产业革命机遇，增强制造业技术创新能力，推动制造业质量变革、效率变革、动力变革，从而激励学生在学习和今后工作中都要勇于创新，坚持创新驱动。

5. 国际收支调整

通过搜集整理近年来我国的国际收支数据，对比经常项目和资本项目下数据的变化，可以看出我国在实现国际收支平衡中所做的努力。第二届"一带一路"国际合作高峰论坛指出，我们不刻意追求贸易顺差，愿意进口更多国外有竞争力的优质农产品、制成品和服务，促进贸易平衡发展。在整个世界经济中，中国一直都不是独立前行，帮助学生进一步深化对人类命运共同体的认识。

6. 宏观政策配合

把宏观政策放在开放环境中来分析政策效果，学生用经济学图形分析历次国际经济危机后中美两国宏观政策效果的对比，可以看出每一次危机中我国政府的宏观政策都是以迅速走出危机、提高就业、改善人民生活为出发点和落脚点，第二届"一带一路"国际合作高峰论坛提出要以创新为重要抓手，挖掘各国和世界经济增长的新动力，要创新发展理念，超越在经济危机中财政政策刺激多一点还是货币政策宽松多一点的争论，树立标本兼治、综合施策的思路，帮助学生认识社会主义核心价值观在政府政策中的体现。

总之，通过把国际与经济分别具体化作为切入点，对"国际经济学"课程进行了双维度的分析，并依此重新梳理了思政元素。课程思政的融入丰富了课程内容，使得整体架构更加清晰。

参考文献

[1] 谷克鉴，喆儒."一带一路"倡议的国际经济学逻辑[J]. 国际商务研究，2018（3）：5-12.

[2] 董洪亮，赵婀娜，张烁，丁雅诵. 使高校成为坚持党的领导的坚强阵地[OL]. [2016-12-11]. http://cpc.people.com.cn/n1/2016/1211/c64387-28940090.html.

[3] 卢晨. 课程思政融入经济学专业课程教学的探索：以《国际经济学》为例[J]. 当代教育实践与教学研究，2019（7）：164-165.

我的选修课与思政课教学

郑俊娟❶

摘 要：课程思政是高校进行思想政治教育工作的新理念、新模式，本文利用王国维的三种读书境界来阐述了十几年来开设选修课的历程以及进行思政教学的具体教学改革，用具体的教学案例探讨了思政元素的融入重点、融入关键，以实例说明了"只要心中有思政，处处都是思政教学的课堂"。

关键字：选修课；课程思政；教学改革

丹桂飘香，秋风送爽，又是一年开学季！整理教学文件，忽然感慨颇多。默默计算了一下，5000多日夜已经悄悄从手中溜走，我的选修课已经开了十几个年头，从最初的"量子物理""诺贝尔物理竞赛概述""大学物理方法论"到"物理与艺术""物理学与人类文明"，以至精炼成现如今的"物理、艺术与人类文明"，看着桌面上厚厚的好几大摞文件，还有计算机中上百个G的教学资料，回想这十几年选修课的开课历程，真可以用王国维先生在《人间词话》里说的三种境界来描述。

一、昨夜西风凋碧树，独上高楼，望尽天涯路

当初就是因为怀抱传播物理知识、立志加强物理教学和提高民众的科学知识的想法，克服种种困难，坚持开设了这样一门选修课，就像清华大学陈信义教授鼓励我所说的："只要有一名学生从中受益，我们的课就没有白讲。"每当我想放弃时，一想起陈老师的话，就觉得应该坚持下去，回想过去的这十几年，我都有点佩服自己，毕竟没有一分钱的课时费，不计一丝一毫工作量，无怨无悔、坚持不懈地利用自己的业余时间上了这么多年的选修课！

二、衣带渐宽终不悔，为伊消得人憔悴

我对这门选修课投入了大量的时间和精力，由于一直是理科出身，我学习了大量的艺术类知识，从最简单的艺术简史到各种艺术模式，购买了很多书籍，看了很多画展，竭力转变自己看问题的理性思维，试图从艺术家的角度来对待这个真实的世界，还专门进修了科学史和艺术史，在此非常感谢清华大学科学史系的系主任吴国盛教授和首都师

---

❶ 作者简介：郑俊娟，北京服装学院文理学院，副教授。

范大学科学史系的尹晓冬教授,偶然的机会相识,在他们的引领下,我加入了科学通史课程联盟,参与了吴教授发起的科学通史读书会,从最初的林德伯格的《西方科学的起源》《早期希腊科学》《古代世界的现代思考》《近代科学在中世纪的基础》到奈特的《现代科学简史》,鲍勃的《现代科学史》《剑桥科学史》《四千年科技史》,麦克莱伦的《世界科学技术通史》,整整第一季50次的系统学习,使我从一个史学爱好者蜕变成了一个真正的史学研究者。现在第二季的阅读内容是影响20世纪科学史家的十大名著,《力学史评》《科学与现代世界》《现代物理科学的行而上学基础》《伽利略研究》《词与物—人文科学考古学》都是我非常感兴趣的。由于最近一直不停在学习,还被先生戏称,最近非常努力,是否要读一个科学史的博士?虽然是戏言,但是也未尝不可。我一直在不断地学习中,真是应了那句话:学无止境,庄子:"吾生也有涯,而知也无涯。"人的认知世界就像一个圆,里边是已知,外边是未知,圆越大周长越长,接触到的未知越多,就会感觉自己越无知。因此,我们更应该"活到老学到老",生命不止,学习不止。

三、众里寻他千百度,蓦然回首,那人却在灯火阑珊处

在经过十多年的打磨,才逐渐形成具有自己风格、自己见解的课程。由于参观故宫,和故宫的史学专家张军教授结缘,张军教授是故宫的文博系统顾问,是国家非物质文化遗产纪录片的总导演,他今年走进高校,在北航给学生授课,《中国天文简史》《世界科技简史》《这就是-今日中国》,在北航校园里引起了很大的轰动。他给予我的选修课很高的评价,鼓励一定好好做下去,"路漫漫其修远兮,我们共同上下求索"。他认为交叉学科的研究非常具有价值和意义。还说:"感谢有你,感谢有我,非常感谢还有我们这样一群人,还在不懈地为提高民众的科学素养而在贡献者自己的力量!"更令我欣慰的是,今年教师节我收到了一位学生的贺词,她说我是她大学时期对她影响很大的一位老师,虽然只是一门学分很少的选修课,但是就是因为这门选修课,使她一位学艺术的小姑娘对科学、对理科产生了很大的兴趣,不光自己查阅了很多书籍,后来甚至自学了单片机,她把改变都归功给了我,我感到非常汗颜。我甚至记不清楚这个学生什么样子,也不知道她何时上过我的课,但是正因为有这样的一些人,还在促使我不断地前进,还在促使我不停息的学习充电,不负每一个选课学生的期望,砥砺前行

四、教书育人,处处思政

我一直认为教书和育人是分不开的。教师在课堂上,在课堂下,在生活中,一言一行,都是学生学习的典范。有时候不经意的一句话就能改变一位学生的一生。我的课程设置就充分体现了我的这种想法。就像南京航空航天大学的施大宁教授所说的:探寻物理和艺术的关系,就像开启一段庄严而奇妙的旅程,我们课程是追寻着物理学和艺术的发展历史以及人类文明的足迹,以艺术家和物理学家相互平行的视角来展现人类的宇宙情怀,伴随着诗意的生存、崇高的境界和无穷的创造。为善不同,同归于美,科艺交融,指挥同光,回眸科学和艺术文明史上的一座座灯塔,你将感受到,如果你想了解这

个周围的世界，没有比科学更直接的手段；如果你想超然于这个世界，没有比艺术更可靠的途径。

　　进行课程思政教育，其根本是如何把思政教育的"盐"，融入课程教育的"汤"里。所做的教学改革无非是在教育理念、教学内容和教学方式几个方面的改变，讲古代以增强文化自信，讲前沿以开阔学术眼界，讲人物以励志，讲差距以求自强，加强学生的理想信念、价值理念和道德观念。具体做法是在课程教学中融入体现价值塑造的思政元素，在专业知识的基础上，进行人生观和世界观的教育，引导学生的情感、态度和正确的价值取向，树立正确的科学观和世界观。譬如，时间、空间和物质的关系，自古希腊起，自然哲学家就一直在探索三者之间的关系，一个人倘若常常凝想宇宙的浩渺无际，时间的茫无头尾，便会因为过分的虚无感和人生短暂的伤感而使心灵在重负下受伤。反之，如果人们永远意识不到宇宙在时空上的无限性，便会使心灵因缺少哲理的永恒依托而变得轻浮浅薄。物理学思想引领新的世界观，相对论关于时空本性的描述，颠覆了牛顿对绝对空间和时间的认知，量子力学关于物质结构道德描述否定了牛顿对于控制下精准测量的梦想，混沌学所揭示的系统的复杂性，粉碎了牛顿对因果决定论可预测性的幻影，诞生了新的世界观、价值观和方法论。再譬如，每次介绍古希腊压力山大科学园的兴衰的时候，我都会引申一下，以具体的事例让学生们了解国家的支持对科研活动的巨大影响，对科技进步的巨大推动作用。还会让学生比较中国的科技和美国的科技，哪个更进步？什么地方更进步？育思政元素于无形，无时无刻加强对学生的思政教育。就像理查德费曼所说的，"如果世界上真的有什么东西坚不可摧的话，就是那些普适的物理学常数和伟大的诗一般的方程。"我们应该敬畏自然、感恩社会、珍惜家人、善待自己。

　　就像康德所说的："世界上有两件东西能够深深地震撼人们的心灵，一件是我们心中崇高的道德准则，另一件事我们头顶上灿烂的星空。"只要我们心中有思政，处处都是思政教学的课堂。

参考文献

[1] 施大宁. 物理与艺术[M]. 北京：科学出版社，2014.
[2] 郑俊娟，等. 大学物理实验课程思政教学的探索与实施[J]. 高教研究，2020（12）：38-40.

体育课程思政之路径研究

徐立国[1]　邰莹

摘　要：课程思政教学理念贯穿于高校学科发展的全过程。课程思政一经提出，全国高校立即加强了重视。体育课程思政有着积极的促进学生身心健康发展的作用，尤其是对体育课程有一定的促进和指导作用。本文通过对体育课程思政的目标，以及对开展体育课程思政的策略进行分析研究，并提出相应实施路径，为新时代体育课程思政的长远发展提供理论支持和参考意见。

关键词：体育课程思政；思考；实施路径

习近平总书记在全国高校思想政治工作会议上强调，"要坚持把立德树人作为中心环节，把思想政治工作贯穿教育教学全过程。"指明了我国高校实施课程思政的具体方向。体育教育作为高校教育中重要的环节之一，落实体育课程的课程思政具有不可估量的作用。体育课具有培养大学生优良的思想品德，增强学生体质健康等教育重任。体育教学的目的与思想政治教育的目标一致，都是培养全面发展的人。体育课程具有极其重要的教育地位，需要坚持正确政治方向，把"培养德智体美全面发展的人才"的重大任务贯穿到体育教学中。本研究通过对体育教学过程中思政融入情况现状进行调查，发现问题，进行研究并提供对策，为体育教学更好地融入思政教育提供借鉴。

一、体育课程思政的目标

1. 增强信念，体育强国

将习近平总书记关于体育强国梦的论述融入教学内容，向学生传授"中国梦""体育强国梦""全民健康""健康中国"等重要观点。

2. 体育历史的传承与发展

体育历史的传承与体育文化是人类社会文明发展的重要组成部分。体育历史中蕴含着丰富的人文知识、文化现象，是开展德育、美育的重要内容和载体。

3. 教习体育理论知识

体育理论课的目的就是系统地继承和传授体育理论知识、体育健康知识、体育心理知识等。让学生既能掌握体育运动技能，又能了解体育运动的理念，最终学会体育运动

---

[1] 作者简介：徐立国，北京服装学院文理学院，讲师。

健康知识。

4. 培养体育精神

体育精神中体现的是公正公平、团结友谊、关爱尊重。体育精神对提高社会文明、提升人的道德素质起着至关重要的作用，始终贯穿于体育教学的每一个环节。

二、体育课程融入思政的思考

体育课程思政特点具有普遍适应性，体育教学内容原本就包含思想意识、道德品质、体育技能、体育技术、体育知识等。体育各专项课程知识、体育人物、体育历史事件等内容则能很好地融入体育教学中。体育课的教学组织和方法中充分体现思想政治教育元素，发挥学生学习的主观能动性，激发学生学习兴趣，通过不同的教学方法和不同的练习方式充分体现和加强体育教学的应用性、趣味性和有效性。如在体育教学理论中融入中国女排精神、奥运精神，介绍中国和国际体育健儿在世界大赛中如何实现动力转变等体现体育精神的思政元素。

1. 厘清思想误区，做好思政融入

体育课程的培养方案、教学计划、教学设计中充分体现课程思政的内容。体育教师在教习体育理论、体育技术、体育技能之外还与其他学科教师一样具有共性任务——育人。习近平总书记指出：教师做的是传播知识、传播思想、传播真理的工作；是塑造灵魂、塑造生命、塑造人的工作；要坚持把立德树人作为中心环节，把思想政治工作贯穿教育教学全过程，实现全程育人、全方位育人。因此，所有学科课程的设计都有育人的共性，教师承担的使命就是育人，坚定教育立场，不忘育人初心，明确立德树人的根本任务，培养德行优良的社会攻坚力量。

如何做好思政内容的全面融入。第一，在人才培养方案制订过程中应充分进行思想政治教育理念的融合，强调要求和规范思政教育元素嵌入教学目标、设计教学过程等环节。第二，实现体育教学中不同运动项目中的体育内涵、体育文化等内容的相交融合，扩大体育教学内容的涵盖面，从而激发学生体育锻炼的兴趣。第三，体育理论课程的教学比例做到科学严谨、布局合理，增加体育人文相关理论，在体育教学中加强体育精神与体育文化的渗透。大学生的世界观、人生观、价值观的确立以及行为规范的形成，都需要动态的体验过程和品德实践。大学一年级学生从高中升入大学，脱离了父母和老师的时刻不离的监管，变得更加自由、自主，在品德教育和行为自律上显得更为重要。体育教育在这方面有得天独厚的优势，教学的实践性和德育资源的感染性，给大学生提供了有效的思想道德行为规范的内化情境和过程。

2. 提升教师德育能力，发挥主观能动性

体育教师应该具有学习精神、创新精神，能够把课程思政充分融入体育教学。体育教育中的课程思政具体如何实施，取决于体育教师本人。科学地处理好身体技能教育与思想素质教育的关系，在体育教学实际中反应的就是教书育人的一体化。大学生都比较喜欢体育课，与老师的交流更加直接和紧密，教育过程更加具有针对性。因此只有教师在政治上高站位、在思想上高水平、在道德上高水准，才能在教学过程中自然地将思政内容传递给学生。体育教师不仅要教会学生如何开展体育运动，更要在每一个教学环节中将体育运动所孕育的体育精神深入细致地进行挖掘。

3. 立足课堂，增强效果

体育教学内容，满足各个不同层次学生的需要，符合教学规律，注重"技德合一"。在课程设计中要采用变化多样的教学模式，引入具有实践性、拓展性的教学方法，在教学过程中给予学生更多的话语权，让学生在实践中分析和思考，在认知、情感、态度等方面得到积极发展，实现德育的提升。课堂作为体育教师实施教学的主要渠道，应当充分利用。体育教学中融入课程思政，教学手段的创新必须遵循基本规范。全方位地了解和掌握学生身心特点并进行因材施教；课前充分准备教学文件，包括场地、器材等；教学设计方案必须科学合理。体育课的准备部分除了基本的准备活动以外，还增加了游戏环节，在游戏的成败得失中去分享，去感受，去展示自我。体育课实践性强，通过学生直接参与体育运动来实现体育的德育功能和价值，在运动中弘扬德育，寓教于行，实践体育与课程思政的有机结合。

4. 立足课外，加强学习交流

体育的感染力强，体育竞赛的凝聚力以及体育明星的精神引领是体育进行德育教育良好的载体。体育教学最突出特点是学生在课余时间还能广泛参与、自觉参与、乐于参与。充分利用好体育教学这一特色能有效提升德育的覆盖面。课程思政融入体育教学是个新事物，体育教师着力进行教学团队建设，探索出一条思政教育融入体育课程的新路径。如何把教学内容向学生传授，可以向教授思政的教师请教，集思广益；他山之石为我所用，应组织教师到体育课程与思政结合较好的高校学习交流；还要向不同专业教师学习，找出适用于体育教学的模式。

三、体育课程思政的实施路径

1. 提升师德修养，加强爱国主义教育

教师的道德品质和职业道德素养会潜移默化地影响着学生，通过课堂教学和日常的接触，学生会有意无意地学习教师，因此教师要练就自身过硬的专业本领和道德品质，严守职业道德，为学生树立好一个良好的榜样。

利用各种契机将体育教学和爱国主义教育相结合，在对大学生进行爱国主义教育的过程中，体育赛事将会成为爱国主义教育的载体，提升大学生的民族自豪感。例如，2001年北京申奥成功，这是一个令中国人兴奋、激动和扬眉吐气的时刻。2008年北京夏季奥运会和2022年的北京冬奥会，把"同一个世界，同一个梦想"以体育盛会的形式传遍全世界。

2. 充分发挥体育课程思政教育功能

开学第一课对学生进行充分了解，综合分析和准确判断学生的实际思想状况。体育教学环节中的教法与学生身心发展相适应，增强思想政治教育的实效性。体育教学中同一技术动作采用不同方法练习达到的教学效果也有差别。如篮球、足球课程的无实物教学练习、分组对抗教学练习。从基本的技术要领开始，无实物会打消部分学生手忙脚乱

的问题；再如，健美操课程教学，学生分小组进行技术动作练习，练习任务完成后学生进行相互点评。通过学生之间的相互讨论、交流、总结，形成彼此间对技术动作的共同认知；最终增强学生之间的凝聚力，增进学生间彼此的感情与交流。

3. 充分发挥榜样的作用

体育教师无论从自身技能基本功还是从思想政治素质上对学生都具有潜移默化的影响。开展体育教学中的思想政治教育，体育教师队伍的思想政治建设必须过硬过强，大力提升教师的思想政治理论水平，提高教师的道德素质。

在课堂上教师要做好表率，始终如一，不忘初心，"唱响主旋律"。体育教师要以身作则，始终保持旺盛的求知欲和学习精神，积极学习掌握体育领域以外的知识，成为终身学习的践行者，不断积累、努力汲取一切有益于融入课程思政的新知识和新理论。体育教师在教学活动中做到言行一致，把思想政治教育渗透到体育教学活动中。除此之外，树立学生"典型示范"，培养学生合作意识也是思想政治教育的途径之一。

4. 课程思政中新媒体的作用

新时代的全新教育形式提出了课程思政，各学科领域努力探索，利用正确的价值观引导体育知识传授和体育运动能力的培养，构建出全员、全程、全方位育人的大格局。

体育教学思政课程应进一步提升课堂教学质量，展现课堂教学魅力，打造"新媒体+思政教学"的新模式，开展线上+线下相结合的混合教学形式。例如，运用雨课堂、课堂派、微信群、腾讯会议等网络媒体，采用推送理论知识、录制视频、线上监控、课堂话题等进行教学。

5. 题材创新，增强体育课程思政的感染力

教师在挖掘思政元素以及融入思政元素时应与时俱进，结合时代的发展背景，综合选取资源。将一些具有时代意义的元素融入课程中，有助于更好地了解学生，进而激发学生学习的积极性，增强学生的学习热情。传承优秀的民族体育文化，使课程思政工作更具吸引力和感染力，充分发挥课程思政的作用，提升学生的思想政治素质，增强学生的使命感和责任感。

四、结语

体育课与思想政治理论课共同承担着育人的任务，只是两者育人的侧重点不同。探究体育课程思政发展，对体育课程思政进行调查研究，旨在不断地挖掘体育课中潜藏的思政资源，总结成效，发现问题。在继承和发扬的基础上，针对存在的问题，多方位分析原因，进而思考有效的改进策略，实现体育课程思政的长效发展，让学生在锻炼身体的同时提升思想意识的高度，在实践锻炼中磨砺意志，提升个人品质。

参考文献

[1] 国务院. 国家中长期教育改革和发展规划纲要（2010—2020年）[R]. 2020.

[2] 中共中央办公厅，国务院办公厅. 关于深化新时代学校思想政治理论课改革创新的若干意见[R]. 2019.

[3] 杨建超. 协同育人理念下高校"课程思政"改革的理性审视[J]. 南通大学学报（社会科学版），2019，35（6）：121-128.

[4] 常益. 大学体育的思想政治教育功能研究[D]. 长春：东北师范大学，2019.

[5] 王丽华. 高职院校"思政课程"与"课程思政"协同育人模式构建的逻辑理路探究[J]. 中国职业技术教育，2019（18）：71-75.

[6] 王振雷. 论高校课程思政改革的三维进路[J]. 思想理论教育，2019（10）：72-75.

以学生为中心开展"大学英语"课程思政[1]

王娜[2]

摘 要:"大学英语"课程是一门非常重要的通识类课程,是高校教育体系中一门不可缺少的基础性语言文化课程。"大学英语"课程思政教学对立德树人、增强文化自信具有重要意义。为了使"大学英语"课程思政达到良好的效果,学生的参与积极性是重要因素。"大学英语"课程思政应以学生为中心进行课程设计,提高学生了解中国传统文化、了解中国故事的兴趣,使他们有能力"更好推动中华文化走出去,向世界阐释推介更多具有中国特色、体现中国精神、蕴藏中国智慧的优秀文化"(习近平,2021)。

关键词:大学英语;课程思政;以学生为中心

高校构建立体多元思政教育模式的路径之一就是将思政教育元素融入各门课程,建立并实践对学生思想意识、行为举止产生潜移默化影响的课程思政模式。课程思政的目的是构建全员、全程、全课程育人格局,保证各类学科教学与思政理论课同向而行,在协同效应下完成"立德树人"的根本教育任务。2016 年,习近平总书记在全国高校思想政治工作会议上的重要讲话提出:"要充分发挥课堂在大学生思想政治教育中的优势,要加强思想政治理论课的改革与创新,强化思想政治教育的目的性与号召力,在保障大学生健康成长上发挥重要作用,其他专业课程都需要守好一段渠、种好责任田,保障思想政治教育与各个课程都能够紧密融合,协同并进。"(习近平,2016)这一重要论述不仅重申了高校继续开展思政教育、深化"立德树人"的重要性和必要性,也指明了高校思政教育工作的具体方向与实践思路。在这样的背景下,高校应坚定不移地拥护党的领导,积极响应党的政策方针,秉承"三全育人"的指导理念,将大学生思想政治教育摆在学校教育教学工作的重要位置,并且落实在学校办学发展的各个层面,积极引导全体教师树立思政教育理念,确保教师通过课程教学改革承担好学生成长成才引路人和指导者的责任。

---

[1] 资助项目:"纺织之光"中国纺织工业联合会高等教育教学改革研究项目"多模态纺织服装语料库在服装专业大学英语教学中的应用研究"(项目编号:2021BKJGLX082);北京服装学院"课程思政"教育教学改革专题项目"新文科背景下大学英语课程思政教学模式探究"(项目编号:KCSZZT-2148)。

[2] 作者简介:王娜,北京服装学院文理学院,讲师。

一、"大学英语"课程思政的必要性和可行性

大学英语是高等院校通识教育的重要组成部分，具有课时多、周期长的特点。教师在英语教学过程中，注重培养学生的文化素养并带领学生对学习过程中涉及的西方文化进行全面分析和解读，对比中西文化，进而对西方文化加以辨别，认清西方文化中有利于我们发展和进步的内容，区分出阻止我们前进甚至把我们引入歧途的糟粕。因此，课程思政在大学英语教学中的融入十分重要。广大英语教师尤其是要认真学习习近平总书记关于青年工作的讲话，立德树人，引导学生将有利于我们发展的西方文化与我们的优秀传统文化相结合，不断发展壮大我们的祖国。

而且，大学英语课程所用的教材、教学资料素材和教学过程设计均涵盖了许多经典中国传统民族文化、爱国教育、环境保护、可持续性发展等方面的思想政治教育知识，因此，在大学英语课程中开展思想政治教育具有良好的基础与条件。在教学资料中，英语教师快速而充分地提取出和思政教育相关的内容，并依照该内容设计教学方法，将思想政治教育自然而然地渗透到英语教学过程。根据大学英语课程每单元主题有针对性地开展思政教育，能够帮助大学生形成更为积极的思想认知，树立正确的价值观念。因此，在大学英语课程教学中融入思想政治教育是切实可行的，能够为宣扬思想政治教育知识提供良好的载体。

二、课堂上利用教材的单元话题，以任务形式使学生完成相关思政内容的学习

对于高校教师来说，无论是进行学科教学还是思政教育，如果只是激发学习主体外的其他主体活力和优化其他作用条件，很难实现教育教学工作的突破性发展。因此，在课程思政视角下改革大学英语教学，必须探索新的教学方法，进一步激发学生主动学习的活力。而在这其中，以任务驱动教学就是一种具有积极意义的教学探索。任务驱动教学概括说来是指以学生为中心，教师通过发布与课程教学相关的学习任务，不断推动发挥学生主观能动性，提高学生学习主动性。

比如，教师首先在英语教材中探索思政教育元素，为学生布置课前任务：准备与该思政元素相关联的我国经典德育故事、时事政治等。在正式开展课堂教学活动前10分钟，让学生轮流用英语进行阐述。教师对每个课文故事中包含的德育思想进行提取和整合，不断地引导学生建立正确的价值观念，积极践行社会主义核心价值观，始终秉承"中国特色社会主义道路自信、理论自信、制度自信、文化自信"（习近平，2016）。这种教学方式，一方面有助于大学生丰富英语知识、提高口语能力；另一方面可以加强大学生德育教育，通过各种经典故事帮助学生塑造明辨是非的能力。

以《新视野大学英语（第3版）》第4册第一单元"Life and Logic"为例。教师可以布置学生查找、整理与"逻辑错误"或者"聪明反被聪明误"等单元主题相关的中国历史故事、名人名言，使学生从历史悠久、博大精深的中华智慧中学到为人处世的道理和方法。比如，有同学提到《道德经》中的"天下皆知美之为美，斯恶已。皆知善之为善，斯不善已。'It is because every one under Heaven recognizes beauty as beauty, that the idea of ugliness exists. And equality if every one recognized virtue as virtue, this would merely create fresh conceptions of wickedness.'（Arthur Waley, 1938）",道出了对立事物相反相成的关系。这些任务具有开放性,每位同学都可以根据自己的兴趣准备相应内容,这样就能够保证每个学生在教学过程中的参与深度,为培养学生学习兴趣、激发学生学习活力创造了条件。

三、依托课余时间开展"大学英语"课程思想政治教育

在大学教育阶段,能够规划为英语的教学课时数有限,因此,为了进一步提高英语教学中思想政治教育的效果,教师还要充分发掘课余时间的价值,进一步加强对学生的德育教育。一方面,教师能够通过互联网查找一些与思想政治教育相关的英语语言资源,丰富大学生的英语语言学习素材,比如,中国英文媒体的报道与评论等;另一方面,要充分应用现代多媒体技术,在此基础上开展思想政治教育,比如,利用课前、课间带领同学们观看CGTN（中国环球电视网）的新闻节目,帮助他们及时了解国内国际重要新闻,了解时事新闻的官方表达英语方式,感受中国的发展速度。此外,众多优秀的英文纪录片也能使同学们了解灿烂的中华文化,中国共产党的伟大,中国取得的巨大进步以及对世界做出的重大贡献等思政内容,激发同学们的民族自豪感和文化自信心,使同学们牢记自己肩负的传承中华文明的历史责任感和时代使命,有助于构建中国话语和中国叙事体系。这样的纪录片包括美国国家地理纪录片《鸟瞰中国》（*China from Above*）；BBC录制的纪录片《中国春节：全球最大的盛会》（*Chinese New Year：The Biggest Celebration on Earth*）、美国探索电视台的纪录片连续剧《习近平的治国方略：中国这五年》（*China：Time of Xi*）等。这些课外内容,潜移默化地实现着立德树人的目的,真正实现"大学英语"教学与课程思政的融合。培养学生具备必要的英语知识,能做到"向世界阐释推介更多具有中国特色、体现中国精神、蕴藏中国智慧的优秀文化"（习近平,2021）。

四、结语

综上所述,大学英语课程思政意义重大。教师必须不断提高个人思政理论水平和思政教育能力,时刻谨记以学生中心,充分调动学生思政学习的热情,通过潜移默化的教学影响,使学生具备正确的价值观念和人文精神、思辨思维,帮助学生树立远大理想、坚定奋斗信念。

参考文献

[1] 习近平. 坚定理想信念　补足精神之钙[R/OL]. 求是网, 2021 (21) [2021-10-31]. http://www.qstheory.cn/dukan/qs/2021-10/31/c_1128014255.htm.

[2] "学习强国"学习平台. 习近平论宣传思想工作（2021年）[OL]. 2021-11-08. https://www.xuexi.cn/lgpage/detail/index.html?id=3249678025183638103&item_id=3249678025183638103.

[3] 习近平在全国高校思想政治工作会议上强调：把思想政治工作贯穿教育教学全过程 开创我国高等教育事业发展新局面[J]. 实践（思想理论版），2017（2）：30-31.

[4] 严婷. 大学英语课课程思政实践探索：以《新视野大学英语》为例[J]. 黑河学刊，2019（5）：105-108.

[5] 韩宪洲. 以"课程思政"推进中国特色社会主义一流大学建设[J]. 中国高等教育，2018（23）：4-6.

[6] （春秋）老子. Tao Te Ching[M].（英）Arthur Wale, 译. Wordsworth Editions Ltd. Ware, Hertfordshire, 1997.

新文科背景下"大学英语"课程思政教学模式探究[1]

康洁平[2]

摘　要：在"大学英语"课程中，增加课程思政的内容，在教会学生掌握英语知识的同时，加强对学生的思想品德教育，引导学生形成积极向上的价值观。在新文科背景的"大思政"的建设需求下，"大学英语"作为高校一门通识公共课，具有工具性和人文性的双重性质，挖掘和融入思政元素已是大势所趋。本文分析了"大学英语"教学与课程思政融合存在的问题，探索"大学英语"教学与课程思政融合的教学模式和策略。

关键词：新文科背景；大学英语；课程思政；教学模式；探讨研究

一、引言

2016年12月，习近平总书记在全国高校思想政治工作会议上强调[1]："各门课都要守好一段渠、种好责任田。"强调了各类课程与思想政治理论课同向同行，形成协同效应。2017年12月，中共教育部党组印发的《高校思想政治工作质量提升工程实施纲要》通知中提出[2]，要大力推动"课程思政"为目标的课堂教学改革的要求。由此以来，"课程思政"的理念渐入人心，各大高校陆续推广课程思政建设，在全国开始大规模地挖掘和融入课程思政元素的探索。2020年6月，教育部颁发通知《高等学校课程思政建设指导纲要》，明确提出[3]："把思想政治教育贯穿人才培养体系，全面推进高校课程思政建设，发挥好每门课程的育人作用，提高高校人才培养质量。"从教学目标、教学体系、教学内容和保障机制等方面给全国高校明确了课程思政建设的指导方向，对各专业的课程思政建设具有非常重要的指导作用。

教育部高等教育司吴岩司长指出[4]：在新文科背景下，创新是高等教育重中之重，要想应对好第四次工业革命的新情况新问题，必须发展新文科、新工科、新医科、新农科。新工科与新医科、新农科交织交融、相互支撑，新文科为新工科、新文科注入人文色彩，让科技的发展为人服务，"四新"为下一轮高等教育改革进行深入的探索、引领以及支持，是未来国家繁荣昌盛的责任担当。面对新形势、新挑战、新要求，

---

[1] 资助项目：北京服装学院"课程思政"教育教学改革专题项目"新文科背景下大学英语课程思政教学模式探究"（项目编号：KCSZZT-2148）；北京服装学院重点教改革项目"思想政治教育融入大学英语教学的实践探索"（项目编号：ZDJG-1907）。

[2] 作者简介：康洁平，北京服装学院文理学院，副教授。

在新文科背景下，对外语教学也提出了更高的要求，大学英语作为高校一门通识公共课，在承担立德树人、全程育人、全方位育人的使命上也起着不可低估的作用。

在新文科背景的"大思政"格局下，实施"大学英语"教学改革是顺应时代潮流、践行先进的教学理念和贯彻落实国家方针政策的必由之路。英语教学不同于其他学科，兼具着西方语言教学和文化传播的双重功能。由于中西文化和价值观念的不同，在"大学英语"教学中注重对学生价值观的正确引导，挖掘教学内容所蕴含的人文精神，促进"大学英语"教学和思政教育的融合是当务之急的大事。"大学英语"课程教学应以此为契机，进一步深化改革英语教学目标、教学内容和教学方式以及考核方式，使课程思政内容贯穿于"大学英语"教学的全过程，真正做到高等教育为国家培养全方位、合格的有用人才。

二、"大学英语"教学现状

由于学科上的差异，很多英语教师在思想政治教育与"大学英语"教学的融合方面做得还很不够到位，需要对"大学英语"课程教学如何挖掘和融入思政元素做出进一步的探索，需要在教学模式、教学策略、思想引领、价值导向上多花工夫。"大学英语"作为高校一门通识公共必修课，具有工具性和人文性的双重性质。这就需要教师充分地挖掘和探索大学英语课程丰富的课程思政内涵，做到把培养学生的人文素养、文化意识、积极向上的人生观和价值观与其语言知识综合应用能力很好地结合起来。

而现在的"大学英语"教学现状主要有以下两个方面的问题。

一方面是在教学方法上，大学英语教师已习惯于传统的教学理念，往往过多注重对语言本身的知识的渗透和讲解，而忽视对学生进行正确的思想价值观念引导。另外，由于学科上的差异，大多数英语教师还没有很好地探索出切实可行的思想政治教育与"大学英语"教学融合的教学模式和教学策略，在思想和价值引导上也存在着一些困难。还有一些英语教师在设计课程思政内容时，没有认真考虑课程思政教学需要，只是为了完成教学任务而教学，机械式地照搬课程思想政治内容。由于教学设计不科学，难以调动学生学习相关课程内容的积极性，导致课堂气氛沉闷，也阻碍了学生对课程思政内容的正确理解和吸收。

另一方面是在教学内容上，大学英语教师往往习惯于过多地讲解西方文化风俗以及价值理念等内容，而对中华优秀传统文化和社会主义核心价值观传播不够充分，致使学生的专业知识学习与思想政治教育的发展不平衡。同时，为了提高大学英语四、六级通过率，教学过程中往往注重培养学生的英语听、说、读、写、译等技能，融入思政内容比较少，不太注重对大学生整体人文素养的提升以及社会主义核心价值观的引导。在平时的测试以及期中和期末考试中，考试内容多为国外的文化内容，而涉及我国优秀思想文化方面的内容少之又少。因此，大学英语教师应当尽快地将思想政治教育很好地融入英语课堂教学中去，加强对学生的思想与价值观的正确引导，培养学生树立积极的世界观和人生观。

英语课程与思政元素相互融合，是迫切需要解决的问题。应当从教学目标、教学内容、教学方法和教学效果评价等方面来进行实践和探索，课前要先做好线上准备，课中要充分做好线下融入，课后还要补充线上加强，探讨在英语教学过程这三个环节中，如何将"大学英语"教学与课程思政更好地融合。

三、"大学英语"教学与课程思政融合的策略

1. 提高大学英语教师的课程思政教学能力

提高英语教师的课程思政教学能力，才能保证教学改革的实际效果。大学英语教师有责任将思政教育融入英语课堂教学，加强对学生的思想和价值的引领。教师不仅要给学生传授书本上的知识，而且要注重培养学生的道德行为和道德品质，潜移默化地影响学生的思想意识和行为举止，达到课程思政教学的目的和作用。因此，大学英语教师应更新理念，重新审视教育职责，将知识传授与思政教育有机融合在一起。梳理"大学英语"教学现状，找出不足，增强教师课程思政的自觉性和主动性，不断探索思政教育与"大学英语"教学融合的教学模式和新策略。

2. 促进"大学英语"教学和思政教育的融合

"大学英语"课程，在内容上大多数是以语言知识和相关文化为主，因此要将课程思政元素很好地融入"大学英语"教学的全过程中去，在涉及西方文化时应增加与其相匹配的中国文化内容，进行对比分析，加强对学生的思辨能力的培养，削弱西方文化对学生价值观的冲击。这就需要教师课前精心准备线上内容，在线下课堂中充分做好英语教学与课程思政内容的有机融合，课后还要加强对学生在线上学习的全面管理。推动"大学英语"课程将知识传授与思政教育有机地融合起来，使思政元素渗透到"大学英语"教学的全过程当中去，是大学英语教师义不容辞的责任和义务。

3. 充分利用丰富的网络资源，建立课程思政资源库

在教授"大学英语"过程中，教师可以通过搜集丰富的网络资源，也可以从学习强国平台选出具有代表性的时效性新闻、报道以及视频等素材，高效整合这些和英语教学内容相关的课程思政素材，建立"大学英语"课程思政的资源库。这样便于教师利用视频、动画、音频等多媒体教学方式，将抽象枯燥的教学变得生动有趣、丰富多彩，不断更新和完善多媒体课件，充分保证多媒体课件的时效性和科学性。同时还要掌握现代教育信息和技术，熟悉各类教育平台的操作。在进行英语思政教学时，创设教学情境以增强课堂教学的多样化。要构建完善的课程结构，丰富教学内容，提高学生的学习兴趣。

4. 纠正学生的功利性英语学习动机，建立文化自信

学生在从小到大的学习过程中，需要面对各种升学压力：小升初、中考、高考、考研、考博等，大家经常会有这样的想法，只要学好英语，就一定能上个好学校，将来就一定会前途无量。学习英语的动机就是为了将来的工作和收入。针对以上这些问题，努力提升"大学英语"教学的文化内涵，特别是注入中华文化自信，引导学生提高人文素养和思辨能力，树立正确的历史观、国家观、文化观、价值观，增强本土文化的认同感和自豪感。"大学英语"教育不仅是为了向社会输送更多的国际化人才，更是为了在促进中外语言文化交流的过程中，提升我国学生对中国本土文化的自信心，增强学生对于

中国本土文化的喜爱与责任感[5]。

四、结论

  课程思政理念的提出，标志着我国教育理念的进步和人才教育目标的转变，但要落实到具体的教学实践中，还有较长的路要走[6]。为了促进高校英语教学与课程思政的有效融合，首先要加强大学英语教师的课程思政教学的理念和能力，其次还要优化"大学英语"教材资源和课程设计，最后还要注重第二课堂的开发。在"大学英语"教学中，积极推进课程思政教育的改革，不仅是为了提升高校的教学质量，更是为了在对学生进行知识传授的同时，引导学生树立正确的世界观、人生观和价值观，从而更好地推动英语教育的本土化进程，推动"大学英语"教学质量的全面提升，培养学生英语综合实用能力、促进人文素质的发展，为国家和社会培养更多的优秀人才。

参考文献

[1] 习近平. 在全国高校思想政治工作会议上强调 把思想政治工作贯穿教育教学全过程 开创我国高等教育事业发展新局面［N］. 人民日报，2016-12-09（1）.

[2] 中共教育部党组. 高校思想政治工作质量提升工程实施纲要［Z］.2017-12-05.

[3] 中华人民共和国教育部. 高等学校课程思政建设指导纲要［Z］.2020-06-01.

[4] 李彩萍. 新文科背景下大学英语课程思政建设探析［J］. 中山大学学报，2021（3）：115.

[5] 张栩银. 高职公共英语课程思政探究［J］. 延边教育学院学报，2021（3）：62.

[6] 刘坤，徐常兰. 课程思政视角下大学英语教学的问题与改进［J］. 中学政治教学参考，2021（23）：99.

课程思政融入"大学英语"教学的可行性路径研究

刘庆华[1]

摘 要：新文科背景下的"大学英语"教学改革所面临的重要问题是如何将课程思政有机融入"大学英语"教学中。本文分析了在新文科背景下实施"大学英语"课程思政的目的与意义，剖析了英语课程思政内涵，并在此基础上探讨了实施"大学英语"课程思政的可行性路径。

关键词："大学英语"教学；课程思政；可行性路径

一、引言

美国希拉姆学院（Hiram College）于 2017 年提出了"新文科"的概念，提出以跨学科整合的思想重组学科专业，将人文学科和科学技术相结合，实现交叉融合，协同共享。旨在培养拥有跨学科知识与能力的综合型人才。我国教育部于 2018 年 6 月提出"文科创新教育"的概念，随之于 2019 年公布了"六卓越一拔尖"计划 2.0[1]，提出了"四新"的学科建设思路，全面推进新工科、新医科、新农科、新文科建设。作为"四新"之一的新文科建设是时代发展的新趋势，也是全球文科建设的共同责任、共同追求、共同奋斗的理想路径[2]。文科教育是培养自信心、自豪感、自主性，产生影响力、感召力、塑造力，形成国家民族文化自觉的主战场、主阵地、主渠道。新文科强调要以本国学科发展为基础，发展中国特色、发扬中国风格，重塑中国在世界上的学术地位和话语权[3]。中国建设"新文科"的核心要义是顺应时代的需求和变革，着眼于传统文化的转化创新，在新时代坚持新主张，促进文科发展的融合[4]。新文科建设对于推动文科教育创新、培养文科人才、弘扬中华文化、提升国家文化软实力都具有重要意义。"大学英语"也属于文科范畴。作为大学公共课程体系的重要组成部分，"大学英语"课程应充分发挥课程育人作用，实现学科内容、语言教学和思政育人目标的有机融合，培养兼具家国情怀、语言能力的高水平人才。将"大学英语"教学改革纳入新文科建设的视域下进行研究，有助于探索"课程思政"融入教学的可行性与新模式。

二、新文科背景下实施"大学英语"课程思政的内涵、目的与意义

2016 年 12 月，习近平总书记在全国高校思想政治工作会议中明确指出："高校思想

---

[1] 作者简介：刘庆华，北京服装学院文理学院，讲师。

政治工作关系高校培养什么样的人、如何培养人以及为谁培养人这个根本问题。要坚持把立德树人作为中心环节，把思想政治工作贯穿教育教学全过程，实现全程育人、全方位育人，努力开创我国高等教育事业发展新局面。"中共中央、国务院颁发的《关于进一步加强和改进大学生思想政治教育的意见》指出："坚持教书与育人相结合。学校教育要坚持育人为本、德育为先，把人才培养作为根本任务，把思想政治教育摆在首要位置。"综上可见，教育的根本任务就是立德树人，"育人"是课程思政的核心内涵。落实立德树人根本任务，必须将价值塑造、知识传授和能力培养三者融为一体。全面推进课程思政建设，就是要寓价值观引导于知识传授和能力培养之中，帮助学生塑造正确的世界观、人生观、价值观[5]。

教育部2007年颁布的《大学英语课程教学要求》（以下简称《要求》）指出，"大学英语"课程是一门语言基础课程，同时也是帮助学生拓宽知识、了解世界文化的素质教育课程，兼有工具性和人文性。《要求》明确强调[6]："大学英语的教学目标是培养学习者的英语综合应用能力，特别是说的能力，使他们在今后工作和社会交往中能用英语有效地进行交际。同时，增强其自主学习能力，提高综合文化素养，以适应我国社会发展和国际交流的需要。""大学英语"作为人文学科，是高校课程体系的重要组成部分，是一门非常重要的必修课程，承载着培养学生人文素养的使命，也是学校通识平台上重点建设的窗口课程。在"大学英语"课程中推行课程思政的目的与意义就在于"大学英语"课程的思政教育功能在较长育人周期内，在传授知识的同时，潜移默化地引导学生正确的政治方向和引领学生形成正确的人生观、世界观和价值观。那么，"大学英语"学科作为推进新文科建设的重要力量，如何把提高学生英语语言能力与弘扬社会主义核心价值观、中华优秀传统文化，培养爱国主义情怀、改革创新的时代精神、人类命运共同体意识，培养跨文化能力和全球治理能力等一系列有机融合，充分发挥"大学英语"学科立德树人的潜力，实现其"课程思政"目标呢？那我们就需要探索"课程思政"融入"大学英语"教学的可行性路径。

三、"大学英语"推行课程思政的可行性路径探索

在新文科背景下，探索"大学英语"中推进课程思政的可行性路径应从师资建设、教学资源内容的建设与开发、教学方法等方面推进改革，实现全课程育人，以习近平新时代中国特色社会主义思想为思想引领，按照《大学英语教学指南》的指导，将社会主义核心价值观及中国优秀传统文化价值观有效融入课程教学，帮助学生坚定"四个自信"，切实增强"大学英语"教学的时代性、实效性和思想性。

1. 加强大学英语教师师资建设

教师是人类灵魂的工程师，承担着教书育人的神圣使命。课程思政作为一种寓思想教育于知识传授之中的思政教育形式，关键在于教师。2014年9月，习近平总书记在与北京师范大学师生座谈时指出，"广大教师要用好课堂讲坛，用好校园阵地，用自己的行动倡导社会主义核心价值观，用自己的学识、阅历、经验点燃学生对真善美的向往，使社会主义核心价值观润物细无声地浸润学生们的心田、转化为日常行为，增强学生的

价值判断能力、价值选择能力、价值塑造能力，引领学生健康成长。"课程思政的推行对于当代大学英语教师的课程思政意识和中国文化素养提出了新要求，而实现教师素养的提升需要教师个人和制度保障的双重动力。

一方面，教师应主动提升课程思政意识和中国文化素养。首先，大学英语教师应意识到自己所承担的思想政治教育任务，不断加强自身的思想道德修养和政治理论水平。其次，大学英语教师还应注重提升自身中国文化素养。只有具有良好的人文素养，才能将知识传授与思想教育有机融合起来。人文素养培育的最有效路径即为人文阅读，这也是教师的教育素养这个品质所要求的。因此，大学英语教师应加强中国文学经典阅读，以了解母语文化的精髓，熟悉中国历史的发展和新时期中国在国际社会的影响与地位，或者通过观看影视作品了解不同地域的风土人情和节日习俗。教师只有不断提高自身的修养，才能用英文规范地表达中国文化，准确地解释中国传统文化现象。教师只有成为"立德树人"的践行者，先进文化的传播者，才能培养学生文化自信和民族自豪感，强化母语文化身份认同，并引导学生用英文向全世界传播中国文化，讲好中国故事。

另一方面，高校应该设立激励制度，鼓励教师在职攻读博士、进修访学、评聘职称等，从政策上给予支持和保障，促进教师的素质水平的提升。同时高校还应注重教师团队建设，精品课程建设、优质资源共享以及示范课程开发。

2. 着力教学资源内容建设和开发

教学资源是课程的重要依托，在"大学英语"教学中推行课程思政，势必开展教学资源内容的建设与开发。实现"大学英语"课程思政的关键是做好大学英语思政教学资源开发。

新文科建设要在知识生产与立德树人两个维度上展开。在知识生产的维度上，要直面 40 多年的改革开放所呈现出来的中国现象，在中国文化与历史的脉络中，吸收外来知识，给出自己的解释，从而提炼出中国的学术话语；在立德树人的维度上，要能够深刻反思近代以降的以反传统作为前提的中国现代化过程，基于中国文化来立德树人，通过文化认同，培植文化自信[7]。在新文科理念的两个维度的引领下，大学英语教学资源内容建设和开发应注重以下两点：

（1）深入挖掘开发已有教材中思政教育元素。发掘教材所涉及的社会主义与核心价值观、中国核心文化价值观的教材内容点用以作为补充语言素材。

（2）建设思政教学素材库作为有益补充。素材内容主要着眼于从中国传统文化中发掘思政元素和外国语言文化比较。素材可以包括中国文化经典英译著、《习近平谈治国理政》（中英对照）、中国主流媒体英文报道和评论以及西方官方英文媒体的报道与评论。挖掘和拓展中国和外国重要媒体阅读和视听素材。根据新文科建设的引领，利用数字和信息化的发展，将大量文本、音频和视频以及网络平台的慕课、微课等教学资源作为素材库的重要组成部分。并在此基础之上，推出高水平的教材，创新学术话语体系。

3. 注重教学方法的探索

优化课程体系，培养复合型人才，是新文科建设的根本任务。课程的设计主要依托课堂教学来实现，将课程思政与"大学英语"课堂教学有机地融合是实施大学英语课程思政的关键路径。教师在课堂上可以以信息技术为教学依托，采用多元化教学模式，构建信息化课堂相融合的教育实践来实现思政融于教学的目标。

按照习近平总书记所指出的[8]，要教育大学生"正确认识中国特色和国际比较，全面客观认识当代中国、看待外部世界"。在设计"大学英语"课程思政的教学课堂时，可以就一下两个方向进行尝试。第一，运用现实问题引领课堂教学。教学设计的文化知识既包括对英语国家文化的学习，也包括对世界其他文化的了解，还包括对中国文化的深入理解和反思。第二，以新文科建设为引导，以培养跨文化交际能力为目标，通过演讲、思辨式讨论、辩论、案例分析和汇报展示等方式潜移默化进行思政教育，注重培养创新以及批判思维和自主学习等能力，为讲述中国文化故事，参与中外人文交流，促进人类命运共同体建设做好准备。在培养学生语言应用能力和思辨能力的同时，润物无声地实现思政教育目标。

此外，教师应积极探索多元化的教学方式即线上与线下相结合；现实课堂与虚拟课堂相结合；课堂与第二课堂相结合的全方位教学模式。

四、结语

综上所述，笔者认为在新文科建设的指引下，以"知识传授与价值引领相结合"为目标，以兼具课程思政意识和中国文化素养的教师为主导，以新型教学资源为支撑，将课程思政融入课程教学和改革的各方面，实现"立德树人"和"润物无声"，是在大学英语教学中推进"思政寓课程、课程融思政"的可行性途径。

参考文献

[1] 中华人民共和国教育部."六卓越一拔尖"计划2.0启动大会召开：掀起高教质量革命助力打造质量中国[EB/OL]. http：//www.moe.gov.cn, 2019-04-29.

[2] 张俊宗. 新文科：四个维度的解读[J]. 西北师大学报（社会科学版），2019（5）：13-17.

[3] 王铭玉，张涛. 高校"新文科"建设：概念与行动[N]. 中国社会科学报，2019-03-21（4）.

[4] 樊丽明. 对"新文科"之"新"的几点理解[J]. 中国高教研究，2019（10）：10-13.

[5] 高等学校课程思政建设指导纲要[EB/OL]. [2021-03-03]. http：//www.moe.gov.cn/srcsite/A08/s7056/202006/t20200603_462437.html.

[6] 教育部. 大学英语课程教学要求[Z]. 北京：高等教育出版社，2007.

[7] 陈凡，何俊. 新文科：本质、内涵和建设思路[J]. 杭州师范大学学报（社会科学版）. 2020, 42（1）：7-11.

[8] 把思想政治工作贯穿教育教学全过程开创我国高等教育事业发展新局面[N]. 人民日报，2016-12-09.

协同育人理念下高校"课程思政"建设探析

——以北京服装学院为例

贾云萍❶ 吴冠钰

摘　要：运用协同育人理念发展"课程思政",通过教学改革和教学模式的创新,实现高校各门各类课程与思政教育同向同行,将思想价值引领贯穿教育教学全过程,这是高校教学改革发展的必然趋势。本文基于协同育人理念,结合北京服装学院"课程思政"建设,从加强教学体系设计和协同联动机制、结合专业特点分类推进课程思政建设、提高教师思政意识和育人能力、建立"课程思政"质量监督评价体系等方面,深入探讨了高校"课程思政"协同育人机制的建设。

关键词：课程思政；协同育人；建设；教学

随着时代的发展,教育理念在不断更新,高校育人模式也在不断发生改变。2020年,教育部印发《高等学校课程思政建设指导纲要》,提出课程思政建设要在所有高校、所有学科专业全面推进,促使课程思政的理念形成广泛共识,广大教师开展课程思政建设的意识和能力全面提升[1]。习近平总书记在全国高校思想政治工作会议上明确指出[2],"高校思想政治工作关系高校培养什么样的人、如何培养人以及为谁培养人这个根本问题。要坚持把立德树人作为中心环节,把思想政治工作贯穿教育教学全过程,实现全程育人、全方位育人。"当前,全国各高校都在发展"课程思政"建设,如何运用协同育人理念,通过教学改革和教学模式的创新,使思政元素融入专业教学、基础教学、创新创业教育等,实现各门各类课程与思政教育同向同行,将思想价值引领贯穿教育教学全过程,是当前高校推进思政教育、实现育人目标的关键所在。

一、协同育人理念与"课程思政"解析

1. 协同育人理念

协同育人是当代教育发展的一种趋势,是培养方式的创新。在教育教学领域,协同育人最初主要指的是探索产教协同育人的新模式。为提高本科人才培养质量,深化产教融合、校企合作,2015~2017年,教育部高等教育司组织有关企业支持高校共同开展产

---

❶ 作者简介：贾云萍,北京服装学院教务处,讲师。

学合作协同育人项目。之后几年，产学合作协同育人项目在数量和质量上都实现了快速发展，很多高校都打造了多主体协同育人的长效机制，构建了产教融合、校企合作的良好发展态势。近些年，协同育人理念逐渐深入高校教育教学各个领域，涵盖教学改革、教材建设、教师素质、体系融合、基地建设等，也因此创新发展了高校的教育教学模式。

2. "课程思政"

"课程思政"主要形式是将思想政治教育元素，包括思想政治教育的理论知识、价值理念以及精神追求等融入各门课程中，潜移默化地对学生的思想意识、行为举止产生影响[3]。其核心就是坚持"育人为本、德育为先"，把"立德树人"作为教育的根本任务，也就是把培育和践行社会主义核心价值观有机融入整个教育体系，全面渗透到学校教育教学全过程[4]。

"课程思政"并不是简单地在各类教育教学活动中加入思政课程内容，而是要将德育教育有机地融入知识的传授中，挖掘和发现各类课程中的思政元素，将思政课程的显性育人与各类课程的隐性育人有机结合，发挥各学科专业课程的育人导向，达到知识传授与思政教育的同频共振，最终实现全程育人、全方位育人。

3. 协同育人理念与"课程思政"相辅相成

如上所述，课程思政的本质就是实现各门各类课程与思政教育的有机融合，寓德育于各类教育教学活动中，以润物无声、潜移默化的方式实现育人的最终目标，其实质就是协同育人。

可以说，无论是"五育并举"还是"三全"育人，体现的都是协同育人的理念。因此，高校要想深入推进"课程思政"教学模式改革，必须坚持协同育人的理念，让广大师生熟悉"五育并举"的教学和学习模式，通过全员、全方位的教学组合，让思政教育自然融入教育教学中去，实现育人功能；同时，协同育人理念要想在高校教育教学中切实发挥其应有功效，也要与"课程思政"相结合，以思政元素为抓手，通过优化课程体系、教学内容及授课模式等多方面的改革，把政治认同、人格养成、文化意识等思想政治教育导向与各类课程固有的知识、技能传授有机结合，实现显性与隐性教育的全面融合，促进学生全面发展，充分发挥高校教书育人的作用[5]。

二、加强教学体系设计，构建"课程思政"协同育人机制

1. 科学设计"课程思政"教学体系

教学体系设计是教学中的战略问题，是决定教学质量的关键因素，"课程思政"协同育人体系的构建是高校思想政治工作改革的重要举措。习近平总书记在全国教育大会上谈及教育根本问题时明确指出[6]："要努力构建德智体美劳全面培养的教育体系，形成更高水平的人才培养体系。要把立德树人融入思想道德教育、文化知识教育、社会实践教育各环节，贯穿基础教育、职业教育、高等教育各领域。"

多年来，北京服装学院深耕学校办学定位，依托办学特色和教学实际，统筹规划，整合资源，以服饰文化为载体，融思政元素于教育教学之中，构建了凸显北服特色的

"思政+艺术"的"课程思政"教学体系。

学校坚持把立德树人作为各项工作的中心环节，先后制定了《北京服装学院全面推进"三全育人"工作的实施方案（试行）》和《2020年全面推进"三全育人"重点工作实施方案》等，将"课程思政"贯穿于教育教学改革全过程。学校制定了三步走的"课程思政"建设工作实施方案，从示范课程建设、试点课程建设到全面铺开。按照试点先行、循序渐进；重点突破、点面结合；名师引领、带动全员的原则[7]，选树一些优秀的、具有思政育人功能的示范课程，培养一批具有影响力和创造力的教师及团队，建立一套科学严谨、育人有效的教学体系。在学校"十四五"规划中进一步加大了对项目研究、课程建设、教学比赛和考核激励等各方面"课程思政"建设工作的支持力度；专门开展了"课程思政"教育教学改革专题项目立项工作，倡导各教学单位以专业核心课程建设为依托，深化"课程思政"教育教学改革。结合教育部、北京市教委关于"课程思政"的具体要求，有针对性地对人才培养方案进行修订，秉承"全面育人"和"以学生为中心"的理念，从课程体系设置、教学大纲制订、师资配备和评价考核等多方面加强顶层设计，构建科学合理的"课程思政"教学体系。

2. 结合专业特点分类推进课程思政建设

"课程思政"建设的深入推进，必须与学科专业特点相结合。根据不同学科专业的特色和优势，深入研究不同专业的育人目标，深度挖掘提炼专业知识体系中所蕴含的思想价值和精神内涵，科学拓展专业课程的广度、深度和温度，从课程所涉专业、行业、国家、国际、文化、历史等角度，增加课程的知识性、人文性，提升引领性、时代性和开放性[1]。通过寻求各学科教学中专业知识与思政教育之间的关联性，将思政育人的目标自然融于各专业教学当中，使各门课程都能深入学校育人的系统工程中去，形成一个完整的专业、课程育人体系。将政治意识、思想引领和价值塑造渗透于专业课的教学过程中，使学生能够潜移默化地接受主流价值观念的熏陶，实现立德树人、润物无声。

正如习近平总书记所说："扎根中国办大学。"契合新时代发展趋势和国家经济社会需求，北服发挥各专业在国家和地区文化形象的塑造与传达、优秀经典文化的传承与应用、文化自信的树立与表达等方面得天独厚的优势，时尚化赋能专业教学和"课程思政"建设。坚持"以学生为中心"，课堂教学与实践教学相结合，思政教育与专业课程相结合，在教学中努力做到与国史、党史、改革开放史、社会主义发展史及国家发展战略和中国传统文化相结合[7]，深植社会主义核心价值观和爱国主义教育于专业教学之中。

在学校的统一组织下，北服各学院都按照各自学科专业和课程的特点，结合"课程思政"优化教学大纲和教学计划，集分工协作和统筹规划于一体，共同研究制订体现"课程思政"思想的教学实施方案。服装艺术与工程学院以示范课程和"课程思政"教改项目为基础，深入推广具有服装特色的"课程思政"；艺术设计学院发挥学科专业优势，发展"设计思维方法""汉字课群""设计服务乡村"和"社会即课堂"等特色课程，精心实施精准扶贫设计项目及开展设计服务乡村的设计作品展，深植思政育人于专业教学之中；服饰艺术与工程学院坚持"设计为人民服务"的人才培养模式，秉承"教与学互为主体"的观念，引导学生在专业学习中聚焦可持续性设计、社会创新与族群设计、智能制造一体化等十大核心研究领域；商学院在"市场营销学""品牌管理"及"国际贸易"等课程中从教学设计出发，将教学目标进行分解，将价值塑造、知识传授和能力培养三者融为一体。邀请企业家进入课堂，与学生对话，让学生深刻体会到企业家做品牌的匠心与坚持，对学生的价值观产生润物无声的影响；时尚传播学院积极加强专业实践和课程思政协同育人建设，通过跨专业联合实践，以学年工作营形式，在传播、广告、摄影、表演等专业组成16个跨专业团队与十几家企业合作进行策划传播实训，通过学院与业界的优势互补，实现了产学融合、协同育人；美术学院依托课程思政试点课程"中国画论""中国传统雕塑考察"等创办学生作品集，在艺术创作过程中深化对学生的思想引领和价值塑造；文理学院积极开展思政进课堂活动，组织全院教师进行专业教学与思政教育相关的专题录制，将育人思想融入专业教学中。同时努力打造一批有特色的体育课程，引导学生在体育锻炼中提升自身的综合素养；思政部与京内外七所艺术院校联合举办"守正创新，砥砺前行——艺术院校市级思政公开课"，并在2020级本科生中开设由部门所有教师联合授课的"习近平新时代中国特色社会主义思想概论"课程。

3. 加强"课程思政"建设协同联动机制

"课程思政"建设是一项系统工程，需要全校各部门的协同联动。北服依托北京建设国际消费中心城市的新定位、新需求，结合学校专业特色与优势，不断推进人才培养与社会需求间的协同创新，在学校党委统一领导下，由教务部门牵头抓总、相关部门配合联动、各院部落实推进，由此调动全校各教学及相关部门协同联动，通过资源共享、跨专业融合，构建全员、全课程的大思政教育体系，实现协同育人；同时，积极发展联合培养、校企合作等协同育人模式，与其他高校搭建"课程思政"建设交流平台，实现优质资源共享。开展"名家领读经典"市级思政课，与中国戏曲学院、中国音乐学院、中央音乐学院、中央美术学院、北京舞蹈学院联合开设"传统文化与新时代中国特色社会主义思想"市级思政选修课。通过跨专业融合、联合培养、校企合作等形式促进"课程思政"协同联动机制建设。

4. 强化教师思政意识，提高协同育人工作能力

全面推进课程思政建设，教师是关键。正所谓"传道者自己首先要明道、信道"。"课程思政"的核心是育人，育人成效如何，归根结底在于授课教师。如果教师没有思政意识，不具备协同育人理念，那么育人就无从谈起。2016年12月，习近平总书记在全国高校思想政治工作会议上指出[2]："要用好课堂教学这个主渠道，思想政治理论课要坚持在改进中加强，提升思想政治教育亲和力和针对性，满足学生成长发展需求和期待，其他各门课都要守好一段渠、种好责任田，使各类课程与思想政治理论课同向同行，形成协同效应。"要发挥课堂教学的主渠道作用，就要求教师不断强化育人意识和责任意识，在教学实践中不断提高协同育人的能力。

首先，教师要加强思想政治理论学习，有意识地培养思政育人意识和责任意识，提高自身修养，自觉以德立身、以德立学、以德施教。优秀教师的影响力和感召力本身就是一个很好的德育素材，会使教学效果事半功倍；其次，要加强对"课程思政"融入课堂教学的重点、难点和前瞻性问题的研究，提高思政育人的能力。"课程思政"的有效实施，要求授课教师在教学过程中能够很好地把握教学目标，深谙课堂教学规律，灵活运用教学方法，深植德育教育于知识传授之中，做到"润物无声"，充分发挥课堂教学的主渠道作用；最后，要培养协同创新意识。北服一直比较注重各学科专业、教学团队以及与其他高校同类专业之间的合作与沟通，通过跨专业联动、考察调研、教学示范与经验交流等多种方式，提高教师的协同育人意识和育人能力。

此外，学校要建立健全优质资源共享机制。近些年，北服充分利用现代信息技术手段，为教师提供经验交流、教学观摩、教学培训等学习机会；充分发挥教研室、项目组、教学团队等的作用，建立"课程思政"集体备课、集体教研机制。在立德树人理念的引导下，推动每一位教师"课程思政"综合素养的提升，自觉制订开展思政育人的教学设计，实现教学方法的突破与创新，推动"课程思政"建设的深入发展。

5. 探索建立"课程思政"建设质量评价体系

要想深入推进"课程思政"建设，必须建立多维度的"课程思政"建设质量评价体系和监督检查机制。完善基于学校、学院、学生三方的教学质量监督与评价机制，加强校、院两级教学督导建设，确保"课程思政"建设达到预期的育人效果。

北服督导组在加强"督"的同时，更加突出"导"的成分，经过几个学期的重点听课，挖掘各学院授课过程中"课程思政"建设的突出亮点，为一线教师特别是青年教师提供了具有启发性的参考意见，引导教师更加深刻地审视自己的教学并加以改进。同时，提供客观真实的授课情况供领导和教学管理部门作为决策参考，以进一步完善体现"课程思政"元素的教学质量评价体系。此外，把"课程思政"建设成效作为本科教学评估、一流专业和一流课程建设、专业认证、高校或院系教学绩效考核等的重要内容，将教师参与"课程思政"建设情况和教学效果纳入教师考核评价、评优奖励等各类教学成果的表彰奖励之中，突出"课程思政"要求，完善多维度的"课程思政"建设质量监督和评价体系。

6. 形成"课程思政"协同育人的长效机制

教书与育人是密不可分的，"课程思政"建设在今后高校的教学中将趋于常态化，因此，"课程思政"协同育人也需形成长效机制。这需要有一系列规章制度和工作机制的保障，同时各部门要明确主体责任，加强协作与沟通，结合学科专业特点进行正确的引导和科学的设计，在教学实践中不断地改进完善，以达到教学效果质的提升，形成"课程思政"协同育人的闭环、良性、长效运行。

三、结语

思政教育作为高校教育体系的重要内容，对学生价值观、人生观的树立具有深远影响，是高校育人的关键所在。结合协同育人理念发展"课程思政"，这是高校教学改革发展的必然趋势，也是对人才培养方式的创新和变革。要构建较为成熟完善的"课程思政"协同育人机制，还需各高校结合自身的办学定位、办学特色，在现有的探索和经验基础上，做更深入的研究与实践。

参考文献

[1] 教育部关于印发《高等学校课程思政建设指导纲要》的通知（教高〔2020〕3 号）[EB/OL]. 中国教育新闻网：https：//baijiahao. baidu. com/s？id＝1668642596598834855&wfr＝spider&for＝pc.

[2] 习近平. 把思想政治工作贯穿教育教学全过程［OL］. http：//www. moe. gov. cn/jyb_xwfb/xw_zt/moe_357/jyzt_2017nztzl/2017_zt11/17zt11_xjpjysx/201710/t20171016_316349. html.

[3] 李莹. 课程思政视域下应用文写作课程的教学实践[J]. 学园. 2021，14（3）：19-20.

[4] 邱开金. 从思政课程到课程思政，路该怎样走［OL］. 中国社会科学网：http：//www. cssn. cn/jyx/jyx_xzljy/201703/t20170321_3458813. shtml.

[5] 赵浚，高宝珠. 课程思政的价值本源、现实困境与实践进路[J]. 湖南第一师范学院学报，2020，20（4）：48.

[6] 习近平. 坚持中国特色社会主义教育发展道路 培养德智体美劳全面发展的社会主义建设者和接班人[OL]. 新华网：http：//www. xinhuanet. com//politics/leaders/2018-09/10/c_1123408400. htm.

[7] 付婉莹. 北京服装学院召开2019 年课程思政工作推进会[EB/OL] .［2019-05-22］. https：//www. bift. edu. cn/xwgg/bfxw/79460. htm.

教学研究与改革

基于 OBE 理念与 SPOC 模式的项目制服装设计教学探索

——以"运动服装设计二"课程为例

万岚[1]

摘 要：项目制教学是当今设计类课程教学中较为常见的教学形式，其宗旨是通过真实的设计项目来训练学生所获得的专业知识和技能，进而形成系统性的设计经验，获得能力和素养的全面提升。

本课题以"运动服装设计二"课程为例，基于当下 OBE 教育理念的引导，在实践教学部分导入真实的品牌及商业设计项目，旨在探讨项目制教学方法和 SPOC 混合式课程设计如何解决及优化当下服装设计教学中存在的一些问题，为本专业培养兼具实践和创新能力，具备解决综合、复杂问题能力的可持续创新型设计人才起到积极的促进作用。

关键词：OBE 理念；项目制；服装设计；教学改革

一、背景与现状

运动服装设计方向是服装艺术与工程学院服装与服饰设计专业的六大重点方向之一，也是未来我国服装产业与企业对综合型、特色型服装设计人才需求的增长与聚焦方向。近年来，以服装产业为首的时尚产业伴随着新技术、新业态、新模式的换代与更迭不断发展变化，在这种宏观环境下，服装企业对人才的要求也提升到了一个新的高度。同时，在以 5G 时代、人工智能等新型科学技术重塑教育行业这一非可逆趋势下，在后慕课时代的教育环境下，在以学习者为中心、以成果为导向等新型教育理念的影响下，围绕服装艺术设计本科教育培养目标对核心专业课程的教学内容和教学模式开展积极的探索势在必行。教育部在关于在加快建设高水平本科教育一文中明确指示：高等学校应着力培养有理想、有本领、有担当的高素质、高水平专门人才，全面地推动高等教育内涵发展和办学质量的稳步提升。因此，在 OBE（成果导向教育，Outcome－based Education）教育理念下，服装设计专业培养目标的设定不仅要立足于当下服装产业对应用型设计人才在毕业 3~5 年期间就业能力与发展能力的需要，更要着眼于未来产业变革

---

[1] 作者简介：万岚，北京服装学院服装艺术与工程学院，讲师。

与个人职业迁徙的长远的、全面的、可持续发展的综合素质的培养。真正践行"知识传授、能力培养、价值塑造"三位一体的教育目标,培养兼具个性化、创造力、协作能力、社会责任感以及具备解决复杂、综合问题能力的新型设计人才。图 1 所示为运动服装设计方向多元核心职业发展能力;图 2 所示为运动服装设计方向阶梯型人才培养目标。

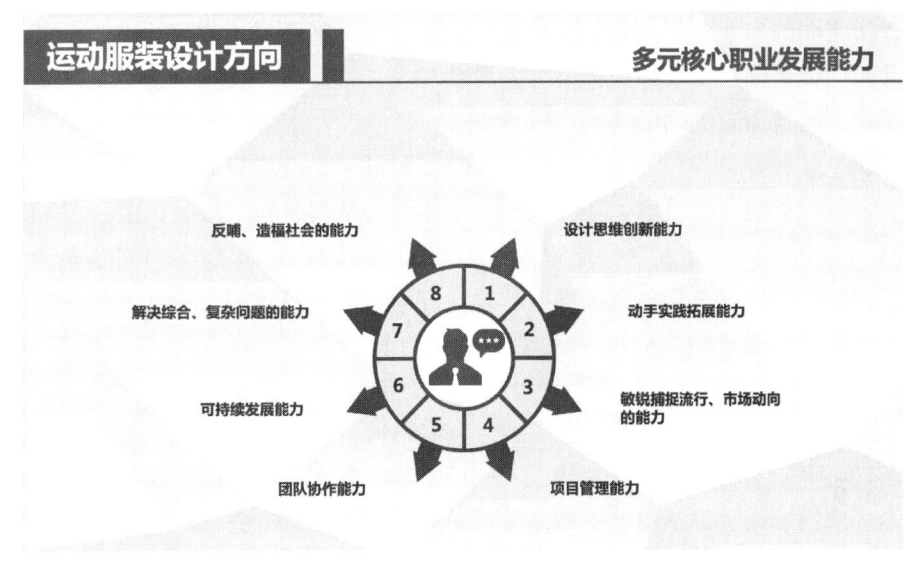

图 1　运动服装设计方向多元核心职业发展能力

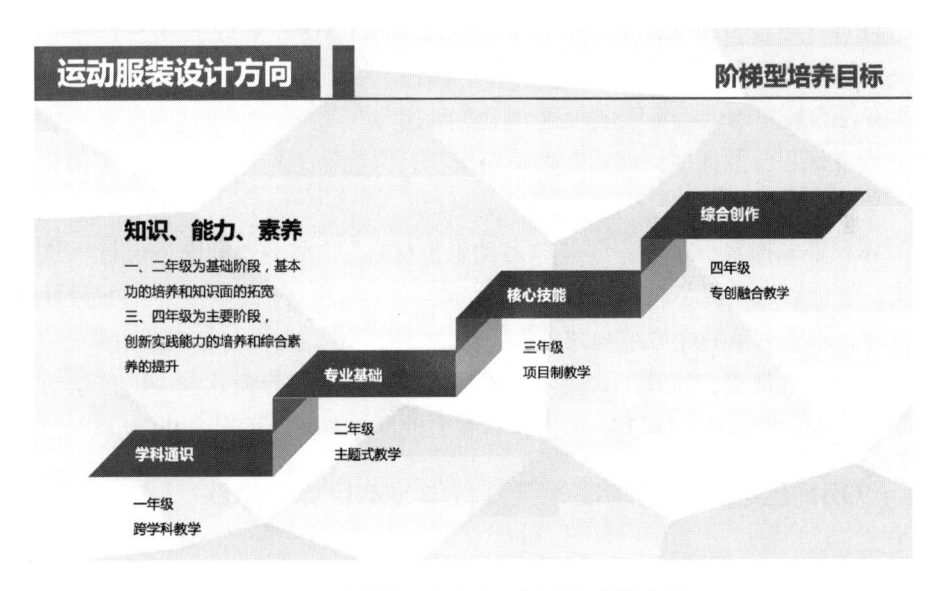

图 2　运动服装设计方向阶梯型人才培养目标

OBE 教育理念的实质是通过教学设计和教学实施使学习者获得预期的学习成果。课程体系与教学内容的构建和实施对学习效果的达成尤为重要,是实现教学对象向培养目标能力迁徙的路径和保障。服装设计学科的核心专业课程是培养对象获得必备专业技能与设计思维能力的根本。

目前运动服装设计专业的核心课程包括："运动服装设计一""运动服装结构一""运动服装工艺设计""运动服装功能研究与分析""运动服装设计二""运动服装结构二",以上课程均设置在三年级,分属第五和第六学期;"运动品牌策划与生产开发""设计策划与实践"设置在四年级第七学期。就培养阶段和知识层次的对应关系来看,课程设置所指向的专业技能的获取是进阶的、合理的,然而在本专业中,同阶段的相关联课程在时间先后顺序以及知识体系的关联性和整体性上,则存在部分课程先后次序混乱、教授内容各自为政的问题。

例如,三年级是培养对象在大学四年的学习阶段中,获取较为深入的专业技能的重要阶段。课程设置的逻辑是学生在完成一、二年级的系列课程"服装图案""服装工艺""服装纸样""服装设计元素""服装设计方法""立体裁剪""服装材料学概论"等专业基础课程的学习后,再聚焦于运动服装设计方向这一特定领域专业知识的学习与实践能力的培养。在第五学期开设的"运动服装流行趋势""运动服装功能研究与分析""运动服装设计一""运动服装结构设计一""运动服装工艺设计"和第六学期开设的"运动服装设计二""运动服装结构二""运动服饰配件设计""运动服装设计与评价""专业设计实习",以上课程的先后顺序不建议随意调换,课程排序应体现该专业在知识、技能、应用、创造等不同层次的能力培养目标上的层层递进。

根据 2017、2018 两届该学生"运动服装设计一"和"运动服装设计二"的教授经历和教学反馈梳理得出目前教学设置中主要存在问题如下：

（1）课程排序较为随机,学生获取知识的先后顺序随机,缺乏逻辑性;

（2）相同培养阶段与培养目标的关联课程各自为政,实践课程与设计课程内容脱节,学生在综合应用与创新实践能力提升上受阻;

（3）专业课程分散无序,课后作业负担重,且内容缺乏衔接,造成学生困惑,没有成就感,学习兴趣下降;

（4）课程体系构建不完善,例如"运动服装材料""运动服装图案设计"这类专项课程缺失,学生对运动服装面料与辅料的认知与实践缺乏,对运动服装图案设计的知识和运用泛泛,培养对象的能力结构缺角;

（5）产业环境缺失,研究平台受限,本科教学中人才培养模式单一,产学研在本科教学中基本成为一纸空谈。图 3 所示为运动服装设计专业教学情况分析。

二、基于 OBE 理念下的服装设计课程教学改革目标与思路

1. 改革目标

课题研究目的围绕运动服装设计专业第五、第六学期中的专业能力培养和获取,在 OBE 成果导向的教育理念指导下,借助混合式教学的实施优势,对学生进行以项目制教学为本质,以混合式教学模式为支撑的基于核心专业能力培养的教学改革。本课题拟通过对运动服装设计专业在第五、第六学期中同一能力矩阵内课程体系的梳理,以 2018、2019 级运动服装设计方向为试点和起点,从教学内容和教学方法入手,借助 SPOC 模式

运动服装设计方向　　　　　　　　　　　　　　　　　　　　**教学情况分析**

课程排序混乱
横向课程排序较为随机、学生获取知识的先后顺序随机，缺乏逻辑性

关联课程割裂
实践课程与设计课程内容脱节、学生在综合应用与创新实践能力提升上受阻；课后作业负担重，学习兴趣下降

能力结构缺角
课程体系构建不完善，《运动服装材料》课程缺失，学生对服装面料与辅料的认知与实践严重缺乏，培养对象的能力结构残缺

产学研脱节
产业环境缺失、研究平台受限，本科教学中人才培养模式单一、产学研在本科教学中成为一纸空谈

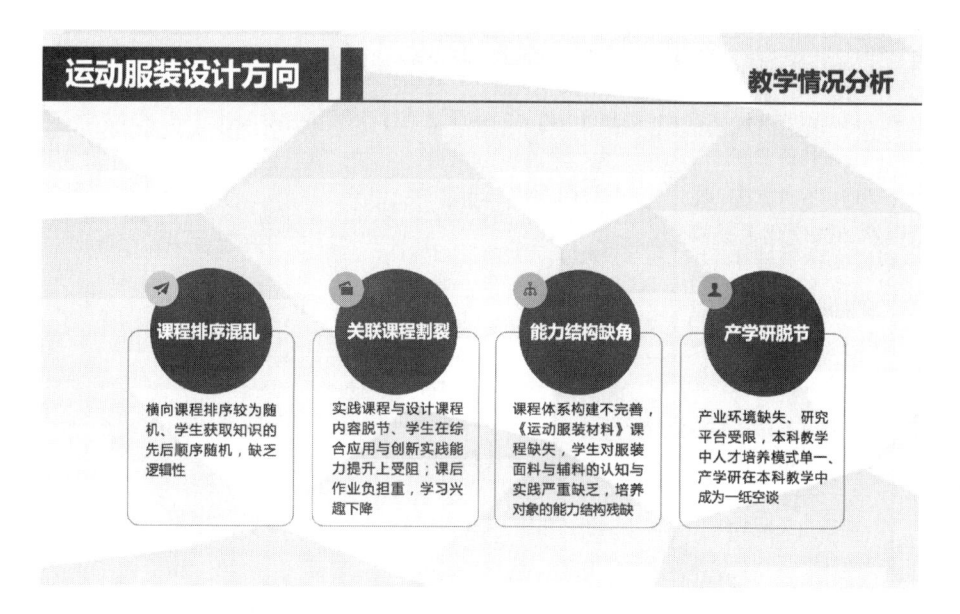

图 3　运动服装设计专业教学情况分析

的定向小班线上、线下混合式教学的优势，打通学生在运动服装设计思维、设计拓展、设计转化、设计实现、设计评价这一核心成长阶段的任督二脉。构建以"运动服装设计一、二"、"运动服装结构设计一、二"、"运动服装材料设计"（暂缺）、"运动服装工艺设计"、"运动服装功效"等若干横向关联的、不可缺失的、导向全面型设计人才培养的专业课程体系。通过该专业学生在第五、第六学期中必须具备的能力结构和不同层次的能力水平，设计课程矩阵，重组、优化教学内容。表 1 所示为运动服装设计方向第五、第六学期核心专业课程矩阵设计，打破以往以上课程之间较为割裂的、独立的体系壁垒。逐步尝试培养目标动态化、专业课程模块化、项目制和主题制教学、SPOC 混合在线模式、多维教学评价这五个方面优化教学实施和教学效果。进而逐步厘清培养目标与人才需求之间，毕业要求与教学设计之间的对应、支撑关系，为后续该专业方向设计类课程教学的持续改进和优化提供基础和经验。

2. 改革思路

项目制教学是目前设计类课程教学中较为常见的教学模式，即把企业实际的设计项目和商业项目设计流程导入教学设计，以市场对设计成果的要求作为课程作品的要求和评价标准，其目的是以引导探究式教学为核心，带领学生在真实的工作环境中实践独立思考和团队协作，通过项目调研、环境分析，运用其知识储备和专业能力解决实际问题，完成设计项目的全过程，进而形成系统性的项目设计经验，全面获取综合设计创新、动手实践、市场捕捉、问题解决等高阶专业能力，能更加有效地内化相关理论知识，将专业知识和实践技能转化成为职业素养，为未来的职业发展打下良好的基础。

表 1 运动服装设计方向第五、第六学期核心专业课程矩阵设计

培养阶段	培养目标	知识-支持课程	能力	素养
第5学期	能够了解及初步掌握市场调研及设计调研的流程及方法、能够独立完成灵感搜集、设计拓展、通过服装裁剪、造型、材质及工艺等知识及技能等学习及运用，实践从设计思维到款式设计的转化	信息与市场-"运动服装流行趋势" 设计调研与设计思维-"运动服装设计一" 服装裁剪-"运动服装结构一" 服装缝制-"运动服装工艺一" 面料认知与运用-"运动服装材料" 服装功能："运动服装功效"	主题项目实践：校内科研平台、实验室	校内实训 自我评价 学生互评 导师评价
第6学期	掌握市场调研及创意思维拓展的思路及方法，掌握系列设计法及全产品线设计法，通过较为深入的服装裁剪、造型及缝制工艺方法的研究，熟悉运动服装面、辅料的性能及特殊功效；了解运动服装品牌的策划、设计及开发流程	系列设计拓展-"运动服装设计二" 服装裁剪-"运动服装结构二" 服装缝制-"运动服装工艺二" 服装功能与评价-"运动服装功能研究与分析" 全产品设计-"运动服饰配件设计" 品牌市场-"运动品牌策划与生产开发"	综合项目实践：校外实践基地、产品学校	岗位实训 自我评价 学生互评 导师评价 企业评估

本课题拟在运动服装设计专业第五、第六学期中，实施以学生为主体的项目制、任务制、情境式的实际问题研究和解决，来践习服装设计、服装开发、服装制作、服装展示、服装评价等必备专业知识与技能，获取运用创造性思维生成并实现设计解决方案的能力，通过动态教学法，引导学生主动探索现实世界，实现知识的迁徙与内化，最终获得能力的提升。同时，实施特色专业课程矩阵内的导师合作制，由课群导师共同梳理、确认课程模块及授课内容，打破以往课程之间较为割裂、相对独立的课程壁垒。利用SPOC混合式教学模式的优势让学生们可以自主、多次地在一定时间内完成课程矩阵内同一能力层次但分属不同课程的基础、理论知识的学习，例如，行业术语、特殊概念、技能流程、技术标准等，而在真实课堂上大力推进研究型、实践型教学。基于实际的项目任务，矩阵内课程导师和企业导师从不同的专业角度给予学生实际操作和设计思考的指导，充分利用学校的研究平台、实验室开展基础研究及实践教学。在此过程中，导师们研究观点的传递、专业技法的演示和实验室辅导员的操作指导全方位结合起来，将设计思维与设计实践深度融合，将设计教学和企业合作紧密链接，打破以往在教学时空上的限制，从课程内容和容量上为教学赋能扩容。

三、"运动服装设计二"项目制教学设计与教学实践

1. 课程教学目标

"运动服装设计二"是运动服装设计方向的一门核心专业必修课,包含 52 个学时,在第六学期开设。根据该专业培养目标、用人单位需求和学生的学习效果反馈,进一步明确了以下教学目标:

(1)掌握完整的运动服装产品设计开发、展示策划等一系列工作的操作方法及流程;

(2)了解及掌握运动服装材料、版型、工艺的特殊性,掌握运动服装设计的款式造型、色彩搭配、图案设计、材料运用的方法和原理;

(3)综合运用所学专业基础课程的知识和技能,提供实际设计项目的策略的、综合的解决方案,建立基于产品的创新设计思维模式;

(4)逐步建立从灵感到设计再到成衣实现过程中的设计风格把控能力;

(5)训练在设计展开过程中的动手实践能力及设计展示过程中的策划、呈现及组织协调能力,对创新性思维展开及实现能力提出进一步的要求。

在基于 OBE 理念的课程教学中,课程的教学目标已经不再是单纯的理论知识学习和对相应知识点的训练,而是强调知识获取、能力培养和素养提高等一系列综合目标的达成,强调学生策略性解决复杂问题的能力,并通过团队合作成为一个具备良好沟通和协作能力的职业设计师。

2. 项目制教学设计与实践

合理的项目设置是项目制教学效果达成的关键,项目命题的设定既要紧密链接企业实际,又要具备一定的市场前瞻性,既要符合学生当前的学习进度,起到激发学生的学习兴趣的效果,又要能够把课程矩阵内涉及的专业知识融会贯通,并将创新思维、文化自信、人文关怀等内容融入其中,使学生的专业技能和人文素养同时得到提升。

2020 年秋季学期的"运动服装设计二"在教学设计中导入 361°品牌"以 2022 年杭州亚运会为主题的运动生活系列"设计项目和"以 AG(阿隆戈登)为主题的篮球系列服装"等若干知名运动品牌的商业项目,在教学内容和教学实施上都进行了一系列的尝试和调整。

首先,在教学内容的设置上注重内容的更新和扩展,将原有教学内容中较为过时的、片面的、空洞的或与课程矩阵内其他课程重叠的内容剔除,补充系统化的产品设计知识以及前瞻的行业视角与观点,将符合产业需求、具有市场针对性的实际教学案例导入其中。

其次,根据运动服装企业对该专业毕业学生所具备职业能力的明确需求,侧重增加运动服装图案设计课程模块,在教学实施上采用 SPOC 混合式教学,图案设计原理、技法、AI 软件操作等基础知识以超星平台微课及拓展阅读的形式在课前通过线上自学完成。课堂教学部分则主要让学生根据指定问题开展调研、分析、讨论等活动,以串联、实践、内化其前期的碎片化知识。实践教学环节内容设定与课时安排以运动服装品牌产

品开发流程为依据，结合课程相关要求，将实践教学环节增加至43学时，并细分为设计提案与设计实现两大部分。

再次，在教学方法上，邀请品牌总监和一线设计师参与课程设置和实践教学环节，通过实际设计项目充分调动学生的主观能力性和设计流程的规划、管理及实施能力。教师的角色也根据不同教学环节进行转换：在前期的理论讲授部分，教师的角色仍是讲解设计理论和传授设计经验，而在实践教学环节，教师就转变为设计总监和产品经理的角色，引导学生做好团队分工，明确设计方向，制订每个环节的核心任务和必要产出，以项目任务驱动学生进行自主学习、交流和拓展。课程作业要求以商业项目"提案+产品"发布会的形式呈现，将以往课程的虚拟设计转化成为实实在在的服装，使学生充分理解设计方案转化成商业产品所需要掌握的设计方法，对项目本身有着更深的理解，同时增强学生的成就感。

最后，在教学评价上，提前设计并公布以实际商业项目考量为参照的评分标准，课程评价由"过程+成果+展示+协作"的四个评价模块组成，由课程导师、企业导师和小组成员共同参与评价和评分，并将教学成果以线上和线下同步展示的方式面向公众发布，接受学校和市场检阅。

3. "运动服装设计二"项目制教学成果

2018级运动服装设计专业的27名同学分为5个小组对应5个不同的运动品牌和设计项目，共设计输出27个系列270余款服装（包含完整的设计系列提案和技术文件），制作完成了55套成衣作品并全部参演了结课作品发布。项目和团队成员的选择和组合通过在线小程序随机抽取，更加全面地锻炼学生的适应和协调能力，也增强了班级的团队凝聚力。课程作品最终在首创朗园以动态秀的形式汇报展演，较为直观地接受市场的检验。课程作品受到相关企业和合作单位的关注和积极反馈，13名同学的15套课程作品受邀参加2021年海宁时装周和上海Intertextile面辅料博览会。另有两名同学利用课程作品投稿相应赛事并入围IYDC国际青年设计师邀请赛和2021影儿全球新锐女装设计师邀请赛（该赛事在全球知名时装院校招募毕业设计作品）。图4~图6所示为"运动服装设计二"项目制教学成果。

图4 361°品牌"2022年杭州亚运会主题运动生活系列"设计作品

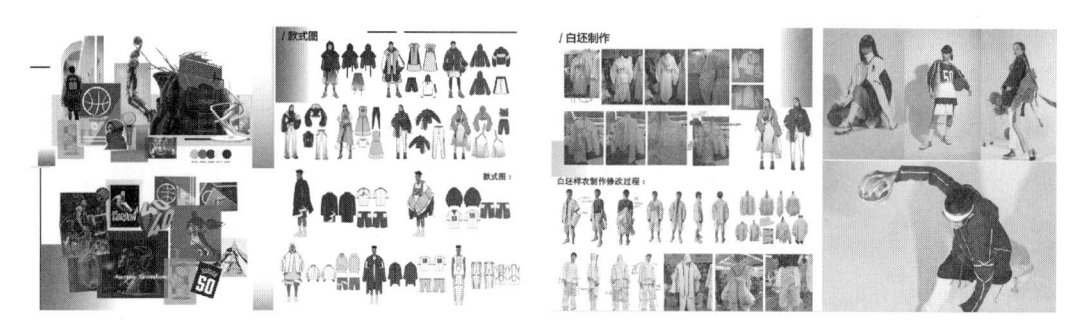

图5 361°品牌"AG（阿隆戈登）主题篮球系列服装"设计作品

图6 课程作品在海宁时装周"实践教学成果发布会"上展示

四、结语

此次项目制教学改革尝试仍有许多未尽事宜，例如，基于OBE理念下培养目标与课程矩阵设计的思考，同一能力矩阵内课程内容与课程关系的思考，多教师授课模式以及企业与商业项目导入的共赢与长效等问题的思考，这些问题都期待更高层面的关注和思考，本文中不再赘述。

当下的服装企业要求设计师成为兼具实践动手能力和全系统设计能力的综合型人才。此次项目制教学从"运动服装设计二"这门课程入手，在授课模式、教学方法、教学评价等方面进行了积极的尝试，探索如何在OBE理念引导和SPOC模式支撑下将教学与市场接轨，将商业设计项目导入设计教学中。通过掌握商业项目的设计流程和工作方法，从中识别、分析问题并且系统化地解决问题，通过实践夯实专业基础并使学生尽早具备市场意识，为将来的职业生涯打下良好基础。

参考文献

[1] 田小萌，王圣彧，孙嘉安．基于引导式探究设计的项目制在线教学方法探讨[J]．上海视觉，2021（1）：99-108.

[2] 李健. 设计策划的教学策略探讨[J]. 美术学报, 2013 (4): 97-102.
[3] 郑帅. 设计类课程实战化教学模式研究: 以视觉衍生产品开发实训课为例[J]. 设计, 2020 (33): 139-141.
[4] 杨贵荣, 李亚敏, 刘洪军. 基于OBE理念的课程项目制教学探索与实践: 以加工过程传输原理课程为例[J]. 大学教育, 2020 (10): 46-50.

服装设计过程中创意与实践的教学思考

王媛媛[1]

摘　要：在服装设计教学过程中，如果只强调创意灵感的重要性，而忽略对动手实践能力的培养，将无法顺利完成整个设计过程，设计能力也必然无法得到全面培养。本文结合服装综合设计类课程的教学心得，纠正学生对服装设计过程理解上的不足，就创意与实践中出现的问题进行分析，并在新的发展理念和形式下，对实践环节教学方法的探索进行了总结。

关键词：设计过程；创意灵感；动手实践

服装设计的过程是一种创造美的艺术体验和实践，需要创意灵感和设计实践相互结合来实现。服装设计专业特色需要学生既具备设计创新能力又具备应用实践能力。在设计过程中，创意与实践并无绝对的孰前孰后，二者相互推演、紧密结合、缺一不可。本文通过分析服装综合设计类课程目前的一些问题，探究其产生的原因，总结服装设计教学中培养学生创新实践能力的有效方式，引导学生积极进行服装设计实践活动，达到提高培养学生综合设计能力的目标。

一、服装设计的过程

服装设计过程包含解读设计目标、灵感选题、元素提炼、实物制作等环节，是抽象的创意灵感与具象的设计实践相互结合的过程。设计过程中创意与实践其实并无绝对的先后之分，每个环节也并没有严格的划分，过程中既有规律可循的设计方法，也有充满变化的实践演练。

1. 单一轨迹的设计过程

在服装综合设计课程的日常教学中，笔者发现学生对于服装设计过程的理解如图 1 所示。

这个流程表面看起来符合设计的一般规律，实际上却是单一线性的。富有经验的设计师都知道，在实际的设计过程中，设计灵感并非是一成不变的，它很可能会因为面料的选择、材料的改造、白坯的效果等因素，在实践制作环节中产生新的变化。设计过程并非必须先有灵感才能展开后续的设计流程，有时先动起手来，在试验制作中慢慢浮现

---

[1] 作者简介：王媛媛，北京服装学院服装艺术与工程学院，讲师。

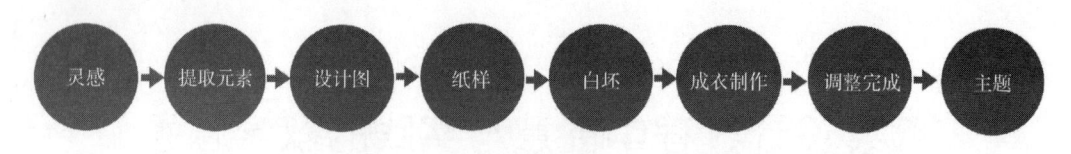

图 1 设计流程一

创意灵感也是常见的情况。在服装综合设计课程中，教师有必要将真正的设计过程演示给学生。

2. 融合动手试验与情绪的调动的设计过程

图 2 所示的设计流程中有三条轨迹，蓝色部分表示每一个环节中都离不开动手试验，进行丰富的尝试，橙色部分则是每个环节中需要创作者调动的感受。在这样的流程图中，不再是单一直线性的发展，具象的动手实践与抽象的情绪感受穿插在设计流程中三条轨迹相互作用、融合、推动。

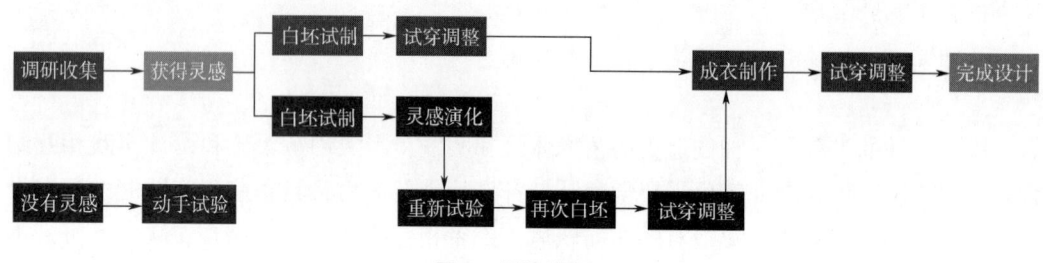

图 2 设计流程二

不同环节需要不同的情绪，前期需要创作者营造氛围帮助自己进入设计的状态，中期需要调动充分的创作冲动快速进入设计实物的演绎，当设计实物的雏形出现之后，就需要依靠审美的直觉进行判断，继而平衡设计中存在的问题，调整完成整个设计。教师在服装综合设计课程中，不仅需要帮助学生推进设计各个阶段的成果，还需要帮助学生调动情绪的节奏，引导学生在设计过程中把他们对艺术、审美、服装最原始的感受展露出来，并透过展露出来的部分，因材施教地协助学生解决他设计过程中的困难，去更好地发展他的设计。

3. 设计创作并不受制于特定的设计流程

日常教学中，笔者经常遇到学生在获取灵感的阶段停滞不前，当调研无法获取灵感之后依然闷头继续调研，产出效率很低，似乎除此之外并无他法推进设计进程，忽视了可以从动手做些试验来萌发灵感的方式。实际上，抽象的创意思维无法脱离具象的实践操作而孤立存在，二者始终在相互融合中互相作用，有时是动手实践引发了创意，有时是创意带动了动手试验。因此，设计的流程从来就不是单一线性的，它没有一定之规，设计创作本身更不应受制于特定的设计流程。

实际上，灵感本身在设计过程中也并非一成不变，在设计各个阶段它都可能产生新的变化，甚至有可能推倒重新来过。在图 3 所示的设计流程里面，可以看到两条不同的推进轨迹。粉色部分是在没有灵感的情况下，先动手做些试验，在动手的过程萌发灵感，继而进行白坯试制，且在白坯试制的过程中，起初的灵感发生了变化，因此很可能产生新的创作试验，再次进行白坯的试制，再次引发变化……抽象的创意思维与具体的动手实践在这样的过程里交织、融合、推演、相辅相成，直到作品完成。

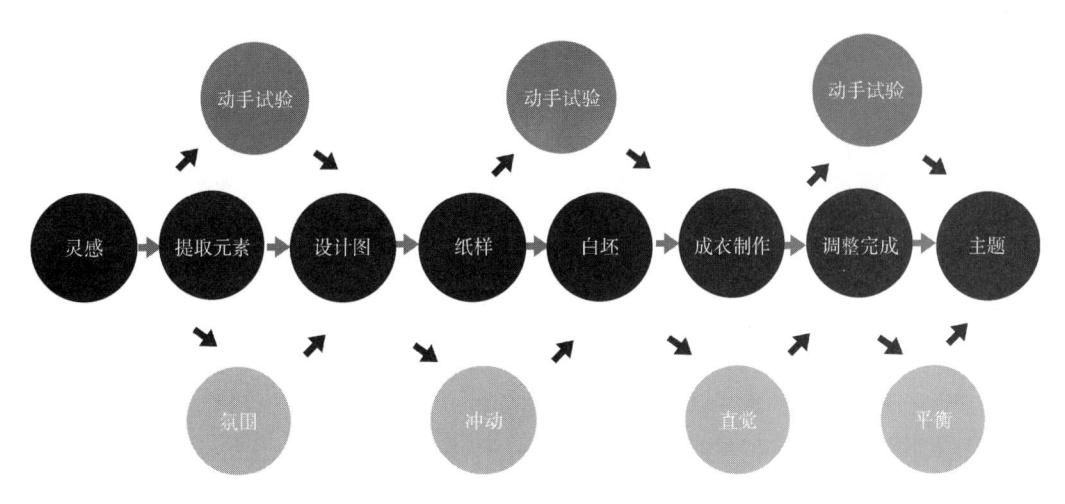

图3 不同轨迹的设计流程

蓝色轨迹是学生以往认知的设计流程，而粉色则更接近现实中的设计过程。笔者以自己以往某作品创作的过程为例给学生进行演示，使学生更深入地了解设计过程。

在图4所示中，笔者在将一块布料缠绕身体时产生了以系结为元素的灵感，并通过不同的打结形式、位置、固定方式等，即刻尝试绘制了一些草图进行记录和思路的拓展，紧接着在白坯试制、真人试穿的过程中验证创意的合理性，并反复调整审美的韵律。其中不少想法或因制作困难，或因效果不理想而放弃，也有不少新的想法随着制作而被激发：系结时而作为装饰；时而与服装塑形结合在一起；甚至本身就是服装结构的一部分。图右侧是两款最终试验成功的作品。在这个案例里，笔者并没有通过大量的案头调研工作来产生灵感，它是身体与布料接触的过程中自然而然被引发的，并在接下来

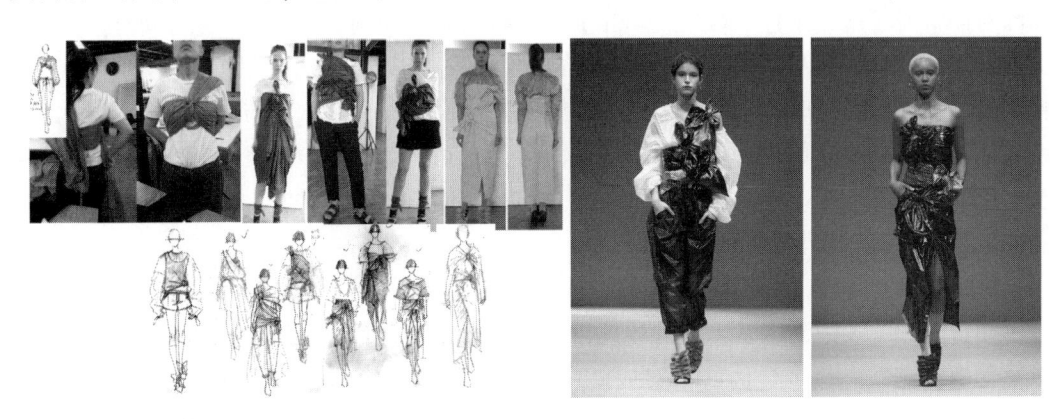

图4 设计实例

动手实践的过程中又陆续萌发更多的想法。因此创作中的每个环节都充盈着创意，创意与实践从来都是相依并存的关系，究竟是创意带动实践，还是实践引发创意，二者并无绝对的先后顺序，不必割裂开来看待。

二、设计过程中的教学现状分析

1. 创意灵感环节：脱离技术讲创意

创意灵感的来源是广泛的，任何具象的事物或抽象的情感都可能成为灵感的源泉。灵感来源可以深沉也可以直白，可以来源于现实生活也可以来自浪漫幻想，无一定之规，也不存在孰高孰低之分。有趣的是，在近些年的教学过程中，越来越多的学生的创意灵感偏向于选择玄妙、富有哲学意味的主题，选择具象实物作为灵感的学生则越来越少。越是令人费解、晦涩、高深莫测的灵感越受欢迎，甚至出现了抽象灵感优于具象灵感的现象。

创意灵感阶段，学生就设计想法侃侃而谈，对创意灵感高谈阔论，但是对于面料、设计元素、工艺技术、实现手法避而不谈。脱离技术、材料空谈高深的灵感，这多少反映出学习中重创意而轻实践的问题。

2. 效果图环节：灵感难以呈现

服装效果图是服装设计教育的初级课程，通过效果图将抽象的设计灵感呈现出来，是在开展服装综合创意设计之前就应已熟练掌握的技能。然而课堂上迟迟拿不出效果图的学生大有人在，其解释无外乎"还在想"或"画不出来"。其实，出现这种现象并非因为学生绘制能力不足，毕竟服装设计还需要借助面料辅料等具象的实物并结合人体来实现，过于抽象的灵感难以通过服装的语言表现出来。学生在抽象与具象的转换之间尚缺乏足够的经验，不具备足够的设计能力将其表现为服装。

3. 选择面料环节：视野狭窄，单调局限

笔者在教学中常常遇到这样的情景：在设计草图已基本完成的情况下，当老师问及学生该设计使用什么面料时，得到的回答常常是：纱、皮革、牛仔。

中国纺织行业四十多年的发展，纤维科技与织造工艺的进步，似乎并没有促使学生加深对面料的了解，牛仔、纱、皮革几乎是每届同学在面料选择阶段最热衷的材料。不可否认这几种材质面料的特性确实比较突出，但是过分雷同的选择不免反映出学生在材料认知上的局限。此时则急需老师帮助学生开拓对面料的见识，引导学生进行更多的面料选择。如果只是简单地让学生去市场找面料，面对庞杂的面料市场他们往往会一头雾水，不知该如何入手。同时还存在另外一个问题：他们对于某种料性的面料能做出什么样的效果同样缺乏经验。

为了快速补习学生对于面料的认知，尽快推进他们的设计进程，笔者选取自己衣橱中不同材质的服装带到课堂，作为教具，请同学们上前触摸面料，对应已成型的服装效果感受面料料性，什么样的面料对应做出什么样的服装，从中总结其特点，发现其规律。"面料+款式"相对应的方法，虽然在课程中解决了一定的问题，但显然更加系统性的面料款式学习仍然是非常必要的。

4. 白坯试制环节：缺乏对服装的立体感受

白坯试制是用替代面料（通常是白坯布）进行试制，也可以理解为服装的初稿，创意思维此时第一次被推演成实物。这个初稿可能达到了预期的效果，也有可能不尽人意。在此阶段，学生需要对照白坯做的草稿判断其与最初的灵感之间是否吻合，是否充分表达了最初的想法，是否表现出最初想要传达的氛围或气质。除此之外，学生还需反复审视白坯各个部位可能存在的问题，比如，长短比例是否协调，围度是否合理，整体是否具有节奏的美感，设计重点是否突出，等等。通过审视对白坯进行调整修改，以保证最终的成衣能够达到理想的效果。

然而，学生对于白坯的意义和作用的理解并没有想象的那么深刻，甚至并不了解请真人模特试穿白坯的必要性。人体是活动的而人台是僵硬的，当服装穿在人体上随人体移动所呈现的效果，与在人台上静止的效果截然不同，这必然影响着后续的设计调整。当模特试穿时，对待僵硬的人台和生动的模特对学生而言似乎并无区别，他们并不太清楚该如何对穿在真人身上的衣服进行判断和评价。这并不是他们缺少对美的判断，而是缺少对这个环节的认知，长期以来对着纸张、对着人台进行设计的行为，让他们对于真实的穿着者缺乏体验，更缺乏对服装立体的感受。

5. 成品阶段：草率结束

拖延症加动手实践能力上的不足，时常导致学生将设计过程拖得过长，最初的创作热情在漫长的过程里被消磨殆尽。当交作业最后的截止日来临之时，不少学生临时抱佛脚熬夜赶制草率收工，因此有很多作品存在未完成、不完整的感觉，要么工艺粗糙，要么缺东少西，原本有趣新奇的创意，因实践环节的种种问题，失去了闪光的机会，难免遗憾。

三、创意思维与实践能力不匹配

以上设计各个阶段的现象，归根结底是创意思维与实践能力不相匹配造成的，可以说是"想"和"做"之间的矛盾。过分强调创意思维的重要性，忽略动手实践的能力，在艺术设计教学上是不可取的。

想与做之间，"想"可以随时随地的进行，无须依赖空间、材料、设备，而"做"则需要配合很多东西，如面料、辅料、设备、模特等。因此实践环节对于空间、硬件设备等客观条件的要求，致使学生习惯以"想"来主导设计，是原因之一。

课程中往往通过学生提交的灵感板（也称情绪板）来评价其创意是否可行，而灵感板的制作，其图片选择、排版、平面设计起了很重要的作用，稍加技巧修饰便可以"像模像样"，经验不足的教师很容易被表面酷炫的灵感板所误导，从而给出较高的评价。这会导致学生更加沉醉于制作精美的灵感板，而忽略掉服装设计最终评价的是服装这个事实。此是原因之二。

导致重创意轻实践的第三个原因则是：做的难度要大于想，而且如何去做更是不少学生困惑的问题。创意有了，发现制作难度较大，或者不知道怎么做出来，于是再继续想，周而复始，导致大量时间花费在"想"的阶段。脱离对创意思维的实现手法，就一个灵感思路本身去进行评价是否是好的创意，无疑是纸上谈兵。好的创意灵感，应同时考虑面料、辅料、制作工艺。

四、创意与实践的教学探索

服装设计属于艺术设计的范畴，无论是艺术创作还是服装设计，成长之路都离不开大量的动手实践，这是艺术培养的基本规律。如何让学生将创意与实践更有效地进行结合，达到心手合一的效果，笔者在近来教学过程中做出了一些尝试（图5）。

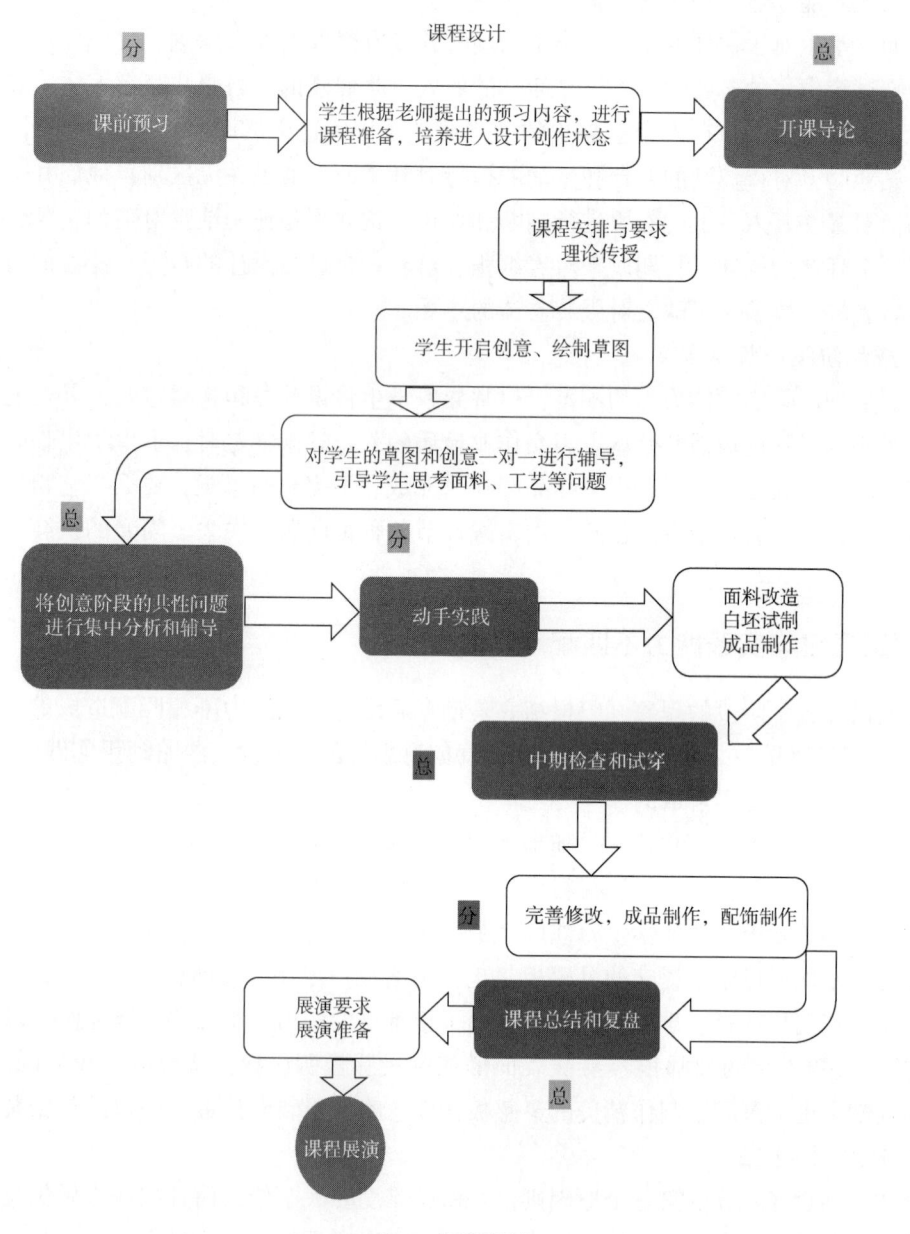

图5　课程设计

1. 课程教学设计

（1）课前预习。将大量的设计调研找寻灵感的工作其中的一部分放到课程之前，作为课程预习环节。上课前一周建立班级微信群，在微信群里发布预习内容和要求。让学生提前对课程有所了解，并准备进入创作的氛围里，充分的课前准备可以有效提高课堂效率。

（2）课程节奏：总、分、总。所谓"总"，是指将学生集中到教室内授课的部分；所谓"分"是指学生分散在各个机房，分头制作的部分。起初关于课程要求、理论部分、案例分析需要"总"的课堂形式；过程中关于实践的环节则采用"分"的形式；针对过程中出现的普遍存在的共性问题，再将学生集中起来，用"总"的形式集中讲解；再针对每个学生的不同情况采用"分"的形式一对一辅导；然后，再次用"总"的形式将所有作品集中起来，教师进行点评，学生进行互评，学生自己进行整个学习过程的复盘。如此，交错运用总、分、总的方式，既有集体分析讨论，也有个体研究学习，课程整体的节奏有紧有松，张弛有度，课程管理也更加高效。

（3）课中检查（模特试衣）。通过在课程中期安排模特试衣，对学生设计的中期成果进行集中辅导，并把控课程进度。在试衣这个环节中，笔者让模特配合音乐在教室内模仿走秀（图6），一边让学生观察模特走动的效果，一边向学生发问：里外、上下的穿搭层次是否单调？比例是否合适？围度是否需要调整？手臂抬起是否舒适？走动时侧面的形态是否美观？整体是否符合原本想要表达的气质……通过这些问题引导学生做出思考。

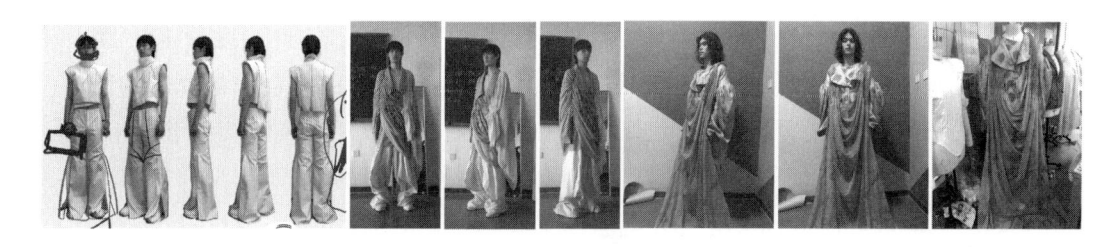

图6 课中试衣环节

服装不能仅在人台上试制，很多问题只有真人穿上时才能够直观感受到。设计过程中通过真人试穿，教师帮助学生更直观地解决存在的问题，甚至直接在模特身上进行修改示范，引导学生调整思路，帮助学生加深理解服装与人之间的关系。

（4）课后总结：通过课程总结进行复盘。将学生的作品集中到一起，老师按照评分标准对作品进行排序，并进行逐一点评，让学生思考回顾整个创作过程中思考存在哪些不足和优点，总结经验和教训，并形成文字报告加深印象，为以后的学习奠定基础。最后一节课进行复盘，在一定程度上也解决了学生拖延的毛病。

2. 以学生为本，因材施教

坚持以学生为本，结合学生的性格特征、行为习惯、专业特点开展教学工作，因材施教。有的学生性格活泼开朗，有的则内向不善表达。对于不太善于表达沟通的同学，则需要教师巧妙地设置引导、推动等环节，帮助学生锻炼沟通表达的能力，继而因沟通效率的提高促进设计的顺利进行。有的学生思路过于发散，则需要教师帮助他适度把控，避免学生因想得多而做得少，导致作品迟迟无法落地。

因材施教，对于不同的学生运用不同的教学方法和不同的教学节奏，不仅可以更好地解决作品个性化的问题，还可以令学生的创作更有创造性和自发性，呈现更为丰富多元的设计手法。

3. 优化教学方法，加强实践教学

（1）转移教学主阵地。不再把课堂教学作为主要阵地，而是将阵地转移至可以动手实践的地方。教师、学生、机器设备、材料同处一个环境，可以进行实时辅导与实物辅导，提高辅导的效率。

（2）增强师生的交流互动，将知识和技巧寓教于谈话交流之中。在设计过程中，很多问题的产生是随机的，需要及时沟通解决。老师在学生产生疑问时，不能只是简单地给出肯定或者否定，还应阐明道理：为什么好，好在哪里；需改进注意的地方在哪里，如何改进，令其知其然更知其所以然。在沟通之中找出问题、分析问题、解决问题，这样学生接下来便会带着理解，融会贯通过去所学，更有方向地去解决问题。

（3）增强实践环节，减少无效的灵感讨论环节。减少"形而上"的创意灵感讨论的环节，将学生尽可能快地引入动手实践环节中去，可以有效避免学生空谈想法而忽视动手能力。任何创意灵感只有经过动手试验，才能验证其可行性，而且在实践的过程中，创意会再次发酵产生更加意想不到的变化。长久地停留在抽象的创意灵感阶段，不以落地实施为目标空谈"想法"，犹如纸上谈兵，不仅消耗创作热情，其结果往往也并不理想。

在实践创作的过程中，教师通过有技巧地交流促使学生展露其创作最原始的部分，调动学生创作最充沛的感受，并找到如何去协助学生的方法，解决他设计过程中的困难。事实上，一个学生的创造性在实践环节表现得越突出，他的自主能动性性就越强。

图7~图11是课程中一个学生创意灵感和实践环节同步进行的实例。该学生在有懵懂想法之初便被笔者引导着快速进入动手试验，验证其创意思路是否可行，并通过动手实践快速找出解决方案。在动手实践的过程中该学生的表现远好于他设计草图的阶段，进行了大量的设计延展，而这些在实践中产生的设计灵感更为成熟深入，

图7 草图：平淡无奇

最终该学生不仅超额完成了作业，而且作品还成功入围了"2021国际青年邀请赛"。

图8　面料试验

图9　面料二次试验

图10　模特试衣

图11　最终成品

（4）增加实践内容：动态课程展演。在前面学期的课程中，笔者增加了动态课程展示的实践环节，在首创朗园组织了以"芸衣如织"为主题的课程展演活动，获得了校方领导、同行、媒体的广泛好评（图12）。

图12　"芸衣如织"为主题的课程展演活动

动态课程展演的目的是让学生更好地理解服装与人体的关系、动态人体着装效果的变化、音乐氛围下对服装气质的影响。在这个展演的实践活动中，学生需要在老师的指导下，完成策划、组织、观众邀约、化妆造型、出场脚本、服装表演、新闻发布等全过程，组织协作能力得到全面的锻炼，对于作品发布建立了较为全面的认识。除此之外，更为重要的是，当个体的作品放到集体作品中去时，学生个体开始对作品有了更为宏观、整体的认识和判断：自己的作品在集体发布中起到了什么作用？是重点还是配角？此时学生从一套设计的思考，转为开始进行对一个系列设计的整体思考，这为后续的系列设计课程奠定了基础。

五、结语

在我国服装产业结构调整的背景下，在新的发展理念和形式下，高校与行业都已经清晰意识到服装综合型设计人才培养的重要性。服装设计过程不是单一的流程，创意与实践在服装设计的过程中相互融合、密不可分，构建完善合理的创意实践教学活动体系，探索创意与实践高效结合的教学方法，对培养综合型服装设计人才是十分必要的。

参考文献

[1] 吴艳红. 服装设计与工艺专业实践教学模式的创新研究[J]. 化纤与纺织技术，2021（5）：126-128.

[2] 胡兰. 基于现代理念的服装设计教学：评《从设计到设计服装设计实践教学篇》[J]. 印染，2020，46（6）：6.

[3] 李凯. 服装设计与工程专业实践教学管理体系分析[J]. 流行色，2019（4）：168-169.

[4] 李辉. 服装设计实践教学方法分析[J]. 中国科教创新导刊，2013（22）.

[5] 苏·詹金·琼斯. 时装设计[M]. 张翎，译. 北京：中国纺织出版社，2009.

实践型设计课程的情景体验式教学的形式探究

——无废茶染研习的学习与思考

王文潇[1]　潘海音　程坦　丛小棠

摘　要：情景体验式教学模式与传统讲授式教学模式相比，强调实践层面的亲历。通过课堂教学中的主体扮演参与，学生不再是被动的知识接受者，而是从行为和感情上直接参与到教学活动中来，通过自身的体验和亲历来建构知识与能力。本文通过对情景体验式教学模式的研究以及对无废茶染研习的总结与思考，发现在服装设计思维的教学体系中，实践型设计课程对应情景体验式教学模式是最有效的教学模式。

关键词：实践型设计课程；情景体验；教学模式；无废茶染

现代创新型教学模式中，交互式教学、探究式教学、情景体验式教学成为加强学生创新思维和创新能力培养的有效方法。

交互式教学模式与传统讲授式教学模式相比，强调教师与学生之间、学生与学生之间以及师生与教学媒体的交流互动，使学生有更多思考和探索空间。探究式教学模式的优势在于转变了学生的学习方式，突出学习过程中的探究、发现等认识活动，使学生的学习过程真正成为学生发现问题、解决问题的过程，从而引导学生自主学习。

在服装设计思维的教学体系中，实践型设计课程对应情景体验式教学成为最有效的教学模式。其主要特点是：在教学过程中，教师以一定的理论为指导，有目的地创设教学情境，激发学生情感，并引导学生直接参与设定的生活情景，通过事前准备、事中参与、事后评价，让学生通过感知来深入领悟知识与技能。

情景体验式教学分为情景设计—参与准备—体验展示—评价反馈四个关键教学环节。其中，情景设计是该教学模式的关键，教学情景设计应使学生根据情景设计场景，围绕主题内容，突出问题的导向作用，引导学生联系实际，收集素材，融通知识。

情景体验式教学模式与传统讲授式教学模式相比，强调实践层面的亲历。通过课堂教学中的主体扮演参与，学生不再是被动的知识接受者，而是从行为和感情上直接参与到教学活动中来，通过自身的体验和亲历来建构知识与能力。

---

[1] 作者简介：王文潇，北京服装学院服装艺术与工程学院，讲师。

一、体验式教学概述

体验式学习理论认为学习的目的不是一个简单的结果，而是一个过程，知识的形成既来自学习者的体验，又需要通过学习者的再体验来验证。

1. 体验式教学基本原理

体验式教学活动符合认知神经学对大脑的研究。一方面我们的大脑喜欢学习，这是它存在的意义；另一方面大脑又喜欢新鲜的刺激，靠感官刺激保持生机。当大脑积极学习的时候，会在大脑细胞间不断长出神经突触，大脑开始学习。但是如果学习者一直处于一成不变的环境中，大脑就会慢慢习惯这些刺激，然后就会忽略这些刺激，转而把注意力放到更有趣的事情上面。

所以，面对传统的说教式学习方式，学生一开始可能会因为接触了新的观点而感到兴奋，但是如果教师不能不断给予学生新的刺激，学生的大脑很快就难以集中注意力。一般情况下，使大脑全神贯注在一件事上的时间大概只有20分钟。在我们平时的理论学习中，常常发现学生注意力不集中，老师明明讲过的内容，再提问时，学生的记忆里没有储存。参加体验式教学活动时，学生的大脑始终处于紧张运转中，体验学习活动能提供视觉、听觉、触觉等多重感官的刺激，更激发了大脑的工作。学生在实践了体验的过程后，就能够把学过的内容复制出来。体验活动提供了大脑所喜欢的学习环境，多方位信息提供了多方位感知，整个过程不再单调，让学生更乐意这样的学习形态。

2. 情景体验式教学模式的特点

在专门设计的环境下，由设计任务驱动，融合视觉、听觉、嗅觉、触觉的感知。首先是基于特定教学目标，收集教学活动素材，然后加入特殊规则或特定步骤使学习目标呈现出来，在这个过程中，教师和学生都进入身心结合的状态，在实验规则明确的前提下学习与动手体验。

在实际教学中，因教学条件的限制，仿真情景也可以被使用。仿真情景使活动场景与现实场景产生更深度的链接，激发学生展现更多的行为模式，引导反思，从而达到融会贯通的效果。

二、实践型设计课程的情景体验式教学

在服装设计的专业教学课程中，实践型设计教学课程占了相当大的比例。

北京服装学院服装艺术与工程学院设计思维课群的课程包括"创意工作营""传统印染织绣技艺与设计""服装设计方法与实践""服装设计元素""国际工作营"，还有服装材料创意这样的专业选修课。整个学习过程从第一学期的创意感知到技艺体验，到第二、第三学期的思考实践提升，到第四学期的视野与概念的丰富与拓展，直到第五学期国际院校间的教学互动中丰富思维的方法与构架，成为系列化实践型设计课程的体验式教学的核心脉络。

设计思维的基本概念在情景体验式模式下，学生为主体，教师主导，可以是一位教师，也可以是多位教师互动型的教学，教师的互动可以是探讨型的，不同观念的互动对

学生的思考跟进有特别的效果。

2021年7月，该课群的老师参加了福建光泽县组织的无废茶染的茶染研习营。用当地产的茶叶茶梗作为染料，通过专业老师的指导，对五种不同的布料，用不同媒染剂，在不同时间温度下，染成了一系列色样，完成总共近300个色样。整个过程在当地的山水之间，当地的材料、气候、水，在专门的空间里剪布、前处理、染、洗、晾、剪、贴。总共用了七天时间。

三、无废茶染情景体验课的组织与实施

1. 理论学习

在正式开始染色之前，研习营老师用了2课时左右的时间讲述了天然染色的原材料，列出了一些中国典型植物染色彩以及不同技法对染色带来的不同效果。在老师引经据典的讲述之中，对于天然染色有过一定了解的学员，可以更加熟悉中国天然染色的历史，也能够系统地学习天然染色的色彩知识；而刚刚接触天然染的学员，可以马上被带入天然染的世界中，这其中最吸引人的一点是让大家充分认识到天然染色的不确定性、随机性，这也正是染色实验最吸引人的部分，从而令所有学员更加期待接下来的实践部分，充分激发了大家的热情。

2. 实验规则

为了保证实验顺利、安全地进行，老师在理论部分提出了学习要求。比如，操作上的问题可以及时找助教，操作方面的心得最好先记录，结束后再讨论和询问主课老师，避免只动脑不动手。冲洗布料和替换染剂需要在特定地点，以免污染生活用水。不能穿拖鞋进行染色，以防滑倒或被煮沸的茶汤泼溅等情况的发生。

3. 分组

在实验开始前，大家自行分组，便于材料的发放和后期的分工合作。由于需要对茶种、媒染剂、染程等多个要素对应不同面料进行排列组合实验，分组合作能够更清晰地看到不同染色方式下的效果差异，操作时也更加简单、高效。

4. 实施过程

在正式进行染色前，首先需要对面料进行预处理，以确保各种材质的面料可以更好地上色。生丝相比于熟丝来说更为硬挺，所以需要用少量的洗洁精在温水里进行浸泡和揉搓以去除丝胶；毛料需要用酒石酸氢钾与热水浸泡40分钟，充分打开鳞片层；棉麻需用食用碱和热水，在保持pH为11~12的前提下进行熬煮处理。所有面料进行不同程度的浸泡、熬煮、洗净、晾晒后，方可进行实验。

大致染色流程为：

（1）称取染料及媒染剂/助剂。

（2）计算浓度比，面料重量×人数×面料与染液的比例（浴比）。

（3）萃取染料（本次茶染主要使用的方法是将茶叶煮沸后熬煮20分钟）。

（4）确定染色方式（染程及染媒的选取）。

（5）进行实验。

影响染色效果的核心因素有浓度、时间、pH 值、温度。本次实验也是在此基础上利用间媒系统中染程的不同，来得出不同的染色效果。

间媒的主要步骤有：

染色 10 分钟→入媒染剂 15 分钟→染色 10 分钟→清水洗 4 遍并进行晾晒。

掌握了这个基本的间媒步骤后，我们利用不同的染色流程，调整媒染剂使用的次序及种类，做了不同的实验。此外，还根据典籍中记载的不同国家的染色方法，选取其中最具代表性的塔塔粉、茶叶灰、茶叶、茶叶加柠檬这四种方法，以茜草为染料进行了实验。当然，针对本次茶染研学的主题，核心实验使用了 9 种不同的茶叶（鲜茶嫩叶、黑茶、绿茶、乌龙茶、红茶、黄茶、白茶、生普、熟普），利用 4 种不同的媒染助剂（明矾、胆矾、皂矾、铁锈水），在 5 款面料（生丝、熟丝、麻、棉、毛）上进行了试验。课程还延展出了套染、墨染、咖啡染等创意性的练习。

5. 成果

图 1 所示是本次研习营所有实验所产出的茶染色卡，每位学员不光要全程参与染色学习及实践，还要将染色后的面料制作成面料样卡，样卡剪贴作为本次情景体验式教学的一部分，是对学习过程的再梳理。

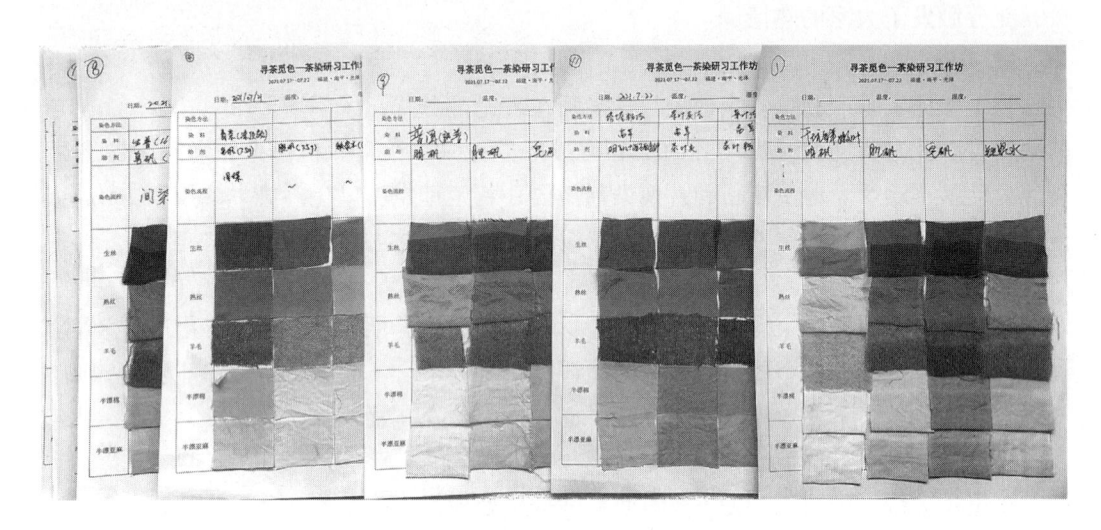

图 1 无废茶染实验色卡

四、无废茶染情景体验式教学的思考

1. 主动尝试与被动承受相结合

所谓被动承受，是指学生在课堂上通过教师讲解的途径获得知识。在设计类的课程里，设计原理和技法经过教师的梳理与分析变得要点清晰、更易理解，但这种灌输式的教学方式很难使学生形成有效记忆，在以往的设计教学经历中，我们遗憾地发现，很多学生在进入更深阶段的课程学习时并不能将上一阶段所获得的知识和技能加以应用，因为之前所学没有在他们脑中留下足够深的印象。由此可见，纯粹的被动承受无法达到理想的教学效果。学生需要亲自动手实验，通过手、脑协作对理论内容加以体验，这一主动尝试的过程可以帮助学生获得那些无法从书面或口述中得到的感性认知，也就是经验，从而形成有效记忆。

此次无废茶染研习使我们直观体验了从被动承受到主动尝试的学习过程。研习营采取理论加实验的授课模式，每天开展一个模块的理论学习与分组实验。在理论学习阶段，老师会通PPT对不同植物的染色原理及效果进行讲解，并展示这些染料与不同面料、不同媒染剂排列组合后所产生的效果差异，染料的出处、染剂的温度、媒染剂的成分、染程与时间控制……这些繁杂的知识虽然通过笔头记录下来，却很难在我们脑海中形成记忆点。接下来的实验部分变得十分关键，我们运用前媒、后媒、间媒等不同的染色程序对多种面料、多个茶种及茶废料进行分组实验，重复实验的过程加深了我们对染色材料、步骤和效果的印象，视觉、听觉、触觉等多重感官的刺激使得无废茶染的原理和工作流程在大脑中实现了逻辑思维与感性认知的有机结合（图2）。

图2　无废茶染实验内容

2. 在情境中获得体验感

脱离常规课堂的环境，置身于与所学内容相关的叙事化的情景之中，能够产生愉悦感，自然地融入学习氛围，获得沉浸式体验。空间是情景的载体，将空间按照所要传达的内容的叙事逻辑进行布置，可以大大刺激事件参与者的感官，提高他们的参与积极性，加深他们对事件的印象，很多沉浸式博物馆和游戏馆正是利用这种方法来提升体验感（图3）。然而对实践型设计教学而言，场景的布置所带来的体验感还不足以令学生将知识点转化为经验刻入脑海，因此在这个场景中做什么就显得尤为重要。新鲜场所带来的刺激感延续时间是有限的，将学生作为沉浸式情景的主体，让他们在场景中动手完成设计和制作过程，才能使他们从行为和感情上直接参与到教学活动中来，从而激发大脑持续工作。

图 3 刘邓大军千里跃进大别山纪念馆的"激战汝河"场景复原（图片出自《文物鉴定于鉴赏》）

无废茶染研习营设在了福建光泽县山中一个依山傍水的民宿，民宿的大厅作为染色场地按照"茶"的主题进行了布置，学员们置身其中进行剪布、前处理、染、洗、晾、剪、贴，亲身感受当地气候和水质对面料和着色的影响，获得了身心的愉悦，也对茶叶染色有了更全面和更深刻的认识。图 4 是无废茶染工作营的工作场景，学员们可以一边品茗一边在古色古香的氛围中进行茶叶染色，虽然实验过程繁杂且漫长，但大家都能全神贯注地投入工作，感觉不到时间的流逝。图 5 所示为学员将经过茶染和媒染的面料拿到户外进行晾晒，飘舞的面料与青山绿水融为一体，极大地提高了参与者的体验感和愉悦感。

图 4 无废茶染工作营工作场景

在高校教学中，将学生带到真实场景中实践的机会不多，但我们可以尽量利用学校空间进行仿真场景的设置以提高学生的参与感。

3. 分组合作增加参与感，提高工作效率

小组合作是将学生作为活动主体，在教师指导下按照课题内容或操作步骤进行分组

图 5 学员在户外晾晒染色面料

作业的教学模式。在情景体验式教学中，分组合作相当于给每个组制订了角色扮演的任务，组内学生根据本组在活动或任务中的角色进行讨论和分工，这一过程不仅促进了组内成员的交流，也催生了小组间的竞争意识，使得学生的参与感增强的同时达成了高效的工作状态。

在茶叶染色实验时，学员用几套不同的染色工序对多个茶种和多种媒染剂在棉、麻、生丝、熟丝、羊毛面料上的不同着色效果进行了验证。整个过程工作量巨大且程序繁杂，而分组合作可以有效避免混淆等状况的发生，且可以在有限的时间内实现多种实验效果的对比，大大提升了学员的参与感和获得感。图 6 是学员进行茶染排列组合实验的工作状态，小组内成员分工进行茶汤加热、媒染剂调制、面料搅拌染色、冲洗晾晒等工序，工作井然有序。小组作业的同时观察其他小组，可以直观感受到同种茶叶接触不同染媒或者相同染媒剂与不同茶叶结合所产生的截然不同的化学效果。例如，用同一种茶汤染色，经过胆矾和皂矾两种不同媒染剂处理后的面料所呈现的色相完全不同（图 7）。

图 6 学员分组完成茶染的排列组合实验

图7 同种茶叶染色的面料浸泡过胆矾和皂矾溶剂后的不同效果

4. 延展课外活动引发兴趣，催生关联记忆

借助课程延展课外活动，能够在多方面助益实践型设计课程。其一，在针对性知识的介入下，能够让学生对这种特定知识产生极大兴趣，从而拉近学生与所学内容的距离。其二，通过引入不同类别的相关知识，能够在拓宽学生所学知识面的同时，让相关知识的文化、背景、环境等更加立体地展现在学生面前。其三，课外延展活动也是营造情景体验环境的有效方法，这种教学环境能够让学生集中更多精力与注意力到所学课程中，从而激发更多创作灵感，加深记忆，得到更好的学习体验。

在本次学习活动安排中，第一次动手体验活动设计的是看似与茶叶染无关的宋代点茶文化科普与动手制作（图8）。在点茶文化传承人徐萍老师的介绍与指导下，每位学员都参与制作了自己的点茶作品。过程中身临其境体验着一百年前人们的茶文化生活场景，让所有学员对接下来的研学课程倍感期待。

图8 宋代点茶文化科普工作坊

五、结语

四位教师利用暑假时间来到一个远离城市的自然环境中，在专业染色教师的引导下，利用当地产业的废弃材料，茶叶生产的废弃物，茶梗茶渣及无法食用的废弃茶叶，通过不同媒染剂的单染和套染，得到了丰富而美丽的染色效果。时间的控制下，双手的搅拌，感知布料的材质、水的温度，感受晾晒过程中随着水分减少布料手感发生的变化。山间气候的变化，山里特有的空气，贯穿期间，整整7天的晨昏，身心浸染其中。

可以说，校园外面的情景体验式教学由于大环境的变化，给我们留下更为深刻的印象。这次无废茶染的情景体验式学习，对我们设计思维课程教学的完善与改进提供了有益的参考。感谢各级院校领导和人事处的支持！

参考文献

[1] 王颖．体验式教学模式在艺术设计课程中的初探[J]．艺术科技，2019，32（7）：76．

[2] 杜冰冰．体验式教学模式于艺术设计教学中的应用与研究[J]．艺术设计研究，2010（3）：109-112．

[3] 段磊．基于感官体验的博物馆展览设计研究[J]．文物鉴定与鉴赏，2021（16）：102-105．

多平台混合教学的设计与实践

——以"数字服装模拟技术"课程为例

马凯[1]

摘　要：当今时代，各大高校面临着线上教学与线下教学混合进行的需求，其教学效果的提升是亟待解决的关键问题。本研究基于"雨课堂+腾讯会议+THEOL"三大平台，进行多平台混合教学的实践，重组教学资源、创新教学设计、整合教学评价三个维度，构建"数字服装模拟技术"课程的教学新模式，为有效实施线上教学与线下教学的融合提供参考。

关键词：多平台混合教学；雨课堂；教学设计；教学模式

当前，随着在线直播教学和混合式教学在各高校的深入展开，"互联网+教育"的深度融合促进了教育系统各要素的重组，教育系统正在经历一场前所未有的变革。当今时代，随着网络与信息技术的飞跃发展，特别是高校大规模建设智慧教室与指挥机房，以及学生中智能终端的普及，为混合式的教学模式提供了更多的选择，中国大学慕课、学堂在线和智慧树等慕课平台，也为众多高校提供了大量高质量的慕课课程，此外，雨课堂、超星学习通、钉钉、腾讯课堂和腾讯会议等直播平台也都免费对高校教师开放[1]。

"数字服装模拟技术"课程是北京服装学院针对数字时装设计实验班的学生开设的一门专业基础课，主要介绍基于三维人体扫描技术、人体点云数据、人体建模和虚拟缝合等数字化人体技术，以及CLO3D和MD等三维虚拟软件的操作方法，融入服装设计、服装结构、服装面料等大量服装专业知识及相关行业的数字服装模拟技术。其课程目的在于：

（1）掌握数字化人体技术的基本原理和概念。
（2）了解国内外三维服装模拟技术的现状。
（3）掌握CLO3D和MD三维虚拟软件的主要功能和应用。

在2020—2021学年第二学期，该课程为第一次授课，但是按照国家与学校的防疫要求，该课程一共36学时，其中前12学时采用线上教学模式，后24学时采用线下教学模

---

[1] 作者简介：马凯，北京服装学院服装艺术与工程学院，副教授。

式。整个授课过程既要有效地组织和实施线上教学，又要确保线上教学与线下教学的融合与稳定过渡，从而提升学生的学习兴趣和学习效果，需要从教学模式的选择和教学方法的设计上给予认真的考虑。

一、多平台混合教学

1. 混合式教学

混合式教学，即 blending learning，就是要把传统学习方式的优势和 e-learning（即数字化或网络化学习）的优势结合起来，也就是说，既要发挥教师引导、启发、监控教学过程的主导作用，又要充分体现学生作为学习过程主体的主动性、积极性与创造性[2]。而在混合式教学的过程中，能够满足所有需求的单一平台几乎很难找到，所以，应用多种平台来进行混合式教学的模式应运而生。

2. 多平台混合教学的平台构成

多平台混合教学至少需要具备以下三个模块：

（1）线上直播教学模块。现阶段高校使用率较高的线上直播平台有很多，如雨课堂、腾讯会议、腾讯课堂、QQ群和钉钉等，如何选择适合的直播平台，需要结合教师与学生具备的硬件设备、授课内容与授课形式，可以选择其中一种，也可以选择2~3种混合使用。

（2）课堂互动模块。国内普遍使用的智慧教学工具都具备较好的课堂互动功能，比如蓝墨云班课、雨课堂、超星学习通等。它们的一般功能为点名、签到、课堂随测等。

（3）素材下载与作业评价模块。多平台混合教学结合了移动模块，需要学生在网上下载素材并提交作业，教师可以进行作业的实时评价，具备这样功能的平台有清华大学的学习在线（THEOL）、优学堂、钉钉等。

二、多平台混合教学设计

1. 教学设计原则

本课程的授课对象为数字时装设计实验班的学生，因此通过本课程除了要使学生掌握数字服装模拟的操作技术之外，更重要的是要培养学生的自主创新意识，深化学生对服装服饰文化、工程伦理的理解。因此，无论是教学过程、授课方式，还是评价方式，都融合了创新的理念。

（1）教学过程结合软硬件优势，依托新建的智慧机房，结合学堂在线平台的优秀慕课资源，在腾讯会议授课的同时采用雨课堂直播，可以快速生成教学过程直播回放，方便学生随时查缺补漏。

（2）在授课过程中，以雨课堂为基础，进行随机点名、投稿、弹幕和测试等课堂互动，提高学生的学习积极性，改善了传统课堂教学缺乏互动、课堂相对沉闷的现象。

（3）课程作业充分考虑学生发挥自主创意的需求，采用半开放式设计，在统一完成规定操作的基础上，留给学生进行自由设计的空间，并且将这部分内容也规划进评分标准之中，通过保存项目文件、渲染高清图片、设计动态走秀视频等手段，形成多样化的数字作品，形成一套综合性评价机制。

2. 平台的选择

"数字服装模拟技术"课程在选择平台与工具时提出如下要求：平台能直播教师授课场景、可以共享屏幕、可以快速生成回放以供学生观看；有交互功能，可以收集教学过程中的数据；学生能下载素材，老师可以批改作业。综合比较之后，本课程选择使用"雨课堂+腾讯会议+THEOL"三个平台结合起来开展线上教学。其原因在于：

（1）雨课堂拥有详细的过程教学数据和优秀的课堂互动手段。过程教学数据可为后期进行教学研究与分析、持续不断改进与提升教学质量提供数据基础。课堂互动手段包括弹幕、投稿、随机点名、堂间测试、红包、随堂考试等[3]。

（2）腾讯会议是腾讯公司开发的网络会议软件，可容纳300人，服务器稳定，语音视频传输效果好，并可以利用双向的"共享屏幕"功能，实现软件操作类课程的在线演示和学生指导[4]。

（3）THEOL网络教学平台属于比较成熟的课程资源平台，学生登录后进入"数字服装模拟技术"课程平台，该平台包含有课程所需的相关的教学日历、教学大纲、教学课件、动画、视频等教学资源。教师可以在平台上发布课程通知、学习任务和调查问卷，学生可随时登录平台进行网络学习、观看教学课件、完成提交作业、在线讨论、在线测试等[5]。此外，由于素材资料和学生作业文档都比较大（普通3D服装模拟的项目文件均在20M以上），使用其他平台无法满足需求，而THEOL则可以提供超大附件的上传，满足上传案例素材和提交作业的需要。

3. 课前教学设计

"数字服装模拟技术"课程虽然主要是一门操作课程，但是需要让学生在短时间内理解大量计算机图形学相关的概念，仅仅依靠课上的时间是不够的，因此可以通过雨课堂提前发送预习课件，将一些概念结合相关的介绍视频或动画提前发给学生，使学生对理论知识有一个初步的总体概念，从而提高课堂的学习效率。预习课件的制作以PPT课件为主要形式，内容需要图文并茂，且适当插入视频，总体数量控制在5~10页。此外，为了让学生提前下载素材，方便在课堂上进行操作，还需在THEOL上传案例素材和课程资料。

4. 课中教学设计

课中教学的设计是教学设计中最重要的一环，需要根据线上授课和线下授课有所区分。

（1）线上授课。线上授课时，需要结合预习成果检测、随堂提问及其他互动形式。使用腾讯会议授课，如果不限制学生开启音频，虽然会提高交互性，但是也会造成课堂秩序混乱的情况，因此，可以同时开启雨课堂直播，鼓励学生使用弹幕和投稿来实时提问，也便于生成直播回放，方便学生课后复习。

（2）线下授课。线下授课时，师生面对面进行教学，在PPT演示的同时，教师可以多用肢体语言吸引学生注意，且互动方式可以多样一些，此时也可以使用随机点名的方式进行提问，还可以提前准备好测试卷，通过雨课堂下发答题，获取学生的学习效果数据。

5. 课后教学设计

课后教学是提升学生复习质量、巩固学习效果的重要阶段，"数字服装模拟技术"课程采用布置课程作业和鼓励学生观看直播回放的形式来进行。课程作业通过 THEOL 下发和回收，教师可以进行评分和评价，学生也可以在第一时间看到自己的作业反馈。

三、教学实施

"数字服装模拟技术"课程的教学实施主要围绕雨课堂、腾讯会议和 THEOL 三大平台展开。

1. 课前准备

"数字服装模拟技术"课程上课前，教师需做好三方面准备工作。首先，教师需要提前通过长江雨课堂发布预习课件，如果是线上授课，需要同时发布上课通知，告知学生需要进行的课前准备、腾讯会议的时间和加入会议的二维码，如图1所示。长江雨课堂为雨课堂与北京服装学院教务处共同设置，学生名单在置课时就导入长江雨课堂中，方便教师与学生沟通和交流。其次，教师需要准备好上课所需的教学资料，将学生需要的授课素材提前上传到 THEOL 平台上，并对整节课程进行全面的设计。最后，在临上课之前，教师需要提前半小时左右进入机房，将计算机、摄像头、麦克风、手机等硬件设备调试正常，并启动腾讯会议、PPT、雨课堂等软件（图2），等待学生进入线上会议室。

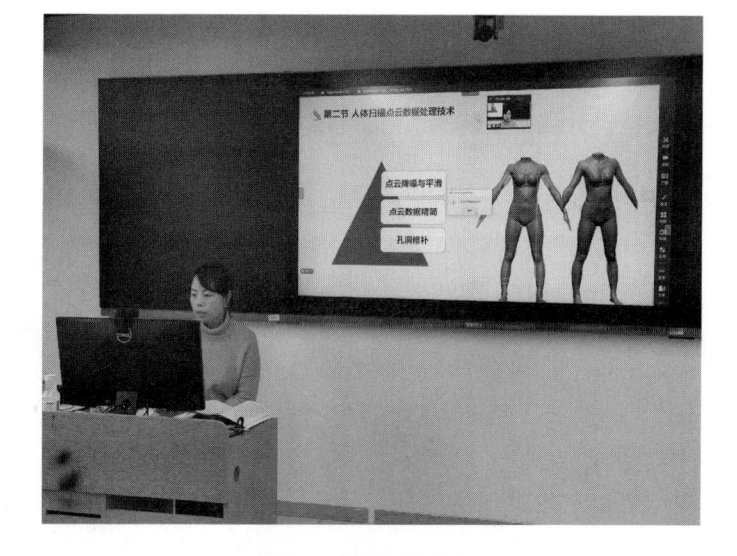

图 1　雨课堂发布开课通知　　　　　图 2　教师课前准备

2. 授课与讨论

"数字服装模拟技术"课程在授课阶段大量使用雨课堂的互动功能，如点名签到、弹幕、投稿和测试题等，如果是线上授课，还会根据情况使用腾讯会议中的语音互动功能。课堂中根据学生在弹幕中的反馈情况（图3），教师可以安排实时答疑。尤其在讲解实践环节的过程中，尽可能使用雨课堂进行视频直播，将屏幕画面录制下来生成直播回放（图4），留待学生在课后复习观看。

图3　雨课堂弹幕

图4　雨课堂直播回放

在线下授课时，可以借助智慧机房的座位摆放优势，安排小组讨论（图5）。例如，在讲授"提升数字服装真实感效果"的时候，让同学们畅所欲言，提出他们提升服装真实感的方法和措施。

图5　智慧机房内小组讨论

3. 课后答疑与知识巩固

"数字服装模拟技术"课后答疑主要通过微信答疑和面对面答疑。尤其在线上教学过程中，还是以微信答疑为主，截至第4次上课前，针对软硬件安排调试、数字服装基本操作和虚拟模特姿势设置，学生通过微信共提出25个问题，教师都能够及时答复，如果是文字无法解决的问题，还可以用录屏的方法，录制小视频发给学生，学生们对答疑效果普遍都很满意。

此外，教师还需要利用THEOL发布课后作业（图6），注明作业内容与作业要求，以及提交作业的最终日期。每次课后都会布置1~2个课后作业，在掌握基本操作的同时，给学生们都预留了自主设计的空间，使每位同学提交的作业都有其自主创新的内容。其中第一讲给学生发布了两项作业，分别为针对三维人体扫描和织物悬垂性的文献综述，以及使用Makehuman创建数字人体模型，其中第二项作业为选做题。下课后作业立即发布，要求学生在下次上课前完成。习题成绩计入平时成绩参与总成绩的核算。

图6 THEOL课程作业布置与回收

四、教学成果与课程满意度

通过精心组织和准备，"数字服装模拟技术"课程顺利地完成了线上授课与线下授课，在最后的综合作业中，结合目前主流三维服装模拟软件公司的世界级大赛要求和学生特点，启发学生完成了颇具特色的数字服装海报设计和视频创作，并通过服装艺术与工程学院刘正东教授开发的"叁衣肆秀场"平台进行了线上课程作品展示，得到了师生广泛好评，如图7所示。

作为数字时代的"原住民"，学生普遍对该课程的混合教学形式给予肯定，参与积极性也较高，课程总体签到率达98%以上。此外，在校级督评办公室组织的2020—2021学年第一学期的学生评教中，"数字服装模拟技术"课程得到了98.18分，在全校

图7 线上课程作品展示（左：王洪羽作品，右刘晓饶作品）

排名为第 45 名（图 8），在一定程度上验证了学生对于该课程的肯定。

五、结语

"数字服装模拟技术"课程的教学对"雨课堂+腾讯会议+THEOL"的多平台混合教学模式进行了有益探索和尝试。使用该模式进行教学，结合多种平台的优势，可以系统地将传统的课堂教学过程延展到学生的课前与课后，通过雨课堂互动教学，充分调动学生在课堂的参与度和学习积极性，使翻转课堂和讨论式教学等新的教学形式有了扎实的技术基础，而通过雨课堂积累下来大量的教学数据，可以进行适当的数据分析，从而为教学改革提供量化基础；利用 THEOL 可以满足学生远程下载素材和上传作业的需要，并且可以将教师点评即时反馈给学生，形成有效的教学闭环。

与此同时，我们也应清醒地看到，多平台混合教学也存在一些不足，例如，教学数据的统计与分析方法过于单一，通常还停留在出勤率、答题正确率等简单的结果，如果要得到更加直观、准确且有效的分析结果，对教师的数据分析能力也提出了较高的要求。此外，无论是腾讯会议还是雨课堂，都需要学生使用手机或者计算机，有些学生还不能有效地控制和管理手机和计算机的用途，容易分心或者懈怠。这就需要学校和教师根据学生的实际情况，在进一步提高教学质量、增强教学效果的同时，进行多角度的教

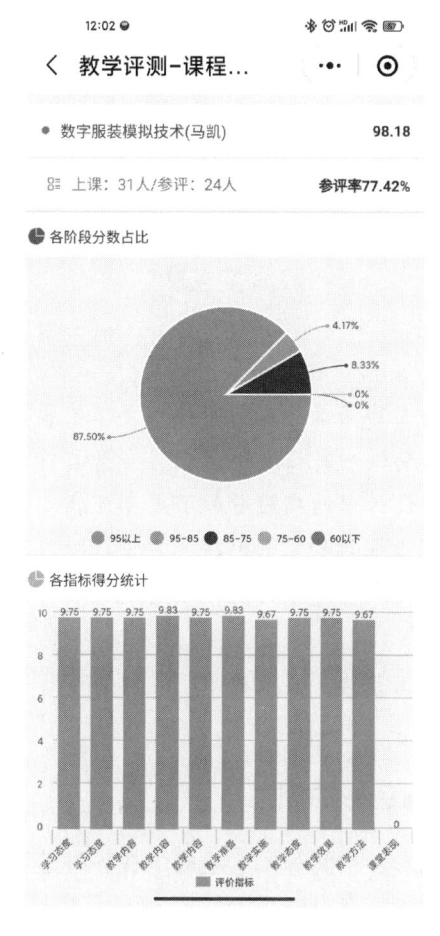

图 8　学生评教结果

学监督和评价，并适当提供符合教学要求的教学环境和相应的督促及规则，以保证教学的顺利进行。

参考文献

[1] 谢涛，齐琪，房琛琛. 基于"雨课程+腾讯会议"的大学计算机课程在线教学组织与实施[J]. 计算机教育，2020（9）：19-23.

[2] 何克抗. 关于发展中国特色教育技术理论的深层思考（上）[J]. 电化教育研究，2010（5）：5-19.

[3] 余胜泉，路秋丽，陈声健. 网络环境下的混合式教学：一种新的教学模式[J]. 中国大学教学，2005（10）：50-56.

[4] 柴媛媛，王卫国. 基于腾讯会议和雨课堂的在线教学模式探索[J]. 计算机教育，2020（11）：48-52.

[5] 徐慧颖，刘智，王微，等. 基于THEOL网络教学平台的《生理学》网络学习行为分析[J]. 文化创新比较研究，2021，5（15）：97-100.

珠宝首饰色彩设计课程实践与探讨

熊芏芏[1]

摘　要：传统珠宝首饰因其保值和贵重的属性，工艺和材质会选取珍贵稀有的宝石及贵金属材质，这就使色彩受到一定程度的限制。当代首饰对于材质和工艺的容纳程度更为广泛，也让色彩在首饰设计中的应用增加了更多可能性。本文以"珠宝首饰色彩与质感设计"实践课程为案例，探讨研究如何将色彩设计融入珠宝首饰实践教学。从珠宝首饰设计影响色彩的因素到实践教学课程设计思路进行了详细论述，并提出了存在的一些难点和问题。

关键词：色彩设计；珠宝首饰；实践教学

一、珠宝首饰设计中影响色彩的因素

造型由形态、质感、色彩、空间等要素组成。在各种造型要素中，色彩比其他要素对人类具有更强的力量。对于形态材质表示好恶的人并不多，但是绝大多数的人会表示他对某些色彩的好恶。这是因为色彩不仅作用于人们的心理，还作用于人们的生理。色彩造成的情绪状态、联想、回忆会左右人们对色彩的好恶。有科学证据显示，血管系统、脉搏、血压、神经及肌肉的紧张会受到色彩的影响。因为色彩具有心理及生理上的作用，所以在社会上、美学上具有很大的价值。在珠宝首饰设计中，色彩不是一个抽象的概念，它与首饰中的材料、质地、工艺、观念表达等紧密相连。

1. 首饰设计中的色彩与材质

有色而存，伴色而美。珠宝首饰光怪陆离、熠熠生辉的色彩与材质如影随形。珠宝首饰中最常见的材质就是贵金属及各种天然宝石。贵金属中白金白银是白色，24K 黄金是暖黄色，18K 黄金是浅金色，玫瑰金是铜红金色等。珍珠颜色以前多为粉白色。随着珍珠养殖技术的发展，珍珠的颜色有白色、银色、粉白色、蓝白色、墨绿色、金色、黑色、紫色等。珊瑚的颜色有红色、白色、蓝色、金色、黑色等，其中红珊瑚又分为艳红色、牛血红、玫瑰红色、桃红色及粉红色等。天然彩色宝石的颜色更为丰富：热情的红宝石、恬静的蓝宝石、清新的绿宝石、妖艳的紫宝石、温暖的黄宝石、璀璨的碧玺，欧泊石更是因为色彩千变万化被比喻为"上帝打翻的颜料盘"，材质和色彩如孪生相伴相

---

[1] 作者简介：熊芏芏，北京服装学院服饰艺术与工程学院，副教授。

随（图1）。

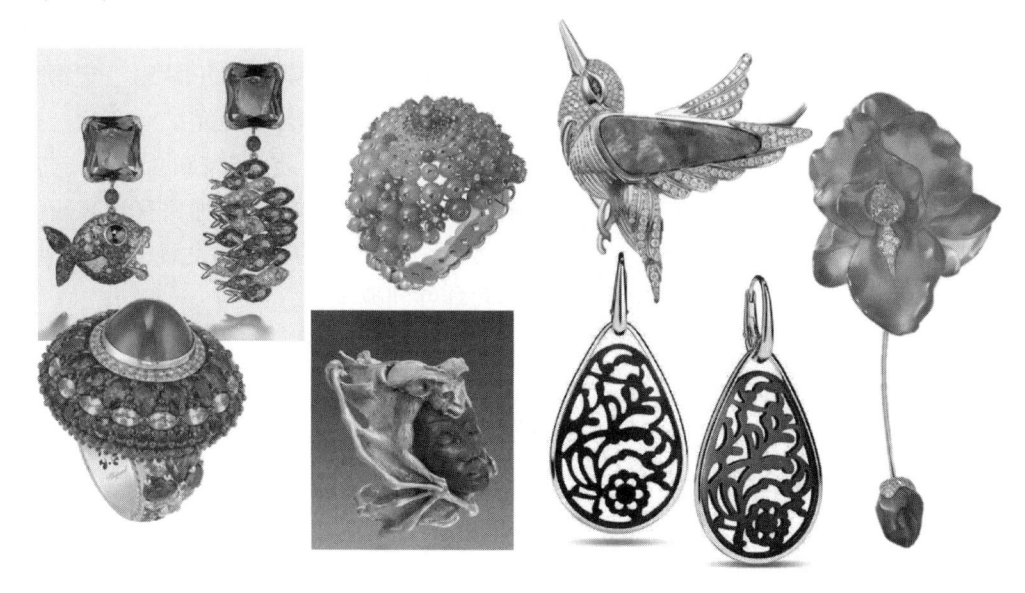

图1 天然宝石珠宝首饰

2. 首饰设计中的色彩与工艺

天然材质的色彩毕竟有限度，人们会通过工艺科学技术来拓展材质的色域。通过加入有色矿物材料或者后期加工如金属着色、彩色电镀、做旧等，使金属除了常规的金银色以外呈现出赤橙黄绿青蓝紫的颜色。比如，金属钛通过阳极氧化着色，导电后 5V 电压钛呈灰黄色，30V 呈蓝色，80V 呈紫色，90V 呈绿色。艺术家利用钛金属多彩的特点创造了很多美轮美奂的首饰艺术品（图2）。珍珠公司 Galatea 用的珠核不是一般的珠核，而是各种各样的彩色玉石。将绿松石、珊瑚、欧泊石等彩色玉石植入后，经过长时间的生长，在核上长出一层厚厚的珍珠层。珍珠再经过手工雕刻出精美的花纹，美轮美奂的花纹处还能看到漂亮的彩色珠宝玉石的珠核，多种材质的叠加极大地加强了色彩表现力。珐琅工艺是珠宝首饰中最能体现色彩元素的。珐琅釉颜色丰富，色彩搭配组合多样。它不依赖宝石的固有色，所以能跳脱出固有的色彩搭配，甚至起到了弥补宝石色彩层次的部分缺憾。珐琅工艺是温度与色彩的融合体，通过控制温度可以获取想要的任何颜色。亚克力

图2 陈世英钛金属珠宝

树脂类材料近几年在艺术首饰和时装首饰中应用较多。亚克力着色效果强，将染色剂按比例与水混合加温到80℃就可以染色了。亚克力水晶般的透光度和透光柔和的材质感，染色后会呈现一种不完全透明的色彩效果，很有呼吸通透感和空间性（图3）。宝狮龙高级珠宝系列应用了黑科技材料"气凝胶"，色彩淡雅柔和，还会跟随光线而变化，相当神奇。气凝胶是一种由99.8%空气和二氧化硅组成的淡蓝色、质量超轻的固体。它曾被用于航空领域，NASA专用其来采集太空中的星尘。珠宝设计师用这种拥有云雾般淡蓝色的神秘物体来表现变幻莫测的天空美景（图4）。工艺技术的革新和发展极大地拓展了材质和色彩的深度和广度，也为设计带来更多可能性和趣味感。

图3 学生亚克力染色

图4 宝诗龙气凝胶项链

二、珠宝首饰色彩设计课程实践教学设计思路

"珠宝首饰色彩与质感设计"课程是一门比较新的专业课,教学重点是探究如何将色彩和质感单独抽离出来让学生关注和感知。这两者尤其是色彩实在是太令人习以为常了,很容易让人忽略掉它本身的重要性。很多学生对于首饰中的色彩选取还停留在完全凭感觉的状态。课程设计上采取理论结合实践,学院结合企业,课堂讨论结合思维训练,专题比赛结合课程作业的思路,形成一个完整的闭环,尽可能让学生认识色彩在珠宝首饰设计中的重要性。

1. 色彩理论教学

教师对色彩基础知识、色彩视觉效果、色彩视觉心理与象征、色彩构成基本手法、首饰中色彩运用与趋势研究进行理论授课,尤其讲解首饰设计中材料与色彩的关系、首饰色彩最佳配色分析、首饰设计中的色彩运用与情感表达、东西方首饰色彩与文化内涵等内容,使学生对首饰设计中色彩选择在感性的基础上增加理性的认知和判断。课程还邀请了企业色彩趋势专家李晓磊老师给学生讲解色彩趋势,包括消费者趋势研究和年度色彩,以及流行色分析(4个色彩设计主题),使学生对色彩有一个比较系统且理性的认知(图5,图6)。

图5 《共生》色彩材料实验小样

2. 专题课堂讨论

在理论教学之后,教师会给出题目让学生讨论:比如"每年都会有色彩机构(如潘通)发布年度流行色,服装设计、家居工业设计都会受到流行色的影响,你觉得珠宝首

图 6　《棱的 N 次方》色彩材料实验小样

饰受到了流行色的影响吗？"学生讨论非常热烈，各抒己见。绝大多数学生觉得珠宝首饰会受到流行色的影响，但要分情况，不能一概而论。第一，在人群方面，年轻人更易受社会潮流影响且更容易追随流行，在珠宝首饰上不论是设计者还是年轻的买家可能会更倾向于流行色。年纪比较成熟的消费者，可能还是更在意珠宝本身的价值所在而并非流行色的变化。第二，对于高级珠宝而言，流行色对其影响相对较小，它们大多都是稀有珍贵的天然宝石钻石，色彩不大会随着流行色变化。但确实也会有一部分彩色宝石受到了流行色的影响，比如，珊瑚橘的流行导致 MOMO 珊瑚走红，薄荷绿导致糯种翡翠的流行，经典蓝导致海蓝宝的流行。而对于时装首饰这类快销品来说，流行色对其影响较大。它能很好地与当季的服饰形成一个整体搭配，贴近市场，更好地获得经济收入。第三，还有一部分学生认为珠宝首饰受到流行色的影响，不是追随这个颜色，反而是和流行色相反。首饰面积小巧精致，用来点睛。如果人们穿一身绿色流行色衣服，可能会搭绿色系的同类色首饰，但也许会搭配和绿色相反的颜色来做突出强调，比如红色、橘色或者紫色。另外，流行色影响到珠宝首饰的可能恰好不是当年的流行年度色，而是这个颜色的对比色或者补色。

3. 宝石色卡训练

宝石是珠宝首饰材料运用的一大主体，宝石色彩的搭配直接影响我们对于首饰的色彩感觉。如何运用宝石或者宝石之间的色彩搭配是很讲究的。彩色宝石的种类和色彩都十分丰富。通常说的红宝石、蓝宝石只是一个统称，宝石产地级别不同所呈现的色彩也是不同的。比如，红宝石颜色有粉红、玫瑰红、紫红、血红、暗红、鸽血红等。蓝宝石并不是如它名称所指的只有蓝色，它还包括粉色、橙色、黄色、紫色、绿色、灰色等。其中蓝色蓝宝石的颜色又分为淡蓝色、浅蓝色、蓝色、湛蓝色、皇家蓝色、矢车菊蓝色。皇家蓝和矢车菊蓝最为名贵稀有。皇家蓝是高饱和度蓝色，矢车菊蓝是微带紫的靛蓝色。这里面的千差万别决定了彩色宝石的身价，也考验了设计师对色彩的敏锐度。为了能让学生亲自感受宝石色彩的微妙变化，老师将学生分成 10 组，每组 4~5 人，彩色宝石也分成 10 个大类。要求学生以组为单位首先对宝石的色彩进行调研分析，然后提取最有代表性的宝石色彩。用水粉颜料平涂绘制成 7cm×7cm 的色块制作成宝石色卡。这部分考验手眼并用的能力。眼睛首先要能看出来色彩细腻微妙的差别，手也要跟得上，调出这种相应的色彩，看起来很简单，其实要调准并不容易。因为水粉颜料干了后整体会变浅，所以在湿的时候要略微调深一点，这个预判能力纯靠经验和练习（图7，图8）。

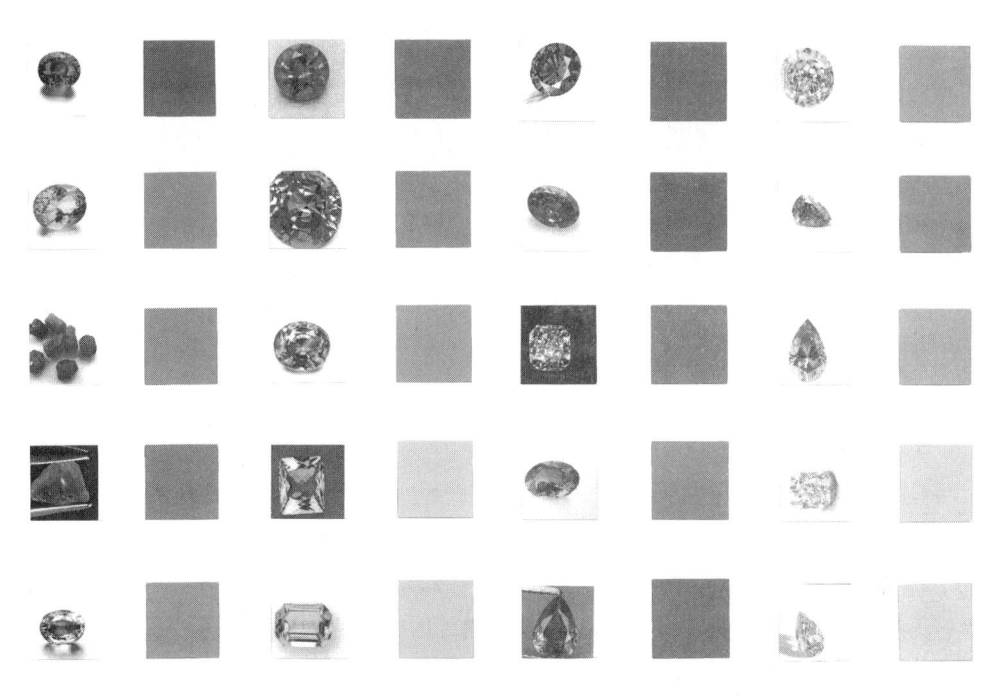

图 7　尖晶石色卡（部分）

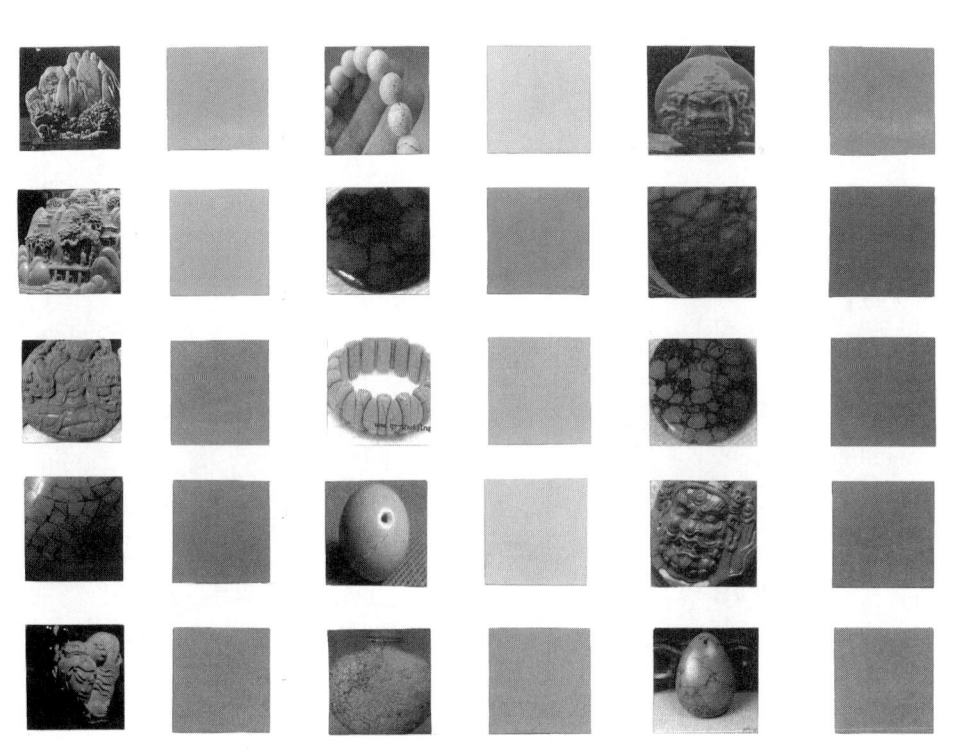

图 8　松石色卡（部分）

4. 设计接力赛训练

设计接力赛训练的方法来源于几年前瑞士外教的一种方法略做调整。让学生以小组为单位依次传递设计，去体会设计不是静止的，而是一个动态有趣的过程。个人的惯性思维和习惯思维会在设计接力训练中被打破。所谓"不破不立"，第一个学生无法预计自己的设计在同伴"添油加醋"后会变成什么样子。具体的训练内容是：3个学生为一个小组，每个小组收集5张紫色调的图片。第一位学生在5张图片里任选一张作为灵感来源进行创作，模拟或提取其中内容画下三张草图。第二位学生从第一位学生的三张草图中选择一张，继续创作，并尝试将之立体化构成三维空间，同样地，一张图创作出三张草图。第三位学生在第二位学生的基础上从三张图中选一张，继续创作。要求除了继续完善形体，尝试改变之前的色彩并给出三种不同配色方案。总的来说，第一位学生考察的是从灵感到图形的提取能力。第二位学生考察的是立体形态的造型能力。第三位学生考察的是色彩搭配能力。三个学生依次循环传递，确保三种能力训练都可以训练一遍。

5. 课程作业实战训练

课程作业与"国际彩色宝石设计大赛"相结合。学生可以选择参加比赛，也可以选择自由创作一件首饰作品。作业鼓励新材料的运用和再设计创新，突出色彩和材质特点（图9，图10）。参加比赛能有效提升学生的实战能力，直观地检验教学水平。之所以选择国际彩色宝石设计大赛，是看重大赛偏重色彩设计的特点。大赛宗旨是弘扬绚丽多彩的彩色宝石文化，提升彩色宝石设计水平，突出彩色宝石炫彩魅力。课程前期的色彩理论教学，流行色对珠宝首饰影响的讨论，彩色宝石色卡训练和设计接力赛都会在最后的比赛设计中起到指导作用。最终部分学生设计作品在彩色宝石大赛中获得了最佳创意奖和优秀奖。

图9　学生刘成思作业《多巴胺反应》
（材质：树脂，白铜，彩色串珠）

图10　学生方庆燕作业《你是我的礼物》
（材质：染色玉米皮，银）

三、珠宝首饰色彩设计课程实践教学存在的问题

珠宝首饰色彩设计课程开设不久，教学模式还处于探索阶段。在课程中存在一定问题，主要体现在：第一，学生对色彩重视度不够。首饰设计一直以来更关注形态和材质，材质和色彩如影随形。学生往往只注意材质而忽略色彩，因为色彩在生活中太习以为常了。这需要老师在课堂里进行引导，比如，在要求首饰形态和材质完全一样的情况下，让学生尽可能多地尝试不同的配色。比如，规定形态为球形、材质为树脂和金属的情况下做10种色彩搭配方案。这样相当于把色彩元素单独抽离出来让学生训练。第二，学生对于色彩配搭过于凭借感性和直觉，虽然色彩很大程度上确实存在主观性，但以科学的理论作为指导的理性分析是非常重要的，比如，互补色对比配色、对比色对比配色、中差色对比配色等。另外，还有一些是首饰最佳配色方案，比如，青金石搭配金色金属就比银色金属好看，彩色宝石中红绿紫、红绿蓝、紫绿蓝、黄蓝紫、红紫蓝的固定搭配效果都不错。在感性的基础上具有理性的理论和分析能力，色彩设计才能更上一层楼（图11~图13）。

卅序
金晓蕊　材质：树脂，尼龙，漆
作品以装置艺术为灵感，将平面的图片进行立体化创作，再进一步打乱排列成新的体系。用色彩语言进行解构与重组，用降彩的红绿蓝、黄橙蓝温柔对比来表现材料质感与立体空间的关系。

图11　学生作业1

四、结语

科技和工艺的发展及观念的革新拓展了珠宝首饰材料的范围。这也使色彩在首饰设计中有更多的选择性和可能性，珠宝首饰设计迎来彩色时代。色彩可以充分发挥力量，成为珠宝首饰设计中重要的造型语言，色彩产生的远近、软硬、轻重、张缩与力

宿体

潘依依　材质：铜、银、黑金、珍珠、3D打印
作品以噩梦怪物克苏鲁为灵感，浓黑、亮金、煞白的配色渲染了整体氛围。这不是首饰变成了怪物，而是怪物变成了首饰，附着并点缀着人类。通过巧妙的可动结构设计，与佩戴者的身体产生互动。

图12　学生作业2

当指针指到三点

彭婧妍　材质：3D打印，银
颜色采用饱和度高的强对比色——蓝色和橘色，整体氛围营造一种浪漫的童感，对比色给人视觉冲击从而又有种跳跃感，让人感觉活泼和快乐，并走进这组首饰的童话故事里。

图13　学生作业3

量，帮助首饰设计在色彩的相互关系中建立形态。色彩设计是感性的也是理性的，是知性的，同时也有很强的直觉性。理性与感性、知性与直觉如果能调和起来，就是色彩造型的最高理想。

参考文献

[1] 吕清夫．造型原理[M]．台北：雄狮图书股份有限公司，1988.

[2] （美）卡伦·特里德曼．艺术与设计色彩专业教程[M]．杨建，王玲，译．北京：中国摄影出版社，2018.

[3] 冯剑逸．当代首饰的色彩形式语言研究［D］．南京：南京艺术学院，2020.

[4] 张晓璇．珠宝首饰设计中的色彩搭配探究［D］．北京：中国地质大学，2019.

CMF 设计课程教学实践与探讨

聂茜[1]

摘 要：在目前产业界对 CMF 设计人才需求旺盛的背景下，结合国内高校的 CMF 设计相关课程的发展，以及北京服装学院开设八年的 CMF 设计相关课程的教学经验，阐述了北京服装学院开设 CMF 设计相关课程的特点和教学的举措以及一些教学改革经验，并探讨如何为后续 CMF 创新人才模式的培养提供些许的设计思路。

关键词：CMF 设计；工业设计；教学改革

一、产品 CMF 设计课程概述

CMF 是英文单词 colour，material，（surface）finish 的缩写 。字面上的直观定义是色彩、材料和表面处理工艺或表面装饰工艺。其含义是针对产品设计中有关产品色彩、材料和加工工艺进行专业化设计的知识体系和设计方法。左恒峰老师提出 CMF 设计是色彩、材料和工艺效果（尤其是表面处理工艺效果）的集成与优化，以赋予设计对象最佳的外观形式、功能和品质。他主张把重点放在色彩、材料和（表面）工艺的"集成"所"完成的效果和品质"上，以及为此所进行的设计。在设计领域不是简单地将三者罗列，更重要的是色彩、材料和工艺三者之间的"关系"对最终完成效果的优化[1]。

CMF 设计方法的提出是产品设计专业化发展过程中的必然，也是大工业分工在设计行业的具体体现。随着工业化生产的智能化和系统化不断升级，在整个大工业生产中，系统化设计进一步细分为 ID 工业设计师、结构设计师、UX 交互设计师、CMF 设计师等不同的设计需求。对于企业而言，一方面，随着用户细分和不同用户需求的多元化发展，市场需要满足用户更加人性化和丰富的产品需求；另一方面，一些认可度较高、市场销量好的产品，也需要不断地进行产品升级和迭代，才能满足用户不断追求时尚和美好生活的要求。

二、CMF 设计课程的特点

1. 北京服装学院开设 CMF 设计课程的情况

国内外对于色彩的研究相对于 CMF 的集成研究来说，要久远和丰富得多。该领域的

---

[1] 作者简介：聂茜，北京服装学院服饰艺术与工程学院，副教授。

专家学者不胜枚举，其成果丰富多彩。如中国美院宋建明团队、北京服装学院崔唯团队、清华美院苏华团队、清华大学色彩研究所严杨和宋文雯团队等，均在色彩的理论研究和设计创意实践方面有突出的积累和行业影响力[2]。

在国内的工业设计和产品设计专业中，北京服装学院属于国内院校开设CMF设计相关课程较早的院校之一。北京服装学院的CMF设计课程是在崔唯教授的教学团队多年精耕色彩设计领域的教学理论和经验的基础上，于2013年开始在工业设计专业中开设了CMF设计课程，迄今已8年有余。在2021年春季学期给2020级研究生讲授"产品CMF设计研究"课程中，笔者曾做过一个调研，班级共计25名同学，其中包含20名工业设计专业和5名色彩设计专业的同学，只有一位工业设计专业的研究生（来自北京服装学院的工业设计艺工融合班），本科曾经上过CMF设计课程，其余的24名同学在本科学习阶段，都没有上过产品CMF设计课程。从这个简单的调研结果也可以看出，国内很多工业设计和产品设计专业的本科教学中，没有专门的CMF设计相关课程，只是在产品设计的课程设计中，对CMF设计有所介绍和涉及，因此，未能及时跟紧大工业生产的发展以及企业对相关CMF设计人才的需求。

产品的CMF设计作为整个产品设计过程中的重要阶段和方法，在大型企业中更是提升到设计战略的位置，在教学培养方案中，也受到越来越重视的程度。2017年，北京服装学院在制订新一轮的教学培养方案时，重新撰写了工业设计和产品设计（家居设计）的教学培养方案，进一步将CMF设计调整为两个专业的专业课程和核心课程。为此，可以看出，北京服装学院对于CMF设计课程的前瞻性和重视程度。

2. CMF设计的职业属性和实践特性

从设计方法的角度看，CMF设计是一种以艺术学（美学）、设计学、工程学、社会学等交叉型学科知识为背景的，融合趋势研究，立足产品CMF创新理念，依托消费者心灵情感认知，追求产品人性化表情的设计方法。从设计师职业细分和职业需求来看，CMF设计是一种针对大工业量产化产品表情的设计工作和职业。整个产业，尤其是在时尚类产业和有关人们生活的消费类产品领域，越来越受到企业的关注和重视，也导致市场对CMF设计师的需求越来越多。在课程教学中，CMF设计课程作为工业设计和产品设计大三的专业课程，一方面，作为学习工业设计和产品设计专业的同学来说，必须学会并掌握CMF设计作为设计方法和手段在整个产品设计中如何进行应用；另一方面，同学们可以在本科毕业后直接从事CMF设计相关的工作。

3. CMF设计在产业应用的广泛性

由于CMF在工业设计、产品设计、建筑设计、环境设计、服装设计、包装设计、珠宝设计等众多设计领域中得到了普遍的关注、探讨和应用。在工业设计领域，如CMF设计领域的核心行业为汽车、家电、手机三大行业。此外，CMF设计领域的泛核心行业有消费电子、家居、服装、包装、化妆品、医疗器械、箱包、鞋帽、材料、设备等行业[3]。当代社会，人们对于更加美好生活的追求以及产品的消费升级，而且，市场中的产品日益丰富，随之而来的是对企业而言，市场竞争压力的不断加大，不同行业和产业也通过CMF设计的应用使产品设计的开发周期不断缩短，进而使得企业对CMF设计师的需求也正在快速增加。

三、北京服装学院在 CMF 设计课程的教学实践与探讨

经过八年的 CMF 设计教学，北京服装学院在 CMF 设计教学的理论层面已经积累了一定的教学经验，现总结如下：

1. 联合外部 CMF 设计展馆和实践基地，整合线上线下资源

首先，在大工业生产中，由于不同的行业和产业，涉及材料和表面处理工艺或表面装饰工艺的种类繁多，对于这部分的学习，需要一定的时间和项目经验的积累才能有所掌握。其次，北京作为创新中心和文化中心，并非大工业产业聚集地。由于北京近些年制造产业外迁的客观事实，以及北京服装学院实体空间有限的影响，北京服装学院进一步通过联合京外的一些材料企业和 CMF 展馆，作为教学的补充，使同学们能够在比较短的时间内对材料和表面处理工艺或表面装饰工艺等进行一定的补充。

2. 不断地扩充和联合外部企业设计师的力量

通过外聘和联合外部企业设计师的师资力量，不断地完善和增强产品 CMF 设计的实践应用部分，教师以项目带动教学，使学生更好地了解 CMF 设计课程中企业生产环节中的实践部分，教师也通过讲解企业中的实际案例，使同学们更好地了解和体验 CMF 设计如何更好地配合产品设计和产品开发。在课程中，教师经常携带各种材料和工艺样板进行授课，也使 CMF 设计的学习更加丰富，提升了学生对产品 CMF 设计的体验感。

2018~2020 年，北京服装学院聘请丽华创新制造的 CEO 刘家昌老师为本科生讲授"产品 CMF 设计"，为研究生讲授"产品 CMF 设计研究"。2020~2021 年，邀请华米科技 CMF 色彩趋势专家李晓磊老师讲授"产品 CMF 设计"和"产品 CMF 创新工作营"，拓宽学生对企业做产品 CMF 设计创新的流程和方法，以及企业对 CMF 设计师要求的认知，如图 1~图 3 所示。

图 1　李晓磊老师授课　　　　图 2　李晓磊老师展示样板

图 3　丰富的样板展示

2018年和2021年，我们邀请曾在诺基亚、小米等国内外知名企业任职资深CMF设计师，现为芬兰Omuus（欧墨）设计公司CMF色彩材质设计专家、中国区经理的崔重阳老师为工业设计和色彩设计的研究生讲授"产品CMF设计研究"等。

3. 探索多元化实践教学模式

为了使学生了解CMF设计在企业实际中的应用，拓展对材料与工艺等知识的学习和认知，我们自2017年以来，陆续与不同类型的企业合作设计沙龙和workshop。2017年至今，已陆续和小米生态链企业——润米科技、三菱YUPO纸业、戴姆勒奔驰、美国杜邦特卫强合作建立不同形式的工作坊；与德国库尔兹、深圳寻材问料科技有限公司等企业建立更加广泛亲密的、形式多样的合作关系。在2020年教师和学生以居家线上教学和学习为主的阶段，我们还与深圳寻材问料科技有限公司的材料馆，通过材料馆现场直播等形式，带领学生进行云参观，并植入CMF设计课程的课题中，对该课程进行有效地探索和教学实践。图4和图5所示为美国杜邦公司与北京服装学院合作的设计师沙龙。

图 4　设计师展示作品　　　　图 5　杜邦公司代表点评获奖作品

4. CMF 设计的系统和分级教学

北京服装学院自 2013 年为工业设计专业的学生开设 CMF 设计课程以来，已经有过 8 年的教学历程了。目前，也已经成为服饰艺术与工程学院大二产品设计的院选课程以及大三工业设计和产品设计（生活方式设计）的必修课程，同时也是工业设计和色彩设计研究生的必修课程。CMF 设计课程体系的建立，也逐步构建起对 CMF 设计的初步理解和应用（入门版）、专业版的系统和层级。为此，学院的教学团队也形成了针对不同年级和专业进行分层教学的模式和探讨。

5. 更好的探索生活方式的趋势对 CMF 设计的影响

生活方式是一种综合观念，它反映个人的活动、兴趣与意见，包括日常生活购买何种产品、如何使用、如何看待，以及对产品的感觉如何等。生活形态是一个人或一个群体价值观念的影响，通过日常生活中的行动、行为、现象表现出来。生活形态受价值、态度、需要、环境条件、社会期待、生存目的、兴趣、观点、习惯等影响[4]。在生活方式趋势的研究中，我们发现文化自信现在越来越成为人们价值观的主流形态，对于中国传统优秀文化的喜爱，以及文化的回潮等成为我们生活方式的发展趋势，学生将这些生活方式及时地运用到产品 CMF 设计中。例如，2021 级色彩设计专业研究生崔舒雨同学在"产品 CMF 设计研究"中的作品《涧水斜石净水饮水机》，学生在进行净水饮水机的产品 CMF 创新设计中，从宋代著名诗人王安石《次韵张子野竹林寺二首》中的诗句"水横斜石路深，水源穷处有丛林"中获得相应灵感，如图 6~图 8 所示。

涧石蓝设计说明

水流是大自然的力量，水看似柔软却能断石，水流从山顶融化，顺着山石汇集成山涧，缓缓流淌，既代表了纯净的水源，又象征自然力量。

图 6　设计灵感来源图

四、结语

在国内院校的工业设计和产品设计中，虽然我校的 CMF 设计课程设立较早，我们进行了一定程度的教学改革，也为企业和社会培养了一批工业设计和产品设计的人才，毕业后进入各类企业中从事 CMF 设计师的工作。但是在万物互联、智能制造、产品不断升级的当代社会，我们必须密切关注企业和产业的发展变化以及对 CMF 设计创新人才的需要，对校内外的优势资源进行整合，更加深化课程教学内容，进一步转化为 CMF 设计创新人才的培养，才能更加适应现代产业对设计专业人才的需求。

仅以此文抛砖引玉，以期引起更多对相关 CMF 设计课程教学改革和 CMF 设计创新人才的培养的探讨。

图 7　净水饮水机的产品 CMF 创新设计 1

图 8　净水饮水机的产品 CMF 创新设计 2

参考文献

[1] 左恒峰. 设计艺术 CMF 导论[M]. 北京：中国电影出版社，2021.

[2] 左恒峰. CMF：从哪里来，到哪里去[J]. 南京艺术学院学报（美术与设计），2020（1）：97-104.

[3] 李亦文，黄明富，刘锐. CMF 设计教程[M]. 北京：化学工业出版社，2019.

[4] 刘静伟. 设计思维[M]. 北京：化学工业出版社，2018.

轻化工程"创业与企业管理"课程建设与探索[1]

陈莹[2]

摘　要：本文针对在双创背景下轻化工程专业新开课程"创业与企业管理"进行了课程建设研究及实践探索。首先从教学目标上进行探讨；其次设置合理的教学内容和教学模式，教学实践证明该课程建设取得了一定的成果，提高了学生的学习兴趣；最后总结了课程仍存在的问题，并指明了今后课程改革的发展方向，为工科类创新创业教学提供了参考。

关键词：创业；企业管理；课程内容；教学模式；混合式教学

一、引言

2018年国务院下发《关于推动创新创业高质量发展打造"双创"升级版的意见》，明确提出要将创新创业教育和实践课程纳入高校必修课体系。随后各高校针对创新创业人才培养目标修订了相关专业的人才培养方案，探索适合各自的创新创业教育之路，而我校轻化工程专业的"创业与企业管理"课程就是在此背景下设立的[1-5]。

创业与企业管理课程是一门理论联系实际、综合性比较强的课程，目前课程主要介绍在新环境下组建创业团队、分析创业机会、筹备创业资源、制订创业计划、开办新企业、新企业生存管理等内容。可培养学生创业意识，鼓励学生自主创业，为学生提供创业所需的知识储备和技能训练，以期提高学生就业能力，让学生能够胜任企业中的工作岗位。同时这门课程应该是一门多学科交叉的课程，应该将创新创业教育理念融入轻化工程专业教育中，因此本课程首先要从教学目标上进行探讨，然后设置合理的教学内容，运用有效的教学手段，提高学生的学习兴趣，能够切实培养学生创新创业和解决实际问题的能力。

二、课程目标的设立

通过本课程的教学，在知识、能力、创新及价值塑造等方面应达到如下教学目标。

1. 掌握知识层面

（1）了解创业精神的内涵与本质、创业团队组建程序与策略、创业风险、创业模

---

[1] 资助项目：2021年北京高等教育本科教学改革创新项目"新工科背景下轻化工程专业艺工融合人才培养模式创新研究"（项目编号：202110012002）。

[2] 作者简介：陈莹，北京服装学院材料设计与工程学院，副教授。

式、创业资源的内涵、创业者的基本素质和能力、主要的融资方式及创业资源识别、获取、开发与利用等。

（2）理解创业机会识别的一般过程及创业机会评价方法、创业资源与一般商业资源的异同、创业计划的结构和内容、新企业战略管理的主要内容与方法。

（3）掌握创业的概念、要素、类型和过程。创业者的概念和类型，创业动机的分类和驱动因素，创业团队的概念、形式与选择，创业启动资金概念及测算，掌握市场调查的方法及创业计划的撰写技巧。

2. 提高能力与技能层面

通过课程学习培养学生的创业意识，鼓励学生自主创业。引导学生利用已掌握的上述理论知识，分析、解决创新创业过程中遇到的实际问题或复杂问题，努力提高学生综合运用知识的能力；提高学生的就业能力，让学生能够胜任未来的工作岗位。

3. 价值塑造

通过在课堂上引入相关创新创业案例，使同学们了解我国纺织产业取得的创新及需要突破的难题，激发学生的创新兴趣，培养学生的创新思维能力，同时激发学生的爱国热情，增强国家意识，积极引导当代学生树立正确的国家观、民族观、历史观、文化观，完成课程思政教育。

三、课程内容与教学模式设计

目前，课程内容包括创业与企业管理的理论知识部分和创业实践经验两个部分，每次课程学习都包括这两方面的内容，让同学们看到理论知识在实践中的具体应用，具体课程安排见表1。

表1　创业与企业管理课程教学内容

课次	教学内容
1	第1节　创业概念 第2节　创业者与创业团队 第3和第4节　马东：米2未的内容创业 知识点：创业；创业教育；创业者
2	第1节　创业机会及其识别、评价 第2节　创业风险识别与防范、创业模式 第3和第4节　程方：地产行业的创新案例 知识点：创业机会类型；创业机会识别的影响因素；创业机会评价准则；创业风险特征等
3	第1节　创业资源管理 第2节　创业初创期及成长期融资 第3和第4节　杨歌：互联网三段论 知识点：创业资源；创业资源管理；创业融资

101

续表

课次	教学内容
4	第1节 创业计划的内容与结构 第2节 创业计划书的撰写 第3和第4节 朱波：90后的创业之道 知识点：创业计划的作用；创业计划书的结构和内容；创业计划书的撰写原则

理论部分主要参考管理学等专业的创业管理课程，通过线下授课（或特殊时期的线上授课），介绍创业及其企业管理的理论知识，希望用理论知识武装学生，使其理解创业精神，了解企业管理的相关知识，并达到拓宽学生思维，提升其创新能力的目的。这部分理论知识较多，结合本专业的培养方案对其内容进行了精选，满足本专业学生的创业需求，主要包括创业相关的基础概念、创业机会与创业风险的识别、创业资源的管理及创业计划书的撰写。这部分内容在讲解过程中按照知识点进行相关理论的详细介绍，然后引入一些案例进行分析，再结合雨课堂或QQ群作业的功能布置课堂作业，加强学生的理论知识记忆与理解。部分作业示例见表2。

表2 部分作业示例

第3章 创业机会与创业风险	习题
第2节 创业机会及其识别	1. 你认为好的创业机会应具备哪些基本的条件？ 2. 影响创业者识别创业机会的关键因素有哪些？
第3节 创业机会评价	创业机会评价具体有哪些准则？这些准则的主要内容是什么？
第4节 创业风险识别与防范	创业风险有哪些特征？
第5节 创业模式开发	目前流行的创业模式有哪些？适合于大学生的创业模式主要有哪些？

实践经验部分是采用线上的清华大学创业名家面对面课程的一部分讲座，让同学们了解一些耳熟能详的企业家的创业经验，开阔学生视野。这部分讲座在课堂教学中基本上每10分钟暂停一次，教师会对讲座内容进行总结或讲解一些难点，然后提出问题引导学生进行讨论，或通过雨课堂或QQ群作业布置课堂作业，来启发学生思考，引导学生自主学习，如：

"定位精准、产品精致、体系标准、标识鲜明"主要体现在程方所分享的哪一个案例中。

  a. 链家
  b. 途家
  c. 如家
  d. 拉勾

课程评价方式为结课大作业成绩占 50%，平时考查成绩占 50%（包括课堂作业及考勤等），结课作业如下：请结合本课及课外参考材料中的观点，谈一谈你对创业以及如何成为成功创业者的理解。可以是提炼的本课中令你印象最深刻的嘉宾观点；也可以是对理论部分内容的进一步提炼并评述，或谈一谈你对创业以及如何成为成功创业者的理解；或撰写创业规划书。严禁抄袭，拒绝空洞内容，表达真情实感更佳。还附有附加题：对本课程的建议或心得体会。

四、教学实践与反思

目前轻化工程专业"创业与企业管理"课程已经运行两轮，经过 2 年的努力，课程建设已取得一定的成果，例如，建立了相对合理的课程内容体系和同学们相对乐于接受的授课模式。部分同学的一些课程感想与建议见表 3。

表 3 部分同学的课程感想与建议

学生	课程感想与建议
201713030603 赵未源	2020 年春季学期上课都是在家里上的网课，收获虽然不多但还是有的。之前学校上的创业课都是没有创业经验的老师讲的一些奇奇怪怪的理论性的东西。一些冷冰冰的数字和创业结构模型，没有实际意义。这次虽然是网课，老师也没有创业经验，但是通过让我们看真正创业过的，也做出来了一些成绩的人。我觉得他们讲得问题都很实际，分析也很到位。能够从现实的角度出发，有很大的可行性。他们对市场的见解和对创业的流程，创业中可能经历的事情都特别了解。而且有自己独特的看法和见解。再加上老师的讲述对创业有了更深入和直观的了解
201713030629 谭美	我觉得一个课程下来我还是学习和认识到许多东西，有些可能是以前注意到了但是没有明确的东西，有些是以前从来没有接触的东西，其中也有很多思想的转变，我觉得对我还是很有提升的。最后我觉得这个课程的上课方式很好，先通过 PPT 讲理论知识，然后再看创业名家面对面的视频，课后再完成作业，我觉得比一开始的方式好，我觉得创业名家面对面视频也选择的很好，如果老师有更好的视频资源也可以结合起来，因为如果我们觉得很不错是会选择课后去看一些其他的视频的
201713030631 陈慧欣	不同于理论知识的些许枯燥，观看创业者的演讲视频是比较有趣的，观看视频能提高我们的学习积极性，在创业者诉说的经历中我们可以学习到很多关于创业的知识，他们的一些思维方式和精神也让我们受益匪浅，课后习题的设置也让我们更加有着重点地听课和观看视频。老师可以在讲完一个理论知识后播放相关的视频，这样更能帮助大家学习与理解
201713030525 王丹琳	这门课主要是理论和名家讲解相结合，好处是可以得到理论方面的知识，有理论依据了。名家的讲解是从成功者的位置分享自己成功的创业经验，在理论之外可以得到创业的实际的、更直观的理解。 建议：可以帮同学们开阔思路，具体如何去想、去理解，怎么样可以使自己的思路发散。整个创业的过程可以走一遍，帮同学们串一下思路，其实可以让同学们稍微实践一下，实践与理论相结合才能更好地理解。可以找个完整的创业案例从头分析一下。创业途中的具体做法也可以讨论一下

同学们普遍认为，理论部分内容实用、翔实，创业名家讲座部分更受欢迎，课堂作业也得到了大家的认可，同学们对于课程建设还提了很多好的建议，如希望有真正的创业人士走进课堂面对面交流、举更多例子来说明理论问题、能够按照创业的流程串下思路等。

五、结语

综上所述，目前这种理论和实践经验相结合的教学内容以及线上线下相结合的教学模式取得了一定的成果，但在一些环节上课程仍不成熟，例如，课程体系和内容还可以进一步完善。因此本课程将在现有教学内容和模式基础上，进一步提炼针对轻化工程专业乃至相关工科专业的创业知识点，如增加创业计划书部分的内容，减少创业资源及网上创业等部分内容；进行理论部分知识点的梳理，然后进行与知识点相关的纺织服装领域的创新创业案例资源库的建设，授课内容及时跟踪社会的最新发展状况。同时建立课程的思政教学素材库，让学生更加明确企业及企业家的社会责任，丰富学生的文化内涵。将实践部分内容进一步改进和提高，增加纺织服装领域相关创业案例，同时为了增加本课程的应用实践性，拟安排一次课程邀请相关创业名家进行客串教学，引导学生关注行业发展动态及技术应用热点。另外，要充分利用第二课堂，第二课堂教育主要包括大学生创新创业项目、大学生创新创业学科竞赛、毕业设计三个环节。本课程将充分利用这些科研创新训练课程，针对具体项目增加对学生的指导，充分调动学生的学习兴趣，培养创新创业意识。

参考文献

[1] 李倩. 创新创业教育背景下"食品企业管理"课程教学改革与探索[J]. 农产品加工，2021，4（3）：101-102，107.

[2] 孙青. 探讨企业管理课程教学中的创新创业教育[J]. 营销界，2020，4（28）：40-41.

[3] 姜言，刘秀宇. 轻化工程学科前沿技术进展的教学改革探新[J]. 广州化工，2021，49（12）：210-212.

[4] 瞿建刚，毛庆辉，王海峰. 大学生创新训练项目在轻化工程专业人才培养方面的应用研究[J]. 轻工科技，2021，37（3）：165-166.

[5] 匡卫，付丽红，田荟琳，等. 加强工科人才创新创业能力培养的教学与实践探索[J]. 教育教学论坛，2020（37）：236-237.

多学科交叉背景下纺织品色彩教学模式的探索与实践[1]

刘达[2]

摘　要：纺织品色彩设计是典型的交叉学科，又是品牌商业领域的一个重要因素，如何快速打破交叉学科门槛，提升学习者的色彩设计能力和品牌应用能力，对当代的色彩设计教育需要有全新的思考。本课程教改论文从对艺工融合、多学科交叉、纺织品色彩设计教育的课程建设思考和对课程教学模式四个方面的探索与实践，通过"着重培养学生的实践能力和整合思维模式"的教学理念，采用翻转课堂、项目教学、线上线下混合教学等先进的教学方法，以"PCCS色彩体系和NCD色彩体系"为理论依据，用"二维平面色彩+三维立体材料色彩"作为教学载体进行全程教学，为工科学生色彩设计教育的新发展提供了理论参照和实践指向。

关键词：学科交叉；纺织色彩；PCCS体系；NCD体系

一、引言

随着科学发展的不断深化，很多复杂的问题已经不能在单一学科领域范围内解决，而是需要多学科的协同攻关。中国科学院原院长路甬祥院士曾指出：不同学科的交叉点往往就是优势学科的发展点、新兴学科的生长点、重大创新的突破点、人才培养的制高点[1]。因此，学科交叉是培养创新人才的重要基础和途径，通过学科交叉培养创新人才已经逐渐成为高等教育界的基本共识[2]。同时国家对掌握多种专业知识的交叉学科领域人才的需求逐渐增加。纺织面料色彩训练是北京服装学院艺术与科技专业下的一门必修课程，是在面临科技时代快速发展、行业的迅速改革和学校提倡"多学科交叉"人才培养的背景下，为纺织类工科学生开设的具有学科交叉特点的艺术课程。

二、纺织品色彩教学课程建设的思考

色彩设计是具有典型交叉学科性质的新兴专业，该学科与心理学、社会学、艺术学、材料学、物理学和化学等学科有许多交叉之处，属于艺术、科学和技术的融合。在

---

[1] 资助项目：新工科背景下轻化工程专业艺工融合人才培养模式创新研究课题（项目编号：202110012002）。
[2] 作者简介：刘达，北京服装学院材料设计与工程学院，副教授。

纺织行业领域，色彩又是纺织面料的核心元素之一，它不仅是最容易呈现设计效果的视觉元素，而且在材料科学领域、建筑学领域中也是具有一定功能作用的设计元素。同样在商业领域色彩设计质量的高低不仅影响着人们的购买决策，而且极大地影响着企业的商业利益，所以无论是全球艺术院校，还是著名商业机构和品牌机构，都用各种方式关注色彩和进行色彩的探索与研究。

纺织品色彩训练是北京服装学院材料设计与工程学院针对纺织类工科学生开设的课程，目前在教学模式中有三个难点。

第一，行业对跨学科纺织工科人才的需求标准模糊。当下纺织企业处在重要的转型阶段，需要既懂技术又懂艺术的跨学科交叉型人才，不懂美学和色彩的纯粹的技术型人才已经难以适应行业的发展，但企业对艺工融合交叉型人才的需求缺乏明确的标准。

第二，艺科教师"怎么讲"到工科学生"如何学"的教学模式难。艺科教师如何把这门课讲得通俗易懂，深入浅出，让无任何美术基础的工科学生理解色彩、应用色彩、欣赏色彩最后到爱上色彩是一个很大的挑战。虽然工科学生在大一阶段已经接受色彩构成简单入门训练，但是那三十几节课远远不够。如果需要更深入、系统地获得色彩科学知识，提高对色彩的审美艺术能力、实践应用能力和色彩的整合能力，按照艺科学生的色彩教学模式，先理论知识，然后创意，再到实践，最后结题的教学流程，不但让学生感到枯燥难懂，可能还会让他们丧失信心，甚至有可能对这门课产生排斥。因此，如何更好地引导学生，激发他们内心的学习热情和提升他们的自主能力，学会运用色彩来解决实际问题，为他们未来的发展打下坚实的基础，是纺织品色彩训练课程所需要解决的关键点。

第三，学生学习目的性不明确、纸上谈兵、缺乏实践训练等一系列问题也急需对课程进行改革。

根据笔者近三年对工科学生色彩教学的积极探索和实践，打破对艺科学生色彩培养模式的局限性，同时根据工科学生的学科背景、学习特点和思维模式，重新探索出一套适合于工科学生跨学科交叉学习的色彩课程教学模式，着重培养学生的实践能力和整合思维模式，将色彩学习真正嵌入学生所关联的行业中，让纺织工科专业方向的教学环节对接产业需求。以下就"纺织品色彩训练"课程行之有效的方法进行了探讨。

三、纺织品色彩教学模式的探索与实践

探索一种面向工科类纺织专业学生的"纺织品色彩训练"课程的新颖教学模式，通过"着重培养学生的实践能力和整合思维模式"的教学理念，采用翻转课堂、项目教学、线上线下混合教学等先进的教学方法，以日本色彩研究所的"PCCS色彩体系和NCD色彩体系"为理论依据，把"二维平面色彩+三维立体材料色彩"作为教学载体进行全程教学。在不同的学习阶段，有针对性地安排不同的色彩教学内容和实践环节，形成层层递进的教学设计，循序渐进地提高学生的色彩设计能力和整合能力，使学生能设计出符合社会和企业需求的纺织品色彩面料作品。色彩教学模式的探索与实践特点如下：

1. 引导激励模式+课前自学模式相结合

内因决定外因，发挥人的主观能动性才能达到"半两拨千斤"的效果。工科学生因思维模式不同，相对比较理性，所以教师需要通过线上或者线下进行引导和激励，激发他们内心的能动性，让他们全力投入自学中。另外，工科学生因无色彩绘画基础，所以需要通过课前自学色彩的理论和实践训练来提高他们艺术欣赏水平和对色彩应用的熟练程度。理论自学方面根据教师指定从中国大学 MOOC、学堂在线等网站平台进行色彩的学习，如色彩构成和基本配色原理。色彩的实践训练一般会选定 1~2 张临摹作业布置给学生，例如，2021 年下学期选定两种色调让学生进行临摹，一种是明度、纯度较高的时尚活泼色调，另一种是相对传统的敦煌藻井图案高级灰色调，通过这两种色调的临摹，可以让学生对色彩进行感性认识和理论思考。

2. 二维平面色彩教学+三维立体材料色彩教学模式相结合

"纺织品色彩训练"对纺织类工科学生一开始设定的目标是实践应用和色彩整合思维模式，所以，需要非常明确的学习色彩的目的和整个应用流程。色彩的流行趋势是解决色彩设计整合的主要内容，所以课程开始是通过学习色彩流行趋势整套体系作为色彩课程平面实践教学的第一部分，从消费市场色彩调研分析—产品流行色彩趋势预测—纺织、服饰面料色彩预测—产品整体设计方案来了解流行色、色彩趋势信息以及色彩商业转化。学生通过收集、整理和应用色彩的过程来了解色彩设计课程的实际意义和实用性。第二部分是通过立体实物色彩实践进行教学。这部分课程特色是打破了以往艺术生绘画的方式进行的色彩训练，而用纺织实物材料和新型非织造材料来进行色彩的构成、提炼和搭配训练。例如，通过色彩丰富的毛线、花式纱线等多种纺织材料来进行色彩同类色、对比色、互补色和色调的搭配练习（图1）。

图1 毛线材料构成练习

纺织工科的学生对于纤维和纱线的特性、织造的方法等材料比较熟悉，用熟悉的材料和不同的工艺表达色彩会有不同的色彩效果。比如，色彩的混合训练通过不同色彩的羊毛毡、不同材料的花式纱线加上不同结构、不同工艺进行重叠练习（图2）。这种练习非常真实地模拟了纺织面料企业设计面料的需求，以立体实物色彩的方式对工科学生进行的培养，用他们比较熟悉的材料和未来从事的职业领域学习"纺织品色彩训练"课

图2 毛线、花式纱线构成练习

程，能充分调动他们的积极性，把抽象理论与实际应用融会贯通。

3. 采用 PCCS+NCD 相结合的色彩理论教学模式

"纺织品色彩训练"课程的目的是让学生学会整合及应用，所以需要选用一套适合学生使用的色彩应用体系。目前，色彩的应用体系有蒙赛尔色彩体系、奥斯特瓦尔德色彩体系、NCS 色彩体系和 PCCS 色彩体系，每个色彩体系都有自己的特点。在工科学生的课程教学中选用 PCCS 色彩教学体系，因为这套色彩体系属于实用型配色体系，能把色彩明度、纯度、色相比较复杂的参数整合在一起用色调的方式进行表达，比较适合纺织工科学生。NCD 色彩空间是日本色彩专家小林重顺[3]主持研发的色彩意象空间，有形容词意象量表和色彩意象量表，对色彩有情感上的表述，相对比较直接明了（图3）。该体系特点是便于进行色彩策划以及色彩沟通，适用于服装、广告、家居等设计行业。通过这两种配色体系的应用，能让工科学生有直观的感受，能在纺织面料的配色、语义、风格、情感表达之间进行等质交换空间和转换应用。

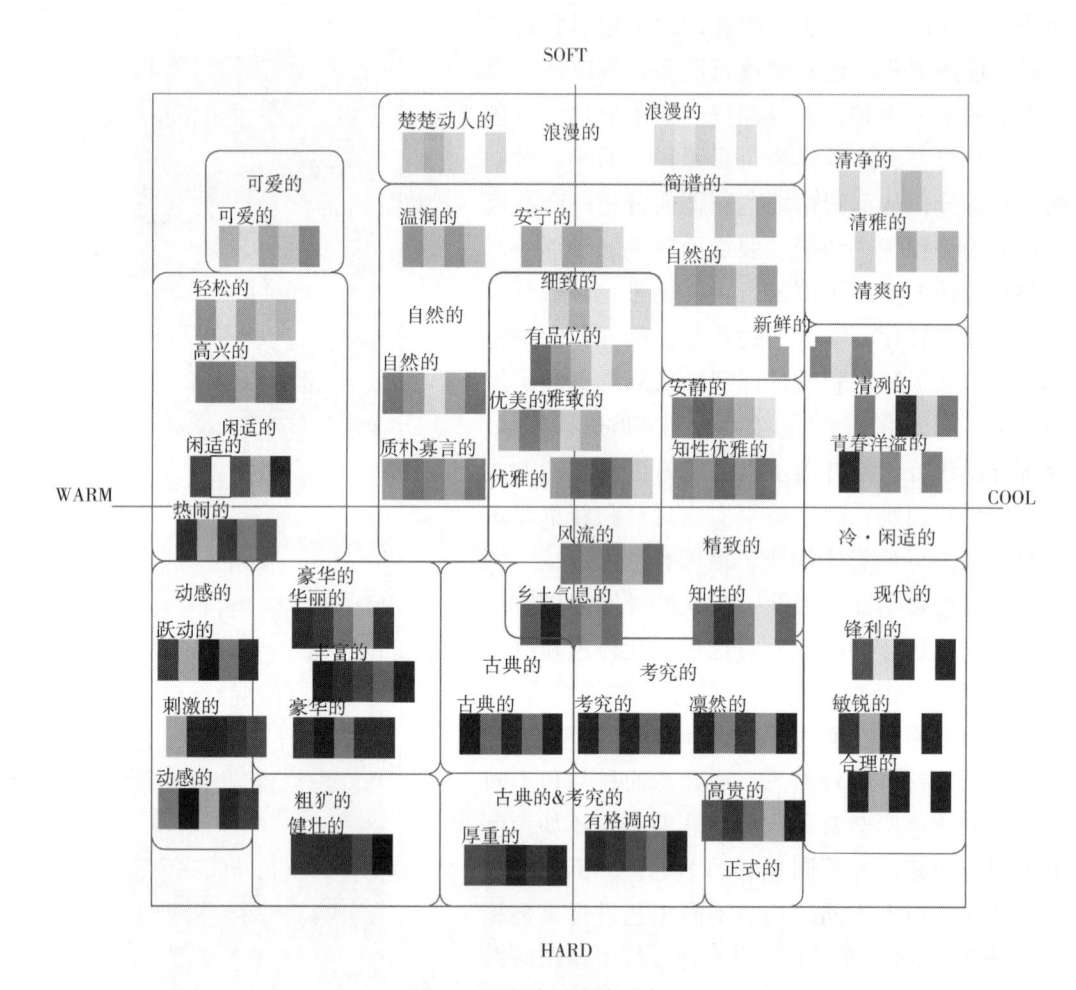

图 3 NCD 色彩形象坐标

4. 渐进式和评估式相结合的教学模式

"纺织品色彩训练"课程对工科学生来说是一门相对陌生的课程，艺术老师上这门课程难易程度很难把握，上课的思维模式也需要及时从教艺科学生切换到工科学生，想把这门课上得通俗易懂，在教学模式上需要渐进式和评估式结合进行。宋代朱熹《读书之妻》讲过"循序而渐进，熟读而精思"。循序而渐进从易到难了解色彩基本知识，理解色彩设计原理，熟练应用色彩的配色原理和实践性，这样才能让学生达到"熟读而精思"的效果。

渐进式和评估式教学法是从易到难，每个教学节点进行效果评估，层层推进的方式进行。从课前自学的"色彩理论"和"色彩临摹"最基础开始，然后是"色彩流行趋势分析"→"色彩提取"→"色彩配色练习"→"色彩创意应用"。课前自主学习，重点是让学生找色彩感觉，找问题。课中老师采用翻转课堂教学手段根据学生作业和问题进行点评、评估和解决问题，根据问题及时调整第二阶段教学任务和巩固第一阶段自学内容。

"色彩流行趋势分析"着重让学生通过色彩市场调研和资料收集了解机构、行业对未来色彩的需求，流行色彩的来源、应用以及商业价值，明确流行色彩的体系性和应用性。这阶段的评估方式是要求学生用PPT的形式进行总结与归纳，通过学生讲解和老师点评方式进行学习效果评估。

在研究色彩流行趋势中提炼出一套自己喜欢的色彩和色调对应PCCS+NCD色彩体系，用不同色彩的纺织材料进行表达。这阶段评估方式是现场展览，学生自评和互评，最后老师点评。这部分知识理解不透的学生需要增加作业练习，老师课外辅导。最后进入更高级的"色彩创意设计"阶段，课程会采用纺织企业真实的项目，让学生体验从面料色彩策划到面料色彩设计的过程，并在最终的"面料设计应用"阶段完成色彩的搭配和制作。这阶段的评估工作也是通过学生自评、互评和老师评来进行最后的总结。整体教学流程如图4所示。

四、"纺织品色彩训练"课程教学模式所取得的成果和不足

"纺织品色彩训练"经过课前的引导激励模式+自学模式激发学生强烈的求知欲和基础知识的自主学习。课中通过二维平面色彩教学+三维立体色彩教学模式、PCCS+NCD相结合的色彩教学模式、渐进式+评估式教学模式，采用翻转课堂、线上线下、项目式的教学手段让工科学生从易到难一步步完成色彩课程的学习。熟知调研→分析→应用→创意设计→实物制作的渐进式训练模式。按照"纺织品色彩训练"课程要点把教学知识点以具体项目的形式组织并贯穿于整个教学过程，使学生明白所学知识如何实际应用和成效评估等问题，从而化抽象为具体，以形象、直观的方式理解课程知识的难点[4]。

针对纺织工科学生上的"纺织品色彩训练"课程所取得的教学成果，通过色彩的引导激励模式+自学模式、二维平面色彩教学+三维立体色彩教学模式、PCCS+NCD相结合的色彩教学模式、渐进式+评估式教学模式四套模式解决了艺科老师怎么教，工科学生如何学的问题。通过结合企业实际项目解决了学生缺乏目标、纸上谈兵的问题。

因课程时间有限，也出现了一些不足之处。第一，对色彩知识体系认知深度与广度

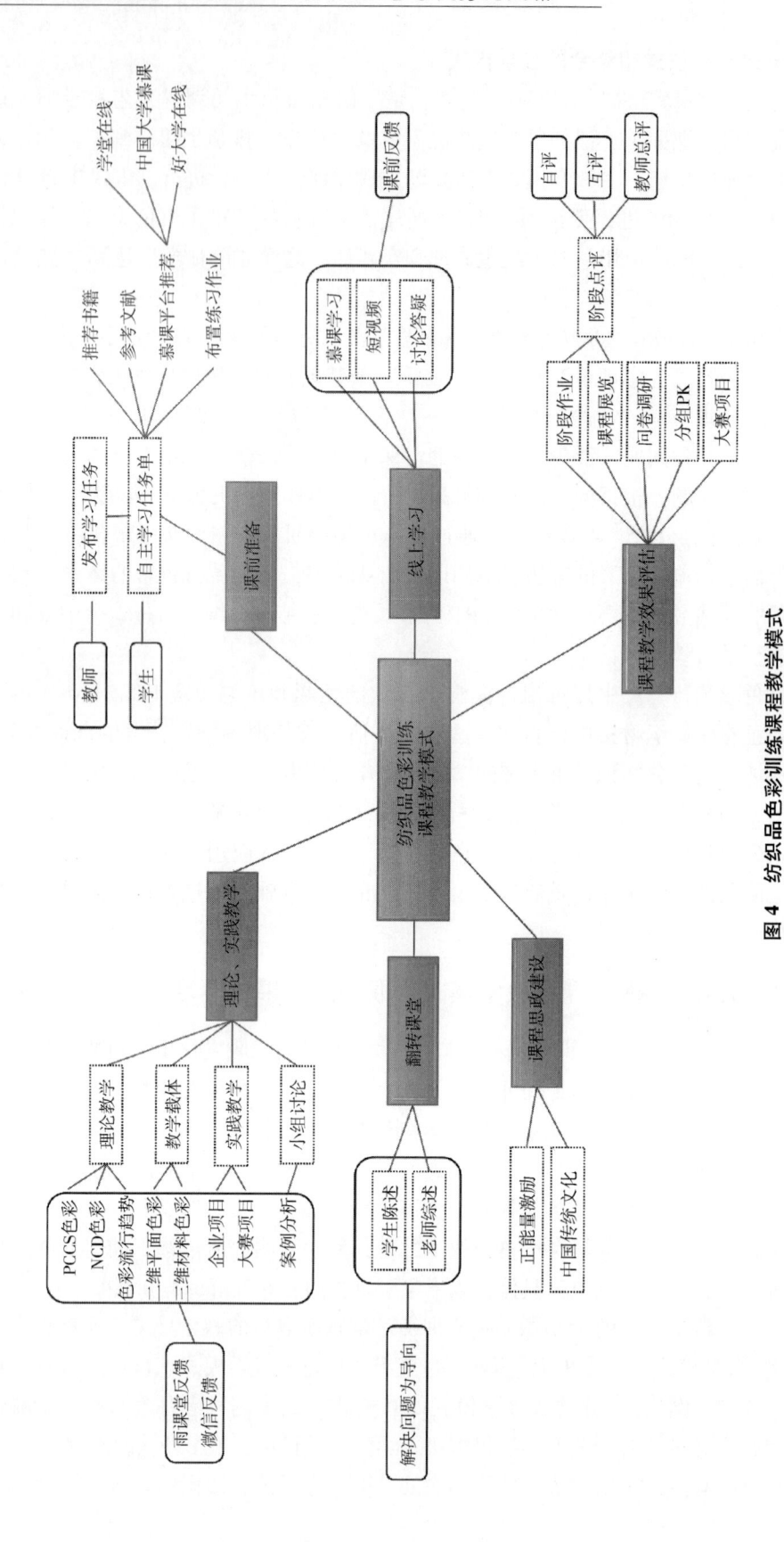

图 4　纺织品色彩训练课程教学模式

有一定的局限性，对色彩的整合应用能力需要继续深化，如果没有后续的色彩课程，就需要靠学生进行自主学习和补充。第二，色彩审美的提高需要长期日积月累，因学生基础薄弱，对设计作品质量的评判还需要进行自我提升。第三，企业对艺工融合交叉型人才的需求标准需要企业与学校共同协作，在实际工作中或者教学合作中进行总结。第四，人才思政课程建设德育涉及较少，后期需要建立师生学习共同体，把德育教育融入教学与评价过程中，培养学生的科学、严谨、诚信、互助、友爱、奉献、协作等爱国主义精神，从而形成知识与素质教育的"链式关系"，使知识技能培养与德育教育科学熔接。

五、结束语

纺织品色彩训练课程是北京服装学院纺织工科学生课程体系中"多学科交叉"和"艺工融合"的教学探索，也是在艺术与理工不同学科之间知识交流的交叉融合。通过对色彩教学模式的探索，把抽象的、丰富的色彩应用体系通过系统的教学手段引导学生学会整合思维、应用，使学生既具备较完整、深入的色彩知识结构，又能有效转化为学生个人认知，为他们未来的职业生涯与实践提供指导思路与经验参考。

参考文献

[1] 路甬祥. 学科交叉与交叉学科的意义[J]. 中国科学院院刊，2005（20）：58-60.

[2] 于申，张永存，杨春秋. 基于学科交叉培养本科生创新实践能力的探索[J]. 实验室科学，2013，16（4）：1-3.

[3] （日）小林重顺. 色彩心理探析[M]. 南开大学色彩与公共艺术研究中心，译. 北京：人民美术出版社，2006.

[4] 刘达. 高筑墙 巧积粮 散放羊：纺织品设计专业教学模式的探索与实践[J]. 纺织报告，2020，4：112-114.

"波谱分析"课程应用型教学模式的探讨[1]

李文霞[2] 刘振东 张焱 王晓宁 张力冉

摘 要：根据"卓越工程师教育培养计划"的目标要求，培养的学生应为适应社会发展的高素质工程技术人才。"波谱分析"课程是一门应用型学科，对其进行多样化应用型教学模式的探索与实践，不仅可以激发学生学习的积极性和主动性，而且可以提高学生的实战解谱能力。

关键词：波谱分析；应用型；教学模式；人才培养

一、引言

当前教育部倡导的"卓越工程师教育培养计划"旨在造就一批创新能力强、适应经济社会发展需要的各类高素质工程技术人才。知识、能力和素养是卓越工程师必须具备的三要素。我校高分子材料与工程和轻化工程专业均入选"卓越工程师教育培养计划"，因此，对相关专业学生的培养更应注重知识的应用和素养的提高。

"波谱分析"是一门应用性非常强的学科，是化学化工、材料和染整等领域分析鉴定有机化合物的重要手段，正是基于波谱分析在化合物结构鉴定中重要的位置和作用，在2017本科专业人才培养方案调整时不仅总学时有所增加，而且增设了实验环节，使其成为高分子材料与工程和轻化工程专业的一门学科基础教育课程。该课程主要包括质谱（mass spectrometry，MS）、紫外—可见吸收光谱（ultraviolet-visible absorption spectroscopy，UV-Vis.）、红外吸收光谱（infried absorption spectroscopy，IR）和核磁共振波谱（nuclear magnetic resonance spectroscopy，NMR）四大谱，通过这四谱的学习，使学生初步掌握波谱分析的基本理论、各种波谱与有机化合物结构之间的关系，并具有一定的综合解析谱图的能力，为其后续的实训项目、毕业论文、考研深造及日后从事相关科研工作奠定夯实的理论基础和实战能力。但波谱解析课程的特点是系统性和科学性比较强，知识点多，信息量大，逻辑复杂，又比较抽象和缺乏规律性，学生在设定的课时内很难达到融会贯通的识图和解图能力[1]。因此，必须对现有波谱分析课程教学模式进行改革和创新，建立一种新的应用型的教学模式，以适应未来行业发展的

---

[1] 资助项目：北京服装学院教育教学改革项目（项目编号：JG-1908）；北京市教委本科教学改革创新项目（项目编号：202110012002）。

[2] 作者简介：李文霞，北京服装学院材料设计与工程学院，教授。

需要。

二、教学模式

1. 谱学特征，抽象谱图实物化

在理论教学中，从应用的角度出发，针对学生普遍反映的波谱分析基本原理抽象且难理解的问题，在章节内容中尽量简化理论和公式推导部分，着重增加与图谱解析相关的内容。在讲授各类有机化合物的红外光谱特征时，不仅归纳常见有机化合物的特征吸收，而且要引入与其特征基团相对应的纺织纤维的特征谱图。如烷烃与乙纶、丙纶谱图的对照，氰基化合物与腈纶和人造假发谱图的对照，酯类化合物与涤纶谱图的对照，酰胺类化合物与真丝、羊毛和锦纶谱图的对照，醇类化合物与棉、麻、天丝、莱赛尔纤维谱图的对照，以及有机氟化物与聚四氟乙烯膜的谱图的对照，使波谱分析技术拓展到纺织纤维的鉴别上，与实际应用有机结合起来，通俗易懂。

2. 多谱贯通，谱学知识脉络化

在教学内容上，尽量将孤立的各章节内容通过对比、综合等方法联系起来。例如，有机化合物中醛基的鉴别：在红外光谱中，其在 $2710\sim2830cm^{-1}$ 出现醛基的费米共振双峰；在 ^1H-NMR 谱图中，于化学位移 9~10 处出现醛基氢的吸收峰；在质谱中，醛类化合物失去氢，断裂生成 $[M-1]^+$ 的准分子离子峰和质荷比（m/e）为 29（CHO）的醛基碎片离子峰，使化合物的红外光谱、核磁共振波谱和质谱有机地贯穿起来，相互佐证，并在此基础上积极引导学生进行其他化合物特征基团波谱信息的归纳总结，找出共性规律，使知识系统化、脉络化。

3. 谱图解析，网络数据辅助化

将网络资源数据库检索融入波谱分析教学中，开展未知物谱图解析与网络数据库检索相结合的教学模式，提高谱图解析的可靠性、准确性。为此，团队成员在查询收集到的 20 多个国内外免费波谱数据库中精选了 12 个谱库提供给学生使用。如日本国家先进工业科学技术研究所创办的 Spectral Database for Organic Compounds（SDBS）、上海有机所化学数据库、哈佛大学弗吉尼亚研究所编撰的 Organic compounds Database 数据库等。学生在进行谱图解析时，可以通过检索上述免费谱库进行比对，以判断所推导化合物结构的正确性。这种利用网络谱库检索辅助解谱的教学模式，不仅让学生领会到解谱中文献对比和经济原则的精髓，更为重要的是让学生融入人与网络对话的互动解谱过程中，使学生的解谱能力大大提高，同时，也培养了学生在后续学习中如何通过与网络资源交流不断自行扩展和提高的能力[2]，为培养现代波谱学应用人才奠定基础。

4. 波谱应用，科研实例具体化

在综合解谱过程中，将科研实例融入波谱解析教学，使理论教学与实践应用完美结合。近几年，课题组基于波谱分析的实际应用，为海军、空军、铁研院等科研院所及企业剖析了 10 余种进口润滑油、润滑脂，通过柱层析分离、谱图解析得到润滑油脂各组分的结构及含量范围。如成功分离出 ppm 级的消泡剂硅油（组分 A），其 IR 谱图如图 1 所示。

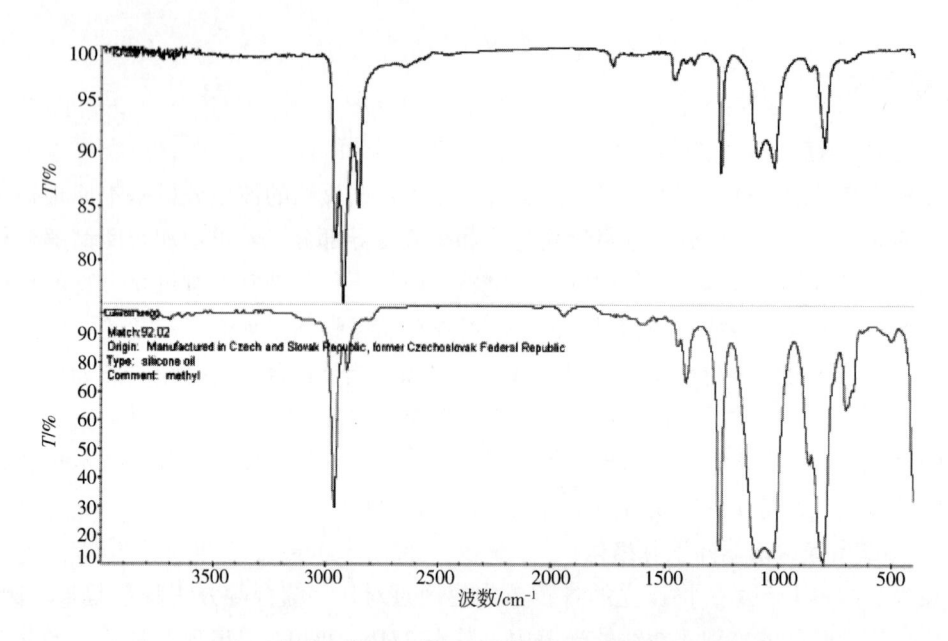

图 1 组分 A 的 IR 谱图及其检索的标准谱图对照图

从图 1 可以看出，分离所得组分 A 的 IR 谱图与检索得到的甲基硅油标准谱图的特征峰基本相似，如 1260.01cm⁻¹ 处的 Si—CH₃ 对称面内弯曲振动峰和 1092.07cm⁻¹、1019.66cm⁻¹ 的 Si—O—C 伸缩振动双峰（长链线性硅氧烷分裂成强度几乎相等的宽峰），799.14cm⁻¹ 的 Si—（CH₃）₂ 的 Si—C 伸缩振动和 Si—CH₃ 平面摇摆振动峰都比较吻合。经 IR 标准谱图检索匹配分析，所分离出的组分 A 可能为消泡剂硅油（silicone oil），匹配度（match）达到 92.02，同时也进行了组分 A 的 ¹H-NMR 谱图和 ¹³C-NMR 谱图分析，为润滑油微量组分的鉴定提供了强有力的证据，也使学生深切体会到波谱分析在实际应用中的重要作用。

在分离所得润滑油添加剂另一种组分 B 的结构分析中，经 IR（主要用于化合物特征官能团的鉴别）初步分析，委托方自认为是常规使用的 2，6-二-叔丁基-对甲酚抗氧剂，但将组分 B 的 ¹H-NMR 谱图（图 2）与 SDBS 谱库检索的 2，6-二-叔丁基-对甲酚的标准谱图（图 3）对照分析时发现，其他吸收峰的峰位基本相近，但有一处峰的峰位相差较大，图 2 中 3.858 处的吸收峰与图 3 中 2.27 处的吸收峰位置相差 1.6，显然不是同一化合物，需要结合其质谱进一步分析。

图 4 为分离组分 B 的电喷雾负离子谱（ESI⁻-MS）谱，从其准分子离子峰质荷比（m/z）423.3（M-H）分析（其中 M 为化合物的相对分子质量），该组分可能为 4，4'-亚甲基-双-2，6-二叔丁基苯酚。为了验证推导结果的正确性，从 SDBS 谱库中检索了 4，4'-亚甲基-双-2，6-二叔丁基苯酚的 ¹H-NMR 标准谱图（图 5），图 5 与组分 B 的 ¹H-NMR 谱图相吻合，此时，才能推断分离所得组分 B 为新型抗氧剂 4，4'-亚甲基-双-2，6-二叔丁基苯酚，为委托方提供了准确可靠的分析结果，定量分析其含量仅占 1.6%。综合利用 IR、¹H-NMR 和 MS 对分离所得润滑油组分结构的解析，使同学们深深

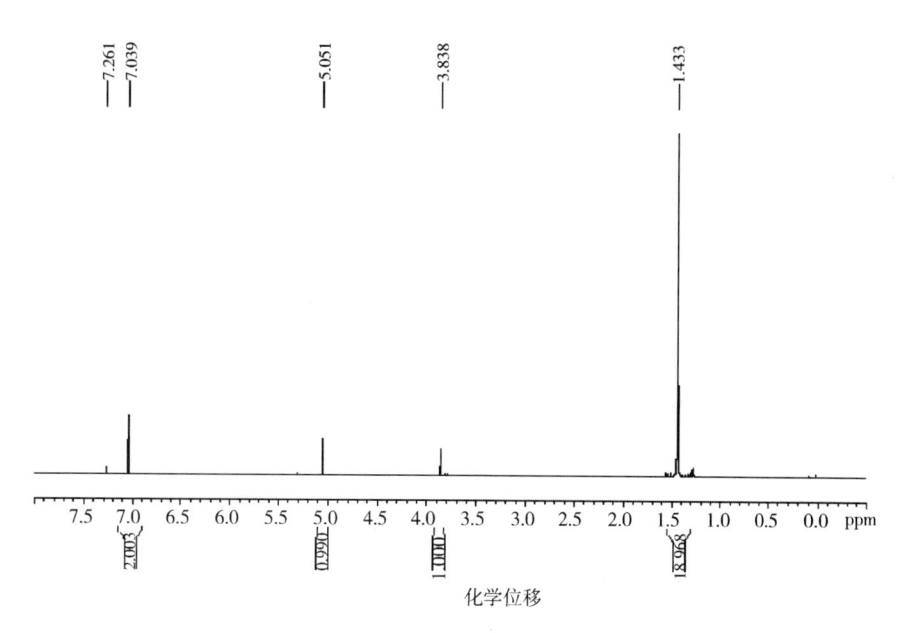

图 2 润滑油中分离所得组分 B 的 ^{1}H-NMR 谱图

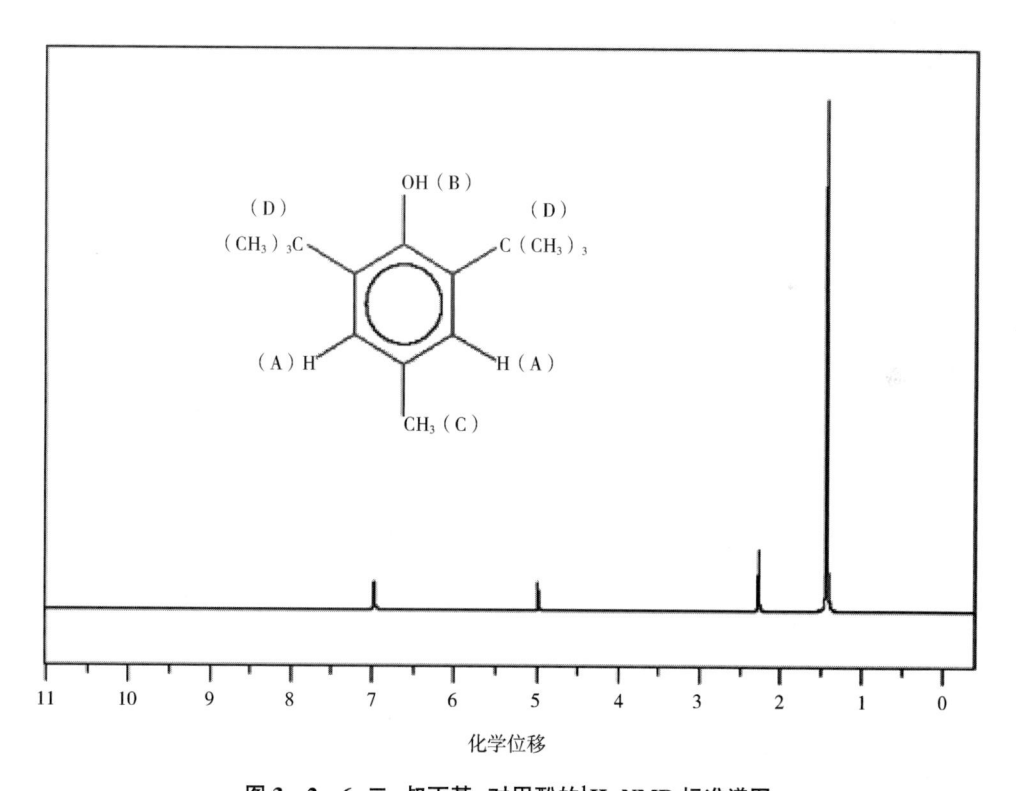

图 3 2,6-二-叔丁基-对甲酚的 ^{1}H-NMR 标准谱图

体会到波谱分析的实际应用价值及从事科研的严谨态度，体会到波谱分析技术在实战中的独特优势，从而也培养学生理论联系实际的能力，提高学生综合分析和解决问题的能

力，为学生后续从事科研工作奠定扎实的基础[3]。科研实例的分析，也使理论学习与实际应用相互交融，相互促进，构建出一种应用型、实践型教学模式。

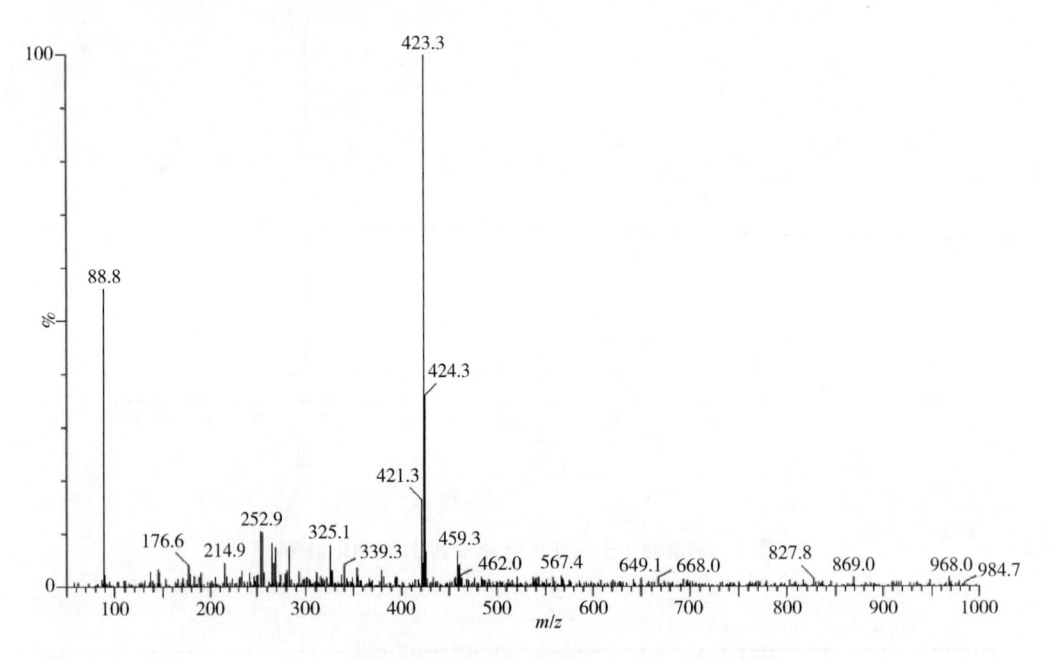

图4 润滑油中分离所得组分B的ESI⁻-MS谱图

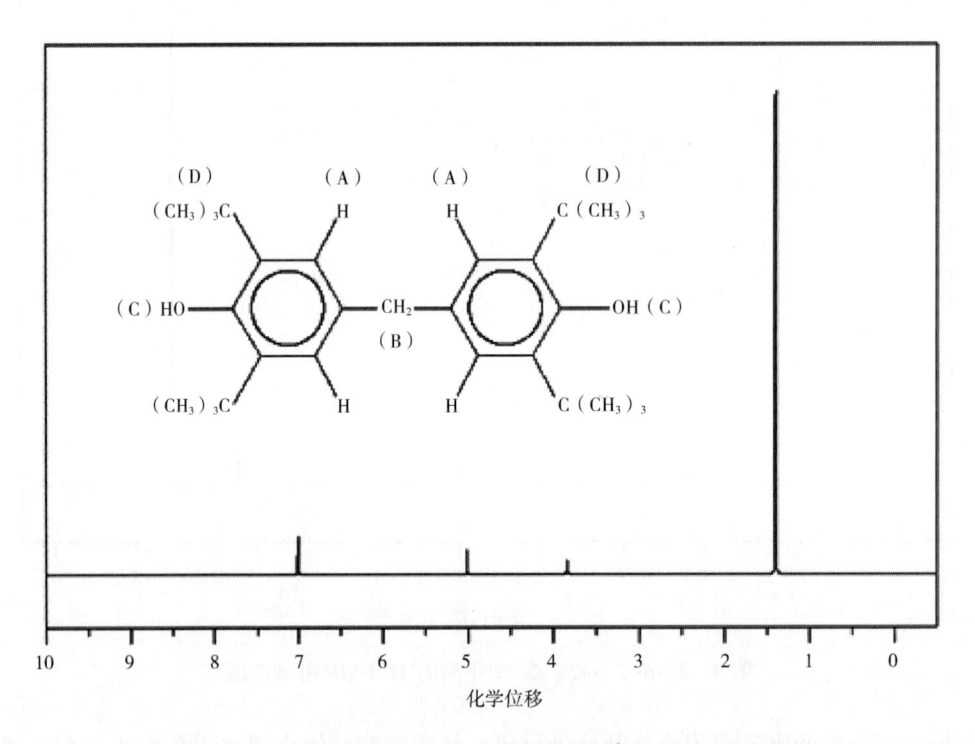

图5 4,4′-亚甲基-双-2,6-二叔丁基苯酚 ¹H-NMR 标准谱图

5. 实践教学，面料鉴别无损化

结合专业特点，项目组收集、整理具有代表性的各类纺织纤维面料，利用红外光谱仪，结合衰减全反射（attenuated total reffectance，ATR）技术测试了各种纤维织物的IR谱图，并采用国标法进行组分定量，将纤维织物的IR谱图与组分含量信息进行关联，自建了常见纤维织物的红外谱库。在波谱分析的红外实验课中，利用自建谱库对学生所测纤维织物样品进行检索应用，判断其组分及大致含量。测试学生带来的真丝针织物的IR谱图（图6），与自建的Fabric by Orbit ATR Corrected谱库进行检索匹配，其真丝含量约62.5%，棉含量约37.5%。还有学生带来的网购真丝裙，测试其IR谱图如图7所示，与自建谱库检索匹配为100%涤纶材质，快速、无损、环保、高效，1min即可看到检测结果，这是常规燃烧法、溶解法和显微镜法等无法实现的。通过实战使学生在短暂的红外实验课中体验到未知纤维面料样品的新技术、新方法，极大地提高学生的识谱能力和面料鉴别水平，学生学习的兴致和兴趣也大大增强。

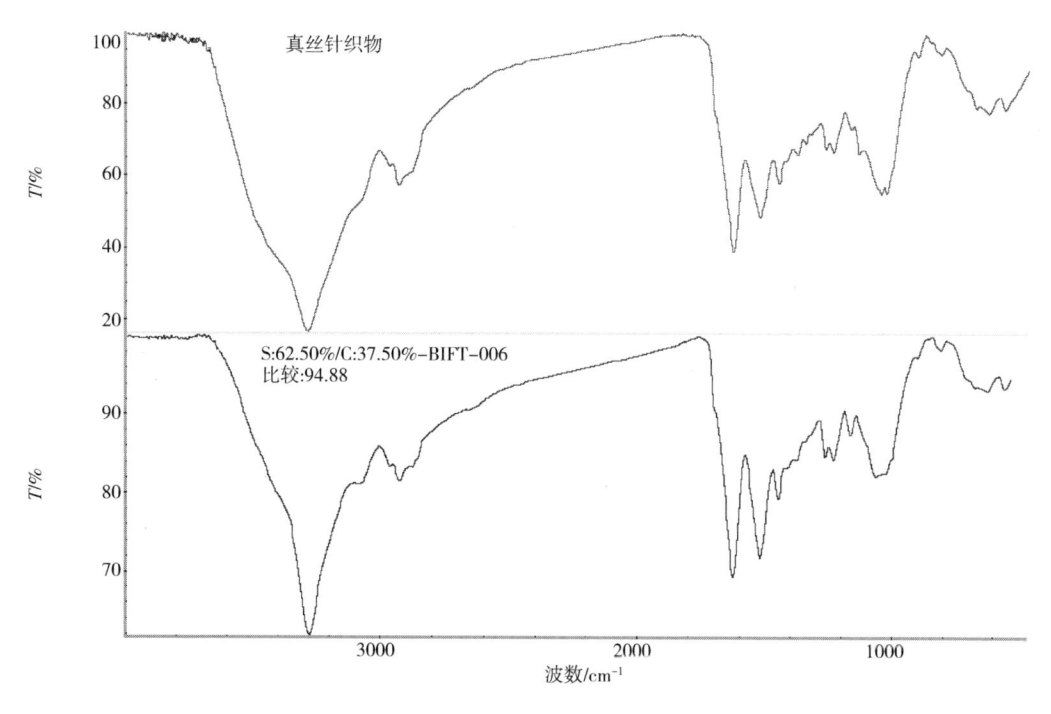

图6 学生的真丝针织物的IR谱图

三、结语

总之，波谱分析课程应用型教学模式的探索，使波谱分析的抽象理论具体化，理论学习实践化，通过科研实例、自建纤维面料谱库及网络数据资源的引入，极大地提高了学生学习的主动性、积极性，也增强了学生的学习兴趣，培养了学生严谨的科学态度和认真学习的习惯，达到了学以致用的目标。

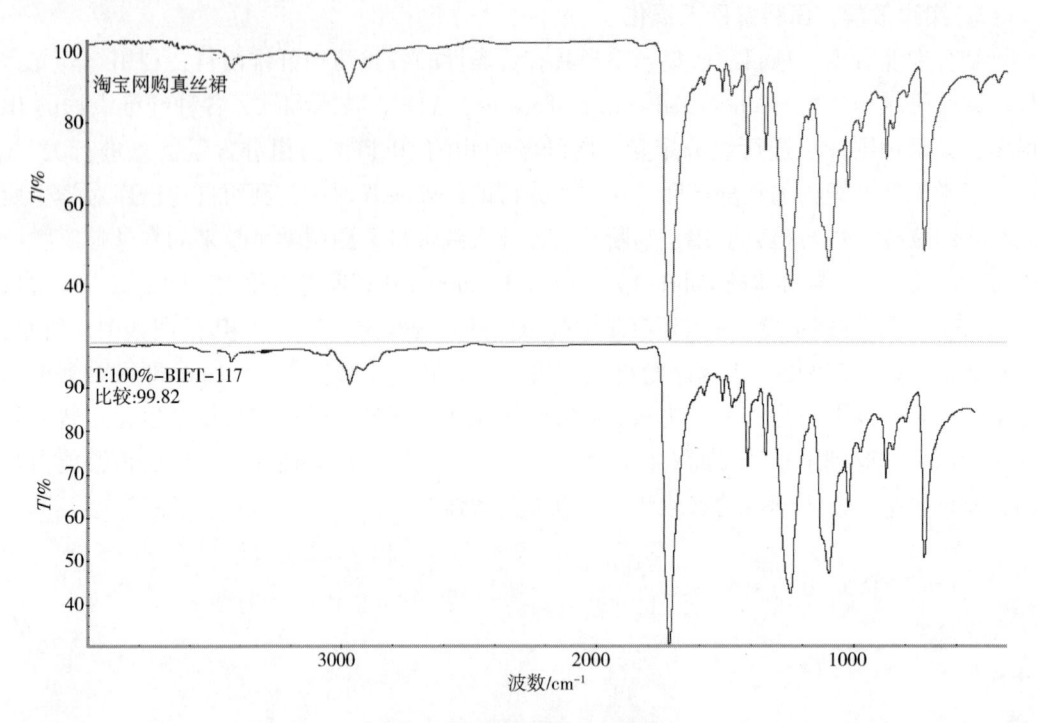

图 7 网购真丝裙的 IR 谱图

参考文献

[1] 周含笑,许招会,王牲,等.波谱解析课程模块化教学改革的探讨[J].广东化工,2011,38(11):149-150.

[2] 潘为高,罗彭,李兵,等.高校药学专业波谱学应用型教学模式[J].广西中医学院学报,2011,14(3):107-109.

[3] 贾俊辉,张惠娟,彭江,等.基于应用为导向的《有机波谱解析》教学改革探究[J].广东化工,2021,49(13):176-177,215.

新文科与新媒体背景下"海报设计"课程的教学探究

朱天航[1]

摘　要："海报设计"课程作为视觉传达设计专业的应用型专业课在新文科建设以及新媒体背景下已做出诸多变革，本文从课程内容与作业选题的角度来分析"海报设计"的课程框架，通过对课程现有特色的分析整合出"海报设计"教学模式的图示，新文科与新媒体背景下的"海报设计"课程的初步面貌也由此显现。

关键词：海报；新文科；设计；社会关怀

一、新文科与新媒体背景下"海报设计"的课程目标与主旨

新文科是中共中央在2018年所提出的概念，旨在建设构建具有中国特色的学科交叉卓越创新、服务国家等特点的人文社会科学。2019年，教育部高等教育司吴岩司长指出高校服务经济社会发展能力是为了最终实现"四新"建设总目标[1]。设计学隶属于新文科的范畴，因此视觉传达设计专业的核心应用型课程"海报设计"的教学也须符合目前新文科建设的要求，以培养专业素养高、学术能力精、综合实力强、有创造视野的新人才[2]。同时，当下正处于媒介更新、技术进步的时代，新媒体的出现极大地冲击了传统纸质媒介。因此，"海报设计"课程也需与时俱进，在新文科与新媒体背景下更新教学内容与教学方法以培养扎实平面设计能力的、与时俱进的、具有社会关怀意识的新时代的设计师。

二、"海报设计"课程大纲与课程作业选题

1. 课程大纲

"海报设计"是面向本科三年级视觉传达专业字体与图形方向的学生开设的专业课，学分为3学分，56课时，教学周共7周。该课程着重培养学生创意图形的表现能力和文字与图形的编排能力。

海报作为印刷媒介的主要应用类型，是集图形、字体、编排为一体的具有强烈视觉吸引力与感染力的表现形式。随着新媒体的普及与发展，海报也需要破壁二维并依附于

---

[1] 作者简介：朱天航，北京服装学院艺术设计学院，助教。

界面端融入动态设计元素。同时，作为信息传播的重要载体，海报需要以信息沟通为目的，借助新技术新观念以多元的形式语言营造画面，这就要求教学不仅要守住视觉沟通原理也要求新。在以往的"海报设计"课程中，教师将主要精力集中于赏析大师作品以及海报设计的技巧上，这显然忽视了当下视觉文化与时代背景的联系，忽视不同风格之间的承接关系，反而加深了知识碎片化的问题。笔者结合以上问题以及当下的时代需求对教学大纲进行完善与补充（图1）。教学内容分为九个章节，引导与前三个章节是原理与历史传授，四五六章节主要是设计方法、海报节与印刷，最后三个章节是对当下海报趋势的分析与海报价值与责任的讨论。

《海报设计》大纲目录

引导：海报的简介	四/海报的设计方法	八/后现代（当代）海报的趋势
一/现代西方海报设计概论 1/欧洲海报（法国/德国/瑞士/波兰） 2/美国海报	1/创意发散法 2/卓思乐的方法 3/新村则人的方法	1/从平面到屏幕 2/从功能到体验 3/从构成到生成 4/从大创意到小创意 5/从商业到社会责任 6/从乙方到甲方
二/现代亚洲海报设计概论 1/日本海报 2/香港海报	五/海报节与海报竞赛 1/国际海报节 2/国内海报节	九/补充、总结与发问
三/中国近现代海报史概论 1/民国与战争 2/1949-1978新中国 3/1978-1992开放与启蒙 4/1992-平面设计在中国 5/大陆/台湾/香港平面设计的互动与错位	六/海报的印刷工艺 七/海报的价值 1/功能价值 2/文化与艺术价值 3/社会责任与关怀	

图1 "海报设计"课程大纲

在目前的"海报设计"课程大纲中，中国现代海报概论的篇幅相对是较多且比较重要的章节，而已往的教学则相对淡化这一篇章，这在新时代以及新文科建设背景下强调本土特色以及中国平面设计脉络梳理的角度上来说是有重要意义。这一章节主要讲授从民国至今中国的海报发展以及变化趋势，根据历史以及地域的不同将其分为四个时间段进行讲述。同时，本章在以西方设计为主流的今日对中国本土的海报发展进行梳理，让学生知悉前辈的探索之路及其风格形成背后的原因，同时也与第一、第二章节的其他国家的同时期的海报风格进行横向对比。总之，前三章通过横向与纵向的互相比较为学生构建起现代海报发展的全球化视野。在第四章节，笔者列出三种海报设计方法，第一是创意发散法，即通过思维发散进行情感版以及创意草图的绘制并则已进行深入的方法，这是较为普遍的海报创意方法；第二是卓思乐的方法，该方法是瑞士设计师卓思乐创作50余年一直持续的创作方法，即养成日常将创意绘制于记事本上并在需要创意的时候对日常灵感进行发掘的方法。第三是日本设计师新村则人的方法，这种方法与方法一类似，只是在创意表达上多借助于非电脑的手工方法。总的来说，课程并不局限于单一方法的传授，而是鼓励学生在以上方法的基础之上培养自己的海报设计的方法。此外，课程还添加了第八章节，是对以往大纲的更新，是对当下海报设计趋势的更新与总结，通过典型案例的分析以及背后学理乃至社会成因都进行联系，更加强调海报设计的社会责任以及设计创新。总之，新的大纲将围绕中国视觉特色、多维表达以及多元方法进行理论与实践并行的传授。

2. 课程作业选题与作业

对一门设计学的专业课来说，作业是对课程教学的输出与效果呈现，因此课程作业的选题与成果相较于课程大纲来说同等重要。"海报设计"的课程作业分为三个不同的主题且难度逐渐递增。

第一个作业主题是：设计一张关于你最喜欢的歌手或其歌曲的海报。该选题与学生的爱好与生活有关，因此比较容易进行设计创意。例如，学生谢妍设计的《夜间独白》（图2）的海报就利用模仿公共墙面的喷涂手写字体来隐喻摇滚歌曲本身主题的自由与独立，利用红色与绿色的反差来营造视觉的前后主次关系并获得不错的视觉效果。第一个作业练习更强调一开始的设计思维发散以及创意表达的完整性。

第二个作业主题是：远古时代，猿人以生肉以及杂食为主；学会用火后，人类开始用火烹饪；在未来，食物将会如何？随着科技以及基因技术的进步，许多食物都由人工制造而成，例如，3D打印食物、食物胶囊等，请自由设计关于"未来食物"主题相关的海报。此选题增加了难度，要求学生通过设计调研来提高自身对于该主题的了解程度并在此基础上发挥想象力，同时，食物问题也关切到人类的未来，需要学生对社会对一种人类命运共同体的关注。学生邵晴的海报《海洋污染》（图3）就从食物污染的角度来诠释主题，用一只金属质感的虾来指代未来人类的食物环境状况，引发关注怼食物安全的思考。而另一位学生张宇楚则从未来的人造肉出发，海报《肉类加工厂》（图4）用夸张的压扁过的字体结合信息图示传递了人造肉的生产过程。第二个作业更强调对较为开放主题的再诠释，这显示出学生对文本的视觉叙事与创意表达。

图2 《夜间独白》（作者：谢妍）

图 3　《海洋污染》（作者：邵晴） 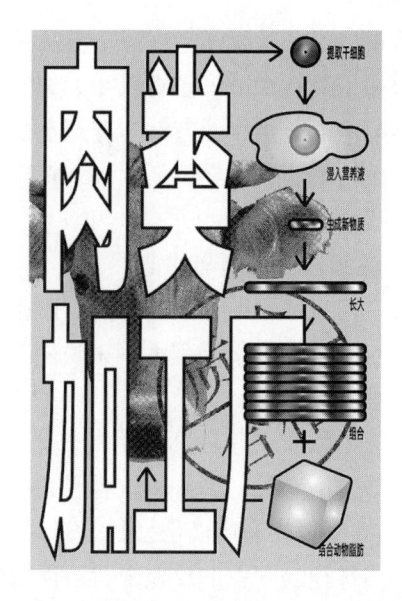　　　　图 4　《肉类加工厂》（作者：张宇楚）

第三个作业的主题是：碎片化的×××：在这个时代下，我们碎片化的阅读互联网上的信息，时不时地被打断、被转移、被消费……请以碎片化的×××为主题进行海报设计。学生陈克玮的海报《404 not found》（图 5）就利用被戳在传票叉上的网页来显示碎片化时代下人们获取信息由纸质转移到线上的方式。另一名学生曾雅斐则从自身出发，用软件制作出一个虚拟版本的自己，将她的各种生活状态堆叠在海报上，显示碎片化的生活状态（图 6）。最后一个选题则较为全面的训练学生从创建完整的文本，演绎主题，视觉创意发散，设计表达等多个步骤的综合能力。

图 5　《404 not found》（作者：陈克玮） 　　　　图 6　《碎片化的快乐时间》（作者：曾雅斐）

课程作业不仅是对选题的视觉演绎,也是对当下社会现实的反映,由浅入深,逐渐半开放式命题设置也给予学生适当的空间进行发挥,对未来生活以及现实问题的反思促进培养学生的思辨性与社会责任感。

三、"海报设计"课程特色

1. 国际与国内视野兼备

国际与国内视野就像一枚硬币的两面,互相依托,互为比较。在"海报设计"教学内容中,广阔的视野与眼界对学生来说是至关重要的,这将解决初学者将视线集中于某一地域的设计风格可能导致眼光狭隘的问题。因此,在"海报设计"的第一章就将相同时间内西方的海报强国,例如:法国、瑞士、德国与波兰的海报作品进行比较,在其风格演绎与传播的过程中互为影响并发展出每个国家的特点。课程既关注其中的大师作品也关注那个时代整个国家的视觉流行风格,通过不同国家的代表性海报作品比较来总结每个风格的特点及其历史成因。此外,课程还专注于对中国现代海报历史的传授,尤其是对民国期间的海报设计风格进行介绍与分析。在拿来现代主义以及传统元素的现代化两种方式并行下的中国海报风格呈现出趋同以及小众化的较为两极化的发展趋势。总之,尤其在新时代与新文科背景下,国际与国内视野兼备奠定了"海报设计"的基本调性,即紧跟时代,不忘初心,向经典学习,探索时代视觉语言才能更好地进行创意设计实践。

2. 动态化海报的合理演绎

动态化已经成了海报在当下的发展趋势。随着人们逐渐适应小屏幕上的阅读与浏览方式,动态海报也在生活中逐渐普及。因此,"海报设计"课程上也需做出相应的改变,鼓励学生利用屏幕端的特性,注意屏幕传播的尺寸与规范,结合之前"动态图形设计"课程所学习的动效设计进行创意与表达,更好地利用动态化的方式来呈现主题性海报。同时,学生需要注意的是,动态海报不是动画,仍然要以传播信息为主要目的,并不需要像动画一般注重叙事与情节。因此,动态海报的合理演绎是至关重要的,否则动态海报就失去其存在意义而成为动画的一部分并丧失其传播信息为首要目的的功能性所在。如图7所示,学生刘珊彤就利用合理的动态化的方式来体现机械"work"(工作)的重复,映射当下许多工作的机械式重复的枯燥。因此,合理的演绎动态会让海报在屏幕段更具活力,传达效果也更好。

3. 构建社会关怀与责任为导向

真正的符合新文科背景下的设计教育不是只服务于商业而沦为商业模式下的职业设计教育,而是培养有社会关怀、社会责任、考虑到全人类未来可持续发展的有思辨能力的设计师。即符合许平教授提出的"超越现有专业实践环境的意识和获得再创造能力的培养模式"[3]。因此,"海报设计"立足构建以社会关怀与责任为导向的符合人文教育宗旨的课程。这集中体现于三个地方:首先就是课题的选题,上文已阐述,即关心当下人们碎片化的生活状态,关注未来的食物与健康等。这些选题体现了对人类生存与生活的关照,学生借助海报这一传播力较强的媒介进行发声与表达,有助于培养他们的社会意

图7 《机械工作》（作者：刘珊彤）

识，这就要求学生关注人与人、人与物、人与自然、人与社会的关系，以求寻找海报设计的新内涵与意义[4]；其次是强调东方语境下的中国特色海报设计，目前拿来西方主义已经不能满足人们日益增长的精神需求，因此需要年轻一代重塑传统并进行合理的现代化提炼与运用，挖掘深厚的中国文化底蕴以创造出新范式、新作品，这体现了对中国传统文化的传承与中国美学的责任意识。最后就是海报的可持续发展，这是在课程中反复提及的，海报的过度设计以及大量印刷是否是可持续的？目前，海报数字化也许是可持续发展的路径之一，但其他方式仍需发掘。因此，社会责任与社会关怀是海报作为"发声"媒介的特性，为人民的关心而设计，为未来的可持续而设计，为中国式新美学而设计将培养学生的崇高意识与正确的价值观。

4. 与海报竞赛结合促进成果

海报节与相关的海报竞赛是海报这一媒介的特殊盛典。最早的海报节至今已有七十余年的历史，许多著名的平面设计师都踊跃参与海报节并在其中留下了经典作品。"海报设计"课程不仅介绍这些海报节的发源历史以及其中的优秀作品，也鼓励学生结合作业参加到海报竞赛中。借助竞赛来提高自身对于海报设计的水平以及获得对外交流的机会。今年的"海报设计"课程就积极参加了"JAGDA 国际学生海报大赛"以及"2021第九届全国高校数字艺术设计大赛"，多幅课程作品入选并获奖。如图8所示，学生陈思思的作品 Home 获得 JAGDA 国际学生海报大赛的佐藤卓评审奖，该比赛是日本最权威的学生海报竞赛，因此该同学也受到鼓舞，Home 海报展现了当代人蜗居于狭小室内的逼仄空间，对当下人们的居住空间与状态进行了发问。因此，有效的结合竞赛可以有效提高学生的主动性与学习效果，海报作业也得到来自校外的专业性反馈，这对于学生设计水平的提高大有裨益，课程效果与质量也得到反映并在下一轮课程备课中进行调整与改善。

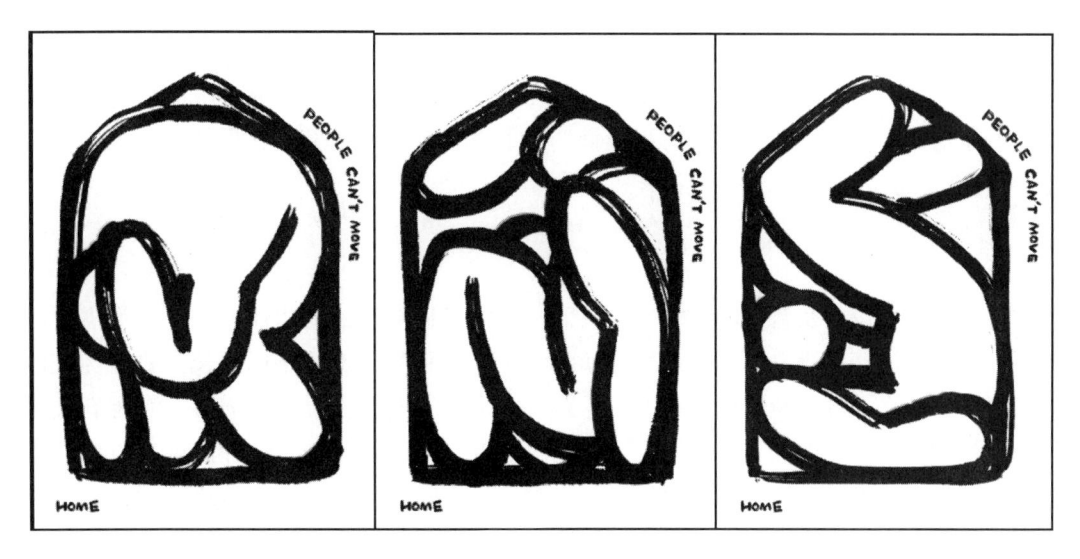

图8 *Home*（作者：陈思思）

四、新时代新媒介背景下，"海报设计"课程的结构可视化

在经过数次教学后，"海报设计"课程的结构逐渐清晰并被主要划分为四个部分（图9）：第一部分是专业基础，通过原理与历史的传授获得海报的基础知识与发展面貌；第二部分是设计方法，通过多种方式的介绍与分析对不同风格海报的设计方法进行剖析，同时注重不唯一性，鼓励学生培养自己的海报设计方法；第三部分是专业价值导向，以社会功能为基础，即海报需要在满足传播信息的功能性的基础上，以社会主题或

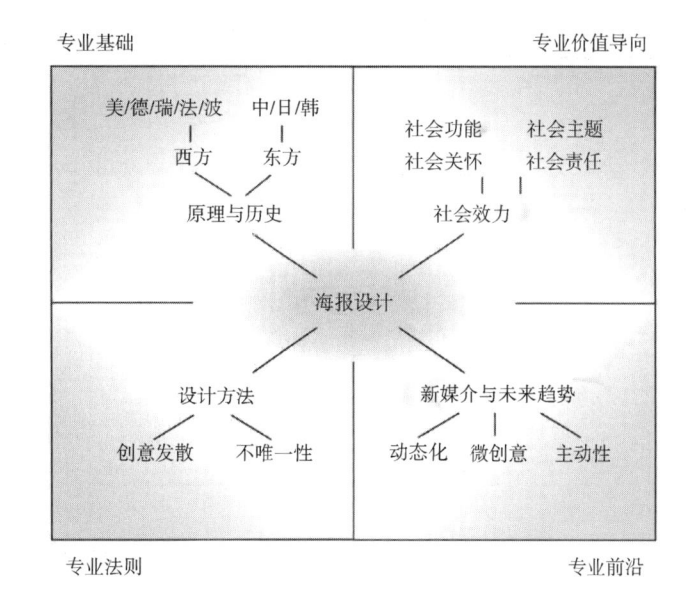

图9 "海报设计"课程结构可视化

话题作为引导来培养社会关怀与责任的学生；第四部分是新媒介与未来趋势，对未来的海报的发展进行分析与例证，鼓励学生用微动态与小创意去进行可持续性设计，同时强调设计师主体对于设计的责任与价值导向。在此基础之上，各类有关海报的信息与知识都附着于这四个板块之上，将"海报设计"的教学内容逐渐扩充并在后续的授课中逐渐完善与调整。

五、结语

在新文科建设以及新媒体的时代背景下，新的机遇与挑战也相伴而来。这就需要所有原有的课程进行自我改革与更新，"海报设计"课程需要走的路还很长，要在传统海报的教学基础之上融合新热点、新手法、新技术来使得海报符合时代需要，满足新文科下设计学教育的新要求。"海报设计"课程也将继续集专业基础，设计法则与方法，社会关怀以及新技术为一体不断迭代升维、与时俱进，一方面挖掘中国传统元素，另一方面拥抱新媒介。"海报设计"课程要为塑造新的中国式视觉审美与海报的新风貌培养人才，这也是所有视觉传达设计课程以及教学所要思考的问题。

参考文献

[1] 黄启兵，田晓明."新文科"的来源、特性及建设路径[J].苏州大学学报（教育科学版），2020，8（2）：75-83.

[2] 贾荣林.贾荣林：北京服装学院设计学科的建设与发展[J].设计，2021，34（12）：76-79.

[3] 许平.高等设计教育的多样性选择[J].山东工艺美术学院学报，2009（4）：41-43.

[4] 陈正达.基于东方视角的视觉传达设计教育课程体系改革与构建[J].新美术，2018，39（7）：126-131.

"时尚策展"的历史演进与教学模式初探

——基于时尚传播教育的探索与思考

王文岩[1] 谢平

摘　要：时尚策展作为一门新兴学科，近年来广泛应用于综合型文博与商业机构。时尚策展可以理解为集合时尚传播的各种要素，进行可视化、实体化的一种整合性实践方法。本文一方面回顾时尚策展的发展历程，对时尚策展作为教育学科的渐起与学科发展进行概述；另一方面旨在探索与构建"时尚策展"教学内容与教学模式，结合时尚传播规律倒推出"时尚策展"的教学要点，在时尚传播教育的大视野下，对"时尚策展"进行深入研究并形成可实施的教学应用方案。

关键词：时尚策展；时尚传播；时尚教育

从时装在博物馆体系中的故事叙说，到时尚元素在商业画廊、公共空间甚至是个人生活管理领域的持续渗透，从时尚品牌热衷于策划艺术展，到推动视觉消费和审美体验升级的策展型零售成为商业"新物种"，"时尚策展"发展至今，一直是掀动潮流并令人兴奋的话题。同时，随着时尚教育学科体系的不断扩展，特别是时尚传播新兴学科的发展，时尚策展逐渐从艺术策展中独立出来，成为时尚传播教育的核心组成部分，近年来被广泛应用于综合型博物馆、服装时尚类专业型博物馆、文化中心与商业机构，时尚策展人也成为时尚产业和文化创意产业高级专门人才的需求热点。然而"时尚策展"在国内时尚高校及研究机构中尚未形成学术基础和人才培养体系，甚至没有得到充分研究和讨论，国际时尚高校相关专业的培养信息也有待整合提炼。本文一方面回顾时尚策展的历史演进，对时尚策展作为教育学科的渐起和发展进行概述；另一方面基于北京服装学院时尚传播教育的实践与探索，完成"时尚策展"课程在时尚传播教育体系中的教学内容与教学模式的构建。

一、时尚策展的发展历程

1. 早期历史

19世纪前半叶，欧洲工业革命给人们的生产生活带来巨大改变，为了庆贺与展示现

---

[1] 作者简介：王文岩，北京服装学院时尚传播学院，讲师。

代工业科技与设计的新兴潮流，1851年首届世界博览会在伦敦举办，当时又称万国工业博览会。在100多年前的欧洲，一个展览会吸引了600万人，门票收入高达近20万英镑，足以让政府意识到展览事业的重要性。当政的维多利亚女王和丈夫阿尔伯特亲王将这次世界博览会的收入用来进行博物馆的筹建，随后，世界各地兴起了博物馆建设的热潮，其功能也从收藏、研究，扩大到教育、娱乐的宽广范畴。19世纪中叶的巴黎，时装开始被放置在博物馆进行展出。当时的时装专属于贵族和上流社会，时装秀也仅在沙龙进行，并没有大众可以参与的途径。因此，博物馆为那时的人们了解高级订制服装打开了一个通道和窗口。在世界知名的有时尚收藏和展示特色的博物馆中，1852年成立的维多利亚和阿尔伯特博物馆（Victoria and Albert Museum，以下简称V&A）是世界上最早收集艺术品、工业品的博物馆，也是最先举办现代时装类展览的博物馆，之后，大都会艺术博物馆、布鲁克林博物馆、皇家安大略博物馆、麦考德博物馆等陆续建立起来并开始举办时装展览。表1记载的即是全球最早一批侧重服装纺织领域收藏、研究和展示的博物馆其建制及展览情况。

表1 服装纺织收藏展示型博物馆信息一览

博物馆	收藏类型	成立时间	相关部门	时装首展	重要展览
维多利亚和阿尔伯特博物馆（伦敦）	艺术和制成品，装饰艺术和设计	1852	纺织品部（-1978） 纺织品及服装部（-2001） 家居，纺织与时装部（今）	1913	1913年：哈罗斯赠予历史时装收藏展，促进服装展览馆区划； 1971年：塞西尔·比顿（Cecil Beaton）展览戏剧性地扩大收藏范围，开始囊括当代服装； 2012年：时装展览馆翻新后重新开业
大都会艺术博物馆（纽约）	美术与装饰艺术	1870	装饰艺术部（-1946） 服装部（今）	1929	1907年：第一次购买时尚服装； 1929年：18世纪时装（借展）； 1932年：首次博物馆馆藏时装展； 1946年：纳入服装学院（前服装艺术博物馆）； 2009年：收购布鲁克林博物馆服装收藏
布鲁克林博物馆（纽约）	美术与装饰艺术	1897	服装与纺织品部	1925	1925年：大型建筑扩建为服装展厅，扩容空间； 2009年：服装收藏转移到大都会博物馆

续表

博物馆	收藏类型	成立时间	相关部门	时装首展	重要展览
皇家安大略博物馆（多伦多）	世界文化与自然历史	1912	纺织品与服装部	1933	1939年：纺织部成立，美术馆包括服装展厅； 1989年：新的"服装和纺织品厅"； 1996年：专职时尚策展人列入工作人员； 2008年：新翼楼开设织品与服饰展厅
麦考德博物馆（蒙特利尔）	加拿大社会历史	1921	服装与纺织品部	1957	1971年：常设服装展厅开放； 1972年：与蒙特利尔时装集团合作收藏当代加拿大设计； 2018年：收购蒙特利时装博物馆收藏
时装博物馆（巴斯）	当代与历史时装	1963	服装与纺织品部	1963	1963年：Doris Langley Moore 捐赠个人收藏（自1965年部分展出在肯特的厄里奇城堡、布莱顿皇家展览馆）到巴斯；最初以服装博物馆开放； 2007年：改名为时装博物馆

从19世纪中叶到20世纪中叶，大型规模的国际性展会开始出现在全球各大都市，用以展示主办国的文化、工业以及"帝国身份"。在以奢侈品产业闻名的法国，大量的资金被募集用于精美展览的搭建，其中1900年巴黎世界博览会成为凸显现代时尚发展的标记性事件，展出了摩天轮、有声电影、移动人行道等许多当时的高科技，还成为"新艺术运动"的发端。1913年，第一场真正意义的时尚展览在英国V&A博物馆举办，彼时，伦敦最有名和最高级的百货公司哈罗德（Harrods）向博物馆捐赠了一批18~19世纪的英式服装，为此V&A在中央大厅进行了为期一年的展览并出版了《古英式服装：18—19世纪时尚》（Old English Costumes: A Sequence of Fashions through the 18th and 19th century）一书。

2. 萌发期

尽管很多博物馆都有民族、宗教、历代宫廷服饰的收藏体系，但时尚展在博物馆这类学术机构中很长时间都未受到重视，进入20世纪之后才逐渐改观。真正为时尚展览带来革命性变革的是1971年V&A举办的"时尚：塞西尔·比顿选集"展（Fashion: An Anthology by Cecil Beaton），其奠定了现在普遍意义上理解的时尚展览的形态。这一展览的开创性主要表现在以下三个方面：一是展品是从当代名人处收集的服装，并提供了与绘画和其他艺术品相同的标准：品味和质量；二是媒体在展览宣传方面具有开创性意义，《星期日电讯报》和《VOGUE》都刊登了大幅报道，它们发布了以图像为导向的展览预告，拍摄了名人的历史服装，并宣称这一展览是"时尚的里程碑"。媒体的介入也改变了"时尚馆长"的角色，使之不再是历史上被定义的仅仅负责艺术品归档、编目和保存的"保管人"，而成了时尚策展人，甚至被视为服装方面的权威专家；三是陈列手法的创新，零售业的装饰手法第一次被引入博物馆时装展，使用了定制人台、商业橱窗等，以最大程度地还原场景语境。展览按照年代和主题划分，在时装之外配合了辅助展品和装置，观众看到的不再是一成不变的人体模特，穿戴搭配、表情姿态和空间设景都经过精巧的设计，让时装从物质文化的表现转移到与一种极富活力的时尚对话的形态上，形成了对未来时尚展的一种预见。展览吸引了超过9万名参观者，成就了V&A历史上的最大票房之一，为时装展存在的必要性提供了一个令人信服的理由。从此以后，博物馆界才开始对时尚展览议题做出积极回应，并开始重视时尚领域的收藏和展示，塞西尔·比顿作为这个节点上的重要人物被载入了时尚策展史。

3. 发展期

比顿的时尚展中有一位捐赠者，名叫戴安娜·弗里兰（Diana Vreeland），是资深的时尚媒体人。展览举办的那一年，她已经68岁，刚刚卸任《时尚》（Vogue）总编一职，成为纽约大都会艺术博物馆服装学院的顾问。这位"搅动"欧洲时尚几十年的时尚"太后"，再一次在博物馆体系下掀起了时装展示的漩涡。有人说，1973年春以前，博物馆语境下的时装行业都是沉睡和单薄的，直到弗里兰的进驻。她的第一个大手笔即是在大都会艺术博物馆服装学院展出的"巴伦夏加的世界"（The World of Balenciaga），这场展览被视为时尚策展史上的一个关键性时刻，以前纪念性展览只为那些伟大的艺术家而举办，而这一次，这份殊荣却给了一位时装设计师。弗里兰策展的"圣罗兰25周年纪念展"（Yves Saint Laurent-25 Years of Design）于1983~1984年在大都会艺术博物馆举办，这场展览引发了业内更大的争议，因为这是第一次为在世时装设计师举办的回顾展。弗里兰为后来的时尚策展奠定了一些成功的模式，如强烈的视觉效果和巨大的名流号召力。

此时的时尚策展已经开始具备如下特点：一是聚焦于正在发生的"现在"；二是通过引入道具让时装符合某种特定的文体或题材，而不一定还原其历史或文化背景；三是策展人为核心的个人化主导，这种工作机制遥遥领先于纯艺术领域的策展模式。

此后的20世纪80~90年代，时尚策展行业发展出了丰富的多样性，但是进入21世纪也出现了为人诟病的商业性争议。意大利品牌阿玛尼（Giorgio Armani）于2000年在纽约古根海姆博物馆举办展览，之后又在西班牙、德国、英国、意大利等地巡回展出，这一展览被评论家批评是变相的品牌营销手段，然而争议并没有遏制时尚品牌举办艺术展览的热潮。除了不断在新兴市场国家的博物馆举办时尚展，很多实力雄厚的奢侈品牌如Dior、Armani、Gucci、Chanel等也建立自己的博物馆或常设展览空间。

在艺术与时尚、学术性与商业性的不断碰撞与争议中，时尚策展的价值慢慢被更多有识之士接纳与认可，纽约大都会艺术博物馆时装馆、英国V&A时装设计馆、安特卫普时装博物馆等，一直坚持以大量历史服饰收藏或具有社会影响力的设计师为策展来源举办各种主题展览，引导观众从各种视角理解时尚与文化、历史与当下、身体与自我……而在当下，时尚策展已走出博物馆、美术馆等传统场地，开始与商业地产打造的城市地标、社群空间等结合，"策展型零售"成为新一轮热点话题，在空间策展、艺术赋能、社群活力等多方面，策展成为时尚化改造传统商圈和商业内容的创新模式，也凸显时尚策展在当今文化融合、媒介融合、技术融合时代所具有的广泛连接性和无限创意性。

二、时尚策展的学科发展及课程构架

从学术研究者、独立专业人士，到艺术家、设计师和奢侈品牌，甚至是日常生活中的普通人都在用策展的方法组织和开展活动，许多人开始通过获得"艺术策展"学位来取得专业头衔或发展兴趣，相关培养课程和项目数量逐渐增加，时尚策展的方向也作为细分类别受到学院体制的拥抱。2000年左右，"时尚策展"开始出现在当代学院派体系中，孕育出了新的学术与专业机会。

首开先河的是伦敦艺术大学所属伦敦时装学院开设的"时尚策展"硕士专业（MA in Fashion Curation），聚焦于国际时装展览、制作以及相关博物馆实践研究，涵盖展品的详细调研以及它们在文化和商业展示中的展陈和过程把控，通过对历史和当代索引的批判性介入，揭示影响时装策展的多元化语境，学科核心在于对时装的探索与研究。注重时装展览制作的实践与理论研究，从时尚文化研究、收藏学、当代时尚产业文脉、当代策展与实践四个模块开展教学（表2）[1]。在融合策展所涉及的展陈和收藏的同时，课程也注重批判性地审视一些展览概念的兴起与发展，关注它们转化为创新型展览提案的过程，支持和鼓励学生在这个充满活力的学科中生发自己的策展路径[2]。

表2 伦敦时装学院"时尚策展"专业课程模块

学期	模块（Unit）	预期成果
第一学期	时尚的基本理论（Discipline of Fashion）	时装展览批评论文
	时尚策展介绍（Fashion Curation: an Interrogation）	虚拟时尚策展方案
第二学期	收藏学（Collect/Recollect）	论文
	当代时尚产业文脉（Contextual Studies）	论文
	当代策展与实践（Contemporary Curationg & Professional Practice）	时尚展览的策划与实施（小组作业）
第三学期	毕业设计（Final Project）	策划方案与展览实施（独立作业）

纽约帕森斯设计学院的"时尚研究"专业（Fashion Studies）的硕士课程具有开创性，注重"将时尚视为文化现象"的思维培养，对时尚作为服装、身体实践、媒体和产业的现象进行文化分析；提倡跨学科的研究方法，对围绕时尚的历史、理论和知识生产及其在塑造身体、身份和社会关系中的作用形成批判性理解；强调社会调查及写作能

力，能够处理相关时尚材料并调查它们在各种背景下的个人和政治意义。重点课程[3]包括时尚文化研究、跨学科方法论、时尚研究实践、策展专业研习、时尚产业认知、时尚之都纽约等（表3）。

表3 纽约帕森斯设计学院"时尚研究"专业重点课程构架

时尚文化分析	培养"将时尚视为文化现象"的批判性思维，从而理解时尚对身体、身份、社会关系、文化叙事和在地/全球环境的问题
跨学科方法论	基于物质文化研究、媒体研究、性别研究和后殖民研究的视角，对时尚在不同文化和历史背景下的复杂含义进行探究
时尚研究实践	广泛借鉴不同的资源和方法——从档案研究到民族志——挑战"大叙事"并发现解释时尚历史的另类路径
策展专业研习	培养时尚策展、时尚写作方面的专业技能，为未来在时尚媒体、博物馆等各类时尚职业做好准备
时尚产业认知	在时尚杂志、博物馆和时尚品牌积累实习经验，包括ELLE、Harper's Bazaar、纽约时装学院FIT博物馆、拉夫·劳伦、爱马仕等品牌公司
时尚之都纽约	聚焦纽约市内博物馆、展览馆、公共活动场所，亲身观察对于时尚至关重要的街道、社区及商业零售环境

会展专业2018年进入教育部规划的新闻传播学学科，展览策划成为国内新兴的专业和职业。北京服装学院时尚传播学院于2020年获批新闻与传播硕士专业学位授权点，规划设立有三个专业学位方向，分别是时尚传播、跨媒体传播和时尚策展。其中，时尚策展方向重点研究各类先锋艺术、时尚文化和多元跨界展览展示的创意策划、资源组织、叙事策略、展陈设计、数字技术与传播推广，培养直面未来的创意策展人与战略营销家，它们能够在与时尚具有相关性的广阔专业领域与学术领域中发展。课程模块包括时尚文化与趋势研究、时尚产业与文化创意产业研究、时尚传播与数字技术、视听传播与影像叙事、时尚策展项目实践等。

三、"时尚策展"课程的教学模式与内容构建

1. 教学目的：认知与方法

课程希望引入作为研究与实践视角的时尚策展概念，界定时尚策展的广义与狭义概念，探索时尚策展理念的观察维度，探讨时尚策展的工作方法与流程要素，并对这门学科的发展趋向进行解读与评判。第一，解决时尚策展这门新兴学科的基础性问题，这门学科是研究什么的，它与相邻学科的区别与联系，时尚策展的类型与特点；第二，策展工作的构成要素、流程与方法；第三，从媒体、文化、商业的视角探讨如何开展时尚策展的实务工作，并对这门学科的发展趋向进行解读与评判。

从时尚策展的研究对象和专业特点来说，一是要围绕艺术物品（object-focused），

二是要围绕策展实践（practice-based），因为"时尚风潮初起阶段几乎无一例外地都具有'唯物'的特点，例如，明确地指向服饰、建筑、音乐、生活方式等"[4]，并就此生成形而上的社会价值观和思想文化运动，具体的物件是昭示时尚的关键"指标"，有着强烈的审美价值。故此，时尚策展的教学应当广泛关注20世纪以来具有时尚特性的艺术品，并围绕与其相关的人、事、物进行深入调研，同时创造各种有利于学生参与策展实践的项目资源。

2. 教学模式：课堂—展场联动进阶

教学模式安排上，采用课堂—展场联动进阶的方式，具体可分为课堂讲授、讲座/访谈教学、展场体验、策展执行四个部分（表4）。课堂讲授部分由理论专题与实践专题构成，解决时尚策展的认知与操作的基本问题；讲座/访谈教学部分，邀请行业专家、学者、博物馆或独立专业人士等，以讲座或访谈的形式，与师生展开对话，通过多种方法（包括研讨会、讨论、一对一辅导、讲习班、演示、评论、同行评审、小组主导的活动等），用更为生动灵活的方式，开展启发性教学；展场体验是带领学生亲临展场进行观察、熟悉专业术语、观展方法，并通过文字展评、视频 vlog 等形式进行思考输出；策展执行部分，要求学生在广泛调研、陈述、讨论的基础上，形成策展方案，进一步通过策划展览、撰写阐释性材料、组织公共教育等具体任务，培养博物馆和策展实践的基本技能。可行性情况下，适时参与真实展览项目的执行工作，熟悉策展全流程，并对项目成效进行汇报与反思。

表4 "课堂—展场联动进阶"教学模式组成

项目	具体内容
课堂讲授	由理论专题与实践专题构成，解决时尚策展的认知与操作的基本问题
讲座/访谈教学	邀请行业专家、学者、博物馆或独立专业人士等以讲座/访谈的形式与教师、学生展开对话
展场体验	带领学生亲临时尚展场进行观察，熟悉专业术语，观展方法，并通过文字展评、视频 vlog 等形式进行思考输出
策展执行	在广泛调研、陈述、讨论的基础上，形成策展方案，进一步通过策划展览、撰写阐释性材料、组织公共教育等具体任务，培养博物馆和策展实践的基本技能，熟悉策展全流程，并对项目成效进行汇报与反思

值得一提的是，策展课程不能距离"展场"太远，这里的展场可以对应到与时尚系统相关的博物馆、展览、公共活动、零售环境、时尚街区等，在有条件的情况下，更应当与相关机构开展实践教学，例如纽约帕森斯设计学院的"设计史与策展研究"专业（History of Design and Curatorial Studies）硕士课程，即是与美国唯一致力于历史和当代设计的博物馆——库珀·休伊特，史密森设计博物馆（Cooper Hewitt, Smithsonian Design Museum）合作办学，师生能够直接参与到策展实践的相关工作中，与收藏部门、策展

人、保护人员和教育工作者开展合作。伦敦时装学院"时尚策展"专业也强调学生与活跃在该领域的学者和行业专业人士（包括时尚策展中心的学者、独立策展人、私人档案馆和商业收藏家、国家和地区博物馆的专业人士）的接触，通过产学协同，不断拓展时尚策展行业的内容生态与产业价值。

3. 内容构建：理论板块与实践板块

策展并非标准化的知识系统，更多是指一种综合性的工作方式，赋予展品甚至商品一个故事情境、设置价值并分享连接。教学设计和内容构建的目的，并非仅仅在于"拥有知识"，而更多的是"具备能力"，因此，课程应当着重于策展思维能力的培养，独立运用策展方法解决问题的能力，以及创新性解决问题的综合能力。课堂的内容构建方面，主要可分为理论专题与实践专题两大内容板块（表5）。

表5 "时尚策展"课程内容构建

项目	具体内容
理论专题	1. 为什么需要策展——策展概述；策展话题；策展简史 2. 时尚策展概述 　1）认知：时尚策展是什么 　2）历史：现代时尚展起源 　3）类型：功能分类 　4）维度：价值发散 3. 文化·媒体·商业 　1）文化：观众拓展 　2）媒体：营销传播 　3）商业：品牌运营
实践专题	4. 方法与要素 　1）工作方法——内容发展、形式设计、布展实施 　2）构成要素——内线要素、外线要素 　3）人·事·物 5. 时尚策展实务 　1）时尚元素的植入 　2）时尚特质的表现 　3）策展型艺术与商业

四、基于时尚传播教育的探索与思考

北京服装学院时尚传播学院的时尚传播专业，从属于新闻传播学科体系，在研究体系上属于文化传播的一个分支，其聚焦时尚产业，关注整个时尚产业的上下游，根据自身独特竞争优势，依托于学校整体时尚产业链布局和艺工融合的发展目标。基于时尚传播教育视角的时尚策展探索，势必与传统美术学院以及会展体制下的策展实践有很大的不同，这是由时尚传播领域的传播规律与教育模式而决定的，具体来说，基于时尚传播视角可以倒推出时尚策展的教学要点，表现为以下几个鲜明特征。

1. 审美性与商业性：起点与目的

时尚传播的起点是审美，最终目的是形成消费。它关注的不仅是影响力，而且是最终产生的商业价值[5]。一方面，时尚的构成势必有美学要素的引领，美的评判固然没有特定的指向，"令人拍案的效果"总是流行的密钥之一，因此，时尚策展应当注重视觉引导、审美引导，最大限度地寻求创意与视觉涵义的美感化呈现；另一方面，时尚天然的商业属性决定了时尚策展与商业及品牌的紧密关联。

学生策展方案 *Trinket Gallery*（Trinket 译为价值不高的小饰品）被规划为一个与线上平台结合的线下模拟零售展览，策展本身的初衷即是希望通过提供更具审美性、趣味性的消费与观展体验，为独立设计师首饰品牌探索线上与线下结合运营的商业可能性，体现出时尚策展较强的商业属性。从这个角度上来看，当代时装策展不能脱离与时装商业品牌和商业中心的联动合作，除了具备学术教育型策展的能力，也要注重以"概念"为出发点的策展思维的更新升级——策展作为商业零售；策展作为品牌导入；策展作为生活娱乐……力推策展型艺术与商业的融合与发展。

2. 具身性与情绪性：传播的有效性

时尚传播注重"说服"的有效性，如何加强有效传播是关键。在传播心理学认知的基础上，从后端推导前端，更容易产生说服的效应。根据具身认知的原理，认知过程进行的方式和步骤实际上是被身体的物理属性所决定的。人的感知能力，如知觉的广度、阈限，可感知的极限等都是身体的物理属性决定的，正如杜威的观点：经验和理性是不能够被分开的……一切理性思维都是以身体经验为基础的，身体及其活动方式对情绪与情感的形成有着重要作用。英国服饰研究学者乔安妮·恩特维斯特尔（Joanne Entwistle）说"服装需要被理解为一种情境中的实践"，那么时尚策展也需要创造"可被理解的情境"，应更多关注观众的具身性与情绪性体验形式。

学生策展方案《看见情绪》（图1）即以情绪可视化的视听装置，尝试将情绪具象化，通过场景风格设计，营造情境式的具身体验，希望帮助人们在了解自身情绪的同时，能更好地关注自己，也触发大众对情绪问题的关注。在具体的传播活动中，侧重身体与媒介技术之间的交互，气氛、情绪上的情感营销等策略性应用，通过具身性与情绪性的设置，在体验之中促进认知，更大程度地实现传播的有效性。

3. 媒介与渠道：流行性的媒体思维

时尚对媒体有深刻的依赖性，一种风格只有迅速传播并被多数人接受，才可能成为时尚，时尚继续传播又促进时尚文化的产生，时尚策展如何促成流行效应的产生，媒介与渠道是关键，不同分发渠道对应着不同的媒介表达，而无论是传统媒体渠道、新媒体渠道还是社交媒体渠道，都需要策展内容本身有"料"可爆，有"题"可挖，有"点"可论，时尚策展团队在创意、提案时就进行媒体思维视角的前置化设计，用易于受众解码的形式进行策展内容上的编码设计，从而更顺畅地着手展宣工作中的媒体关键词衍生、事件话题传播、病毒营销等工作，并进一步推动流行趋势的生成。

《潮庄子看齐》策展方案（图2）试图推动庄子的传统思想在当代的时尚性传播，

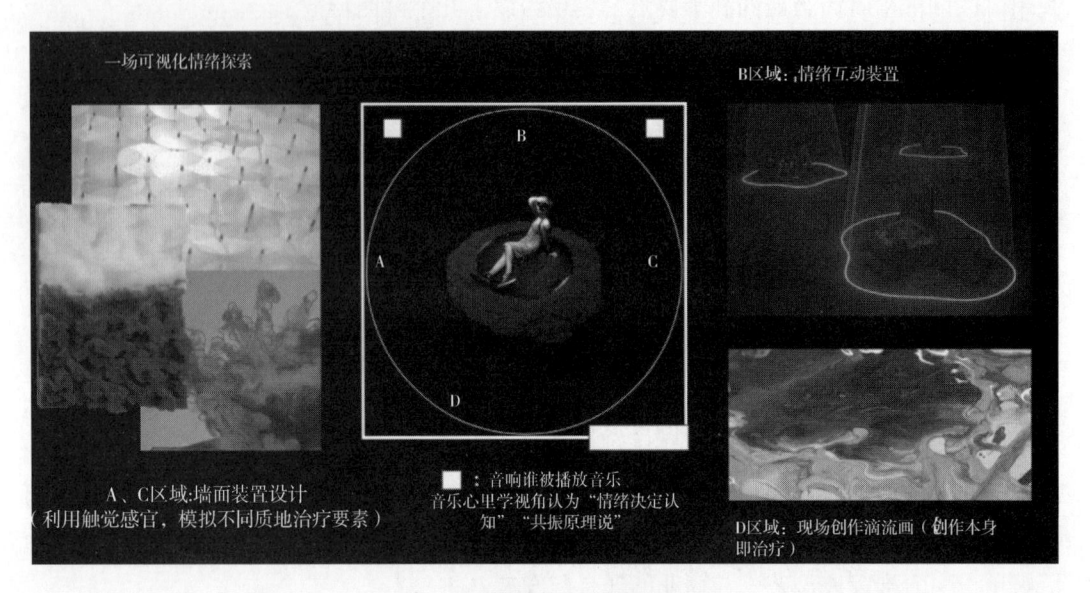

图 1 《看见情绪》策展方案

尝试把中国优秀的传统思想转译为时尚符号、文化符号和生活符号，探索国学传播的新路径。在方案执行之前，学生已经在充分的文本研究的基础上提炼出了庄子的自然观与生活方式，并借助流行性的媒体思维将之总结为"爱咋咋地、开心就好、精致的猪猪女孩"等标语式内容板块，并进行了"校园—展场—社会化营销"的传播策略规划，充分挖掘时尚策展所应具有的流行性潜质，呈现出用时尚方式传播思想的媒体化思维运用能力。

图 2 《潮庄子看齐》策展方案

五、结语

基于时尚传播教育的视角,时尚策展可以理解为集合时尚传播的各种要素,进行可视化、实体化的一种整合性实践方法。与纯艺术领域或会展行业的策展专业有着区分性差异,时尚策展的教学研究不能孤立展开,而是置于时尚传播学科体系之中,面向时尚产业、文化创意产业,构建时尚策展的学术基础,探索符合当代时尚商业体系和文化产业体系的时尚策展人才培养模式。

参考文献

[1] Ma Fashion Curation Course Handbook,Lodon College of Fashion,2009.
[2] 伦敦时装学院."时尚策展"MA 硕士课程大纲:https://www.arts.ac.uk/subjects/curation-and-culture/postgraduate/ma-fashion-curation-lcf?#course-summary[2021-9-24]。
[3] 纽约帕森斯设计学院."时尚研究"MA 硕士重点课程构架.[2021-9-24].https://www.newschool.edu/parsons/ma-fashion-studies/?show=faculty-research&&continueFlag=a206b43e 3689c50cb9affa3a7f76df8a.
[4] 赵振祥,刘国慧.从审美动员到社会动员:时尚传播的文化政治指向[J].现代传播,2020(6):22.
[5] 赵春华,时尚传播学[M],北京:中国纺织出版社,2014.

历史和现实：关于广告学专业课程设计的思考

——以北京服装学院广告学专业为例

周易军[1]

摘 要：本文在界定课程设计基本概念的基础上，基于历史和现实视角，从专业活动、学科属性、产业变革、国家政策、学校特色、师生条件和专业定位七个角度，探讨了影响广告学专业课程通用设置的因素，然后参考头部企业和行业协会对新时期广告人才的能力要求，借鉴中国传媒大学、深圳大学、暨南大学获批国家一流专业建设的广告学专业人才培养方案，对我校广告学专业的课程设计进行了探索和思考，指出应以时尚广告为特色，以艺术和智能为双翼，发挥学校艺术院校优势，积极推动相关课群建设，使广告学专业成为我校高水平特色型大学建设的有力支点。

关键词：课程设计；专业定位；时尚广告；T型人才；艺术；智能

一、课程设计的定义

课程设计是一个被大家广泛使用的词汇，但是课程设计的定义众说纷纭。百度百科认为，课程设计是一个多义词词条。课程设计可以是一个有目的、有计划、有结构的产生课程计划（教学计划）、课程标准（教学大纲）以及教材等的系统化活动，此时，对应英文 Curriculum design。也可以指大学某一课程的综合性实践教学环节，此时对应英文 Practicum。笔者查询英文文献，发现课程设计（Curriculum design）这一词汇是用来描述针对整体课程（教学模块）进行有目的的、深思熟虑的和系统化的整体组织（Curriculum design is a term used to describe the purposeful, deliberate, and systematic organization of curriculum (instructional blocks) within a class or course.），或者指教育者对所授课程教学单元的组织策划，包括为达成教育目标而进行的课程活动、阅读材料、课程形式和评估判断（Curriculum design is the planning period when instructors organize the instructional units for their courses. Curriculum design involves planning activities, readings, lessons, and assessments that achieve educational goals.）。翻阅相关教育学者的专著，发现其使用也有多个内涵。比如，上海市教委教研室综合教研员、教育学博士韩艳梅的《系统化学校课程

---

[1] 作者简介：周易军，北京服装学院时尚传播学院，副教授。

设计：有效研制的实践指南》、中国高等教育管理研究会副理事长徐同文教授的《大学课程设计》中均使用了该词汇的多重内涵。因此，笔者认为课程设计有宏观、中观和微观三个层次的定义，宏观的课程设计指某个专业整体的课程计划设计，中观的课程设计指某门课程或某次课程的教学设计，微观的课程设计则指具体的实践课程设计或者课程布置的实践性设计作业。本文对课程设计的探讨，主要从宏观层面展开，即一个专业为达成培养目标应该设计哪些课程供学生学习。

二、专业课程设计的影响因素

1. 专业活动的本质决定核心课程框架

专业活动的正名、规模化发展和内在本质呼吁相应的科学研究、学科建设和专业人才培育。广告活动，无论中外，古已有之，今更不辍。"广告"作为一词合用，始见于唐代道宣所撰《唐高僧传》（又称《续高僧传》，大正新修大藏经本图像版）第409页"又有厌割人世，生送深林，广告四部，望存九请"。广告作为一个行业，当前话语体系界定为出现于19世纪40年代的美国。在中国广告作为一个行业，则出现于20世纪初叶的上海，而且学界普遍认为，"广告"一词属于舶来品。随着广告活动的日益普遍，对行业的研究升温，对专业人才的需求激增。广告活动属于信息传播活动，遵循"信息发送者—编码—信息—渠道—解码—接收者—反馈"这样的一般流程，因此课程设计必然要包含对广告主（品牌企业和非商业机构）、广告设计制作技术、广告内容（文案和创意）、广告媒体、广告受众、广告效果等方面进行介绍和研究的课程。广告主对应品牌管理、市场营销这样的基本课程，编码对应摄影、平面广告制作、电脑图文设计、影视广告制作等制作技术类的课程，信息则要求开设广告创意、广告文案等内容生成类的课程，渠道则要求开设广告媒介研究类的课程。解码则要求开设符号学、文化学和信息技术等相关课程。接收者则要求开设市场调查、广告心理学、消费者行为学、受众研究这类课程，而反馈则要求开设广告效果研究这样的课程。

2. 专业的学科归属决定学科课程种类

一个专业的学科归属必然被打上该学科的烙印，从而天然继承该学科的基础课程。回顾广告学的发展历史，就会发现广告学经历了从以商科为主到以新闻传播为主的转变。根据托马斯·库恩的观点，一个学科成立要具备成熟的科学共同体和研究范式。1893年，宾夕法尼亚大学沃顿商学院经济学教授约瑟夫·约翰逊开设了广告学课程，标志着广告学首次进入大学讲坛。1903年，西北大学校长、社会心理学瓦尔特·狄尔·斯科特教授出版了最早的《广告学原理》书籍，首次倡议将广告学提升为一门学科。1908年（一说1912年），密苏里大学新闻学院开设了全球第一个广告学专业。1915年，纽约大学设立首个广告学系，全美广告教师协会成立。1925年，美国广告公司协会和全国广告主协会联合成立了广告研究基金会，并全面系统地论述了广告学的学科属性。1926年，全美市场学和广告学教员协会成立。广告学的科学共同体和研究范式日益成熟。截至1950年，全美有72所大学开设广告专业，其中38个开在商学院，31个开在新闻学院,其他3个则分别开在心理学系、英语系和哲学系。此时,广告学的商科归属占据上风。1959年,福特报告和卡内基报告的发表,掀起了广告学淡化商科属性的序幕。当年全美9个商学院停办广告学专业,66门广告学课程被取消。1960年,《广告研究》创刊,标志着第一份属于广告的独立学术阵地诞生。1972年,美国广告学会主办的《广告学刊》面世,广告研究人员又多了一块学术交流的阵地。1994年,全美共有116所大学开设广告学专业,37个更是开设了硕士研究生项目,标志着广告学教育向更高的层次迈进。2001年,首届全美广告教育峰会举办,并发表了《2001年广告教育峰会白皮书》,日益重视培育学生的综合素质和能力。2005年,全美共有148所大学开设广告学专业,其中140个开设在新闻与传播学院,只有8个开设在商学院。这标志着广告学的新闻传播学科属性被绝大多数学者承认。我国从1983年厦门大学设立第一个广告学专业开始,广告学便主要设立在新闻传播系所,发展过程中也有零星设立在中文系、商学院和艺术系的。广告学的课程设计中必然要包含商科和新闻传播的课程,并将其作为学科基础课。

3. 国家教育政策决定基础必修课程的方向

国家教育政策制约着专业课程设置的方向和内容。如果一个专业能够进入国家专业目录,则标志着该专业得到国家的官方承认;而专业目录中,该专业的学科归属则影响着该专业课程设置的方向侧重。相关专业应严格遵守《本科专业类教学质量国家标准》中对该专业课程的基本要求。我国的大学专业设置奠基于1952年院系调整之后,1963年国家首次制定专业目录,当时有510个专业,其中文科专业的新闻传播类只有 新闻学(专业代码060004)。1987年进行第一次修订,将1300个专业调整为671个,解决"文革"期间专业设置纷繁的问题。1993年进行第二次修订,将专业归并、总体优化后共有504个专业,当时的"0503 新闻学类"下共有"050301 新闻学、050302 广播电视新闻、050303 国际新闻、050304 广告学"四个常设专业和"050305 播音、050306 体育新闻"两个试点专业。1998年第三次修订后,本科共有11个学科门类、71个专业类,但专业从504个缩减为249个,即使如此,"050303 广告学"赫然在列,而且学科代码提前了一位。2012年第四次修订后,本科专业共有12个学科门类、92个专业类,专业数量从635个缩减为506个,广告学专业依然以"050303"的代码位列新闻传播学类5个专业的第3位。由此可见,自从改革开放以后,随着市场经济的蓬勃发展,广告学专业作为国家经济建设发展需求强劲的专业,一直被国家所承认,并且地位不断上升。在2018年国家教育部颁布的《普通高等学校本科专业类教学质量国家标准》中,除说明新闻传播专业类应该开设通识类、公共基础类、专业基础类课程外,明确规定广告学的专业类课程应有:广告史、广告创意与策划、广告心理学、市场营销学、统计与数据分析、消费者行为与营销策略、电脑图文设计、广告效果评估等。教育部2020年发布《大中小学劳动教育指导纲要(试行)》,要求加强学生的日常生活劳动教育、生产劳动教育和服务性劳动教育,反映在课程设计中,就是增加2个劳动教育学分,这必然要求课程设计做出相应的考量。

4. 学校的特色优势赋予强势的课程类型

学校的资源禀赋和特色优势，为专业课程设计提供了沃土。任何一个专业的发展，离不开所在学校的学科优势和特色资源。北京服装学院广告学专业的发展必然要依托北京服装学院高水平特色型艺术类院校的资源禀赋和特色优势。北京服装学院作为高水平特色型艺术类高校，在纺织服装、艺术设计、文化创意和时尚产业内拥有大量特色优势资源，这使得北京服装学院广告学专业在新闻传播学科框架之内，还可享受艺术设计学、美术学等学校一级学科和特色产业资源的滋养，也使得北服广告学专业学生在具备通用的策划、创意、品牌、媒介知识技能之上，更懂时尚，以良好的艺术功底、时尚的传播视角、敏锐的数智洞察，在全国671个（本科344个，专科327个）广告学专业中以鲜明的特色脱颖而出。北京服装学院的广告学专业可以设置丰富的艺术类课程，该专业学生整体上相比其他非艺术高校的广告学专业学生，具备更扎实的艺术功底、更好的审美眼光、更强的动手能力、更高的执行效率、更紧密的行业连结和更为丰富的实践经验。

5. 师生资源制约课程开设的广度和深度

师资力量和学生特征限制了专业课程开设的可能及授课的层次。广告学专业现有教师7人，每届招收约60位本科生，文理兼招，专任教师师生比约为1∶33。每位教师平均教授3~4门专业课程。广告学专业积极利用北京服装学院艺术教师师资雄厚的特点，开设了相比普通高校广告学专业3~4倍的艺术类基础课程，由美术学院等兄弟院系教师任教。积极利用文理学院教师在数学、信息技术等方面的师资，开设相应的文科数学和计算机课程。积极发挥商学院的商科优势，由商学院教师讲授市场营销、品牌管理等相应的商科课程。广告学生源良好，招生分数是该校第二高的非艺术专业，京籍生源录取平均分超二本线60分以上（2021年超83分），在绝大多数京外省份处于一本线以上。但放眼北京，该校广告学生源整体分数相对偏低依然是不争的事实。这就导致某些类别课程的开设遇到了障碍。专业成立之初，开设有高等数学、统计学、统计软件应用等课程，但为了适应学生特点，后来缩减为只剩文科数学。然而人工智能时代的到来和产业的升级，却对相应课程提出了新的需求。

6. 专业定位必然要求特色专业课程支撑

北京服装学院广告学专业定位于时尚广告人才的培养，致力于成为中国时尚广告人才的首选专业、从事时尚广告科学研究的引领专业、彰显首都文化中心地位的重要专业和推广中国优秀时尚文化的关键专业。专业紧密围绕新时代、新经济、新行业、新文科及首都"四个中心"和国际消费城市建设需求，依托北京服装学院高水平特色型艺术类高校定位和在时尚产业内的特色优势资源，秉承跨学科育人理念，培养具有系统的新闻传播学、设计学、管理学、社会学等基础理论知识，具备现代广告策划、创意设计、制作、发布的基本能力，能够整合驾驭各种传播手段，熟悉我国广告宣传政策法规，具备良好思想政治和道德修养、专业素质与职业发展潜力的高素质、复合性、创新型的时尚广告高级应用人才。这就要求学生必须深刻理解时尚化广告传播的本质和模式，在课程设计中必须设置一批精挑细选的时尚类通识和学科基础课程、与时尚化广告传播各环节相呼应的特色课程（图1）。

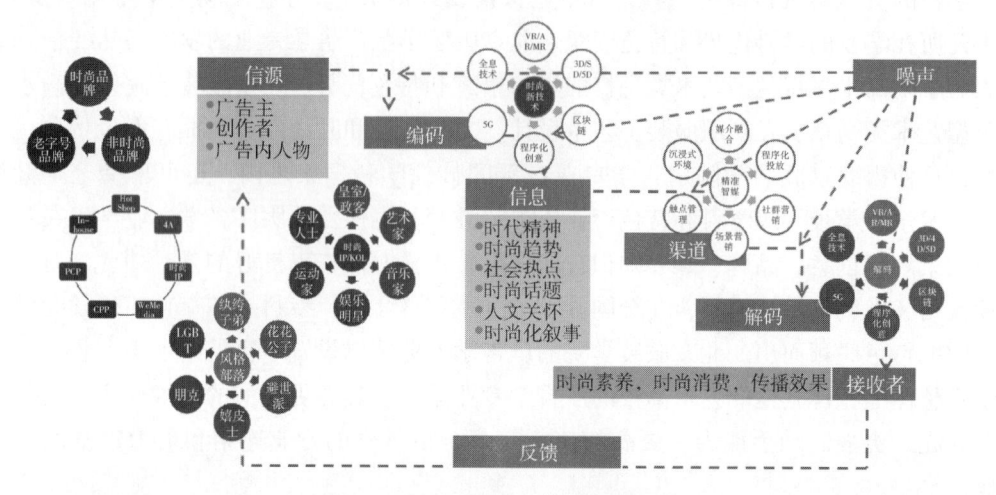

图1 周易军时尚化广告传播模型

7. 行业变迁趋势决定课程更新的内容

所在行业及其关联各方的变革要求专业课程设计必须与时俱进，同频共振。1999年，随着互联网的应用，尼葛洛庞帝的《数字化生存》风靡中国，70后、80后等纷纷触网冲浪，成为第一代网络移民；90后则从小接触互联网，是货真价实的网络原住民；00后则是移动互联网的一代。消费者全面开启数字化生存，其行为方式发生改变。传播模式也从传统线性模型演变为多中心、裂变式、呈几何级数增长的非线性模型。广告产业的主流作业模式从 AIDMA 到 AISAS、SIPS 模型。随着网络通信技术和人工智能技术（大数据、算法、算力等）的加持，广告投放进入程序化投放时代，程序化广告创意方兴未艾，广告产业进入智能广告的新时代。据不完全统计，程序化广告的市场规模已经超过60%。行业的快速变迁，一方面吸引业外人士大举进入广告业，另一方面要求现有广告从业人员更新知识结构。更重要的是，对现有广告教育机制提出了挑战。广告以调研为前提、以洞察为基础，基于智能技术的大数据分析是新的有力工具；广告以策略为导向、以策划为主干、以创意为核心、以设计为工具、以媒介为通路、以效果为依归，程序化创意和投放，可以基于效果实现多版本快速投放并实时动态反馈，从而挑选出最优的策略、最佳的策划、最好的创意、最有效的设计。这就要求广告学专业设计相应的课程，使学生可以了解程序化广告的基本原理和运作方式，为未来的就业做好相应的知识素养储备。

三、关于北京服装学院广告学专业课程设计的思考

1. 强化广告学交叉学科本质，培养 T 型人才

广告学既是一门艺术，又是一门科学。从广告学的学科成长史，发现广告学的学科归属以新闻传播学（传播学）和管理学（市场营销学）为主，但在现实工作中又受到理

学（应用心理学和应用统计学）、艺术学（设计学下的视觉传达设计、数字媒体艺术、新媒体艺术专业，戏剧与影视下的广电编导、动画、影视摄制专业，美术学下的摄影、跨媒体艺术）、文学（中国文学下的汉语言文学）和工学（计算机科学类下的数字媒体技术、新媒体技术）的影响，是不折不扣的交叉学科专业。因此，广告学专业课程设计时，必须包括这些关联学科和专业的最基本课程，作为广告学专业的学科基础课和专业基础课，使得广告学专业人才的知识体系深深植根于跨学科的沃土，打造宽厚的学科基础。这是广告学专业的学科基础层。在此基础之上，考虑广告学专业的自身特点，开设围绕品牌、洞察、策略、文案、创意、设计、媒介、执行和效果等相应的课程，使学生可以掌握广告学专业的核心知识和技能，向高精尖方向更深入地发展。这是广告学课程设计的专业核心知识层。除此之外，还应考虑学校特色、专业环境和行业发展趋势，设置专业课程的特色层。一横一纵，形成T字形结构，因此广告学专业的课程设计应该以培养T字型一专多能特色应用型人才为要（图2）。

学科门类	工学	文学	艺术学	管理学	理学
一级学科	计算机科学类	中国语言文学类	新闻传播学类	设计学类	美术学类	戏剧与影视类	工商管理类	心里学类	统计学类
相关专业	数字媒体技术	新媒体技术	汉语言文学	传播学	视觉传达设计、数字媒体艺术、新媒体艺术	摄影、跨媒体艺术	广电编导、动画、影视摄制	市场营销	应用心里学	应用统计学

广告学专业核心知识技能关键词：品牌　洞察　策略　文案　创意　设计　媒介　执行　效果

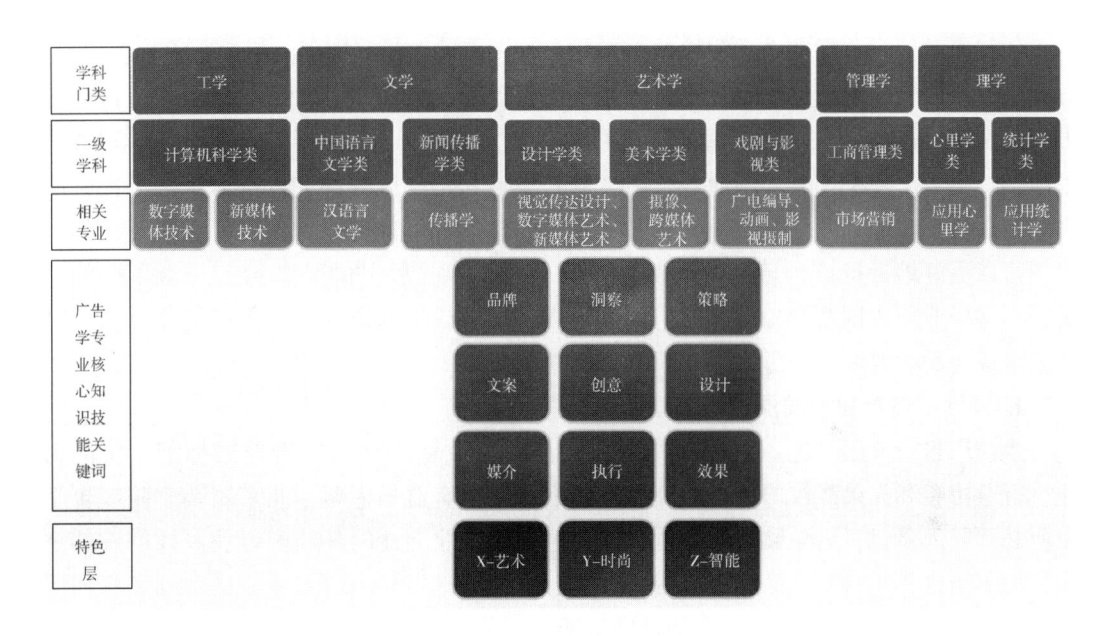

特色层：X-艺术　Y-时尚　Z-智能

图2　周易军T型广告人才培养模型

2. 明确服务面向和手段差异，聚焦时尚广告

北京服装学院广告学专业定位于时尚广告人才的培养，希望本专业所有师生能够用时尚化的广告传播手段服务于所有品牌和机构，尤其是服务于纺织服装企业、文化创意企业、艺术家品牌等，成为北京服装学院高水平特色型大学办学定位的有力支点，为打造中国自己的时尚品牌、时尚化的传播中国传统文化、赢得时尚话语权贡献一份绵薄之力。时尚广告包括时尚品牌策划、时尚广告策划、时尚广告设计、时尚广告传播等广告活动的全流程。而时尚化的广告传播手段，既包括时尚艺术，也包括时尚科技、时尚化的叙事方式等。广告学专业的口号是"知品牌，懂时尚，让创意成为生活方式"。"知品牌"将广告学专业同新闻传播学科类下的其他8个专业区分开来，"懂时尚"将广告学专业同全国其他600多个广告学专业区分开来，"让创意成为生活方式"讲的是以人为本，既体现广告学专业服务人民群众对美好创意生活的需求，也寄托着对选择本专业的同学的殷切希望。希望同学们在把人生最美好的四年时光用来学习广告后，可以收获受用终身的创意生活方式。这反映在课程设计上，就是安排了大量的时尚特色课程，包括"服装与时尚概论""中国服装史""外国服装史""时尚买手""时尚流行研究""奢侈品管理概论""时尚品牌经典案例""时尚信息设计""时尚摄影与实践"等。这在全国600多个广告学专业中并不多见。"时尚"二字正是图2中T型图中特色层的Y，时尚人文素养是北京服装学院时尚广告的营养液。

3. 共享北京服装学院的优势特色资源，突出艺术素养

北京服装学院是一所艺术类院校，拥有多个艺术类国家一流专业建设点，拥有学科评估为B+的设计学、B的美术学，在市属高校中拔得头筹。广告学专业充分利用北京服装学院的艺术师资优势，与兄弟专业互通有无，取长补短，聘请美术学院和艺术设计学院相关教师授课，将学校背景转化为本专业的强大依靠，将艺术学科优势转化为时尚广告人的强大基因。这反映在课程设计上就是T型图中的X，安排了大量的艺术特色课程，形成了北京服装学院广告学专业的艺术基础课群，相关课程包括"设计素描""设计思维与方法""设计色彩""构成基础""色彩构成基础""西方艺术与设计史""东方艺术与设计史""字体设计""图形设计""版式设计"等，开设的艺术类课程之丰富是国内其他广告学专业的4倍左右。使广告学专业的学生具有独特的审美，在颜值正义的时代，可以更好地保持广告传播的时尚度和沟通调性，让服务的品牌给人与众不同的感受。很多毕业生出国留学，都成功申请到了广告设计或平面设计方向的研究生项目。时尚艺术成为助力时尚广告腾飞的一只巨大的翅膀。

4. 紧随广告产业的发展趋势，增加智能特色

当前广告行业已经进入数字化、智能化时代，数智化已是广告业的标配。头部企业、行业协会和兄弟高校的课程设计对此已经做出了有益的探索，北京服装学院广告学专业必须紧跟步伐，避免被时代淘汰。最先感知到行业变迁的是处于行业一线的头部企业，为了培育基于自身产品和服务的人才生态，纷纷提出相应的人才认证计划和培训课程。例如，百度2009年最早推出的百度认证、字节跳动2018年推出的TMC认证、腾讯广告认证、阿里巴巴营销人才认证等。行业协会为了更好地服务会员，开展前沿培训，提升行业人才水平，也会开展相应的研究和培训。例如，中国商务广告协会和虎啸网联合推出的DMT认证，中国广告协会推出的互联网营销主播、互联网营销直播运营、广告审查员、网络直播合规审查员、AI营销人才（正在研发）等认证。这些认证均有自己的能力模型、认证体系和课程体系，紧跟行业最新发展趋势，注重解决品牌网络推广中遇到的实际问题，非常值得高校广告学专业课程设计借鉴。例如，DMT（数字营销人才）认证的课程设计除了通识基础教育外，在高校广告学课程基础上，推出了数字"营销10+10"的全域实战课程体系，涉及搜索引擎营销、视频营销、移动营销、程序化购买、内容营销、场景营销、人工智能营销、社会化媒体营销、大数据营销、电子商务营销10大通用技术，及数字整合营销、数字创意、数字营销计算机技术应用基础、品牌出海数字营销、数字媒介管理、企业数字化转型战略、用户忠诚度管理、数字营销商业法规、B2B营销、战略创新创业管理10大基础综合课程。

第一批获得广告学国家一流专业建设的高校如中国传媒大学、暨南大学和深圳大学等纷纷在其广告学课程设计中设置数字化和智能化相关的课程。例如,中国传媒大学的广告学（数字营销）专业就在其专业课程中设置了"数字营销技术原理""计算广告原理与应用""融媒体视听艺术""数字营销战略""Python软件设计基础""企业数字化营销管理""数字创意工作坊""数据广告""AI广告""数字创意营销"等课程,并与DMT认证紧密结合,借助相关资源办学；深圳大学广告学专业则开设了"网络营销""互动广告设计""新媒体广告前沿""新媒体创意设计""计算广告概论"等专业限选课程供学生选择；暨南大学广告学专业开设了"数字营销传播"必修课,以及"数字营销传播知识群""数字媒体创意与设计知识群"等5个课群组成的专业教育选修课供学生选择,而且此部分学分需要达到28个。数字营销传播知识群包括"虚拟现实与传播""计算广告学""媒介技术与广告前沿""新媒体艺术传播""移动新媒体实务""互联网前沿思潮"等课程,数字媒体创意与设计知识群包括"网页设计与制作""数字交互广告设计""新媒体广告传播""短剧创作""用户界面与用户体验""短视频制作"等课程,在其创新创业课群中则设置了三期"数字营销传播工作坊"。

北京服装学院广告学专业早在2017年就举办了"智能时代的广告转型"系列讲座,开始这一话题的探讨。2018~2020年分别举办了"拥抱智能广告新时代""时尚语境下的广告传播""智能广告 时尚传播"高端论坛,邀请产学研各界学者进行深入探讨,努力与业界学界保持同步。针对智能广告,该校广告学专业在课程设计上设置了"数据智能课群",在当前缺乏相应师资的情况下,希望借助公共选修课的计算机模块、基础部和线上公选课的力量,外加本专业教师的知识更新,相关课程的内容更新,弥补这一短板。这一课群包括"文科数学I&II""计算机应用基础""Web设计与编程""数据库管理系统""C语言程序设计""广告效果研究""计算广告学"等课程,未来希望能够引入文理学院正在筹划的"新一代信息技术系列课程I&II",将"C语言程序设计"置换为"Python语言设计",实现计算机模块三门课学生自由选择等的方式实现。在引入数智化教师岗后,开设更多新的课程,弥补这一模块的短板。毕竟,智能时代已经来临,智能必须成为助力时尚广告腾飞的另外一只巨大翅膀。图3所示为时尚广告课群设置。

四、结语

专业课程设计受到专业活动的本质、专业的学科归属、国家教育政策、学校的特色优势、师生资源禀赋、行业变迁趋势和专业定位的影响,必须基于历史、现实和未来的视角,通盘考虑,长远谋划。北京服装学院广告学专业成立于2002年,正值我国广告学专业的快速发展期。2002~2008年为专业定位的探索期,2008~2014定位为品牌策划与传播,2015和2016级每级招收两个班,分别为品牌传播实验班和时尚广告设计实验班。2017年广告学专业按照学校顶层设计从商学院剥离,与传播学、表演学和摄影三个专业

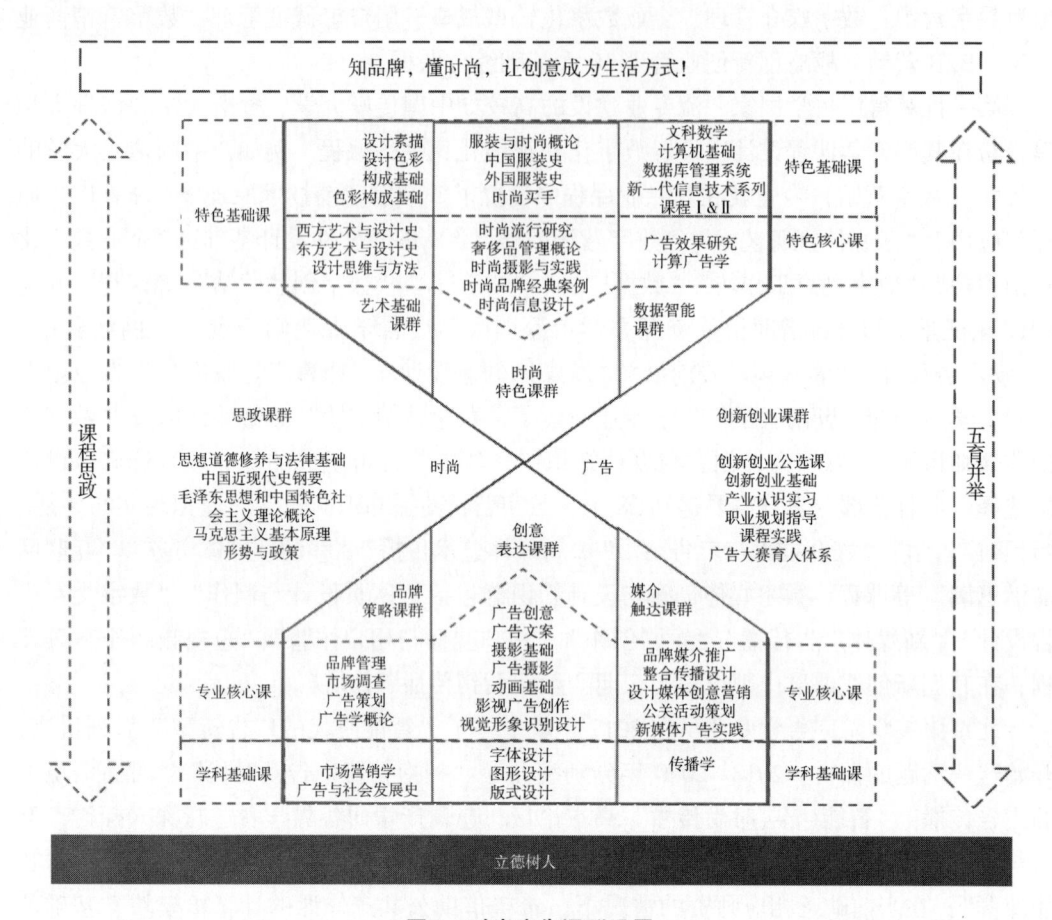

图 3 时尚广告课群设置

联合组成时尚传播学院，经历 4 年的适应和磨合期，迎来了更新的专业定位和课程设计。北京服装学院广告学专业应该强化广告学交叉学科本质，培养 T 型人才；明确服务面向和手段差异，聚焦时尚广告；共享北京服装学院的优势特色资源，突出艺术素养；紧随广告产业的发展趋势，增加智能特色。2022 年，广告学专业即将迎来二十华诞，期待广告学专业以时尚广告为特色，以艺术和智能为双翼，成长为该校高水平特色型艺术类大学的有力支点，为我国经济发展培养更多优秀的时尚广告人才。

参考文献

[1] 颜景毅. 发展广告学的学科支撑及其研究框架[J]. 安阳师范学院学报，2019（6）：129-133.

[2] 曾琼. 中国广告学知识生产的学科制度检视[J]. 新闻大学，2019（1）：90-102，119.

[3] 熊芳芳. 基于行业需求和学科前沿的广告学专业创新创业实践教育体系构建[J]. 江西理工大学学报，2018，39（4）：89-93.

[4] 王露璐，李小果. 中国广告学专业学科发展逻辑综述[J]. 教育现代化，2018，5

(21)：77-78.

[5] 洪可威．试论广告学的溯源、变迁与学科体系的构建[J]．传媒论坛，2018，1(1)：128.

[6] 蔡骐．知识科学理论、文献计量学与学科发展：评《中国广告学知识生产研究》[J]．广告大观（理论版），2017（3）：98-100.

[7] 曾琼．美欧广告学的演进：基于学科制度的视角[J]．现代传播（中国传媒大学学报），2017，39（2）：128-131，138.

[8] 颜景毅．中国广告学的学科逻辑与原创进路[J]．新闻大学，2016（3）：125-132，152.

[9] 刘泓．广告学"学科规训"及其知识谱系[J]．新闻大学，2006（2）：83-87，93.

[10] 张金海，姚曦，黎明．广告学学科建设与学术规范化[J]．广告大观（理论版），2005（5）：8-11.

[11] 杨海军．论广告学学科建设与研究生培养[J]．新闻界，2005（3）：56-58.

[12] 杨海军．论广告学的学科归属[J]．河南大学学报（社会科学版），2001（1）：105-109.

[13] 星亮．论广告的本质：兼谈广告学的学科体系[J]．兰州商学院学报，1991（2）：90-93.

[14] 百度百科．课程设计[OL]．[2021-9-15]．https：//baike.baidu.com/item/%E8%AF%BE%E7%A8%8B%E8%AE%BE%E8%AE%A1/8859361?fr=aladdin.

[15] Schweitzer, Karen. Curriculum Design：Definition, Purpose and Types [OL]. ThoughtCo, Oct. 29, 2020, thoughtco.com/curriculum-design-definition-4154176.

[16] 韩艳梅．系统化学校课程设计：有效研制的实践指南[M]．上海：华东师范大学出版社，2021.

[17] 徐同文．大学课程设计[M]．北京：教育科学出版社，2011.

[18] 汤梅，桂世河．汉语"广告"一词源于拉丁语吗？[J]．新闻知识，2016（8）：20-24.

[19] Curriculum Design [OL].[2021-9-13]. https：//tophat.com/glossary/c/curriculum-design/.

[20] 闫琰，陈培爱．中国广告教育三十年研究：1983—2013[M]．厦门：厦门大学出版社，2016.

"艺商融合"市场营销专业特色教学体系和人才培养模式的创新与实践[1]

白玉苓[2]　王秋月　王涓

摘　要：北京服装学院市场营销专业借鉴国内外时尚类院校的专业设置和课程体系，结合本校现有的办学条件与办学优势，确定市场营销专业"时尚营销"的专业定位，紧密结合行业和产业实践，积极面对行业和社会对市场营销人才的新需求开展教学改革。设置时尚品牌管理、时尚买手与企划、时尚和奢侈品管理专业方向，建立以"艺商融合"为特色的时尚营销教学体系；打造"艺商融合"的精品示范课程；组建多学科、跨学科专兼结合的教学科研团队；建立以学科竞赛、模拟实训、企业实践、实习基地"四位一体"的实践教学体系；建立与国内外高校人才培养的联动机制。通过系列教学改革，北京服装学院市场营销专业获批2019年度北京市一流本科专业建设点，并积极为培养具有"艺商融合"特色的时尚营销专业人才做出不断努力。

关键词：艺商融合；市场营销；教学体系；人才培养

北京服装学院市场营销专业成立于1996年，是北京服装学院商学院最早成立的专业之一，是北京市首批一流本科专业建设点。北京服装学院是一所历史积淀深厚、办学特色鲜明的时尚高校。2012年以来，针对北京服装学院商学院市场营销专业的定位不清晰、特色不突出、优势不明显问题以及国内服装行业调整升级、时尚产业迅速发展对时尚营销人才的需求现状，在调查国内同类兄弟院校和国外时尚类高校的基础上，结合本校现有的办学条件与办学优势，把市场营销专业建设与行业和产业实践紧密相结合，设置不同的专业方向，全面整合优化课程和资源，逐步形成以"时尚营销"为专业定位，突出"艺商融合"特色的市场营销专业教学体系和人才培养模式。

一、主要内容及重点解决的教学问题

1. 建立以"艺商融合"为特色的时尚营销教学体系

设计并完成市场营销（时尚品牌管理）和市场营销（时尚买手与企划）两个本科专业方向和市场营销（时尚和奢侈品管理）双学位的三个专业方向的人才培养方案，构建

---

[1] 资助项目：北京服装学院高水平教师建设专项资金（项目编号：BIFT D202001）；北京服装学院教育教学改革项目（项目编号：ZDJG-1P11和ZDJG-1905）。

[2] 作者简介：白玉苓，北京服装学院商学院，教授。

"时尚市场营销基础理论""时尚品牌理论与实践""时尚买手与企划""奢侈品营销"四大模块课程体系,并在四大模块课程体系的基础上,建设8个特色专业课群,其中,"中外服装史""艺术审美与鉴赏""时尚美学"等艺术类课程全面覆盖各个专业方向。

2. 打造"艺商融合"的精品示范课程

从单一教学模式向多样化教学模式发展,通过雨课堂、学习通等推动混合式教学方法的运用,以金课建设、精品课程建设为抓手,促进现代教育技术技能与专业课程教学更好地融合,形成"服装市场营销""时尚买手""服装产品开发与实践""流行趋势分析"等一批示范课程,使课程设置以及课程内容、教学方法有鲜明的"艺商融合"特色。

3. 组建多学科、跨学科专兼结合的教学科研团队

打破师资来源的单一化,引进具有交叉教育背景,尤其是艺术类教育背景的教师,与校内其他院系的优秀教师共同开发课程,引入行业、企业优秀企业管理者和校友资源,形成多层次的专兼结合的教学队伍结构,开展"艺商融合"的教学活动和科研项目。

4. 建立以学科竞赛、模拟实训、企业实践、实习基地"四位一体"的实践教学体系

强调实践教学全覆盖,从大一到大四全过程设置实践环节。根据时尚产业、服装行业发展特点,深挖行业资源,鼓励学生参加各类竞赛和实践活动,通过专业认知实习、课程模拟实训、寒暑假社会实践、毕业实习、课程工作营等环节,"移动课堂"和"企业家课堂"等形式,以及参与各类服饰博览会、时装周等活动,培养学生时尚营销实践知识结构和提升专业素质。

5. 建立与国内外高校人才培养的联动机制

通过北京市双培项目,市场营销专业与中央财经大学、对外经济与贸易大学共建虚拟教研室,实现对双培生培养的联动机制;与东华大学、武汉纺织大学等进行校际合作,开展校级交流活动,参加高水平学术会议,与伦敦艺术大学、纽约时装学院等国际时尚类高校建立合作交流项目,引入国外专家学者进行讲座和教学,完善时尚营销国际化办学体系。

二、解决教学问题的思路和方法

1. 以"艺商融合"为指导思想,以一流专业建设为引领,创建时尚营销特色人才培养体系

以北京市一流本科专业建设立项为契机,根据专业定位和专业特色全面修订专业人才培养目标,设计制订市场营销(时尚品牌管理)和市场营销(时尚买手与企划)两个本科专业方向的人才培养方案,制订完成市场营销(时尚与奢侈品管理)双学位人才培养方案,建立具有鲜明特色的"时尚营销"课程体系,致力提高专业人才培养质量。

2. 以"时尚品牌营销研究中心""时尚买手实验室"等为平台拓展学生实践能力

为培养"艺商融合"复合型人才,整合现有校内教学资源,搭建涵盖服装设计、时尚展示、艺术造型等相关专业的时尚品牌营销研究中心、时尚消费研究中心和创新创业类多个实验室，通过中心和实验室建设形成"教学+科研+实践"资源共享平台，并通过现代教育技术手段，推出创新示范课程，实现跨学科实验室运作，提升学生创新实践能力。

3. 以开辟"移动课堂""企业家课堂"等第二课堂完善学生知识结构

建设"移动课堂""企业家课堂""企业精英讲坛""文化艺术鉴赏"等第二课堂，与行业知名企业爱慕、之禾、依文、安踏、劲霸等建立"本科生导师制""企业讲师制"等，组织设计师、艺术大师的专题讲座，扩大学生视野，紧贴行业动向，促进专业教学与社会需求的深度融合，实现人才培养方式的创新。

4. 以建设"虚拟教研室"和"课程工作营"实现教学资源优化整合

通过北京市双培项目与对外经济与贸易大学等共建虚拟教研室；与英国曼彻斯特城市大学、美国特拉华大学等开展合作课程工作营，紧密深化校际合作，营造开放的、国际化教学环境，促进专业交叉和融合，提高专业教学和创新能力。

5. 以建立多层面的校外实习基地，构建创新创业教学生态

参与北京服装学院创新创业学院建设，拓展校外实习实践基地建设，与行业内有影响力的服装生产企业、服装零售企业、品牌运作企业、时尚传媒公司等签订校外合作协议，建立长期稳定的实习基地，开展艺术实践活动，深化产教融合，推动协同育人机制。

6. 定制化企业培训项目，发挥专业服务行业、服务社会的功能

根据行业、产业发展的需求和特点，推出面向企业和社会实践的培训项目，例如，与百丽集团建设"百丽商学院"，与七匹狼集团建设"七匹狼商学院"等，依托学校和行业，结合市场营销专业的优势，为企业量身打造培训方案，探索校企合作的培训机制，提升专业社会服务能力，扩大专业影响力。

三、创新点

1. 市场营销专业发展的思路创新

针对国内高校市场营销专业普遍出现的定位模糊、课程体系同质化、教学内容陈旧等问题，结合北京服装学院艺术类高校办学方向和特色，市场营销专业通过差异化定位，形成市场营销专业人才培养的新思路。

2. "艺商融合"人才培养的系统创新

借鉴国内外时尚营销的人才培养体系，结合行业用人需求调研结果，融入北京服装学院"艺术教育与工程教育、管理教育相结合"的办学理念，构建了"艺商融合"的市场营销专业特色课程体系、开放共享的实践教学体系和国际视野的人才培养体系的系统创新。

3. 资源共享的实践模式创新

坚持以行业带动专业，以专业促进行业，开展"艺商融合"的教研项目与跨专业学生自主创新创业项目有机结合，将企业管理人员的工作经验带入课堂，教学相长，并建立起以企业为主导、不同专业方向参与的创新评价标准和体系和教学质量评价体系，实现了实践教学保障和平台创新。

四、推广应用效果

北京服装学院市场营销专业的人才培养模式与课程体系充分考虑专业特点和行业发展需求，形成具有特色的教学体系，教改项目的成果在本专业中陆续实施运用，提高了本专业的教学质量。2020年6月，市场营销专业委托第三方公司对本专业毕业生进行了专业满意度、市场竞争力以及用人单位满意度的毕业生调研，本专业获得了毕业生和用人单位的广泛认可，成为北京服装学院具有"艺商融合"特色的优质专业，极大地提高了本专业的声誉和影响力。

1. 提升学生跨学科素质和能力

通过特色课程模块和课群，重组和构建适应时代和社会需要的课程体系，优化教学内容，重视对学生人文社科素养、艺术修养的培养，提升了学生综合实践能力和创新精神，培养了跨专业、跨学科的复合型营销人才。

2. 增强师生互动成果凸显

新型培养模式下，采取多元化教学方法，重视师生互动，注重学生专业能力和实践创新能力的提升，教师带领鼓励学生参与各种专业赛事，实现以赛代练，以赛促学。通过参加"互联网+"大学生创新创业大赛、大学生研究训练计划（URTP）、营销大赛、买手大赛、数据分析大赛等活动检验了学生的创新与实践能力，培养了学生研究与自主学习能力，师生共同发表多篇科研论文，获得了众多奖项，促进师生共同成长。

3. 特色教材和教辅资源应用效果良好

编写出版了系列具有时尚特色的营销类教材及教辅资料，体现了服装行业、时尚产业特点，针对性强且专业特色突出，结合教师设计的情景教学方式等新型教学方法，取得了较好的教学效果。部分教材及教辅资料除在本专业相关课程应用之外，还在其他高等院校课程中使用，以实用性强、案例丰富、配套资料全面获得用书师生的好评。

4. 服务行业及地方经济建设

承接多项来自行业、企业及政府的相关项目，发布参与多项行业发展报告，参与区域产业规划，为北京市及其他区域和城市的时尚产业发展做出贡献，特别在北京时尚之都、设计之都、人文北京建设及朝阳区时尚之城建设中发挥了作用。

基于云班课的"统计学"混合式教学效果评价研究

邵争艳[1]

摘 要：本文依托云班课网络平台，根据"统计学"混合式教学实践的特点，设计了过程性学习量化评价、单元在线测试评价、终结性考试评价三种评价方式，对学生学习效果从量和质两个方面进行全方位评价，同时对这三种方式的评价结果进行了比较。研究表明，体现学生过程性学习效果的云班课经验值与反映学生学习质量的期末考试成绩之间呈现显著的中度正向相关关系，据此提出改进教学管理和评价方法的建议，以提升混合式教学的学习效果。

关键词：混合式教学；学习效果评价；云班课；统计学

"统计学"课程是高校经济管理类专业学生必修的基础课，专业教师通常会面临大班授课教学管理难度大的问题，而且课程具有一定难度，要求学生掌握数据搜集、整理和分析的理论和技能。在文理科学生兼收的背景下，不同学生的数学基础差异性大，传统课堂教学难以因材施教开展个性化教学和考评。随着信息技术的广泛应用和手机的普及，混合式教学应运而生，该模式将课堂教学和在线教学有机融合，有效延展了传统面授教学的时空范围，拓宽了授课内容的广度和深度，为"以学生为中心"的个性化学习提供了可能，被越来越多的师生接受和喜爱。但是采用"线下+线上"混合式教学方式后，学生全过程混合式学习效果如何评价是个难题。本文依托云班课网络平台，开展了"统计学"混合式教学实践，设计了多元化的学习效果评价方法，比较了各种评价方法对学生考评成绩的差异性，旨在帮助相关课程在混合式教学实践中能够更好地优化学生学习效果的评价方法，有效监督学生的学习状况，提升教学质量和学习效果。

一、基于云班课的"统计学"混合式教学实践

"统计学"依托云班课实施混合式教学的过程中，选择2019级商学院会计与营销专业合班授课的103人为研究对象，开展了为期12周的教学实践。在"统计学"开课前，教师先通过手机或者计算机登录云班课网络平台，注册课程账号信息，之后利用云班课平台上的资源模块、成员模块、活动模块、通知模块等功能模块进行课程资源的发布、学生信息的管理、课堂活动的开展等工作。"统计学"混合式教学活动分为课前、课中、

---

[1] 作者简介：邵争艳，北京服装学院商学院，副教授。

课后三个阶段推进，课前借助云班课 App 进行自主学习，教师发布学习资料、讲义及相关视频，安排学习任务和讨论活动，学生提前自学并参与讨论，云班课 App 会记录学生的学习时长，统计学生参与讨论的次数，并按教师设定好的分值给予经验值奖励。课中借助云班课 App 组织课堂活动，主要有手机签到、线上举手和抢答、线上讨论、手机答题等活动，云班课平台对每位同学参与各项活动的情况均有记录，且按照老师的评分给予经验值奖励。课后借助云班课 App 进行巩固学习，教师在线发布课后作业，学生拍照上传作业，教师在线批改并语音留言提供个性化指导，云班课记录老师的评分并给学生相应的经验值奖励。此外，教师会推送课后拓展学习资源，为学有余力的学生提供成长的空间，参与学习的学生平台也会给予经验值奖励。

依托云班课网络平台，"统计学"开展的课堂教学和线上教学活动均有迹可循，自动实现了全过程的数据化管理，摆脱了传统课堂教学过程难以量化、教师仅凭出勤和课后作业情况对学生平时成绩进行打分的局限性，为教师全方位量化评价学生的学习过程提供了数据支持。

二、"统计学"混合式教学的学习效果评价方法

"统计学"教学方式从传统的课堂教学转变为"线上+线下"融合的混合式教学，相应地对学生学习效果的评价方法也要做出转变，以适应混合式教学的需要。为此，本文提出了系统监控学生学习效果的三元评价方法，分别是过程性学习量化评价、单元在线测试评价、终结性考试评价，三种评价方式互为补充，过程性评价侧重对学生学习时长和学习频次等时间投入量的考察，课程终结性闭卷试卷评价侧重对学生达成课程学习目标的学习质量的评价。单元测试兼顾学习投入量和学习质量两个方面的考察。三种评价方法有机结合，分别从量和质两个方面构建了立体化的学生学习效果评价系统。

1. 基于云班课的过程性学习量化评价

云班课网络平台从多个维度记录学生的学习情况，主要包括：非视频资源的学习情况、视频资源的学习情况、签到次数、测试成绩、参与课程讨论的次数及成绩、参与头脑风暴活动的次数及成绩、参与投票问卷的次数、提交个人作业或小组任务的次数和成绩，并对每一项活动的得分以经验值的形式记录下来。涉及学生个人学情的数据，云班课平台会及时推送给学生，方便学生了解自己当下的学习状态。全班学情汇总数据，需要教师从云班课平台进行打包下载。另外，教师可以随时查看每位同学的经验值得分及在班级的排名情况，还可以通过云班课平台提供的雷达图，了解每位学生各项活动经验值的得分情况及与班级平均成绩的差异情况，科学评估学生的学习态度及课程参与的积极性。

在"统计学"混合式教学活动结束后，本文统计了研究对象班级 103 名学生的经验值得分情况，如图 1 所示，以此作为学生过程性学习评价成绩。经验值的高低与学生参与学习的积极性成正比。由图 1 可知，经验值在 135 分以上的学生人数为 12 人，占总人数的 12%，表明这部分学生能够严格按照教师的要求，自觉主动地参加云班课平台设置的各项教学活动，能够具有自主灵活地完成教师设置的学习项目，各项活动完成效果非

常好，平时的学习状态很积极，学习过程很投入；有50名学生经验值在125~134，占学生总数的49%，这表明大多数学生能够按照混合式教学模式的要求，认真参与云班课平台上的各项教学活动，完成教师设置的学习项目，平时的学习状态良好；有20名学生经验值在115~124，占学生总数的25%，这部分学生能够参与云班课平台发布的大多数活动，平时的学习状态较良好；有9名学生经验值在105~114，占学生总数的9%，这部分学生能够参与云班课平台发布的一部分活动，平时的学习状态较差；另有6名学生经验值在0~104，占学生总数的6%，这部分学生参与云班课平台发布的活动较少，平时的学习状态差，学习不够用心，期末考试有挂科风险。

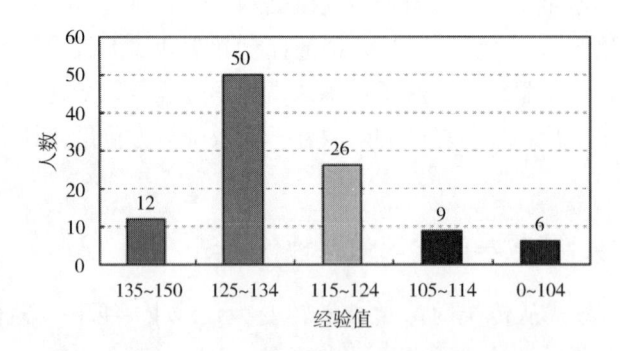

图1　学生学习过程经验值得分统计直方图

教师利用云班课平台提供的学生经验值信息，实时了解学生的学习动态，并对学习不够努力的学生进行预警谈话，督促自律性较差的学生好好学习。学生也可以通过手机端的云班课App实时查看自己的经验值及在班级的排名情况，排名靠前的学生还能获得各种勋章奖励，这种形式使平时的教学活动变得多样有趣，无形中激励了学生的斗志，形成"比、学、赶、帮、超"的良好学习氛围，激发了学生学习的主动性，培养了学生的自律精神。

2. 基于云班课的单元在线测试评价

云班课网络平台提供了非常便捷的客观题测试模板，"统计学"课程教师提前将各章典型试题汇总整理好，按照平台预设的模板做成试题库，每一章面授课程结束后，从题库中随机出一套该章的客观测试题供学生进行单元练习，线上测试活动规定每人只能测试一次，时间限定在30分钟内。通过这种方式能够有效检查学生对课堂应知应会的基本知识和方法的掌握程度。单元测试活动结束后，云班课平台还会自动提供试卷分析报告，方便教师精准定位学生普遍出错的试题，并在下一次面授课上对学生的薄弱环节进行精讲精练，查漏补缺。

基于云班课开展的单元测试评价活动不仅精准、高效，同时还能有效监督学生平时的学习状态，教师可以根据云班课平台上学生每次单元测试成绩，计算出平均单元测试成绩，据此给出科学的平时作业成绩。本文针对研究对象班级103人共开展了8次单元测试活动，"统计学"混合式教学活动结束后，教师汇总了学生8次单元测试成绩并计算平均得分，学生单元在线测试成绩的直方图分布情况如图2所示。

单元测试平均成绩统计直方图

图 2　学生单元在线测试成绩统计直方图

由图 2 可知，单元测试分数在 90 以上的学生有 84 人，占全班总人数的 82%；分数在 80~90 的学生有 11 人，占全班总人数的 11%；分数在 70~80 的学生有 4 人，占全班总人数的 4%；分数在 60~70 的学生有 1 人，占全班总人数的 1%；分数在 60 分以下的学生有 3 人，占全班总人数的 3%。单元测试成绩并未呈现正态分布，而是呈现"L"型分布，90% 以上的学生成绩都在 80 分以上，而且达到 90 分以上优秀标准的学生特别多。这反映了大多数学生能够认真对待老师布置的课后单元测试作业，成绩整体偏好；另外，也反映出课后在无人监考的情况下，学生可以自行翻书查阅资料，会降低成绩区分度，导致开卷考试整体成绩偏好，故该维度的评价只能作为平时成绩的参考，不能客观反映学生真实的学习质量，成绩的可信度较低。

3. 基于传统方式的终结性考试评价

课程终结性评价是通过期末闭卷考试的方式，对学生学习质量进行检验的有效方式。在"统计学"课程教学结束后，本文针对研究对象班级 103 人进行课堂闭卷考试，考试时每个专业配备 2 位老师监考，考前检查考场环境，考试过程中严格执行考试纪律，规定学生在 2 小时内完成试卷。该实验班级的期末试卷得分情况如图 3 所示。

成绩统计直方图

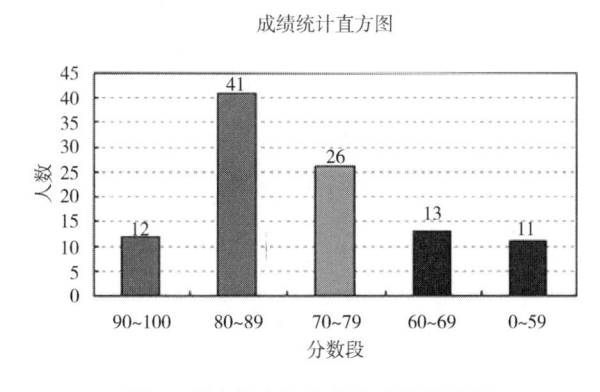

图 3　学生期末闭卷考试成绩统计图

"统计学"期末试卷成绩在 90 分以上的学生有 12 人，占全班总人数的 12%；在

80~90分的学生有41人，占全班总人数的40%；在70~80分的学生有26人，占全班总人数的25%；在60~70分的学生有13人，占全班总人数的13%；在60分以下的学生有11人，占全班总人数的11%。全班平均分为76分，成绩呈现比较显著的集中分布趋势，学习较好的同学和学习较差的同学成绩区分度比较明显，其中52%的学生期末试卷成绩在80分以上，说明试卷难度适中，能够比较客观地检测学生的学习效果。

三、学生学习效果的不同评价方法比较

如前所述，从成绩分布直方图来看，基于云班课的单元在线测试评价方法与其他两种方法在评价结果上相差较大，同学之间的成绩区分度较低，难以作为评价学生学习效果的有效手段，未来需要对这种方式进行改进。

本文用皮尔逊（Pearson）相关系数法，检验基于云班课的过程性学习量化评价和基于传统方式的期末闭卷考试评价结果是否一致。学生学习过程的云班课经验值与期末闭卷考试成绩两个变量之间的皮尔逊相关系数检验结果如表1所示。由该表可知，云班课经验值与期末成绩之间的Pearson相关系数为0.390，两变量之间不相关的双侧显著性检验值为0.000，表明两个变量在0.01的显著性水平下存在中度正向直线相关关系。这说明学生在云班课平台上完成的平时学习任务越多，获取的经验值越多，期末考试成绩就好；反之，平时获取的云班课经验值越少的同学，期末考试成绩越差。可见，学生平时努力程度能够比较好地预测期末考试成绩，两者具有显著的统计线性相关性。

表1　云班课经验值与期末成绩的 Pearson 相关性分析

项目		云班课经验值	期末考试成绩
云班课经验值	Pearson 相关性	1	.390*
	显著性（双侧）		.000
	平方与叉积的和	18091.049	7466.282
	协方差	177.363	73.199
	N	103	103
期末考试成绩	Pearson 相关性	.390*	1
	显著性（双侧）	.000	
	平方与叉积的和	7466.282	20260.233
	协方差	73.199	198.630
	N	103	103

* 在0.01水平（双侧）上显著相关。

学生云班课经验值与期末成绩两个变量之间的统计性描述如表2所示，云班课经验值的均值为124.58，标准差为13.318，据此计算出的标准差系数为10.69%。期末成绩的均值为76.38，标准差为14.094，据此计算出的标准差系数为18.45%。可见，大多数

学生能够严格按照老师要求，完成云班课上规定的学习任务的，学生之间经验值的相对偏差程度不大，125分的经验值能够代表大多数同学完成的平时学习任务量。但期末考试成绩在同学之间的偏差程度比较大，这在一定程度上也反映了学生学习重量不重质的特点，因此，完全依赖学生平时表现对学生进行评价是不客观的，需要在期末考试时，通过精心设计试题，把学生学习的质量反映出来，这样才能更好地从学习时间和学习质量两个维度对学生学习效果进行评价。

表2　云班课经验值与期末成绩的统计性描述

项目	均值	标准差	N
云班课经验值	124.58	13.318	103
期末考试成绩	76.38	14.094	103

学生云班课经验值与期末成绩两个变量所形成的散点图如图4所示。由于学生们获得的云班课经验值比较集中，很难从图上明显地看到随着云班课经验值的不断增加，期末考试成绩也随之呈现线性提高的趋势。但是从散点图中可以清晰地看出，学生云班课经验值超过125分，特别是在140分以上时，期末考试成绩均显著高于班级平均分76分，多数学生集中在80分以上。而学生云班课经验值在115分以下时，期末成绩显著低于平均分，而且不及格的学生主要集中在云班课经验值低的区域。

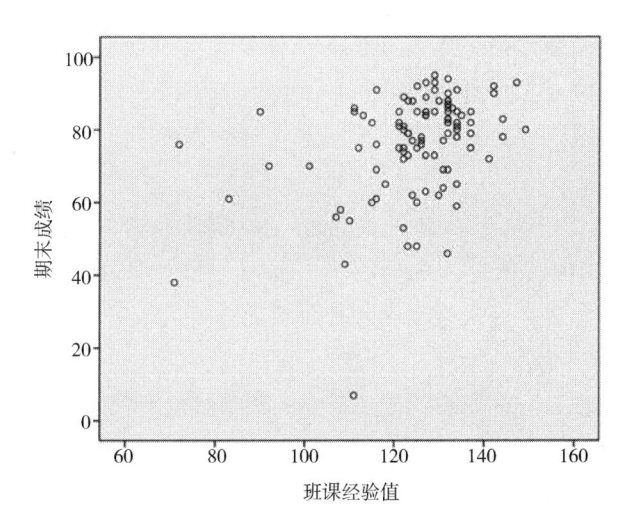

图4　学生云班课经验值与期末成绩两个变量之间的散点图

四、结论与建议

本文研究结果表明，三种评价方式对于学生学习效果的评价结果并不完全一致。反映学生学习过程投入量的云班课经验值与反映学生学习质量的期末考试成绩之间呈现显著的中度正向相关关系。两个变量间的散点图分析结果表明，云班课经验值能够帮助教师在平时的教学活动中，较为准确地预测成绩处于优秀和落后两个区间的学生群体。单元在线测试评价方式虽然与其他两种方式的评价结果相关度低，但对于准确识别学习困难的学生群体灵敏度高。可见，本文所提出的三种评价方式对于大班授课状态下开展混合式教学具有借鉴意义和实践价值。

未来，"统计学"及其类似课程在开展混合式教学的过程中，可以充分利用云班课平台设计更多内容丰富、形式多样的教学活动，引导学生积极参与。同时，教师要实时关注学生的云班课经验值得分情况，对于经验值较低的学生，要提前对其进行挂科风险预警提示，必要时对这部分学生进行额外辅导，增加作业练习次数。对于经验值很高的学生，可以适当地给他们布置一些有难度的问题练习，或者推荐课外阅读材料拓宽优秀学生的知识面，科学落实因材施教。

另外，需要改进学生单元在线测试评价方式，变课后在线测评为课堂在线测评，测评时间从30分钟缩短到10分钟。教师可以在开始新的章节讲授之前，在云班课上发布上个单元的测试题，随机组卷3套，每套题的题目数量控制在10道题以内，监督学生按照不同座位排号选择不同卷别进行线上测试，避免学生相互抄袭的行为。在教师严格管控环境下的学生线上测评成绩才能有效反映学生各单元的学习质量。同时通过学生作答情况的云班课反馈信息，教师能够快速掌握学生学习的薄弱环节，及时在课堂上查漏补缺，做到精准施教。

参考文献

[1] 杨凡，任丹. 基于翻转课堂的混合式教学模式在《网页设计》课程中的应用[J]. 网络安全技术与应用，2021（9）：111-112.

[2] 顾云松. 会计专业混合式教学模式学习效果评价探析[J]. 西部学刊，2021（16）：114-116.

[3] 高天枢. 基于蓝墨云班课的基础英语线上测试改革研究[J]. 电脑知识与技术，2021，17（24）：184-185，193.

[4] 金迪. 体育多样化教学效果多元学习评价模型分析[J]. 商丘师范学院学报，2021，37（9）：71-73.

[5] 阙红艳. 基于云班课的高职会计专业泛在式教学模式研究：以"税法"课程中"个人所得税"的教学为例[J]. 淮南职业技术学院学报，2021，21（4）：56-59.

[6] 刘丹阳. "互联网+"背景下高职院校成本会计教学评价方式的构建与应用：以云班课为例[J]. 上海商业，2021（7）：110-112.

[7] 赵军，王润，马诗琪，等. 基于课程重构的混合式教学模式创新研究[J]. 中国教育信息化，2018（22）：36-39.

"设计素描"之课题体验式教学实践研究

李祖旺[1]

摘　要："设计素描"是北京服装学院艺术设计基础通识"四大模块"课程之一。本文所探讨的"设计素描"课题体验式教学理念是在课程教学实践中以课题为先导，并进行多学科跨界融合，以期将课题思维与体验式创作表现视为教学整体。该课程教学摒弃了传统"设计素描"所强调的"绘画技术为本"的训练模式，通过课题文案及情景化的体验学习，使课程教学实践更为开放和包容。

关键词：设计素描；课题体验；教学实践

一、概述

"设计素描"之课题体验式教学依托于建构主义的教学方式，结合课题式教学方法，将创新思维的培养贯穿教学始终，让学习者在体验式教学中学习，并以"主导者"身份参与课程学习与创作实践。课程体验式教学，能够调动学习者对课程学习的积极性，让他们在教师构建的情境中学习、体验，以达到学习知识、提高技艺、培养兴趣、发掘创造能力的目的，从而实现"设计+表现+创新"的教学目标。

二、设计表现

素描（sketch）一词源于西方，是造型艺术的基础。"素描"可释义为单色描摹的绘画，其概念可延伸到速写和图稿，也类似于中国古典绘画中的粉本、草图。欧洲文艺复兴之前，素描还不能说是一种独立的艺术表现形式，它往往被视为艺术创作的"草图构想"，这意味着素描很早就具有设计表现的意识。

设计素描（design sketch）是素描设计表达的一种艺术形式，它早期也被称为结构素描，其强调表现对象的比例结构、透视空间、形态创意、功能材料等。在设计素描的学习中，可以提高学习者对设计构思的表达和创意能力，它是现代设计表现的基础和手段。

在素描与设计素描概念的关系上，虽然两者在观察方法、形态塑造、材料选择等方面大致相同，但在表现思维、空间建构、形态创新、目标结果等方面还存在一定差异（表1）。

---

[1] 作者简介：李祖旺，北京服装学院美术学院，教授。

表 1 素描与设计素描的比较

设计表现	特征	形式	意义	图例	区别
素描	单色塑造物象结构及明暗变化的艺术形式	点、线、面；结构、明暗、空间、材质	是造型艺术的基础		素描被称为造型基础性绘画，设计素描则被称为结构性绘画。它们的区别在于：目的不同；功能不同，观察方式不同，表现形式不同
设计素描	素描设计表达的一种艺术形式	点、线、面；结构、明暗、空间、材质、功能	是设计构思与表现的基础		

三、设计素描的表现形式

设计素描的表现形式是设计者思想的外在体现，如何选取恰当的表现形式，来更好地呈现设计意图和目的，是设计素描创作者所要具备的基本素质。在"设计素描"的课题体验式教学实践中，需要先让学习者对设计画面的构图、透视、结构、空间、材质等基础知识进行学习和掌握，再让学习者在设计素描创作的过程中，综合运用基本知识与课程专业知识，最终完成对课题的立意、书写、观察与表现。

设计素描的表现形式可分为三种类型：具象造型、抽象构成、意象表现。

1. 具象造型

具象造型旨在对客观事物的具象再现中寻求事物的形式美，在具象造型中发掘适用于设计范畴的新的视觉表现方式与造型手法。其基本表现形式分为结构性具象表现、全因素具象表现、构成具象表现、超现实具象表现（图1）。

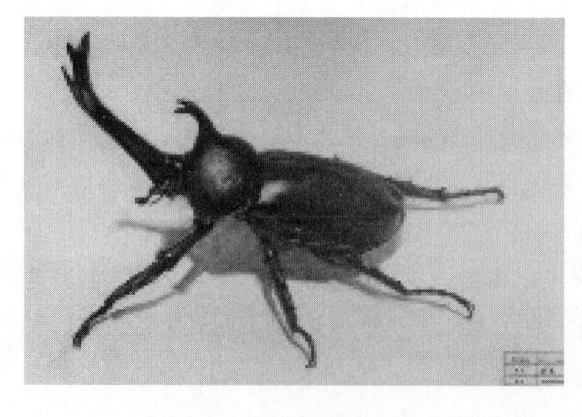

图 1 北京服装学院学生创作的设计素描具象造型案例

2. 抽象构成

抽象构成是运用视觉语言的构成规律和构成原理，在二维平面上进行理性的形态配置、组织构建，达到对抽象形态的有序结体。抽象构成在表现形式上可分为冷抽象和热抽象（图2）。

图2　北京服装学院学生创作的设计素描抽象构成案例

3. 意象表现

意象表现以主体意识为依托，源于现实但不是现实事物的再现，是一种感性、自由的造型语言，具有多样的表现形式，可蕴含丰富的内容，表现手法自由、灵活。意向表现是创作者对客观对象认知的情感表现，是客观对象与情感相互融合的视觉表达，是"形"与"情"的交汇融合（图3）。

图3　北京服装学院学生创作的设计素描意象表现案例

四、设计素描的表现与课题体验

1. 设计课题

"设计素描"作为设计专业的造型基础课程，其教学强调实践，并且在课程初始就要进行课题设计，使其贯穿整个教学过程。教师设计课题内容，并在教学中引导学习者发现其感兴趣的部分，学习者再通过文本思维与图式语言去思考呈现，让学习者在这个过程中实现对课题的思考及表现。学习者最终的设计表现其实是创作对象由"自然形态"向"设计形态"的转换。

课题介入是"设计素描"体验式教学的主要方式，也是课程教学的核心。"设计素描"体验式教学注重在课题构思中融入探索性思维，将造型与创意性表现结合、课题目标与专业属性链接，从而使学习者在不同的教学阶段得到提升。

第一阶段，打破学习者"考生素描"的思维模式。通过课题介入、技艺研究、结果达成的整个过程，让学习者学会如何在创作时进行设计思考，打破原有的设计思维。

第二阶段，使学习者关注造型语言的创作实践。课程教学中将构图、透视、结构等艺术表现的基本要素进行串联，引导学习者在造型设计方面达到一定的深度和广度。

第三阶段，提高学习者的"再创"能力。在课程教学中引导学习者充分挖掘课程内容，并将其与所学知识融会贯通，以此为基础形成创新设计。

罗兰·巴特（Roland Barthes）曾提出，人们在传统意义上的艺术创作活动，其思维往往局限于对作品固有视觉经验的"真实"体验或解读。"文本"理论则不同，它提示我们艺术创作可以通过文本的"叙事"与"语境"来认识"艺术设计"或"作品"的形式与内容。它注重"话语"再现，而设计者的"作品"往往被"话语者"关照和引导，目的是让观者尽量接近设计的"意义"和"目的"。因此，现代设计的价值除了强调审美与功能之外，还需要参与者对作品的"价值"进行体验和达成共识，并得到社会的"认同"或"延伸"。

课题体验式教学，鼓励学习者了解"文本"理论对现代设计表现思维的拓展有着积极的价值和意义；继而把设计思路联系到社会的发展之中去，让学习者通过"课题体验"式创作，更好地掌握现代设计思维应有的文案"语境"和"叙事"情景乃至体验，进而与现代社会进行良性的沟通交流。

2. 设计思维

课题体验式教学，需要调动起学习者的创造性思维和发散性思维，从而激发出他们的创作灵感。同时，需要在教学中建立起具有研究性目标导向思维、研究性结构空间分析、研究性形态创意表达等格局。以问题为导向进行设计创作是学习者进入课题体验学习的途径之一，能让学习者在一种"发现问题和解决问题"的情景中主动去学习与创作。

课题体验式教学需要激发学习者的抽象思维、具象思维、灵感思维，进行课程实践活动。在课题体验式教学中，学习者需要通过抽象思维对课题进行延伸，在教师的带领下，对课题文案进行梳理并进行"头脑风暴"。同时，学习者在具象思维、灵感思维的推动下，进一步把创作构思付诸实践。

3. 设计形态

设计表现的创造性思维，往往强调设计表现的艺术性，却忽视了其蕴含的逻辑构思。在设计素描的创作过程中，"理性"常常被认为与"创意"格格不入，而实际上，对设计表现的逻辑构思进行分析和解构，可以在创作构思方面达到事半功倍的效果。

形态是指事物存在的样貌，或在一定条件下的表现形式。设计素描所呈现的形态可归纳为自然形态与人工形态两大类。这里的形态内核是图形，通过图形表现可以呈现出二维与三维的空间形态。在设计素描课题体验式教学的初期就要对课题呈现形态进行联想，并在此基础上选定所关注的形态类别及特征，然后进行创作实践。

形体是指物象的形象或形状。设计素描多以物象的自然或人工形态作为创作构想的切入点，主张对形体的认知要由艺术的感性思维向设计的理性思维转变，强调理性思维对设计表达的重要性。学习者在面对所要表现的对象时，不仅需要观察它的外在轮廓，更需要依据理性思维来剖析表现对象的内在结构、空间、透视等。

在"设计素描"课题体验式教学中，教师需要引导学习者摆脱常规设计造型表现的束缚，要常常提醒他们把所看到的客观物象的"形"和"质"进行归纳、分解、转换，并结合现代设计的理念和手法，重新塑造设计表现的形态。设计创意少不了对形态结构、空间、材料的分析和解构，也需要平衡好理性与感性的表达。

从"造境"这一观念来说，"形"与"质"的转换形式是多种多样的。在课题体验式教学模式下的"设计素描"课程中，设计表现的造境有同形异质、同质异形、同形多质、同质多形等形式，其致使设计素描的设计表现构成了一个全新的形态或空间。同时，在课题体验式教学模式中还能利用多视角、多视点的透视关系，对物象进行解构与异化，进而创造出新颖的视觉幻象。

设计形态实践案例（图4）

情景 　　　　　　　　　写生塑造

情景 　　　　　　　　　设计体验

图4　北京服装学院学生设计形态实践案例《生命的体验》（作者：赵可）

163

课题：生命的体验

  学生：赵可

  课题是从自然物态的质感开始，对质感素描体验，给我带来的不同感受之后才能将自己的想法表达出来。《生命》这个主题，体现的是大自然的天然质感，通过对木头机理的刻画，表现木头饱经风霜的岁月感，其遍布的褶皱以及深深的沟壑，来体现木头这种自然材质给人带来的独特的感受。并结合海洋中的生物，同时展现生命的美丽以及脆弱，也呼吁人们节约资源，保护地球，尊重生命，共同为人类发展创造美好的未来。

4. 设计体验

  设计素描的课题体验关键在于情景设计，情景设计也是建构主义理论在教学中的一次实践。课题体验式教学是根据教学目标有针对性地引入"人文""自然""综合"等情景课题，这些情景课题的设计来源于人们的生活，同时会融入对社会、文化、科技等的思考。情景课题的形式多以文案为基础，内容包括学习计划、创作内容、创作结果等。情景课题的目的在于激发学习者的学习热情，辅助学习者理解学习内容，引导学习者主动认知。

  对课题进行情景导入，有以下几个要点：首先是达到情感共识。学习者需要对课题内容产生情感共鸣，达到积极的情感体验状态。这种积极的状态可以促进学习者的创作欲望，激发学习者主动学习的热情。其次是概念强化。学习者需要认识设计素描的本义，它是基于设计动机与目标而进行的设计表现。课程中介入的情景，是基于设计素描的本义展开，再对课题概念、主题、方法、结果等进行思考才形成的。再次是经验学习。学习者可以在学习过程中，在自己的生活经验、知识储备的基础上，来理解所学内容；最后是完善自我。课题体验式教学，能够通过情景教学激发学习者的学习热情，并对其认知进行深化，从课题与观念、造型与构图、透视与结构、空间与形态、创意与观念等方面不断完善学习者的认知体系。在"设计素描"课程中，课题的建立与观念的导入需要一定的条件。需要学习者体验和认识课题所处的环境、对象以及构成课题任务的相关因素；需要学习者认识课题所指的现实状态或未来状态；更需要学习者发现课题体验存在的问题以及寻求解决方法。

  设计体验实践案例（图5）

课题：青花

  学生：吴璇

  "青花"是一种脱离了自然斑斓色彩的花。把《青花》作为课题研究，使我在课程创作中能够更为专注于"青花"与所关联形态结构的关系。首先，设计表现透过形态的表象，用素描形式来塑造形态与"青花"的内外结构、比例透视、肌理材质等造型空间。其次，利用课题的纵深思维，通过"花"与"瓶"的写生、提炼以及情景体验，把所学知识运用到课题目标创作中。最后，不断拓展"青花+玉壶春瓶+服饰"等形态的创新性思维能力。

情景　　　　　发散思维

写生　　　　结构素描　　　空间塑造　　　空间塑造

情景写生　　　结构素描　　　精微与质感　　　空间塑造

空间塑造　　　设计拓展　　　结构素描　　　空间塑造　　　设计体验

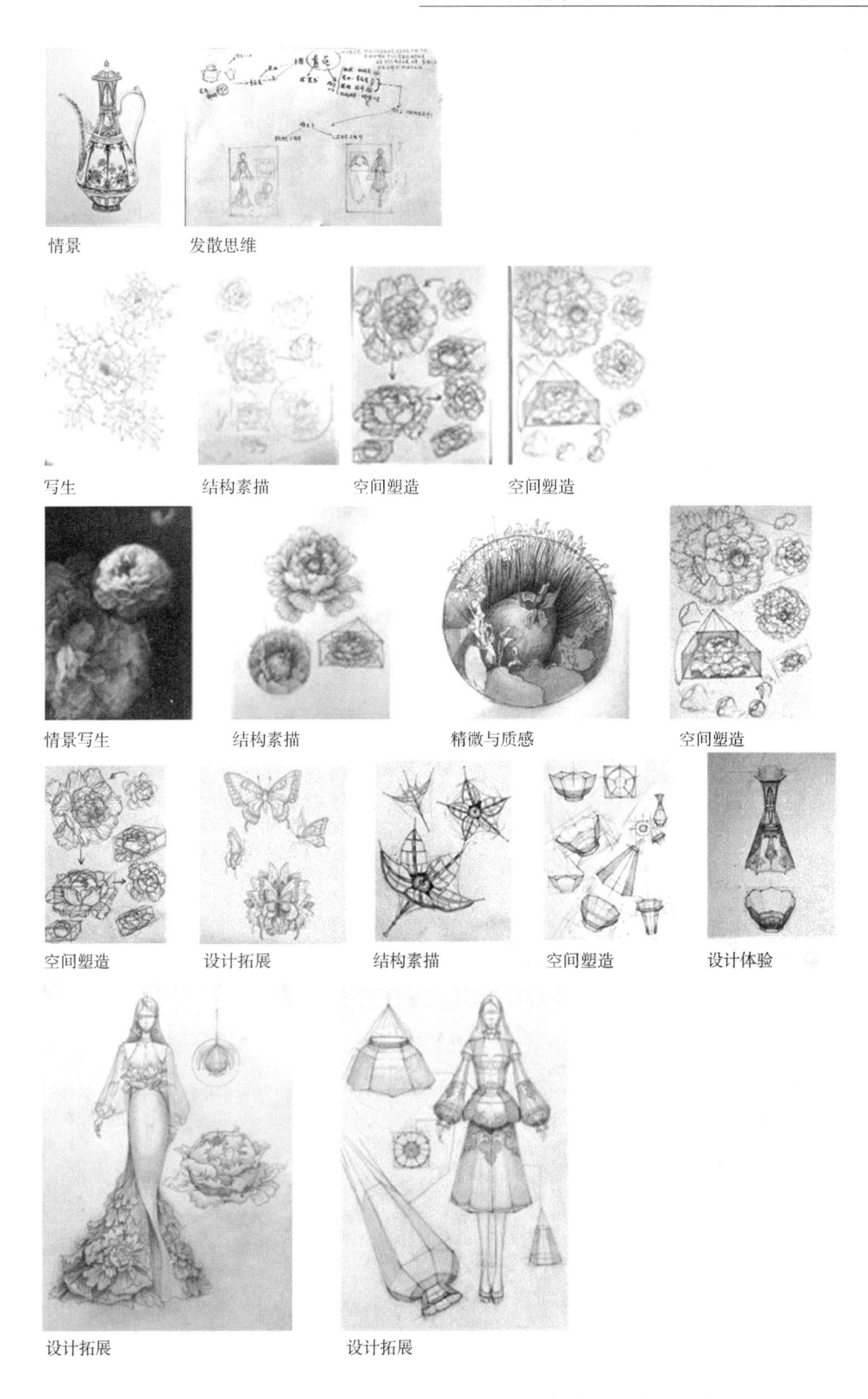

设计拓展　　　　　设计拓展

图5　北京服装学院学生设计体验实践案例《青花》（作者：吴璇）

165

五、设计素描课题体验式教学课案

1. 课题体验式学习方向一

人文情境导入+目标+创意（社会、历史、宗教、科学、艺术、文学、设计、产品、身体等方面题材提取），文案思想的建立，与课程的关系构想，研究创作的逻辑、方案、方法、结果，文字、图片、视频的呈现。

课题体验式学习方向一实践案例（图6）

  课题：管道化信息社会

  学生：梁文楷

创作者首先以结构素描的方式，利用透视、结构、角度的变化，结合黑、白、灰的色调对课题进行表现。从水管阀门的外形与内部结构入手，探索设计表现的多种可能。

创造者通过对水管阀门的观察和表现，呈现出管道阀门的控制性和管道传输的实用性，并以此作为课题体验实践的基础，将设计素描的造型表现拓展至对设计与思维的表现，以此来感知"设计"对人们生活便捷性和安全性的提高。此外，这种"Y"字形的阀门设计以及日常生活中笔直的管道与阀门的点线构成不失为一种装饰性设计。因此，我将此次课程的主题方向定为"管道化信息社会"，并以此继续下一阶段的课程。

情景	 结构素描	 空间塑造
 情景	 结构素描	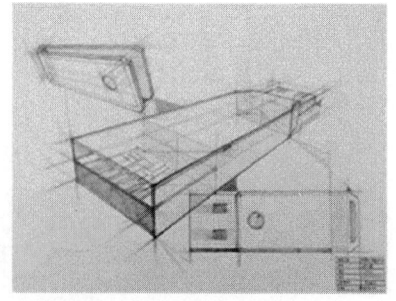 空间塑造

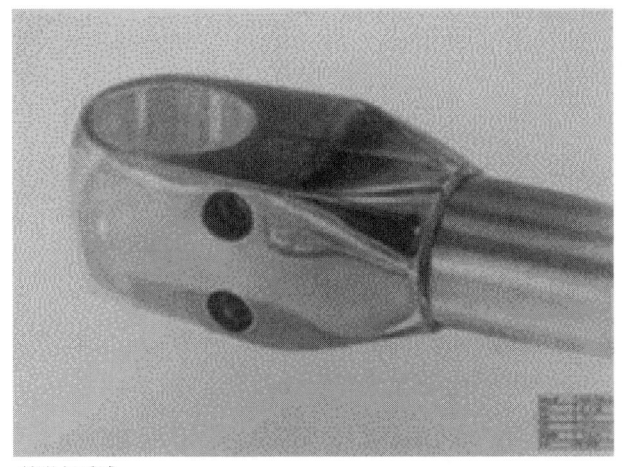

精微与质感

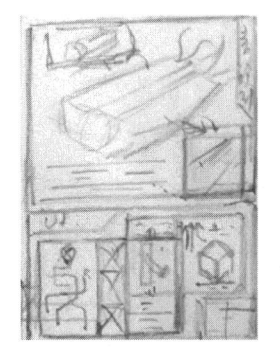

设计构想 　　　设计拓展 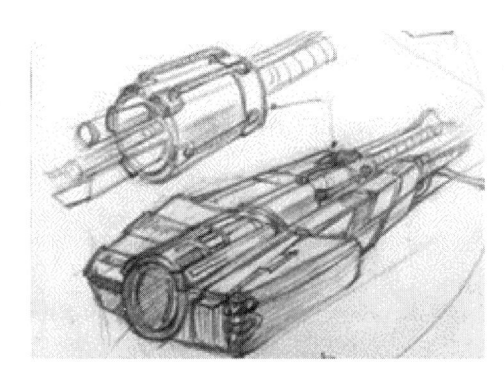　　　结构素描

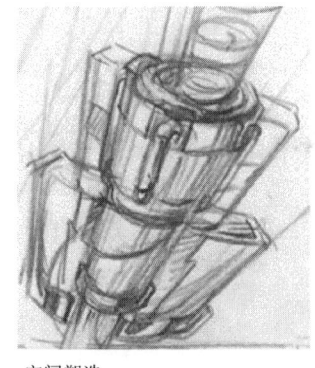

空间塑造 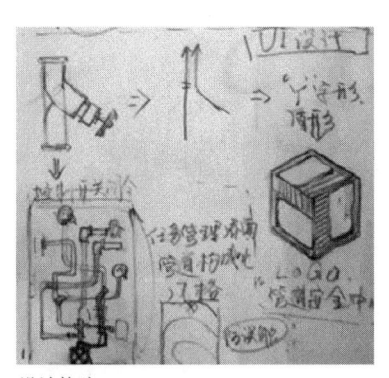　　　设计体验 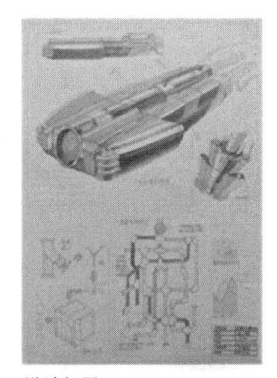　　　设计拓展

图 6　北京服装学院学生课题体验式学习方向一实践案例《管道化信息社会》（作者：梁文楷）

2. 课题体验式学习方向二

自然情境导入+目标+创意（植物、动物、矿物、山岳、江湖、四季、日月等题材提取），文案思想的建立，与课程的关系构想，研究创作的逻辑、方案、方法、结果，文字、图片、视频的呈现。

课题体验式学习方向二实践案例（图7）

课题：竹

学生：张琳

中国人喜欢竹，并赋予它许多人文特性。竹的虚心与气节，让人们自然想到它不畏逆境、不惧艰辛、中通外直、宁折不屈的品格，这是一种取之不尽的精神财富，也正是"竹"课题体验式学习所强调的审美价值。竹的根部相互连通，收集输送养分，其形态以及功能都与人工管道极为相似，创作者将自然界中的竹与人造产物管道有机结合，借此表达一种人与自然和谐互通的感受。

课题体验式的学习是由对水管形态结构以及用途的观察联想而来，是通过对"水管"进行由外形到结构上的分析，并对其质感进行提取和表达，最后将自然与人工造物有机结合进行的创意实践。

立意  　　　　　　　　情景 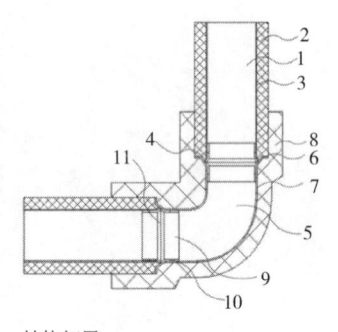　　　　　　　　结构拓展

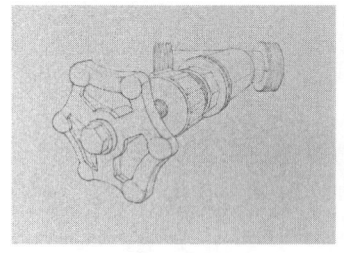

写生 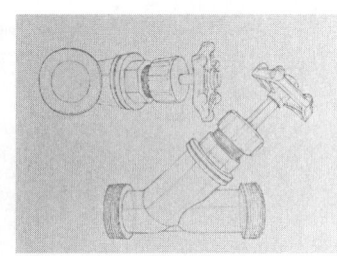　　　　　　　　结构素描 　　　　　　精微与质感

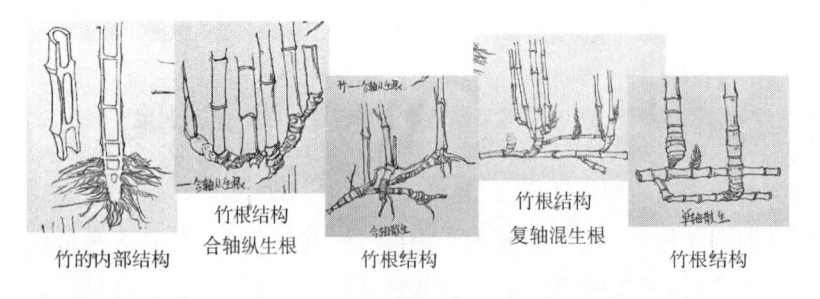

竹的内部结构　　竹根结构合轴纵生根　　竹根结构　　竹根结构复轴混生根　　竹根结构

设计体验　　　　　　　　　　　　　　　　　　　　　设计体验

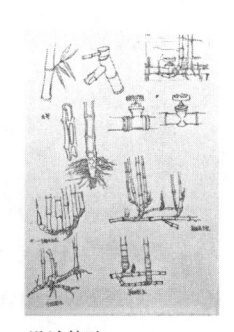

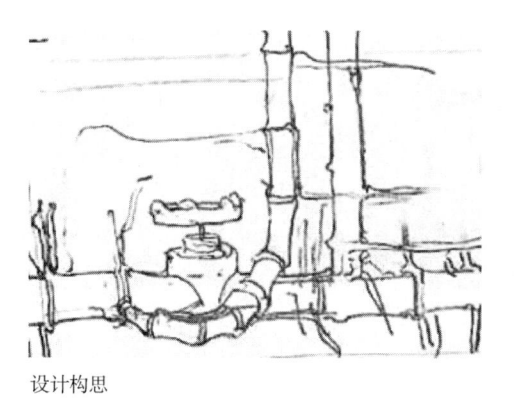

设计构思 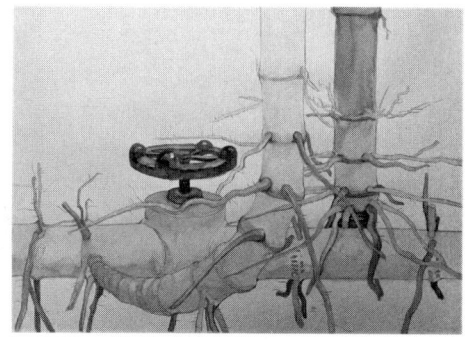　　　　　　　　　　　　　　　设计拓展

图7　北京服装学院学生课题体验式学习方向二实践案例《竹》（作者：张琳）

3. 课题体验式学习方向三

综合情境导入+目标+创意（人文、自然、材料、生物、技术、艺术等题材提取），文案思想的建立，与课程的关系构想，研究创作的逻辑、方案、方法、结果，文字、图片、视频的呈现。

课题体验式学习方向三实践案例（图8）

课题：夹子

学生：欧阳振南、刘佳茵、刘玲

夹子是我们日常生活中经常使用的工具，我们选择的表现对象非常简单。但是，当我们通过观察与写生之后，对它的结构、机能、材料、组合等方面的认识越来越多。而且，从设计的意义上去理解"设计素描"课堂体验式教学，我们更在意"设计的表现"思维"无厘头"式的展开；因为，这样会给我们带来许多从来没有过的体验和快乐。

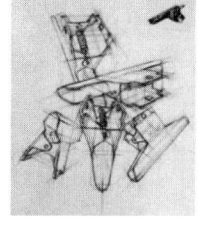

写生 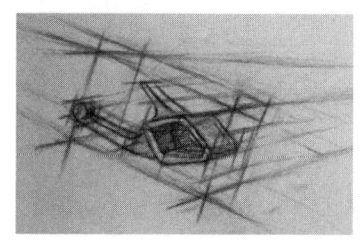　　　　　　　结构素描 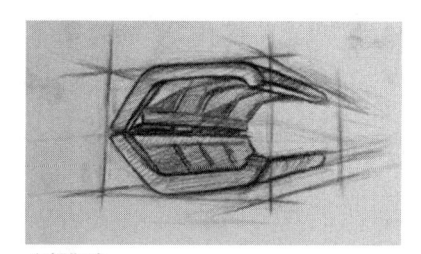　　　　　　　　空间塑造

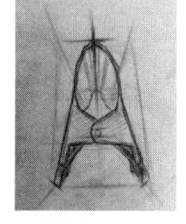

空间塑造 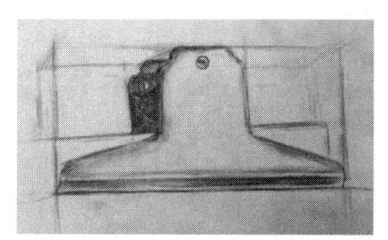　　　　　空间塑造

图8

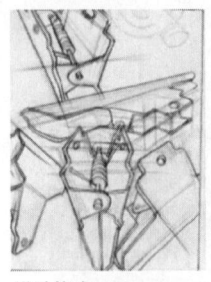

设计构成 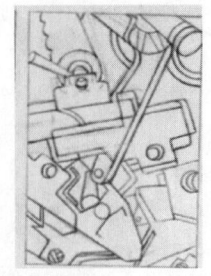　　　　　　设计构成 　　　　　　　　设计构成 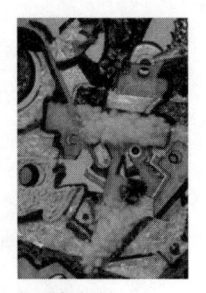　　　　　　　　　肌理与材料

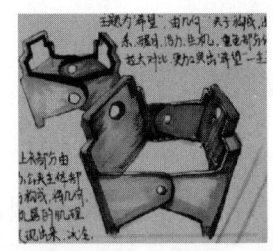

设计体验 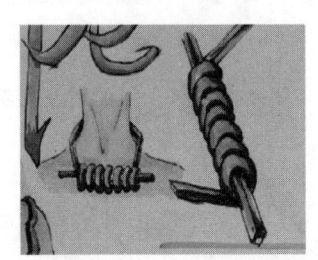　　　　　　设计体验 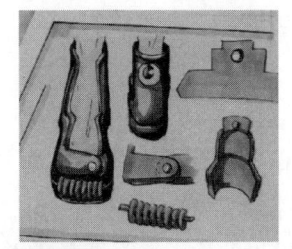　　　　　　　　设计体验

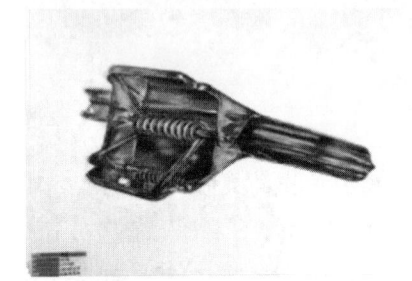

精微与质感 　　　　　　　　设计拓展

设计体验

图8 北京服装学院学生课题体验式学习方向三实践案例《夹子》（作者：欧阳振南、刘佳茵、刘玲）

六、结语

"设计素描"课题体验式学习,其关键在"情景+专业"。在课题体验式教学中,情景介入可以使创作者的设计表现更加富有深度、趣味。课题文案导入需先行,学习者需要熟练掌握表现要素及手段,课程体验式教学需做到包容与开放,才能使学习者在"设计素描"课程中形成新的设计思维,创作出富有新意、内涵的作品。

参考文献

[1] 李洋. 以学生为中心的《设计素描》:浙江财经大学东方学院设计基础教学探索 [J]. 学周刊, 2018 (14):183-186.

[2] 牛培欣. 设计素描中的解构与重构 [J]. 艺海, 2014 (12):127-128.

[3] 杭间, 靳埭强. 包豪斯道路 [M]. 济南:山东美术出版社, 2010.

[4] 刘权, 王猛. 设计素描 [M]. 北京:清华大学出版社, 2011.

[5] 周至禹. 思维与设计 [M]. 北京大学出版社, 2007.

北京服装学院啦啦队表演拉丁服饰设计

孔凌鹤[1]　张文龙　杜雨桐　高怡宁　王曼卿

摘　要：啦啦操是一种集团队协作、奋发向上、自信热情的精神于一体的表演性活动。啦啦操通过节奏感强的音乐、轻盈欢快的舞蹈编排和明快合体的服装带给大众阳光积极的精神风貌。本文通过对啦啦操及拉丁舞服装设计特点进行总结，并挖掘设计元素的创新点，基于啦啦操拉丁服装的需求在面料、款式、配色和细节设计上提出创新运用的方式。

关键词：啦啦操；拉丁元素；服装设计

随着人类审美水平的提高，各品类服装都在寻找紧随时尚潮流的设计，这对运动服装提出了更高的要求，不仅需要较强的功能性，同时也需要较高的美观度。啦啦操作为表演性较强的运动项目，其对服装设计的美观性要求也在逐渐提高。

在全民运动的时代背景下，运动行业也在飞速发展，高科技产品也层出不穷。啦啦操服装设计需要紧随时代潮流，探索可运用在设计中的理念和材料，创造符合时代审美需求的服装。

一、啦啦操与拉丁舞服饰特点

1. 啦啦操服饰特点

（1）啦啦操服饰的面料兼具耐用性、美观性和舒适性等特点。耐用性是指面料在加工、使用、保养过程中，保持功能稳定不变的特征。既保证了啦啦操服饰不仅能承受住穿着过程中所受外力，而且能承受服装加工过程中对织物的磨损；美观性是指面料通过纤维纺织、加工处理、染色固色等多重工艺流程以后呈现出的色泽感和质感，其中也包括面料的触感，即面料呈现出的视觉效果。面料的纤维原料是服装外观美感的基础。纤维的性能保证了服装的色泽、悬垂性、造型性等很多外观特征；舒适性是在穿着环境中，服装满足人们生理和心理需要，从而产生舒适感的特征。

啦啦操运动员在长时间、较剧烈的运动中会大量出汗，所以啦啦操服饰选用的面料在功能方面具有良好的吸湿、散热、速干性能，厚度适中，并且具有良好的伸缩性和弹性，可以避免由于大强度、大幅度的动作而撕裂衣服；在美观方面，面料的固色性优

---

[1] 作者简介：孔凌鹤，北京服装学院文理学院，教授。

良,在运动员排汗和洗涤的过程中,面料可以保持鲜艳的颜色和光泽感。

(2) 啦啦操服饰的款式特点。

①运用法则,敢于突破。服饰在设计时遵循形态美法则,其中包括保持服装整体风格的一致性与协调性,合理运用形态美法则,使服饰的款式得体美观地展示出来。如下图中的两款啦啦操服饰,均运用了形态美法则,设计美观大方,整体风格调性一致且颜色配比协调,尽显啦啦操的活力,但美中不足的是未作出大的突破。

②符合规定,合理创新。啦啦操服饰的设计需符合啦啦操竞赛对服装及配饰方面的相关规定,在此基础上进行适度、合理的创新,打造属于各自队伍的亮点,才能在比赛中脱颖而出,获得高分。如图1和图2的两款啦啦操服饰,在符合比赛规定的前提下,均在胸前的位置做出了创新。将一味保守的圆高领进行改造,图1红色款借鉴篮球网框,与保留的圆高领边结合,设计成抹胸镂空篮网款,图2蓝色款设计成了低胸镂空款,颇具新意。

③美化形体,动静结合。啦啦操服饰的设计符合人体工学,贴合身体,充分勾勒人体曲线,且不影响运动员动作的完成。啦啦操的动作富有节奏、变化迅速、幅度很大,所以在运动激烈变化时,服装造型会产生很大的变形,与相对静态时有明显差异,因此在设计上十分重视动静结合,尽量保证服饰全方位无死角的在人体上完美展现。如图1和图2中的两款啦啦操服饰,均为紧身短上衣的设计,露出纤细的腰部,将队员凹凸有致的身材完美展现,尽显青春热辣,美化了形体。图1的裙裤设计既保证了队员静态时短裙样式的可爱与性感,动态时内里的短裤又保证了队员做大幅度动作的可能性。图2的高腰百褶短裙不仅让队员在静态时有视觉上拉长腿部的作用,还优化了腿部线条,而且随着队员的胯部动作,百褶裙随之的摆动还衬托出了队员动态时的可爱与活力。且两款服饰均为队员做大幅度动作设计出了余量,不会引起过分形变,可谓是动静结合的设计了。

图1 啦啦操服装1(腾讯体育) 图2 啦啦操服装2(腾讯体育)

2. 拉丁舞服饰特点

拉丁舞有伦巴、恰恰、牛仔、桑巴、斗牛五个舞种，每个舞种虽然分别有各自的服饰特点，但都符合着中国体育舞蹈联合会对于拉丁舞比赛服饰的规定：要求男士穿着简单、大方，身着线条好的长裤和分体上衣，要求女士穿着具有拉美风格的服饰，均为不过膝的短裙。

为了更好地展现伦巴舞者柔美的身体曲线和婀娜多姿的步伐，其服饰在面料选择上多为轻质布料，一般是以整片布料为主，随意却充满诗意，其中以长裙款式为最佳代表。

恰恰舞以活泼风格和较快的步伐作为该舞种的代表性特点，其服饰在款式的选择上衣摆不会太长，尽量不遮住膝盖，以紧身流苏短裙为主，给人以更加强烈的速度感。

牛仔舞相比于其他舞蹈有较多的弹跳动作，其服饰在款式的选择上以短款为主，钻的点缀不会太多，以免使服饰重量太重、颜色突出，以看起来轻盈，精神焕发为重要标准。

桑巴舞十分注重跨部和膝盖的弹动，因此其服饰在款式的选择上更倾向于可以突出身体舞动幅度的服装，桑巴舞的裙摆略大，在服装辅料的选择上以麦穗状的流苏为主，流苏可以随着舞者的弹动甩出不同的线条从使得而表演氛围更加灵巧。

斗牛舞注重展现男女舞者分别代表的角色性格——男性舞者代表着的斗牛士，以及女性舞者扮演的用以激怒公牛的红色斗篷，其服饰在颜色的选择上以较厚重的颜色为主，如黑色和红色。

二、啦啦操拉丁元素服饰设计与创新

1. 啦啦操拉丁元素服装设计特点

基于啦啦操与拉丁舞表演性质的不同点，其对服装的各项要求也各有不同。相较于拉丁舞服的夸张华丽的表现形式，拉丁啦啦操的服装则需要在拉丁舞服的基础上做减法，保证啦啦操表演者穿着服装时可以展现利落轻巧的动作和阳光的精神状态，同时又能展示拉丁舞的性感与胯部动作的律动感。

（1）款式特点。拉丁啦啦操在整体的舞蹈风格上更偏向于啦啦操的活力感和动作的统一性，因此拉丁啦啦操服的款式大多为紧身上衣和短裙，拉丁元素多通过裙摆的设计来表现。啦啦操的舞蹈编排以及舞蹈动作不同于拉丁舞的随性和奔放，其非常强调表演者的动作统一整齐以及利落干脆，服装要能够方便且清晰的展示动作，所以在设计时上衣部分多采用紧身长袖的款式，不同于拉丁舞服各式各样的夸张的款式，简单紧身的款式可以让表演者带给观看者更强的力量感，不添加羽毛、流苏等辅料可以在很大程度上减少服装在表演过程中呈现不同摆动的可能性，让团体舞蹈的整齐度得到保证。

拉丁元素的设计则主要集中于裙摆处，拉丁啦啦操在编排时主要通过胯部的扭动和摆臂来体现拉丁舞的韵律感，因此服装的裙摆多会增加流苏、羽毛或者大波浪形的层叠裙摆来放大胯部的动作。区别于拉丁舞服长短不一的大裙摆，拉丁啦啦操服的裙子长度会相对较短，在很大程度上保留了啦啦操服的原本形制，即使裙摆的设计会较为复杂，但在长度的选择上仍以大腿中部偏上的位置为主。在裙摆装饰的辅料选择上多会选择效果强烈但质量较轻的材质，拉丁啦啦操的舞蹈动作有许多都需要表演者有大幅度的技巧动作，轻便简短的裙摆可以减少对动作的影响，因此在材料的选择上多以羽毛、质轻的流苏、亮片以及带钻的网纱。

上紧下松的款式设计可以形成对比，相互映衬。拉丁啦啦操的干练活力可以通过紧身上衣来增加视觉效果，拉丁元素的性感与魅力通过随性摆动的裙摆来感染观众。

（2）色彩特点。拉丁啦啦操服在色彩的选择上，不像拉丁舞服单一配色，也不像啦啦操服多彩的配色，拉丁啦啦操服选用2~3种颜色来进行搭配。配色方式也分为两大类同类色搭配、饱和度对比色搭配。其中最为广泛运用的配色方式还是同类色搭配，服装整体的颜色为同一种，细看则通过不同的明度和饱和度来增加服装的层次感，在辅料的选择上也多选用相同色系的装饰，从而让整体的颜色统一和谐。饱和度对比色搭配相较于前者是一种较为大胆的选择，一般上衣部分选用低饱和度低明度的配色，而裙子部分的裙摆或裙摆装饰则选用高饱和度高明度的配色，两者形成了强烈的对比，让观看者的视觉中心集中在裙摆处，从而使得胯部的动作得到放大的效果，突出拉丁元素的编排设计。上衣部分的深色选择可以让表演者的身材更为纤细，与背景色形成对比，让手臂部分的动作更为清晰，使得整体的舞蹈效果更佳。

2. 啦啦操拉丁元素服装创新设计

（1）服装面料的创新运用。

①透视面料创新运用。基于面料在纳米粒子技术上取得的创新，面料的组织纤维具有良好的强度和韧性，使得面料更加轻盈，同时具有抗菌无毒的特性。如图3精致镂空透明或半透明平纹针织面料，外观上类似于皮肤质感，通透轻盈，透气性能优越，在服装外观的塑造上更有质感，在功能上增强人体穿着的舒适性。

图3 透视面料（POP流行趋势网）

②光感面料创新运用。反光面料在光线的照射下可以折射光线，从而达到醒目的效果，其大面积使用在服装中，有冲击视觉的作用。将反光面料以精致小巧的图案和线条的形式运用在服装中，使服装拥有科技感未来感，反光的光线随身体曲线的变化形成丰富的反光线条，从而突出舞者的身体曲线。

银离子涂层面料，即平纹针织面料附加银离子抗菌涂层后所形成的光洁顺滑的新型面料，银离子涂层不仅赋予了面料吸湿性、透气性、抗菌防霉等性能，更实现了多元光感的奢华外观与科技优势相结合。将此款面料使用在胸臀摆动幅度较大的部位，随着光线的照射变化，闪亮的面料吸引观众的注意力，从而突出舞者的肢体美感与舞蹈的律动感。

（2）款式的创新运用。啦啦操服装简约活力更具有运动感，擅长使用撞色拼接与线条的构成感。在啦啦操的服装中我们看到裙子的长度基本上都属于短裙，较短的裙长更轻盈活泼，波浪式的伞裙随着舞蹈动作的变换，其形态也产生了多种的造型，尽显青春活力可爱之气。说到拉丁舞服装，拉丁舞服装根据不同的舞种，裙子长度也有所不一。浪漫唯美的伦巴和气势蓬勃的斗牛舞需要大裙摆来渲染舞蹈的氛围感，而活泼的恰恰与逗趣的牛仔则需要短小的裙摆来展现速度与轻盈的身姿。

①分割款式创新运用。常见的分割位于肩部与腰部，多半是为了体现锁骨与腰部的美感。随着分割线的位置不同，也会在视觉上产生拉长身体比例的效果。

拉丁舞蹈服中也偶尔会有裤子的出现，但也是一个比较冒险的选择。将裤腿纵向分割可以形成喇叭裤的样式，基于此种变化方式还可以根据下装的长短形状切割位置与大小的不同来形成不同的视觉效果。

②褶皱款式创新运用。褶皱款式的运用对于女性体型的衬托与修饰也极为重要，腰部下摆增加余量形成堆褶收腰效果，可以完美修饰腰部曲线从而达到遮挡肥肉的效果；下摆余量可做调节式结节，置于后腰或者侧腰处形成装饰，褶皱的裙摆随着舞者的动作摆动从而体现性感柔美。

③连体款式创新运用。连体衣由泳装演变而来，超弹力的连体紧身设计可控制大幅度拉伸动作的服装变化，防止在大幅度运动时服装下摆上滑而造成舞者尴尬。在服装搭配中，可将连衣裤裆部延长，侧腰线上移，再搭配短款波浪裙，创新搭配方式。

④编织镂空款式创新运用。侧缝设计是常用的设计着手点，如图4运动弹力裤侧缝选用手作感编织镂空处理；例如，可在侧缝两侧做镂空开口处理，内侧缝做翻转状，或者在镂空侧缝处运用大身面料制成棉绳后做编织处理；挖空的设计可以更好地排汗透气，而针织运动款式可通过选择吸湿透气好的纱线来达到效果，同时搭配领肩、腰部等位置的挖空设计，使得运动造型更有层次感且更凸显女性性感魅力。

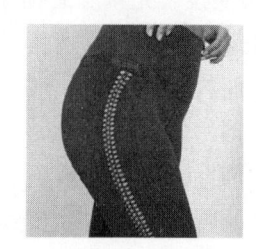

图4 运动弹力裤（POP流行趋势网）

（3）服装辅料的创新运用。拉丁舞服装在服装辅料的种类中也有很多的选择，如流苏亮片羽毛等是我们所常见的辅料，但对于将拉丁舞与啦啦操相结合时，我们需要考虑动作的不同以及其所表达的氛围感。拉丁的舞蹈动作不仅仅具有活泼激情，拉丁舞通过腰臀的扭动还能表现出女性线条的性感等。为了优化穿着者的身体线条与舞蹈动作，在使用服装辅料时也根据需要要强调的部位选择合适的材料去运用。

①蕾丝的创新运用。不同蕾丝辅料所呈现的美感也有所不同，蕾丝拼接工艺呈现清爽设计，同时凸显浪漫气息，局部蕾丝设计从细节出发可以更显精致，蕾丝与流苏边缘强化细节的流动感，满版镂空蕾丝设计增加服装的透气性，提升穿着舒适度。

②钻饰的创新运用。钻饰以其自身独特的光泽吸引人们目光，将闪亮的钻饰运用于舞蹈服装设计中可赋予服装轻奢质感，同时尽显女性光芒。如图5所示的细部设计，使用不同形状的管珠加上不同的排列组合呈现不同效果，演绎更加丰富的形态变化。如

图6所示柔和飘逸的流苏因钻饰增添帅气感受，烫钻工艺与组合工艺为啦啦操拉丁服装设计带来更具时尚趣味的视觉体验。

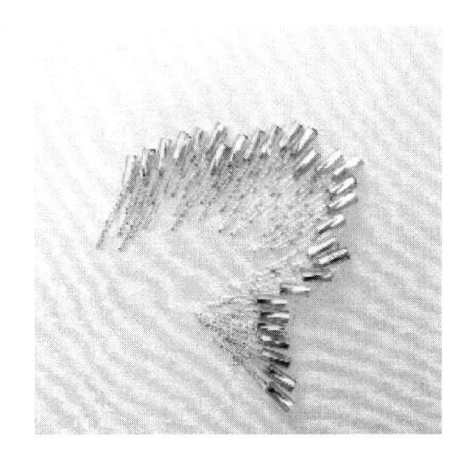

图5　管珠的运用（POP流行趋势网）　　图6　钻饰的运用（POP流行趋势网）

（4）色彩的创新运用。服装第一眼看过去判断它是否好看的第一要素便是服装的色彩色调。因此，历届的赛场上啦啦操服装与拉丁舞服装的色彩上为了吸引裁判与观众的目光，大多选用纯色系、亮色系、撞色系或者深色系。本次的服装主色彩上我们选择了深紫色，加入了白色及其渐变色。紫色是第二层次的纯色仅次于三原色，深色的紫色更是整体明度达到较低的程度，白色的加入与深紫色形成强烈的明暗对比。

除此之外，虽然大多数服装采用的都是纯色系、撞色系来抓人的眼球，很少会去使用莫兰迪那种灰色调。但随着时代的发展，莫兰迪色、马卡龙色也不断地出现在大众的视野里，深受喜爱。因此我们初次创新，大胆尝试将灰色调加入舞蹈表演服装上。

在啦啦操拉丁服装的设计中可以融入现代运动服的流行元素，例如，用撞色块和条纹撞边来打造出更有传承感受的经典复古怀旧风，以两色对比为基础，局部用无彩色做过度点缀，使服装色彩分明、简洁又符合现代审美。同时串标图案的运用也是现代时尚运动服中常用的设计手法，运用对比强烈的文字颜色和底衬色块，抓住人们的目光，也让舞蹈服融入街头风格，在比赛服的设计上，可以通过这种方式将队伍的名称与服装相融合从而更具个人特色。

三、北京服装学院啦啦操拉丁服装设计

图7所示啦啦操拉丁服装的设计以飘带为设计灵感，在款式的设计上，以飘带缠绕在身上的形态作为分割的依据，同时突破性的使用欧根纱作为服装辅料进行装饰，再搭配水钻和亮片增加服装的层次感。

通过层叠压褶的方式模拟飘带在空中飘动时丰富的色彩形态变化，我们选择了三种色彩的欧根纱：有整体色调的淡紫色，还有临近色淡蓝与淡粉，三种颜色汇聚在一起形成流线型从肩部缠绕至腰在最后汇聚到跨部。在臀部的位置运用立裁褶皱的手法描绘飘

带束扎在一起时形成的花朵绽放的样子，从而在视觉上增加胯部扭动的幅度。

腰部设计时我们采用了分割与透视的设计，分割线与裙摆的高度相呼应也是一高一低。一侧是肉色的透视另一侧是深紫色的包裹，斜切式的分割将腰部线条与胯部线条形成对比。侧腰采用了圆弧形的设计而非尖锐的三角形，将曲线圆顺后的线条会更加的圆润可爱，也与弧形的裙摆相呼应。

手臂是将布条像绷带似的交叉环绕，流线型的线条将手臂显得更加细长。除了外观上的美，沿着手臂肌肉线条的绷带式环绕还可以对手臂的肌肉起到一定的保护作用，防止肌肉的受伤（图8）。

下裙的设计根据所要表演的舞蹈套路决定，将整体裙长设计为中等，左右长度一短一长。我们的舞蹈套路是整体偏向年轻活泼化的，所以裙长最长的位置在膝盖处，这样不会因为过长而显得拖沓，裙子最短的位置在得体的前提下比较短小，再加上波浪式的裙摆，在舞蹈表演时胯部与腰部的扭动也可以在服装的加持下展现曲线的魅力（图9）。

图7　北服啦啦操拉丁服设计（杜雨桐）

图8　北服 Logo 及上衣细节设计（杜雨桐）　　图9　下衣细节设计（杜雨桐）

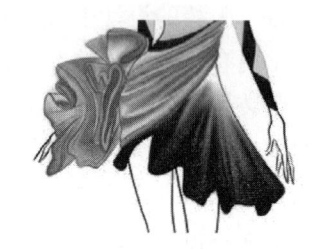

四、结语

北京服装学院一直致力于时尚源于生活，一切服装的设计都要基于人体需要。随着时代的进步，人们审美的不断变化，各类服装都在寻找新的突破口。啦啦操作为一项全民运动项目，其对服装的要求更是要兼具美观性与功能性，这就要求设计师具有紧随时尚潮流的审美能力和对材料工艺的精湛研究。

北京服装学院啦啦队作为一支具备较高运动竞技水平和设计实力的队伍，在服装和舞蹈编排上都有着非常高的要求，队员在训练与比赛的同时也在不断为啦啦操服装带来新的设计灵感。本次新设计的拉丁舞比赛表演服融合了拉丁舞和啦啦操服装的代表性特点，基于啦啦操比赛的舞蹈编排和技术要求，充分体现竞技与舞蹈的魅力，创新性的提出将新型面料运用在服装的设计上，不仅提高服装的美观度，更提高了服装的综合性能；在款式设计上，将分割、褶皱、连体以及镂空编织运用其中；在服装辅料的使用中，挖掘蕾丝和钻饰的新用途，为服装细部的设计增添更多可能性；在色彩的搭配上融入时尚运动服装设计的撞色和串标，与时尚潮流接轨。

啦啦操表演服装是集合各方面要素于一身的设计，优秀的啦啦操服装设计不仅可以满足表演者的动作技巧需要，还要和舞蹈的编排与风格相呼应，扬长避短，突出舞蹈表现力和感染力，为裁判和观众带来新颖精彩的视觉体验。北京服装学院啦啦队将紧随时代潮流，挖掘啦啦操服装元素运用的可能性，为啦啦操比赛与表演带来更多的优秀设计。

参考文献

[1] 张晶晶，胡雪. 论啦啦操服饰的艺术设计[J]. 体育成人教育学刊，2016，32（2）：82-84.

[2] Yang. 浪漫蕾丝：女装毛衫辅料趋势[EB/OL].[2021-9-11]. https：//www. pop-fashion. com/details/report/t_report-id_11367-col_127/.

[3] Ula. 繁美剪裁：女装瑜伽服廓形趋势[EB/OL].[2021-9-11]. https：//www. pop-fashion. com/details/report/t_report-id_9873-col_129/.

[4] ctp. 镂空：女装细节设计趋势[EB/OL].[2021-9-11]. https：//www. pop-fashion. com/details/report/t_report-id_11372-col_128/.

新时代学校体育育人价值及实现路径研究[1]

赵勇军[2]

摘　要：探析体育育人价值理论，分析了新时代学校体育育人的价值并提出实现路径，以期在新时代背景下，充分发挥学校体育育人的独特价值，为学校体育工作的开展提供一定参考。

关键词：学校体育；育人价值；实现路径

党的十八大以来，以习近平同志为核心的党中央高度重视体育工作，将体育强国上升到国家战略层面。对于学校体育工作也给予了高度的重视，将其定位为"关乎民族未来，是立德树人的育人工程"。但长期以来，很多人只是认识到"体育"作为"体"的一面，而忽视了"育"的功能。完全人格，首在体育，体育对于人格发展具有重要作用，体育的教育意义是教学的本质需求，是教育过程中不可或缺的重要内容。而体育育人具有先天优势，通过体育练习与运动竞赛可以磨炼意志、训练遵守规则、顽强拼搏、团结协作的良好品质。在新时代背景下，要充分挖掘体育育人的独特价值，结合课程思政积极发挥其在"立德树人"上的特殊作用，为教育强国提供有力支撑。

一、体育育人价值理论基础

1. 马克思主义关于体育育人价值探析

作为马克思主义理论的创始人，马克思爱好体育并积极参与其中，他提出[1]："体育是人类教育的重要组成部分……促成个人全面发展的教育内容。"马克思、恩格斯认为，人的全面发展的实质即为智力和体力的统一，因而教育有智育、体育和技术教育三个方面。他们指出[2]："生产劳动同智育和体育相结合是造就全面发展人的唯一方法。"在苏联，列宁通过推行"劳卫制"促进了体育事业的繁荣发展，使人民的道德境界和身体素质得以提升，保障了苏联革命的最终胜利。马克思主义理论基本确立了体育思想的内容[3]，高度概括了体育在人的全面发展中的重要作用，明确了体育育人功能的战略地位。

---

[1] 资助项目：北京服装学院教学改革重点项目"基于我校大学生体质健康提升的体育课程内容改革研究"（项目编号：ZDJG-1810）。

[2] 作者简介：赵勇军，北京服装学院文理学院，教授。

2. 中国共产党关于体育育人价值探析

中国共产党的历代领导人都非常重视体育，秉承发展了马列体育价值观，弘扬体育精神，制定体育制度，体现着鲜明的时代特征，为体育的发展奠定了坚实的理论基础。

1917年，毛泽东的《体育之研究》在《新青年》杂志上发表，他认为体育具有"强筋骨""增知识""调感情""强意志"的功效，充分肯定了体育的育人功能。新中国成立初期，在毛泽东"发展体育运动，增强人民体质"体育思想的引领下，全面开展群众体育运动，增强国民体质，为新中国的体育事业指明了方向。邓小平继承发扬了毛泽东体育思想，在社会主义改革时期大力发展体育事业，"把体育搞起来"使"体育运动普及到广大群众中去"。1982年，邓小平同志明确指出[4]："体育是社会主义精神文明建设的重要方面。"提倡合理运用竞技体育、群众体育和学校体育三种载体，将体育文化渗透到思政教育工作中来，有效增强了全民族的凝聚力。江泽民多次为各类体育赛事题词，非常重视体育事业的发展。"全民健身，利国利民"为实施全民健身计划做出了深刻阐述，使"发展体育运动，增强人民体质"的体育思想得以进一步发展升华。胡锦涛立足体育育人功能，勉励青少年要"认真开展训练，培养不怕苦、不怕累的精神""形成热爱体育、健康向上的良好风气"，充分肯定了体育在人的全面发展以及构建和谐社会中的重要作用。以习近平为核心的党的第五代领导人着重强调体育强国建设，将学校体育定位为"立德树人的育人工程"，使学生"享受乐趣、增强体质、健全人格、锤炼意志"，实现人的全面发展，助力中华民族伟大复兴。

二、新时代学校体育育人价值分析

1. 增强体质健康，提升运动技能

"体育之效，则强筋骨也"，增强体质健康是体育的基本任务和核心价值，是其所有功能得以实现的基础。体育运动能够促进身体的生长发育，改善和提高人体各器官和系统的功能，提升人体机能水平，全面发展身体素质，提高运动能力。随着科技的发展，人们的生活方式发生了重大改变，体力活动越来越少而健康问题也越来越突出，人们更加关注自身体质健康，这对新时代学校体育也提出了更高的要求。

学校体育的重要任务就是传授基本的理论知识、运动技能，培养学生的健康意识。2021年6月教育部发布的《体育与健康》教学改革指导纲要明确要求[5]："帮助学生掌握1~2项运动技能。"运动技能是有效完成专门动作的能力，它是体育教学过程中的重要载体，学生通过运动技能的学习与提升，达到增进身心健康的目的。提升运动技能是体育教学独特的价值所在。

2. 塑造坚强意志，提升心理素质

意志是意识的能动作用，是人为了一定的目的，自觉组织自己的行为，并与克服困难相联系的心理过程[6]。体育运动本身就是艰苦的磨炼，要想掌握技能就必须付出体力、汗水，一遍遍地练习，克服种种困难障碍，经历不断的挫折失败，最后才能成功。在追求"更高""更快""更强"的程中锻炼了学生吃苦耐劳、顽强拼搏的意志品质。

心理素质对于一个人的发展具有至关重要的作用。体育教学中，通过课外体育活

动、体育竞赛等让学生在激烈的竞争环境中成长，培养其良好的抗压能力、情绪控制能力以及规则意识，胜不骄败不馁，从而帮助学生建立过硬的心理素质。

当前学生心理健康问题已经引起了社会的广泛关注，在体育教学过程中要充分利用体育运动的这一价值，"勤练""常赛"，实现学生身与心的全面健康发展。

3. 凝聚团队精神，提升责任意识

团队精神是大局意识、合作精神的集中体现。随着社会的发展，竞争越来越激烈，单打独斗的时代已经过去，唯有团队合作才能应付错综复杂的问题。体育教学倡导团队合作，尤其是足球、篮球、排球等集体性项目，它们以团队整体的表现来决定胜负，要想获得好成绩就得全队"心往一处想、劲往一处使"，学生在实践中感受竞争与合作、个人和集体的关系，体验到团队协作的重要性，从而凝聚出团队精神。

责任意识就是一种自觉意识。在团体竞赛中每人都是集体链条上不可或缺的一环，其个人表现直接影响集体的成绩。只有自觉做好自己的分内工作，才能对团队做出贡献。足球比赛中有前锋、中锋、后卫、门将，各有各的位置与任务，只有认清自己的位置，尽职尽责地做好自己的事情，才能帮助团队取胜，在一次次的配合中责任意识也就牢牢地深入每个人的内心。

4. 弘扬爱国精神，提升思想觉悟

爱国就是对自己祖国的忠诚与热爱，它是一个人立德之源、立功之本，要把爱国主义教育作为永恒主题。培养学生的爱国精神也是学校体育的价值所在。体育发展史就是很好的爱国主义教育范例，经过艰苦不懈的努力，中国逐渐发展到现在的"体育强国"，从奥运金牌零的突破到金牌榜遥遥领先，从运动项目单一化到全面开花，无不体现着国家的日益强大。运动员在赛场上努力拼搏为国争光就是最好的爱国主义的诠释，当五星红旗在嘹亮的国歌中冉冉升起，这一刻不仅仅是视觉上的震撼，更多的是心灵上的巨大冲击，学生的民族自豪感和爱国主义情怀油然而生。

通过体育欣赏可以让学生了解优秀运动员团队合作、追求卓越的感人事迹；赛场上遵守规则、尊重对手的体育精神；裁判公平公正、严格履职的职业道德，这些体育精神和体育道德都会潜移默化地影响学生，促进学生正确人生观、价值观的形成，提升思想觉悟。

三、新时代学校体育育人实现路径

1. 转变教育观念

新时代的体育教学要将"立德树人"作为根本任务，树立"健康第一"的教育理念，在"教书"的过程中实现"育人"的价值。从以前的教师"教多少"向学生"学多少"转变，充分发挥学生在体育教学中的主体地位，以学生为中心，更加关注学生的实际需求，通过"学会、勤练、常赛"实现学生"知识、能力、行为、健康"的全面提升，将"享受乐趣、增强体质、健全人格、锤炼意志"真正落到实处，全面提升学生的综合素质，促进身心和谐发展。

2. 优化课程体系

在教学内容上要根据各学段学生的特点做好大中小学的衔接，避免简单地重复，重点教会"健康知识、基本技能、专项技能"[5]，帮助学生掌握1~2项运动技能。各校根据实际情况开设一些学生比较感兴趣且易于开展的运动项目，以利于运动技能的掌握与运动习惯的养成。避免"无运动量""无战术""无比赛"的"三无课堂"，既要保证一定的运动强度还要注意加强体育精神的渗透，充分挖掘体育的德育元素，积极在课堂中践行课程思政，对学生进行德育教育。

在教学组织上打破传统体育课堂教学的局限性，根据各校实际情况选择多元化、多层次的组织方式，如"分层教学""专项教学"等，提高课程的针对性与有效性。将体育课程延伸到课外时间，通过完成课外作业、视频打卡以及课外锻炼、校园阳光长跑的方式来弥补课堂的不足，提升身心素质。

在学生评价上要改变以往单一的终结性评价方式，充分考虑学生的发展情况，以学生综合能力的提升作为评价的标准。在评价中不但要考虑体育考核的成绩和教师的评价，还需要从体育育人的角度入手，将学生参与体育课程的态度、兴趣、习惯、素养等纳入评价当中。通过这样的方式将体育教学和育人放在同等重要的位置上，全方位地对学生进行评价，为学生的全面发展奠定良好基础。

3. 提升师资水平

体育教师是推动体育教学改革的实践者，他们的素质将直接决定体育育人的效果。根据调查，在全国1868所高校中，体育教师全部为本科以上学历的学校仅占23.82%，在999所普通本科院校中体育教师缺口为7740人[7]。可见，目前高校的师资学历状况不是很理想，人员仍有很大的缺口。这对于实现体育的育人功能是一个非常巨大的阻碍。因此，要加强体育师资队伍建设，加大人才引进力度特别是高学历、高水平人才的引进，加大师资培训、进修力度，推动体育教师与时俱进、更新理念，完善知识体系和能力结构，以适应新时代体育育人发展的要求。

4. 推进课程思政

在传统的教育观念里，很多教师认为体育教育就是开展体育锻炼，增强身体素质，认为体育教学与德育并无关系。而事实上体育在学生的德育塑造方面具有先天优势，积极推进体育课程思政建设有助于体育育人功能的充分实现。深入挖掘体育课程中的德育元素，在教学设计层面注重发展体育能力的同时对学生进行德育的引导。在关注学生身体健康的基础上，教师还需要重视对学生心理健康的教育，帮助学生培养坚强的意志，树立团队协作的精神，养成为实现目标奋力拼搏的习惯，从而由体育课程入手，养成健康向上的生活态度，实现德育与体育的有效融合，积极发挥体育在"立德树人"上特殊作用，为教育强国提供有力支撑。

参考文献

[1] 杨文轩，陈琦，周爱光，等. 体育原理课程改革的探索与实践[J]. 体育学刊，2004(3): 1-4.

［2］马克思．资本论（第一卷）［M］．人民出版社，1972．

［3］霍鹏．当代中国体育文化之思想政治教育功能研究［D］．武汉：武汉理工大学，2018．

［4］朱志军．"阳光体育"伴新世纪青少年健康成长［J］．基础教育参考，2007（8）：47．

［5］《体育与健康》教学改革指导纲要（试行）［EB/OL］．［2021-08-12］．http：//www．moe．gov．cn/srcsite/A17/moe_938/s3273/202107/t20210721_545885．html．

［6］张大均．学校心理素质教存概论［M］．成都：西南师范大学出版社，2004．

［7］《中国学校体育发展报告》编写组．中国学校体育发展报告（2017—2018）［M］．北京：高等教育出版社，2020．

BOPPPS 教学模型在程序设计类课程中的应用探索[1]

姜延[2]

摘　要：为解决教学过程中存在的学生主动性和师生互动性不高的问题，本文简要介绍了 BOPPPS 教学模型，结合程序设计类课程的特点，以循环结构的讲解为例展示该教学模型在课堂教学中的设计与应用实践。

关键词：BOPPPS；程序设计；循环结构；课堂观察量表

导学互动加式教学方法，又称 BOPPPS 教学法，1976 年由加拿大教师技能培训工作坊创建。目前，在世界范围内已有超过 33 个国家 100 多所大学将 BOPPPS 教学法引入高等教育体系中[1]。该模式倡导以学生为中心进行整个教学过程的设计，对课堂教学进行模块化细分，让教师通过小规模、短时间的模块化教学方式重新构建完整的教学过程，从而确保课程教学目标的有效实现。BOPPPS 模式针对教学目标的达成构建了完整的教学过程和理论框架，为广大教师提供了一种新的教学设计思路和理论指导[2-7]。

本文以程序设计类课程为例，将 BOPPPS 教学法的六个阶段贯穿于教学全过程，探索基于 BOPPPS 教学模型的多元化教学方法的具体应用，以期提高工科类学生程序设计类课程的学习效果。

一、BOPPPS 教学模型

有研究表明，成人的注意力仅能高度集中 15~20 分钟，超过这个时间，注意力就容易下降，这是自然规律。BOPPPS 教学模型正是根据人类的这一生理特点，将 90 分钟的课堂教学时间分割为 6 个 15 分钟左右的小教学单元。具体来说，BOPPPS 模式将课堂教学依照"起承转合"的脉络依次切分为六个环节，分别用 6 个英文单词缩写字母来表示[8]，如表 1 所示。

---

[1] 资助项目：北京服装学院教育教学改革重点项目（项目编号：ZDJG-1712）；2021 北京高校优质本科教材课件一般项目"Visual Basic 数据库应用系统开发案例教程"。

[2] 作者简介：姜延，北京服装学院文理学院，教授。

表 1 BOPPPS 教学模式中的 6 个教学过程

教学过程	对应英文	教学过程	对应英文
引入	Bridge-in	参与式学习	Participatory learning
学习目标	Objective	后测	Post-assessment
前测	Pre-assessment	总结	Summary

该模型以建构主义和交际法为理论依据，以"学"为中心，强调学生在教学过程中的主导地位，突出参与式学习，帮助教师分解教学过程、找到教学盲点、改善并提升教学成效。

高等学校中的程序设计类课程主要包括：C 程序设计、VB 程序设计、Python 程序设计、Java 程序设计等。这类课程中的概念通常比较抽象，每个知识点的学习效果、学生的思维能力和实践能力最终都要体现在程序的实现上，需要理论实践相结合。通过 BOPPPS 模型，教学体现出较强的节奏性和可操作性，学习目标更加明确，教师对整个教学过程的操控性更强。

二、课堂教学设计

1. BOPPPS 教学模式的一般实现过程

教学设计是教师根据课程标准的要求和教学对象的特点，将教学要素做有序安排，确定最合适的教学方案的设想和计划。一般包括教学目标、教学难点、教学方法、教学步骤及时间分配等环节。因此，基于任何教学模型的教学设计，其目标都是为了提高教学效果。BOPPPS 教学模式主要是从教学设计的"教学步骤"和"时间分配"要素入手，建议教师将大段的课程教学设计为 6 个按顺序出现的教学步骤，整体构成"起承转合"的课堂脉络。

第一步，教师可以通过小故事、视频等生动形象的方式引入（Bridge-in）本节课的教学内容，给学生演示本节课要实现的具体任务，激发学生们的学习兴趣。第二步，说明教学目标（Objective），明确的目标永远是人们冲破障碍的助手，一旦目标明确，学习中就可以依据主线快速前进，而目标实现时，学生的成就感也相对更加强烈。第三步，简单的前测（Pre-assessment）可以帮助教师了解学习者对课程先验知识的掌握情况，从而更好地控制好讲解速度和深度。第四步，模型中最重要的一步，即新知识的学习。之前三个步骤的铺垫都是为参与式学习（Participatory Learning）做好准备。每次课程重难点的讲解应该控制在 15~20 分钟，鼓励教师借助情景式、合作式、探究式等学生参与度较高的教学方式开展。第五步，通过提问、习题等方式了解学生对课堂讲述内容的掌握情况，教师可以借助雨课堂、问卷星等信息化教学工具迅速掌握学生的答题数据及"不懂"反馈，从而完成本节课的后测（Post-assessment）。第六步，也是必不可少的总结环节（Summary），可以通过思维导图、表格等方式帮助学生凝练本节课的主要知识点，形成完善的知识体系。

2. 应用 BOPPPS 教学模式开展的教学实例（以程序设计课程中的循环结构为例）

（1）引入（Bridge-in）。教师通过播放"秒懂百科"视频向学生介绍什么是循环结构，列举圆周率 π 等必须通过循环结构才能求解的数学问题。熟悉的数学名词及其陌生的求解过程吸引了同学们的注意力，尤其是当教师提出工作目标"接下来，我们将通过 15 分钟的程序设计实现数学家祖冲之一生所作的钻研"时，学生们的学习兴趣被充分调动了起来。同学们的主动参与是取得良好教学效果的重要保证，因此，精心设计的课堂引入环节是应用 BOPPPS 教学模式的关键一步。

（2）学习目标（Objective）。借助演示文稿，教师明确本节课的学习目标：①理解循环结构的含义；②学会使用 For 循环和 Do-while 循环。顺序结构、选择结构、循环结构作为程序设计语言的三种基本结构，是所有程序设计类课程都要求掌握的教学重点，其中的循环结构又是教学难点。教师通过强调学习的重难点，提醒学生意识到本节课的重要性。

（3）前测（Pre-assessment）。测试题目：① 循环结构通常用于解决哪类问题？②如何控制循环的终止？③ "引入"中所提到的圆周率求解问题，该如何设置循环的终止条件？教师在预评估前测环节所提出的问题，也许是学生暂时还无法解答的，这里建议给学生一点点思考的时间，可以以小组形式进行讨论，也可以试着通过网络搜索答案，总之一定要让学生从课堂学习中体验学习的乐趣，在探究与合作学习过程中发展自身能力。

（4）参与式学习（Participatory Learning）。这个环节是 BOPPPS 模型中最关键的一步，可以通过教师或学生互动讲解自然数累加求和及圆周率的求解过程，帮助学生掌握循环初值、循环终值、步长等重要知识点。抽象的循环结构如果仅提供最终的计算结果 [图1（a）]，显然对学生们的理解是不利的。如果将每次计算过程的数据进行可视化 [图1（b）]，学生们将比较容易理解变量发生变化的规律。

【例5-9】根据公式 $\frac{\pi}{4}=1-\frac{1}{3}+\frac{1}{5}-\frac{1}{7}+\cdots+\frac{1}{(2n-1)}$，计算 π 的近似值（当最后一项的绝对值小于 10^{-4} 时停止计算），输出结果，运行界面如图所示。

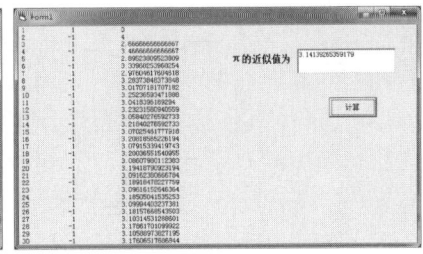

（a）直接输出循环计算结果　　　　（b）逐条显示循环计算过程及结果

图1　循环结构程序输出界面对比

（5）后测（Post-assessment）。在参与式学习结束后及时开展检验或评估是非常有意义的。通过有针对性地测评题目检验学习者对本节课知识点的掌握情况，了解本次课的学习目标是否达成。具体操作时可采用：①选择题，回答某个循环结构的循环次数；某个变量在循环结束之后的数值等。②简答题，For 循环的特点是什么；Do-while 循环的特点是什么；两种循环结构什么情况下可以互换等。③编程题，1~200 中所有奇数的累加求和；斐波那契数列的计算等。测评本身并不是课堂学习的目的，关键在于通过测评促进教学过程的设计、改进与完善，因此该环节的设计对学习目标的达成至关重要。

（6）总结（Summary）。教师可以借助思维导图及流程图帮助学习者梳理本节课的知识点，如图 2 所示。例如，①循环结构的分类；②当型循环与直到型循环的差别等。课堂总结起着承前启后的作用，教师带领学生总结课堂内容，整合学习要点，布置课后作业，预告下次课的教学内容。因此，课堂总结既是对本次授课内容的小结，也是下次课教学内容的引入。

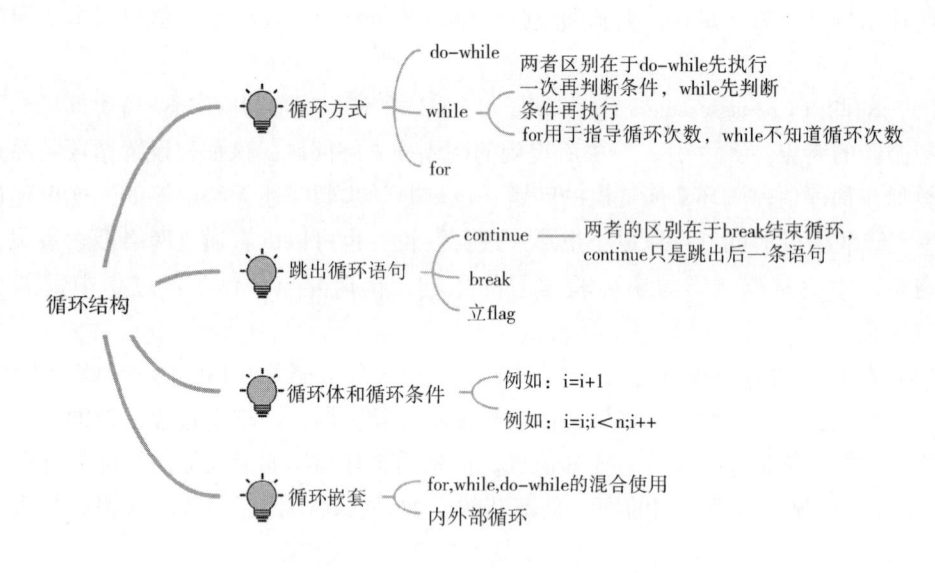

（a）思维导图

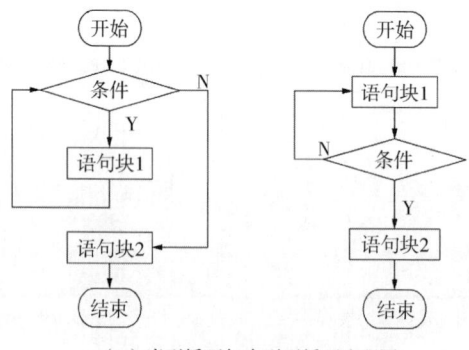

（b）当型循环与直到型循环流程图

图 2　关于循环结构的课程总结

三、BOPPPS 教学模式带来的启示

BOPPPS 教学模式强调教学过程的设计必须具有很强的针对性和可操作性，需要依据"以学生为中心"的教学理念设计教学过程。通过教学实践，作者对于这种教学模式的开展有几点启示：

（1）引入的素材最好选用感性认识与理性反差较大的案例；素材应与现实生活紧密联系，能够让学生直接感受到的、符合学生心态的例子都是很好的课程引入素材。

（2）学习目标的设定可以参考 OBE 模型（Outcomes-based Education，基于学习产出的教育模式）；将学习目标区分为了解、理解、掌握等不同的层级。

（3）前测部分的实施要擅于利用移动学习工具，快速准确得到学习数据。

（4）参与式学习中要以学生为主体，以教师为主导，可以通过讨论、小组演示等方式开展。

（5）后测一定要针对重点、难点进行，区分基础题和高阶题。

（6）总结部分要简明扼要，除了教师总结，也可以鼓励学生自我总结。

根据作者此前完成的教学研究工作可知[9]，借助课堂观察量表的记录及分析，国内大学课堂普遍存在教学形式单一的问题。单一的教学模式和教学方法会限制学生们主动学习的意愿。新的形势要求教师必须从传统的一元教学模式中走出来，积极探讨合作学习、研究型教学方式，改变传统课堂上教师"一言堂"的风格。师生互相提问、小组讨论、动画或实验演示、学生演示甚至适时的等待都是课堂教学的有效组成部分。当然教师需要在这个过程中努力提高自身素养，主动在教学实践中发现问题、提炼问题，善于利用各种研究资料或研究成果去指导自己的教学实践，才会产生丰富多彩的课堂教学形式。

四、结语

BOPPPS 教学模式虽源自西方，但对于我们的程序设计类课程教学设计依然发挥了很好的指导作用。因此作者认为，教学创新不需要局限于学科，需要一些拿来主义；教学创新不需要一步到位，需要往复迭代。通过在教学过程中的不断实践，总结出适合教师自己，适合课程本身的教学模式才是最为重要的。就像叶圣陶先生所说的：教学有法，但无定法，贵在得法！只要教师努力做好课程设计，一定会使教学更精彩、更有趣，吸引学生参与，最重要的是可以帮助学生找到为自己和他人设计美好生活所需的激情和资源，这也是教师应该努力追寻的终极教育目标。

参考文献

[1] 杨璐铭，冉诗雅，张同修，等."新工科"背景下 BOPPPS 教学法在《革制品设计史论》课程中的应用[J]. 皮革科学与工程，2021，31（3）：88-92.

[2] 曹丹平，印兴耀. 加拿大 BOPPPS 教学模式及其对高等教育改革的启示[J]. 实验室研究与探索，2016，35（2）：196-200，249.

[3] 宋沁峰，倪龙飞，李晶晶. 基于 BOPPPS 模式的编程类课程项目驱动式教学改革与研究[J]. 电脑知识与技术，2021，17（21）：225-226，254.

[4] 梁永林，田永衍，柳春，等. 基于 BOPPPS 模式的中医基础理论课程混合式教学改革与实践[J]. 甘肃中医药大学学报，2018，35（1）：114-117.

[5] 郝国祥. BOPPPS 教学模式在合理用药科普课程中应用的探索与实践[J]. 卫生职业教育，2018，36（21）：51-53.

[6] 王晴，张兴桃，钱玉梅，等. 基于超星学习通的物理化学 BOPPPS 教学模式改革实践[J]. 大学化学，2018，33（10）：68-74.

[7] 王飞，章莹. 基于 BOPPPS 的有效课堂教学设计研究：以中医基础理论教学为例[J]. 光明中医，2018，33（1）：138-140.

[8] 孙鑫，张冰冰，邓洋洋，等. 基于 BOPPPS 的中医基础理论教学改革探索[J]. 中国中医药现代远程教育，2017，15（4）：14-16.

[9] Yan Jiang, Ao-jun Li. COPUS-based Observation and Analysis on Chinese and American College Classroom. Social Science[J]. Education and Human Science Proceeding, 2018: 35-41.

新一代信息技术在艺术设计类专业教学中的初探

马小铁[1]

摘　要：传统意义上的艺工融合，其中"艺"是指设计艺术范畴，以设计传达体现艺术的效果及艺术的内涵，以作品传递产品的视觉之美，而"工"则属于技术范畴，包括设计作品的材料、加工工艺、采用工具等。艺术及技术密不可分，新一代信息技术的出现，为艺术设计带来了新的创作方法与表现方式。在艺术设计培养过程中如何将两者有机结合，信息技术如何在艺术设计培养中发挥作用，都是需要深入研究的问题。

关键词：艺工融合；信息技术；设计

一、新一代信息技术与艺术设计的融合应用

新一代信息技术是国务院确定的七个战略性新兴产业之一，是以物联网、云计算、大数据、人工智能为代表的新兴技术，它既是信息技术的纵向升级，也是信息技术的横向渗透融合。新一代信息技术无疑是当今世界创新最活跃、渗透性最强、影响力最广的领域，正在全球范围内引发新一轮的科技革命，并以前所未有的速度转化为现实生产力，引领科技、经济和社会日新月异。正是看到了这种技术的潜力，国内外各行各业都在开展与之融合发展的研究，包括艺术类高等院校的各类专业。例如，中央音乐学院于2019年成立了音乐人工智能与音乐信息科技系，研究音乐科学规律取得重大进展，创办"艺术与科学的交汇"系列音乐会，获国内外科学界和艺术界的高度认可。中央美术学院实验艺术学院下设科学艺术方向，科技艺术方向目前包含未来媒体艺术、影像艺术等课程，未来还将渐次增加与物理、化学、生物、天文、医学等科学实验室跨界合作，建立一个艺术与科技真正结合的实验基地。清华大学美术学院下设信息艺术设计系，侧重培养学生在信息科技与艺术方面的整合能力、以用户体验为中心的设计策划能力、结合信息产业和社会需求探寻新的解决方案的创意能力。同济大学设计创意学院以"面向产业转型和未来生活的智能可持续设计"为学科定位，在本科课程中包括开源硬件与编程、交互设计、数字化环境等课程。中国戏曲学院新媒体艺术系将动画、绘画、数字媒体艺术、视觉传达设计专业建设融入戏曲事业新发展。北京电影学院数字媒体学院于2013年底开始筹建，2017年正式招收本科生。北京城市学院艺术设计学部，"艺术设

---

[1] 作者简介：马小铁，北京服装学院文理学院，副教授。

计+数字技术"是其设计学类专业的发展定位和特色。种种现状可以看出，信息技术在设计类专业教育的重要作用已成共识。

二、复合创新人才培养与教学改革

北京服装学院于 2019 年转为艺术类院校，设计类专业教学成为学校本科教学中的主要部分，以艺术学为主，艺、工、文、经、管多学科协调发展，坚持服装引领、艺工融合，是学校的办学特色。在此情况下，如何在设计类专业中开展新一代信息技术教育成为一个重要问题。

1. 存在的主要问题

虽然有许多院校在设计类专业中开设了一些信息技术类课程，但仍然存在以下问题：

（1）知识体系不系统、不全面，没有从基础教育、通识教育角度展开教学，这样以点带面，容易造成概念不清、方向不明，不能起到设想的作用。

（2）在开设的课程中，往往仅就本课程涉及内容开展教学，没有从专业交叉、知识融合的角度综合考虑，教学深度不够。

（3）由于教学背景及条件限制，信息技术类课程教学重理论、轻实践，学生得不到全面训练。

（4）受培养方案中学分和教学课时分配限制，无法在整个教学过程与信息技术进行有机结合。

2. 艺工结合的特点及意义

在信息科学和数字技术迅猛发展的 20 世纪后期至今，各种活跃和先锋的新艺术思潮和新艺术流派相继出现，艺术家进行创作和关注的焦点越来越多地体现在艺术与科学的交流和合作上，由此激发艺术家不断探索新的艺术样式、媒介。艺术与技术新统一既是当代设计原则，也是现代设计人才培养的方向和主旨。随着社会的发展，对人才的需求也在不断提升，已经逐步从专才转向全才，"艺术+技术"的复合型人才正是当前社会所缺少的人才。艺术与科技结合不仅为今天的艺术创作提供了新的可能性，同时也为今天的艺术教学填补了空白。其意义在于建立艺术与科学技术相互渗透、互相结合的空间，这不仅启迪艺术的发展，同时也将开启以艺术的方式刺激科技发展的新领域。西安电子科技大学录音艺术专业是教育部在理工类大学中较早批准开办的艺术类专业，依托学校雄厚的理工教学和科研实力，整合艺术教育资源，在录音工程和音响导演两个方向的人才培养中，取得了良好的效果。北京服装学院前身是工科院校，信息技术教育体系完善，人才、场地、设备等软硬件条件具备，能为新一代信息技术助力设计类专业人才培养提供有力支撑。对于信息技术全面、深度、长期在设计类专业培养中的作用的研究，具有理论和实际意义。

三、问题及研究

1. 主要问题

梳理信息类课程，寻找共性和差异，形成设计类专业的信息类课程"基础课"和"专业课"。例如，北京服装学院服装设计与工程专业课程中包含服装大数据、服装智能制造、智能服装概论等，服装与服饰设计专业有交互设计工作营、AI 与设计大数据，实验班有互动艺术编程基础、数字服装模拟技术、智能可穿戴技术，视觉传达设计专业有交互设计、程序设计基础、程序设计进阶等。研究这些课程的内在逻辑，形成体系。

解决信息技术类课程实践训练不足的问题。对于设计类专业学生来讲，掌握理论固然重要，但更重要的是能够应用这类技术，实验是提高应用技能的主要途径。关键是开发出适合的实验项目，建设实验场地，配备相应的设备及材料，打造面向设计类专业的开放型信息技术实验室。

解决因学分、学时问题无法在培养方案中实现上述目标的问题。必修课或模块选修课需要占用学分，难以满足要求。研究如何在少占用或不占用培养方案中的学分来达到贯彻信息技术教学的目的。

通过研究，形成符合设计类专业的信息技术课程群，明确设计类专业在信息技术方面的需求，厘清信息技术教育在设计类专业培养中的边界；梳理出具有内在逻辑的授课内容和科学的授课方式，使得教育过程更加有效；提升设计类专业学生跨学科的综合实现能力，在后续的专业课结课作品、创新项目、竞赛作品、毕业设计等环节中有所体现，并且应用信息技术创作作品的普及率和设计水平显著提高。

2. 主要思路方法

首先要开展广泛调研、收集资料，全面了解现有情况，包括确定访谈对象、收集设计类专业培养方案、校内外专家访谈、信息类课程资料收集等；对资料进行整理研究，找出共性和差异，讨论优点和不足，从而制订初步的培养计划，包括课程名称、教学大纲、教案、确定实验内容、实验场地和设备材料等；实施阶段，这是一个不断循环的过程，信息技术深层次介入设计类教育是一个需要不断探索和改进的过程，应及时研讨实施效果，找出问题并修正，经过若干次循环，才可能形成相对稳定的培养内容和授课方式。

在研究过程中要深层次转换角度。在"艺工融合"中有两种方式，一是"艺+工"的方式，一种是"工+艺"的方式，以谁为主会导致结合出的产物大相径庭。这里讨论的是信息技术如何在设计类专业培养中发挥作用的问题，所以首先要求项目成员了解对方知识体系、学习特点、应用领域，这就必须要学习，通过深度参与设计类课程教学过程，与设计类课程教师和学生广泛沟通，欲做"艺工融合"之事，先做"艺工融合"之人。

在制订培养方案时应重实践、重方法。信息技术领域广泛，知识系统性、理论性强，对于设计类专业的培养不可能也不需要过分强调系统性和理论性，应注重实践技能的培养。在教学设计中，将知识点物化为看得见、可上手的实验，让信息技术能够成为设计师手中的工具，让信息技术成为设计师作品的一部分，充分利用现有的实验条件，打造开放型信息技术创意实验室。

在具体实施中应以点带面培养生态。开设公共选修课群，同时以讲座、现有课程内植入、创新创业竞赛项目毕业设计指导、开放实验室等形式，形成信息技术生态环境，从而全面深入地开展信息技术教育。

四、结论

在艺术类院校中培养信息技术是一项必要且长期的工作，生态的理念及具体方法，即系统、全面梳理设计类专业对信息技术需求，建设面向设计类专业的信息技术课程群，以课程、讲座、嵌入式课程、开放实验、项目指导等多种形式介入。关键点在于"艺工融合"型教师队伍的建设，构建具有系统性的面向设计类专业的信息技术课程体系。目前国内除了为数不多的艺术类高校，还有数百所理工或综合类大学中存在设计类专业，艺工融合是特色之路、创新之路，需要不断深入研究和探索。

参考文献

[1] 周星，贾荣林. 新文科建设：创设时尚和艺术"艺工融合"的优势[J]. 艺术设计研究，2021（1）：119-126.

[2] 吴迪. 协同方式培养创新人才：产业融合背景下的艺工融合人才培养模式研究 [C/DB]．1994—2021 China Academic Journal Electronic Publishing House. http：//www. cnki. net.

[3] 周永凯. 创新艺术设计类专业人才培养的改革与实践 [C/DB]．1994-2021 China Academic Journal Electronic Publishing House. DOI：10. 16824/j. cnki. issn10082832. 2013. 03. 046.

"大学英语"课程信息化应用案例

訾韦力[1] 郭燕

摘　要：在线教育综合平台（PC端）与优慕课（移动端）作为网络辅助教学服务平台，在"大学英语"课程信息化教学中发挥出重要的作用。北京服装学院"大学英语"课程，根据00后大学生信息获取方式的"移动端"和"碎片化"的学习时间等特征，利用学校引进的清华大学开发的在线教育综合平台（PC端）和优慕课（移动端），通过课前、课上、课后信息化平台的综合应用、多种教学功能的综合利用和英语教学资源的综合运用，实现了"大学英语"课程教学全过程信息化，并取得显著的教学效果。尤其是"大学英语"课程信息化教学应用实践，在创新教学设计、创新教学模式、提升教学效果方面表现突出，实现了课前、课上、课后和随堂测验全过程的多平台、多维度和多种英语教学资源的综合运用。"大学英语"课程信息化应用具备实用性、可推广性，学生评价较高，案例有理论和数据支撑，实践经验值得借鉴和推广。

关键词：信息化应用；大学英语；在线教育综合平台；优慕课

一、"大学英语"课程信息化应用实践问题

1. "大学英语"课时压缩

随着大学新生入学英语水平不断提高，"大学英语"课程课时大幅缩减。自2018年，北京服装学院"大学英语"课程从两学年256学时削减到200学时，即第一、第二学期各60学时；第三、第四学期各40学时。压缩课时给大学英语教学带来冲击：教学课时不足，教学内容取舍问题；课程讲授进度快，学生难以消化；教师要另辟蹊径，需掌握新的教学手段，如信息化技术，辅助"大学英语"教学。

2. 00后大学生信息获取方式的"移动端"和"碎片化"

00后大学生被称为"互联网原住民"，电子产品伴随其成长过程，对新事物接受力强。学习特点表现为：信息获取碎片化；智能移动终端为重要学习工具；善于随时随地零散、片段式学习知识；注意力分散，更偏好于知识的趣味性。

3. 教师信息化素质

教师的信息素质是教学信息化的基础。实践证明，关注信息技术的发展、运用信息

---

[1] 作者简介：訾韦力，北京服装学院文理学院，教授。

化手段的教师，往往拥有现代教学理念和自主学习的积极性，愿意花时间和精力钻研，具有对信息资源整合能力和信息化教学的实施能力。因此，提高教师信息化素质是开展信息化教学的关键。

二、"大学英语"课程信息化应用方案设计

1. 信息化平台的综合应用

"大学英语"课程主选在线教育综合平台为主平台，其他为辅助性平台。为了最大限度地发挥网络信息化教学的优势，"大学英语"课程选择多平台综合运用。主要有：在线教育综合平台（PC端）、优慕课（移动端）、超星学习通、腾讯会议和外研社U校园。根据学习目标、学生需求以及教学环境，随时切换平台，最大限度保障教学效果。

（1）在线教育综合平台（图1）。这是北京服装学院引进的清华大学开发的教学平台，支持课程长期滚动建设、教学资源的积累与共享、教与学过程跟踪、教学评价以及互动式教学活动，支持混合式教学，拓宽教学空间，是"大学英语"常规教学平台。

图1 北京服装学院在线教育综合平台（页面）

（2）优慕课。优慕课是在线教育综合平台移动客户端软件，基于"时时""处处""人人"的泛在学习理念，满足学生利用碎片化时间的非正式学习需求，是"大学英语"常规使用的移动端。

（3）超星学习通平台。超星学习通具备手机端App，拥有直播功能和速课录制功能。疫情期间选用了该平台。

（4）腾讯会议。腾讯会议拥有在线交流优势。实时共享屏幕，如同移动课堂。疫情期间，超星直播课堂与腾讯会议实时切换，课堂教学得以保障。

（5）外研社U校园。外语教学与研究出版社开发与课本配套的学习平台。该平台是课外选择性学习工具，满足个性化学习需求。

2. 平台多种教学功能的综合利用

经过几年的使用，目前，"在线教育综合平台"界面上"大学英语"课程开发和使用基本信息、课程通知、答疑讨论、单元学习、口语展示、研究型学习及学习反思七个

功能。以"大学英语1"为例,分别介绍各主要功能。

(1) 主页界面(图2)。学生可以了解:①课程教学大纲、教学计划等课程的总体规划;②每课时教学内容;③课前自主学习管理能力重要性;④各单元学习内容;⑤明确口语能力的重要性;⑥小组研究型学习与思辨和创新意识关系;⑦学习反思对师生双方教与学的指导作用。

(2) 单元学习。开发了以下七个子功能:单元导读、课程内容、随堂小测、思想聚焦、大学英语视听说、授课音视频以及单元作业。其目标在于:①引导学生了解每单元学习内容与步骤;②了解每次课的学习重点;③强调随堂测验,检测听课效果;④引导学生关注学用一体的学习目标;⑤重视听说等语言技能的训练与培养;⑥反复观看课内未涉及内容的授课音视频;⑦明确每单元的产出任务与要求。

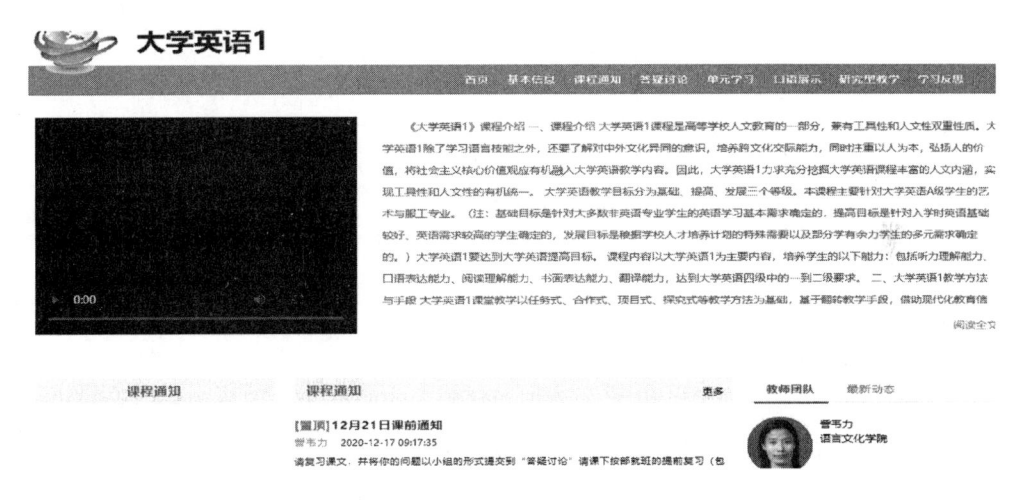

图2 "大学英语1"平台主页

学期开始前学生名单置入、平台各功能的设定是保障学期教学顺利进行的前提条件。每学期教师对平台各功能里的资源及时设置、甄选、上传、选择是保障教学顺利完成必要条件。

3. 英语教学资源的综合运用

教师在"在线教育综合平台"进行英语听说读写译各种教学资源的投放,丰富教学内容,拓展学生视野,增强学生自主学习积极性。

(1) 实现在线教学资源的丰富和多样性。"大学英语"教学平台资源丰富,为学生选择提供了便利。学生通过移动端可选择单元学习中的视听说、阅读资源,完成学习任务,使碎片化学习系统化。每学期完成7~8单元,每个单元含四个课时,资源包括:单元导读、学习目标、随堂小测、思想聚焦、视听说、教师授课音视频以及单元作业等资源。教师四个学期共完成28~32个单元的资源上传。

(2) 实现教学资源应用的针对性和共享性。学生通过移动端选择思想聚焦功能里的众多资源,观看相关主题的音、视频或者点击链接,阅读相关主题信息、新闻或者文章,结合所学内容和自己的思考与感受,完成产出任务——写作或评论,教师或学生对产出任务进行评价。

每单元教师授课音视频资源、学生答疑内容、反思内容以及学生研究型学习的服饰文化录播资源全部在课内公开，实时共享。

三、"大学英语"课程信息化应用实践案例

经过几年的探索，"大学英语"课程信息化应用实践表明，应根据课前、课上、课后和随堂测验四个教学环节和目标要求，有针对性地选择不同的信息化手段和平台（表1）。

表1 "大学英语"教学环节设计及培养目标

四个教学环节	内容	培养目标
课前	确定教学目标，组织教学素材，布置学习内容，学生自主学习，课前答疑讨论，教师反馈	自主学习能力、思辨能力
课中	检测学习成效，讨论答疑后重点难点，确定产出任务	思辨能力
课后	完成产出任务，评估产出成果，及时反馈并延伸拓展	应用能力、思辨能力、创新能力
随堂测验	即时检测评估，反馈	接受能力

1. 课前（应用）

（1）课程通知。教师每课时提前发布课前通知，跟踪学生对课程把握。在同步移动端"优慕课"的随堂教学功能中，提前组织课前预习内容，设置签到日期。

（2）课前预习与自主学习。学生通过移动端的随堂教学，完成课前预习，准备课堂测试。通过自学完成课本内容，并将问题发送本组组长，由组长筛选、汇总上传至答疑讨论处。

（3）答疑讨论。通过小组答疑讨论使大班教学、管理井然有序，且互动更方便、快捷。从课前通知到答疑讨论全过程信息化管理。

2. 课上（应用）

（1）学生进课堂扫码，培养守时的品格。

（2）课前检测学生预习情况。

（3）课堂重点内容讲授，并进行随堂小测。

（4）根据学生单元课文自学所提问题进行筛选，并在课堂上重点讲解与讨论；课中引导学生将单元重点知识融入课程任务和拓展任务；信息化手段支持学生课前自学，碎片化学习助力翻转教学，优化课堂教学效果。

3. 课后（应用）

（1）切入移动端，学生完成课堂重要知识点的复习与巩固。

（2）移动端观看授课音视频功能中的教师播课（课时有限，课上无法涉及的内容），复习知识点。

（3）根据所学知识点完成"思想聚焦"栏目的写作任务；或者选择时尚阅读然后在线撰写评论，教师反馈或者同伴互评；或者小组完成服饰文化相关的口语陈述（图3）。

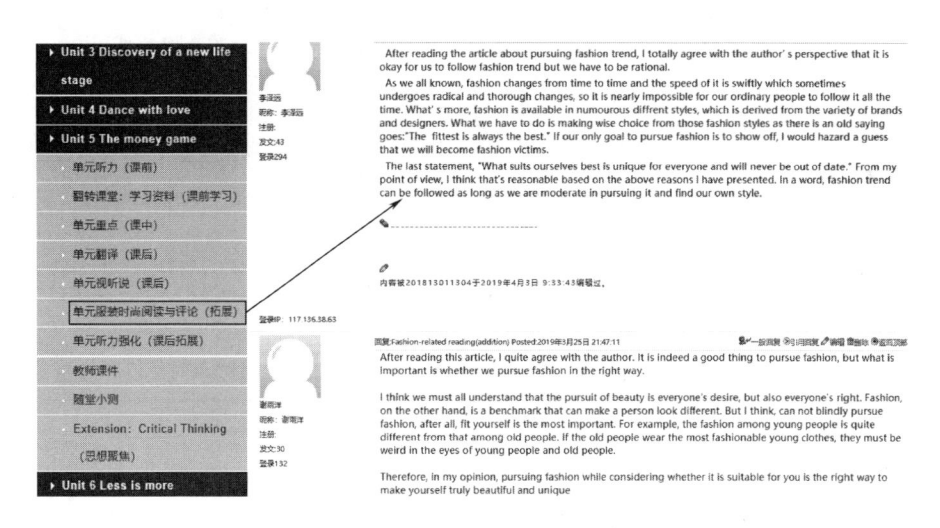

图3 "时尚阅读"与"评论"深入融合的学生作品展示

（4）线下完成课本后的练习任务，扎实语言技能和能力。

（5）布置研究型小组活动任务。

4. 随堂测验与学习反思

随堂小测两种形式：线上随堂小测或课堂随堂小测随时切换，检测学生听课效果，巩固重点知识。学习反思是"回顾教学—分析不足—查找原因—寻求对策—以利后行"的重要环节，反思使教学更理性，教学过程更优化。

四、"大学英语"课程信息化应用实施成效

1. 学生学习积极性、主动性和成绩提高情况

"大学英语"信息化应用（图4）使学生学习的积极性、主动性和自主学习能力大幅提高。

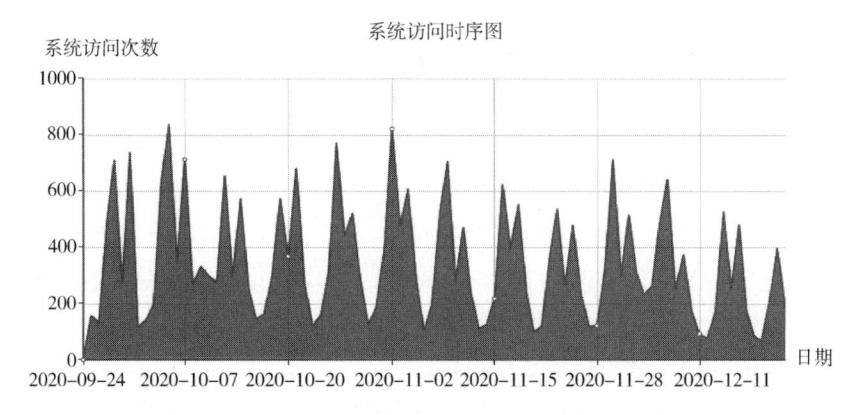

图4 2020年9~12月"大学英语1"学生访问量时序图

学生成绩得到较大改善，以 2016 级艺术 A1 全国大学英语四级考试成绩为例（表 2，表 3），学生通过率超过往届同专业班级 10 个百分点。效果非常显著，具有推广性。

表 2 选修该课程学生与往届同专业班级学生四级成绩对比（不含提前批）

班级	班级总人数	通过率	备注
2015 级艺术 A1	56	83.33%	超过往届艺术 A1 班通过率 10.27 个百分点；超过往届整个艺术 A 班总通过率 14.86 个百分点
2016 级艺术 A1	55	93.6%	
2015 级整个艺术 A 班	430	78.74%	

注 提前批指提前一学期参加四级考试，成绩排名前 20 名的优秀学生。

表 3 2016 级艺术 A1 班通过率与同届整个工科 A 班、艺术 A 班平均通过率对比（不含提前批）

班级	2016 级整个工科 A 班	2016 级整个艺术 A 班	2016 级艺术 A1	备注
平均通过率	64.01%	75%	93.6%	超过同届整个工科 A 班通过率 29.59 个百分点；超过同届整个 A 班通过率 18.6 个百分点

注 2018 级由于疫情 2020 年 6 月未参加四级考试，无法统计。

学生雅思成绩有很大提高。仅 2018 级学生有 9 位同学以优异的成绩通过了雅思考试，并获英语课程免修资格，其中 3 位已经在国外学习。杨阮词、李泽远两位同学分别获外研社杯写作与阅读大赛北京赛区二等奖、三等奖，10 多名同学获得全国大学英语竞赛二、三等奖。

2. 课程目标的实现

除了学生在语言技能方面的提高以外，学生在以下能力方面有很大的突破：

（1）学生专业口语陈述能力、创新意识得到提高。第四学期结束，每位学生能用英语熟练地陈述服饰专业内容，并录制了 70 个学生陈述视频资源。信息化教学为学生提供语言应用场地，学生积极性增强，专业陈述能力得到极大提高。

（2）学生思辨力和创新力得到提升。陈鲁婷同学基于小组研究内容在老师指导下，于《艺术设计研究》期刊发表了一篇学术论文；李泽远同学的《十九世纪末二十世纪初中西方服装面料对比研究》获得 2020 年大学生创新创业训练项目立项（项目号：X2020100120793），这个项目出自小组研究项目。

（3）信息化满足个性化需求，学生满意度高。据"北京服装学院智慧评价"教学评价系统，笔者所教授的"大学英语"课程 1~4 评价均为优秀（图 5）。

3. "大学英语"课程信息化应用的必要性

信息技术引领教学改革，培养学生树立终身学习的理念。"大学英语"课程信息化

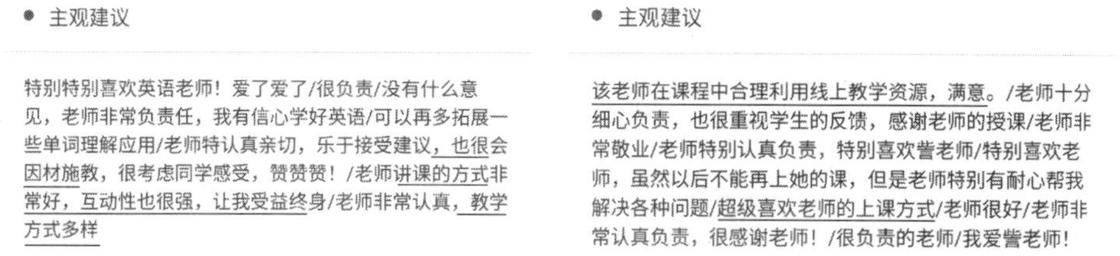

- 主观建议

特别特别喜欢英语老师！爱了爱了／很负责／没有什么意见，老师非常负责任，我有信心学好英语／可以再多拓展一些单词理解应用／老师特认真亲切，乐于接受建议，也很会因材施教，很考虑同学感受，赞赞赞！／老师讲课的方式非常好，互动性也很强，让我受益终身／老师非常认真，<u>教学方式多样</u>

- 主观建议

该老师在课程中合理利用线上教学资源，满意。／老师十分细心负责，也很重视学生的反馈，感谢老师的授课／老师非常敬业／老师特别认真负责，特别喜欢警老师／特别喜欢老师，虽然以后不能再上她的课，但是老师特别有耐心帮我解决各种问题／超级喜欢老师的上课方式／老师很好／老师非常认真负责，很感谢老师！／很负责的老师／我爱警老师！

图 5　学生对"大学英语 1"（2020.12）和"大学英语 4"（2020.6）课程的评价

（截屏自北京服装学院智慧评价系统 App）

应用的必要性体现在以下 5 方面：

（1）弥补课时不足、大班教学的弊端，使大班教学达到小班教学效果。

（2）提升学生自我学习管理能力，培养其可持续发展能力。

（3）推动技术与英语学科的深度融合。

（4）课程思政与学科内容深入融合，实现育人目标。

（5）激发教师信息化教学的热情，利于教师信息化素养的培育。

4. 信息化应用的体会

信息技术引领大学英语教学改革是未来发展趋势。"大学英语"课程信息化不仅需要功能强大稳定的平台，更需要信息化素养和信息技术能力较强的教师，尤其具备信息化教学热情和执行力的教师。开展课程信息化教学更要重视顶层设计，推动教学改革和课程建设，培养教师能力，关注学生体验，聚焦教学评价，强化信息技术在大学英语教学改革中的作用。

审美教育融入艺术类大学英语教学的策略与方法探究

——以《新视野大学英语》第四册第二单元为例[1]

史亚娟[2]

摘 要：艺术类大学英语教学中的审美教育至关重要，具有语言之美、艺术之美和成人之美三重内涵，是在教学过程中培育和践行社会主义核心价值观，培养新一代四有新人的重要举措。审美教育融入艺术类大学英语教学的工作可以从三个方面展开：开发设计与艺术和美相关的学习资源；创设美的学习情境，陶冶和激发学生的审美情趣；依托CBI教学理念、运用6T教学法，从每个教学环节入手将审美教育融入艺术类大学英语教学。

关键词：审美教育；艺术类大学英语；CBI教学理念；6T教学法

近年来，为了更好地贯彻习近平总书记在学校思想政治理论课教师座谈会上的讲话精神，国内很多高校都在专业课与思政课的融合方面做出了很多有益的尝试，而且成果显著，其中将审美教育与专业教育相融合也成为一个热门话题。不过，审美教育在学校教育中的作用并不是一个新的话题，早在中共中央国务院1999年发布的《关于深化教育改革，全面推进素质教育的决定》明确指出了美育在学校教育中的重要作用，指出"美育不仅能陶冶情操、提高素养，而且有助于开发智力，对于促进学生全面发展具有不可替代的作用。因此，要尽快改变学校美育工作薄弱的状况，将美育融入学校教育全过程"。所以，美育作为我国教育体系中的重要组成部分之一，一直渗透在高等院校课程设置、课堂教学等很多重要环节，对于教育事业的发展有着不可忽视的推动作用。

目前，在大学英语教学中，将美育融入大学英语教学也成为英语教育教学改革中的重要举措之一，在这方面也有不少学者发表了相关论文。综合起来，这些文章对于该问题主要有如下几种主要观点：首先，在英语教学中呈现英语语言的词汇、语音、语调之美；西方文化之美；教师的教态、语言、教学氛围之美[1]。其次，在课堂教学中，教师运用具有直观性、感性、形象性的手段使学生产生审美愉悦的情感，培养与发展非智力

---

[1] 资助项目：北京服装学院2021年教育教学改革立项项目"审美教育融入艺术类大学英语教学的策略与实践研究"（项目编号：JG-2121）。
[2] 作者简介：史亚娟，北京服装学院文理学院，副教授。

因素。最后，在教学活动中，教师通过美的法则来优化教学内容和教学手段，进行以学生为主体的创造性的教学活动，最终使学生掌握知识、发展情感、锻炼意志，获得素质的全面提高[2]。不过，目前英语研究界将审美教育与艺术类大学英语教学相结合的研究还是空白，这为本课题研究提供了重要的契机。本文将从审美教育的内涵、艺术类大学英语教学中审美教育的总体目标与重要性、CBI 教学理念指导下将审美教育融入艺术类大学英语教学的策略与方法等方面论述这一问题。

一、审美教育的内涵与艺术类大学英语教学中审美教育的总体目标

1. 审美教育的内涵

对于美育的基本内涵，有学者指出其中有三种重要含义，一是感性教育，即保护和提升与理性相协调的丰厚的感性；二是培养整体人格的教育；三是创造教育，即激发，激发生命活力，培养独创性和创造性直觉的教育[3]。此外，也有学者将之称为"成人"，认为美育之所"育"，并不是指一般意义上的"知识"或人的"知识能力"，而主要是人在面对具体生存现实以及人自身精神需求过程中的个体发展能力。所谓"发展能力"的核心之处，是能够充分引导人有效而持久地实现人之"做人"即"成人"的能力，亦即使人得以"成为真正的人"的内在完善的精神努力[4]。笔者认为，上面两位学者的观点虽然表述不同，但是都明确指出了美育的核心思想，那就是美育既是人的知识能力的培养，也是关于人格品质和精神思想的养成。以此为基础，我们不妨从如下两个方面谈论美育问题，一是关于美的知识，即何为美的问题，这是一个知识论问题；二是如何鉴赏美的事物，简单说就是如何区分和判断何为美。审美教育更加强调后者，审美教育就是对判断、区分美丑能力的教化与培养，而美育的价值目标则在于提示和促进人在现实生活中既要拥有创造美好事物的能力，也要拥有区分美丑善恶、向美向善、祛除邪念恶意、匡扶正道的生命自觉。

2. 艺术类大学英语教学中审美教育的总体目标与重要性

艺术类大学英语的主要教学对象是艺术类大学生，艺术和美从来有着不可分割的关系。有人说真善美是艺术的本质；有人说，发现美、表现美是艺术的使命；还有人认为，艺术是一种产品，审美是一种规范，艺术作品只有放到审美规范中才能显现其价值和品味。总之，要创造优秀的艺术，离不开对美的感知、鉴赏和创造活动。在这种意义上来说，艺术类大学生的专业特点决定了审美鉴赏力的培养和提高是艺术类大学生教育教学的重要组成部分，既关乎艺术类大学生专业艺术素质的培养，也关乎其健康人格的塑造。所以，在艺术类大学英语课堂上融入审美知识对于培养艺术类大学生的审美思维、审美趣味，提高学生的艺术鉴赏力和艺术创造性有着重要价值和现实意义。

对于大学英语教学审美教育的总体目标，有学者进行了精辟且有深度的总结[5]："大学英语审美教育的总体目标是通过对学生进行听、说、读、写和跨文化交流能力培养的同时，完善学生的人格以及培养学生的人文情怀。实现总体目标的具体途径是通过培养学生个体的英语审美感知、审美鉴赏力和创造力，提升学生的思想精神境界，使其身心和谐的发展。"结合前文中审美教育的基本内涵，笔者认为，这个总体目标对艺

类大学英语教学同样具有指导意义，但是也可以继续深化。对于艺术类大学英语教学中的审美教育，笔者认为可以视为三重目标的结合：第一是培养和发展学生英语语言习得能力（语言之美）；第二是培养和发展学生的艺术鉴赏力和创造力（艺术之美），提高学生的艺术素养，增强学生对学习的兴趣，培养全面发展的专业人才；第三是培养和提高学生的人文素养和精神境界（成人之美）。

这三重目标的实现对于培养合格的艺术类大学生将有着重要的现实意义，第一，有助于贯彻执行习近平总书记在学校思想政治理论课教师座谈会上的重要讲话精神，深化思想认识；第二，有利于教学理念的更新，回应社会对大学教书育人的关切和期待，更好地实现"立德树人""以美育人"的育人宗旨；第三，将美育传统和艺术类大学英语教学方面最新的理论成果、鲜活案例融入英语教学中，有助于进一步提升英语教学课堂的感染力和启发性，提高教学效果，让英语教学和学习都成为一种美的享受。

二、CBI 教学理念指导下审美教育融入艺术类大学英语教学的策略与方法

1. CBI 教学理念

将审美教育融入艺术类大学英语教学，有不同的策略与方法，目前教学研究和学术界提得最多的就是前文中提到的发挥英语语言本身的语言美、教师仪态和教学手段之美、教学氛围之美等，笔者认为，近年来教育界非常流行的 CBI（Content-basedInstruction）教学理念也可以为审美教育融入艺术类大学英语教学提供一种新的策略与方法。

CBI 教学理念在 10 世纪末由西方语言教育学者提出后便很快风靡教育界，尤其是在语言教育领域，应用非常广泛。简单地说，CBI 就是以内容为依托的教学模式。这里的内容指学生感兴趣或需要的话题、主题，或学生正在学习的某个学科。其核心理念就是将语言教学基于某个主题或某个学科来进行，把教学的重点从对语言本身的学习转移到对学科内容的学习上。在此理念的导向下，目标语言和学科内容有机地结合在一起，目标语言成为学习者最直接接触到的学习介质，同时又是学习者学习某一学科知识的媒介。而语言教学与学科教学相结合和语言作为学习学科知识的媒介，又是最理想的外语学习条件[6]。该模式注重从专业知识、兴趣和需要出发进行教学，强调内容学习对语言教学效果的影响，有利于培养学生的英语应用能力。Davies 将 CBI 定义为"以内容为基础的教学，其强调的是对知识的学习而不是对语言的学习"[7]。目前，学者们通常将其视为一种语言教学活动中将专业或主题内容与语言教学完全融合在一起的第二语言教学方法。提出这种教学理念的基础是内容与相关的语言学习活动的结合，有助于提高语言学习者的学习兴趣和知识的深度加工。根据教学目标的差异，基于 CBI 教学理念下的教学模式有多种，在外语教学中比较常见的有四种：主题模式、课程模式、辅助模式和专题模式[8]。其中主题模式（theme-based instruction）是目前应用比较广泛的一种，主题依托模式通常是在外语教学环境下进行，教学材料应选取目标语言原创的主题、话题以引起学生的兴趣。主题依托模式意在通过目标语媒介获得信息，在获取信息的过程中提高语言水平。该模式适用于各个阶段的外语学习者，尤其在高等教育阶段得到了广泛应用，一般由外语教师承担授课任务[9]。

2. 策略与方法

依据上文中对 CBI 内容依托式教学理念、艺术类大学生审美教育的主要内容和大学英语的教学特点的分析，我们可以从如下三个方面将审美教育融入艺术类大学英语教学中。

（1）开发与美和艺术相关的学习资源，编写和深化现有的艺术类大学英语教材及辅助教学材料。鉴于艺术类大学生在学科专业方面的特殊性和专业性特征，必须从当前的社会需求出发，从艺术与美的关系、艺术教育与美育的关系出发，认真遴选、编写和深化艺术类大学英语专用教材，并在这方面实现专门用途英语教学（ESP）的互动、交流，将审美教育、艺术教育和语言教育有机结合起来，使其一方面符合艺术类大学生的学科特点和职业发展方向，也符合社会对艺术类大学生人文素养的期待，最终成就语言之美、艺术之美和成人之美三者的结合。在这方面艺术类大学英语教学界已经做出了一定成绩，如重庆大学出版社出版的《艺术类大学英语》（1~4 册），该教材第 1 版出版于 2013 年，后来又在 2019 年对所选文章及课后训练等学习内容进行了补充和修订，使其更加符合新的艺术发展趋势和时代精神。此外，还有其他出版社也正在组织艺术类大学英语教师编写相关教材，我们相信依托教材教辅的内容实现审美教育与艺术类大学英语教学相结合的目标很快就能实现。

（2）创设美的学习情境，陶冶和激发学生的审美情趣。随着现代数字技术和多媒体技术的发展，在大学英语教育界，各种教学模式（如课堂教学、多媒体教学、网络教学）、教学方法（合作型、自主型、交际型、任务型、探究型）层出不穷，经过一番遴选和总结后，基本上混合式教学模式已经成为应用最为广泛、得到最多认可的教学方法。这种教学方法要求老师们要不拘一格，根据具体教学内容灵活运用各种教学模式、教学方法完成教学任务。混合式教学模式和方法对于艺术类大学英语教学提出了很高的要求，笔者认为，除了对于各种教学方法的熟练运用、对教学内容的熟悉与深度把握外，教师还要在教学形式上下功夫，创设美的学习情境和学习氛围，以此陶冶学生的性情、激发学生的审美创造性。在这方面，老师要做的工作非常多，在开发更多与语言、艺术和审美相关的学习资源之后，如何以一种美的形式呈现出来也是一件非常重要的工作，具有美和艺术性的文字、图片、音乐、电影片段、网络短视频都需要精心准备，不能松懈。只有这样，才能让枯燥的英语学习充满美的享受、美的趣味，最终实现美的升华。

（3）教师作为美育的主导者和内容的创建者，要从每个教学环节入手，把审美教育与英语教学结合起来达到"以美育人"的目的。在前文中提到的四种 CBI 教学模式中，主题依托模式最适于将审美教育融入艺术类大学英语教学这一目的的需要，因为审美本身就是一个独立的、内容性很强、涵盖范围很广的主题，结合大学英语中的课文内容可以从不同层面进行阐释和发挥。为了增加 CBI 模式的可操作性，两位西方学者斯托勒（Stroller）和格拉贝（Grabe）提出了第一个主题依托模式的系统化教学框架，即 6T 教学法[10]，6T 分别代表：主题（theme）、话题（topic）、文本（text）、线索（thread）、任务（task）、过渡（transition）。下面我们就依托 CBI 主题模式运用 6T 教学法分析

《新视野大学英语教程》(第四册)第二单元的教学框架,具体分析如何从每个教学环节入手,将审美教育与艺术类大学英语教学结合起来[11]。

3. 教学案例分析

《新视野大学英语教程》(第四册)第二单元的单元主题为"The Secret of Beauty"(美的秘密),其中课文 A 的题目是"The Confusing pursuit of beauty"(追求美的困惑),在这篇文章中叙述的如何看待外表美方面,男性和女性表现出截然不同的态度,女士特别喜欢问男士对自己外表的看法,而男性却从不关心这方面的问题。文章最后指出,女性常常对自己的外表不够自信,甚至充满焦虑,于是不断通过化妆美容等各种方式进行弥补,在塑造外表美的过程中获得自尊和自信。课文 B 的题目是"Making the choice to be truly beautiful"(怎样拥有真正的美丽),这篇文章明确指出真正的美丽无关外貌,而在于选择。我们在人生的每一个节点、每一段旅途中都应该寻找那些能够展示和净化我们神圣内在美的人生体验,过更有价值和意义的人生。根据这篇文章的内容和主题,我们可以按照 6T 教学法,从主题、话题、文本、线索、任务和过渡六个层面将审美教育的内容与英语词汇和知识的讲解结合起来。详见表 1 中的 6T 教学框架表:

表 1 6T 教学框架表

Theme(主题)	Topic(话题)	Text(文本)	Task(任务)
"The beauty of woman"(女性之美)	1. The beauty of appearance(外在美):俏丽姣好的容貌;修长健美的身材;优雅大方的服饰等	1. Text A(课文 A)The confusing pursuit of beauty 和 Text B(课文 B)Making the choice to be truly beautiful	1. Vocabulary learning:从课文 A 和课文 B 中收集与外表美、心灵美、艺术美相关的词汇和文化知识(如化妆、时尚、健身、书法、绘画、博爱、善良、爱国、崇高、奉献等)
	2. The beauty of mind(内在美):美好的心灵、优良的品质、崇高的道德;知识的涵养;自信、自尊、自强、自立等	2. 英文小诗"The Beauty of A Woman"	2. Oral discussion:根据收集到的词汇、文化知识、电影片段和歌曲,与本组同学一起讨论问题:1)What is the beauty of appearance for a woman?(女性外表美包含哪些因素);2)What does the beauty of mind mean?(内在美的含义);3)"The most beautiful woman in my mind"(我心中最美的女性)
	3. The beauty of art and life(艺术人生):诗歌、绘画、书法、舞蹈、音乐等才艺内容与女性的才华修养	视听材料:英文电影 A Beautiful Mind(《美丽心灵》)片段	3. Knowledge expansion:中国传统美学对美的理解(如以善为美);西方美学对美的定义和阐释(如美的自律性和非功利性)

续表

Theme（主题）	Topic（话题）	Text（文本）	Task（任务）
	4. Summary: How to be a beautiful woman	视听材料：英文歌曲 *My Heart Will Go On*（我心永恒）	4. Practice and homework: 1) Short writing: 用英文描述某女性艺术家经典艺术作品，着重指出艺术之美，100字以内；2) Writing: How to live a life of art for woman?（女性如何拥有艺术人生？150字左右）

在表1中，6T教学法中的"线索"和"过渡"这两项没有体现出来，但是教师在准备教案和实际教学过程中都要在这方面做好充足的准备。首先，"线索"指能够将文章主题及各个话题串联起来的主线。就上面这个单元中的两篇课文来说，"何为女性之美""以善为美"可以分别作为两篇文章的主线。其次，"过渡"是指一个主题中各个话题间的自然衔接。在授课过程中，教师要尽量将各个话题自然而然地衔接起来，在上面的教学案例中，建议利用表中"文本"一栏中给出的英文小诗、视频音频资料进行话题之间的过渡。从外在美过渡到内在美，再到艺术人生，要做到一环紧扣一环，层层深入，思路清晰。接下来，教师还要把上述教学框架与实际教学结合起来，为了更好地完成教学任务，教师可以采用分组教学法，在课前将班上同学分成不同的小组，为每个小组指定不同的话题，然后分配任务。在课上讨论的时候，每个小组派出代表发言，这样既可以减轻学生负担、活跃课堂气氛，也可以促使同学们互相倾听，养成互相学习的良好习惯。

三、结论

综上所述，艺术类大学英语教学中的审美教育至关重要，具有语言之美、艺术之美和成人之美三重内涵，是在教学过程中培育和践行社会主义核心价值观，培养新一代四有新人的重要举措。具体来说，我们可以从三个方面：即与艺术和美相关的学习资源开发；创设美的学习情境、陶冶和激发学生的审美情趣；依托CBI教学理念、运用6T教学法从每个教学环节入手将审美教育融入艺术类大学英语教学。这是一件很有意义的事情，在前一段教学过程中已经取得了一定的教学成果。不过，作为一件值得长期进行下去的工作，在这一领域还有很多工作值得做，很多教学策略和方法值得尝试。这件工作做好了，不仅有助于推动艺术类大学英语教学改革，提高和培养学生的英语应用能力，满足国家、社会、学校和个人发展的需要，也有助于推动目前教育界正在大力提倡的新文科建设，更新教育教学理念，回应社会对大学教书育人的关切和期待，更好地实现"立德树人""以美育人"的育人宗旨。

参考文献

[1] 牛跃辉，过玲丽. 外语教学中的"美育"探微[J]. 语文学刊，2015（9）：131-

134.

［2］王秀萍．大学英语教学中美育渗透对学生自主学习的影响［J］．长春理工大学学报（社会科学版），2011（8）：153-154.

［3］杜卫．美育三义［J］．文艺研究．2016（11）：9.

［4］王德胜．学校美育的三个难点与三重关系［OL］．2021.7.30. https：//mp.weixin.qq.com/s/WOqByMvzXOrlT-znQtBGzw.

［5］张茜．杜威美学思想观照下大学英语审美教育实践研究［D］．武汉：武汉纺织大学，2016.

［6］贺根有，李晓娟．基于CBI教学理念及主题教学模式的大学英语教学改革［J］．牡丹江大学学报，2013（7）：166.

［7］Davies S. Content Based Instruction in EFL Contexts［J］. The Internet TESL Journal，2003，9（2）：6-8.

［8］贺根有，李晓娟．基于CBI教学理念及主题教学模式的大学英语教学改革［J］．牡丹江大学学报，2013（7）：167.

［9］杨爱研．CBI主题依托模式在ESP教学中的应用［J］．上海理工大学学报（社会科学版），2021，6（2）：109.

［10］Barthes R. Image-Music-Text［M］. Translated by Heath S. London：Fontana Paperbacks，1984.

外语教师的文化自觉探讨

徐艳秋[1]

摘　要：外语教师的文化自觉问题至关重要，在外语教育方面，教师的文化自觉不仅需要对母语文化有着"自知之明"，还要对外国文化有清醒和理性的认识，在对中西方文化已有的认知基础上进行文化融合和创新。本文为外语教师文化自觉的发展提供了一定的路径，以期从文化的角度促进英语教学，推动社会主义文化繁荣兴盛发展。

关键词：外语教师；跨文化；文化自觉

语言是文化的载体，学习外语是接触和了解世界多元文化的重要手段。外语教学承载着语言本体知识的传授，更是在学生中传播和协调中西方文化的主要渠道。外语教师在跨文化教学中应首先对中西方文化差异有充分的认知和理解，提升自身对文化自觉的重视，在文化自觉和自信的基础上，将这种自觉意识传递给学生，帮助他们克服多元文化碰撞中容易出现的文化障碍和误解，使其不仅能对中西方文化差异有所认识，也能很好地继承和传递自己本土的优秀文化。

一、文化自觉和外语教学

1997年，费孝通先生首次提出"文化自觉"的概念[1]，它的出现源自全球经济一体化给每个民族和文化带来的冲击和转变。在世界各文化飞速发展并不断融合的大背景下，各本土文化在欣赏和学习其他文化的同时，也应坚持对自己的历史文化进行深入的研究，提取精粹，让其在传统的基础上推陈出新，发扬光大，这种对自己文化的自主性，即文化的自觉和自信。近年来，随着"一带一路"战略中"中国文化走出去"的重要部署，"文化自觉"的概念已经逐渐成为学术界的热点话题。

全球化的发展离不开外语的教与学，而关于外语教育的本质究竟是语言本身还是语言所反映的文化，所进行的探讨已日趋明朗，语言只是外语教育的具体内容和生动展示，文化则是外语教育的最终目的和内在灵魂[2]。在外语教学中，教师对于英美文化有着长期的接触和感悟，对于本族文化和异族文化的异同有着更加深刻的认知，往往会形成比较独特的文化价值观，而他们的文化自觉在教学实践中将对学生产生激励和示范作用。依据教育部印发的《高等学校课程思政建设指导纲要》的通知（教高〔2020〕3号）

---

[1] 作者简介：徐艳秋，北京服装学院文理学院，副教授。

精神[3]，大学外语教师的思想意识和文化价值观应进行重新构建，将中国传统文化和英美文化背景知识进行有机的对接，避免外语教学和跨文化交际中本土文化的过度淡化和缺失。目前，对于外语教师文化自觉的研究较少，方良元等[4]分析了教师文化自觉的意义、目标、原则、过程与方式，雷茹[5]认为教师的文化自觉是其建立于职业基础上的一种自觉理念与行动。

二、外语教师文化自觉的特点

1. 文化价值观的相对偏移

外语教师的身份较为特殊，因长期的专业学习和教学实践，对于国外文化较为熟悉，对于学生来说更是扮演着外国文化传递者的身份，但自身又是在中国本土文化中成长起来的，所以在文化价值观方面会存在一定的矛盾性。部分老师过于强调英美文化的重要性，认为学习英美文化是真正学好外语的唯一途径，所以无形中会淡化中国传统文化的继承和传递，本土文化意识薄弱。另外，在个人主义和集体主义、规范要求和自由精神方面的矛盾突显时，会产生一定的理念的碰撞。一些跨文化学者担忧，对于中高级的外语学习者来说，第一语言可能会因为外语的学习而受到威胁，他们"越精通另一门语言，越感到与本民族文化群体的疏离"[6]。这种削减性双语现象带来了不同文化价值观的冲突，因此，对于外语教师来说，内心必须要有所选择和平衡，要加强民族自信心和爱国主义情怀，弥补母语文化的缺失现象，要自觉地对文化差异进行融合和创新，将其吸纳入自己的文化人格。

2. 文化自觉的差异和成长

外语教师的文化自觉和价值观因各自的成长经历、教育背景以及工作和生活的环境而产生了较大的差异，主观的认知能力和文化敏感度也有所不同。这些差异使得外语教师会处于各自不同的发展阶段，而且有着自己的表现形式。有些教师能够很好地对自身形成的文化信念和教学实践进行体验和反思，产生理性的认识，从而具备了选择和创造文化的能力，实现自身的成长。从刚开始接触异族文化时的好奇和迷恋，到对文化差异和冲突的困惑，再到之后的批判和反思，继而达到文化的创新，实现文化自信的超越，这一系列的过程就是教师文化自觉的成长。

三、外语教师提升文化自觉的途径

1. 加强教学实践中的文化指向

外语教师的专业发展是教师和特定的多元文化环境相互发生作用的过程，教师首先应在日常的教学活动中强化多元文化意识的培养。目前，对于我国大学英语教学的现状仍有很多争议，教学重点在很大程度上还是集中在英语语言本身的知识和技能的训练上。鉴于此，教师在教学实践中应主动调整教学行为，将语言层面的知识和技能与文化相关联，增强其文化指向性。语言是文化的反映，在语言的词汇、结构和篇章方面以及语言技能等层面都可以渗透文化的教学，尤其是中外相异的文化因素。例如，在汉英两种语言中，不同的句式和语法特征正是源于汉英两个民族不同的思维方式和文化渊源，汉文化注重顿悟和含蓄，其很强的领悟式和整体型思维形成了汉语概括力强、注重意合、以意义驾驭形式的语法特征，而西方哲学则是理性主义的，注重分析实证型思维，因此英语注重形合，有着严谨的语法体系，句子结构主谓二分法，各词类和从句都有明显的标记，诸如此类的差异都应该成为教学中的重点。教学相长，在备课和授课的过程中，教师的文化敏感度和母语文化素养都会有所提升，形成良好的专业发展轨迹，同时也会影响学生对民族文化的认同和吸收。

2. 提升文化反思和创新意识

一名合格的研究型老师必须具备对自己的教学理念和教学实践进行反思的能力，这也是外语教师提高文化自觉的重要因素。反思内容包括日常的语言知识和技能层面的教学活动，以及在文化传递、传承和创新方面的教学理念，反思的形式除了简单的回顾和梳理，还应有过程和策略的审视和分析。外语教师要反思自己的文化责任和文化选择是什么，能否促进跨文化教学的健康和良性的发展。文化的创新是建立在反思的基础上的，在当今全球一体化以及多元文化碰撞的大时代，外语教师要在教育活动中搭建好中西方文化沟通的桥梁，对西方文化和价值观有正确的解读和介绍，对我国本土的优秀传统文化有所维护和传承，以开放和包容的心态去分析和比较中西方文化的异同，吸收外来文化中的精髓部分，对两者进行整合和创新，从而令我们的本土文化焕发出新的生命力。外语教师应引导学生树立正确的态度和立场，在学习和了解外国文化的同时，铭记本土的才是根本的，避免成为其他文化的附庸。

3. 外部因素的优化

除了教师自身的自我成长需求和实践对文化自觉的提升起到重要作用外，一些外部因素也有着不可忽视的影响。政策性和纲领性的指导还有待完善。由于缺乏自上而下的政策的指引，很多教师即使有意向学生传递文化信息和培养跨文化思维力，其行为也往往是零碎和不成体系的，深层的文化内涵较难挖掘出来。另外，国内主流的外语教材主要还是以西方的价值观和传统文化为背景和导向，即使涉及我国传统文化知识，也是浅尝辄止，所占比例极小，学生也反映，应在英语教材中增加与中西方文化相关的内容[7]。适合用作学生课外阅读材料的英译中国传统文化典籍也有待进一步丰富和成熟化。对于高等院校来说，应为外语教师搭建校际和国际的文化和学术交流平台，建立长效的互动机制，以帮助外语教师加强文化素养的提高和发展。

四、结语

国家"一带一路"倡议的实施突显了外语语言和文化学习的重要性，英语教师的特殊身份尤其是自身的文化自觉对于树立学生的文化价值观至关重要。如何提升自己的文化素养和教学理念，如何在教学中加强文化构建，增强学生对中西方文化的敏感度和鉴别力，树立民族自信和文化自信是需要思考的重要课题，唯有如此，才能使师生双方成长为具有民族情怀和全球视野的全方位人才。

参考文献

[1] 费孝通. 反思·对话·文化自觉[J]. 北京大学学报（哲学社会科学版），1997（3）：15-22.

[2] 边永卫. 试论外语/二语学习者的自我认同观[J]. 天津外国语学院学报，2003（3）：27-34.

[3] 教育部. 教育部关于印发《高等学校课程思政建设指导纲要》的通知（教高〔2020〕3号）[EB/OL]. http：//www.gov.cn/zhengce/zhengceku/2020-06/06/content_5517606.html.

[4] 方良元，陈炜. 对教师文化自觉的理性认识[J]. 教育探索，2012（2）：16-17.

[5] 雷茹. 文化自觉：教师专业化发展必然的选择与基本要求[J]. 湖北广播电视大学学报，2012（11）：115-116.

[6] 张珊. 中国外语教育的文化自觉[J]. 外语教学，2017（3）：7-12.

[7] 袁小陆，赵娟，董梅. 外语教育中的文化自觉培养现状与归因研究[J]. 外语教学，2017（3）：56-61.

中国传统服饰文化英译语境分析[1]

肖海燕[2]

摘 要：中国服饰文化博大精深，让中国传统服饰文化和现代设计理念走向世界，离不开服饰领域的对外翻译与传播。中国传统服饰文化英译是一个跨语言、跨文化、跨时空的交际行为，受到一系列复杂而多层次的语境因素的制约，理解服饰翻译语境是开展服饰对外翻译的基础。本文从语言语境、情景语境和文化语境三个角度对中国传统服饰文化英译语境进行分析，以期对中国传统服饰文化英译实践有所启示。

关键词：服饰文化；翻译；语言语境；情景语境；文化语境

服饰是人类特有的劳动成果，它既是物质文明的结晶，又具有精神文明的内涵。从服饰起源的那天起，人们的生活习俗、审美情趣、色彩爱好、文化心态、宗教观念等都逐渐沉淀于服饰之中，形成了丰富的服饰文化内涵。中国服饰文化丰富多彩，其多样的款式、独特的风采、鲜明的色泽和精湛的工艺构成了中华民族博大深邃的服饰文化。在中国文化走出去的大背景下，服饰文化作为中国文化中重要的一部分，其外译日益受到学界关注。服饰文化外译不仅是文字上的转换，而且涉及习俗、传统、审美、社会、文化等多方面因素，需要在对具体翻译语境进行分析的基础上，采取灵活的翻译策略。

"语境"对应的英文为"context"，即语言环境，指运用语言进行交际的具体场合，包括使用语言的一切客观因素。1923年，英国人类学家马林诺夫斯基（Malinowski）根据亲身社会实践，第一次比较系统地提出了语境思想，对后来语言学的发展产生了巨大影响。语言的意义是在实际使用中产生的，也只有根据具体语境才能得以确定。因此，语言的理解和使用离不开语境。翻译作为一个跨文化交际行为，其语言转换过程也不能摆脱语境的制约。英国翻译学者彼得·纽马克（Newmark）认为[1]："语境在所有翻译中是最重要的因素，其重要性大于任何法规、任何理论、任何基本词义。"我国翻译学者傅敬民也曾指出[2]，语境因素对于语言形式及其所要的意义起着制约和解释作用，同时也制约着翻译过程中对该语言形式的理解和表达。

翻译语境主要指翻译活动发生的社会和文化环境。对于"翻译语境"的定义，不同

---

[1] 资助项目：北京市教委社科项目"一带一路战略背景下的中国服饰文化译介研究"（项目编号：SM201910012004）；北京服装学院高水平教师队伍建设专项资金项目"基于英汉双语多模态语料库的中国传统服饰文化译介研究"（项目编号：BIFTXZ202005）。

[2] 作者简介：肖海燕，北京服装学院文理学院，副教授。

学者有不同观点。美国人类学家丹尼尔·肖（Shaw）将翻译语境定义为"翻译过程中聚合起来的文化互动的总和"[3]。德国认知语言学者格特（Gutt）认为[4]，翻译语境指交际参与者对外部世界的某种假设。我国翻译学者李运兴认为[5]，翻译语境指的是"跨语言/文化交际实践发生时，译者为实现交际意图所调动起来的心理世界因素的总和。"翻译作为一种特殊的跨语言的交际活动，涉及诸多语境因素。而语境是一种语言现象或与语言使用有关的现象，指产生的语篇或文本所处的语言环境和超语言环境。翻译语境制约着翻译活动，反过来翻译活动又依赖于翻译语境。

翻译不可能在真空状态下进行，它发生在一定的社会文化语境中，依托特定的历史背景，必然会受到特定时代或特定社会文化语境的影响。由于语境因素的存在，译文读者和原文作者在生存状态、文化心理、审美倾向等各方面必然存在距离，这就需要译者以跨文化跨语言跨时空信息使者的身份，在原文和译文读者之间架起沟通的桥梁。本文从语言语境、情景语境和文化语境三个方面，结合中国传统服饰汉译英实例，对中国服饰文化英译语境进行分析，并探讨语境意识对译者翻译行为的指导作用，以期对中国服饰文化外译有所启示。

一、语言语境

语言语境（linguistic context）即上下文，指语篇所在的语言环境。语境是衡量词义选用得是否正确恰当的依据。在篇章翻译中，译者必须联系语境因素来理解原文的词汇含义、句法结构、惯用法、逻辑关系等。当原文中的词、词组或句子有几种不同的理解时，就应该仔细推敲，联系语言发生的语境，根据逻辑推理来决定哪一种是确切的译法，并且利用文化背景知识深入理解原文，使译文的表达更加确切。另外，由于汉语和英语分属两种不同的语系，两者在句式及表意方式上也完全不同。汉语属意合语言，形散神聚，注重音韵节奏；英语属形合语言，句子结构严谨，层次清楚，逻辑一目了然。汉译英是两种不同的语言系统之间的转换，不同的语言语境赋予原文和译文不同的形式特征和表意方式。因此，翻译时需要根据具体的语言语境灵活处理。

例1 原文：肚兜做工讲究，题材广泛，以吉祥纳福、祛灾避邪、生殖崇拜、祈求多子多福为主要内容，逐渐成为特殊节令节日的人情礼物。

译文：Bellybands of exquisite workmanship come to be accepted as the gift of returning favor on the special or seasonal occasions with wide-ranged themes of patterns, including yearning for auspicious and happy life, warding off disasters and evils, upholding reproduction and praying for many children and much bliss.

分析：例句原文说明中国传统服饰肚兜的做工、题材及用途，由四个流水分句构成，中间没有任何连词或其他的语言手段来衔接，分句间的逻辑关系隐含在字里行间，鲜明体现了意合语言的特点。此外，例句原文大量使用四字格短语，如"做工讲究""题材广泛""吉祥纳福""祛灾避邪""生殖崇拜""多子多福"等，结构工整，读起来朗朗上口，体现了汉语声调语言的特点。但英语作为形合语言和语调语言，具有完全不同的特点，在行文习惯和表达方式等方面存在明显差异。英文表达注重语言的形式逻辑，所以例句英译文舍弃了原文的流水句式和韵律，采用归化的翻译策略，改变原文的词法、句法结构。首先，译文通过句式转换将原文的主动结构译为被动结构，构建起以"bellybands come to be accepted as the gift of …"为主干的复杂句；"做工讲究"译为"of exquisite workmanship"做后置定语；原文中位于中心词前面的定语"特殊节令节日的"译为"on the special or seasonal occasions"也作为后置定语；原文的四子格短语在译文中变成了能清楚传递原文信息但长短不一的短语，不再体现原文的节奏和音韵。经过译者的灵活处理，英译文层次清楚，焦点突出，体现出形合语言的特点，顺应英语语言语境，符合英文的表达习惯。

二、情景语境

情景语境（situational context）一般指语篇所涉及的具体场景、事件、参与者等。语言交际过程是人类在一定的情景中以适当的方式表达自己意图的过程。具体而言，情景语境指与交际相关的任务、场合、时间、社会背景等相关因素的总和。翻译并不仅仅是简单的语言符号的转换，有时还需要译者把原文同其所表现的客观世界联系起来。如果不注意情景语境，译文往往容易表达不得体或词不达意，令读者不知所云。在认真分析情景语境的基础上，译者不仅可以将原文信息忠实传递出来，还能更好地处理那些表面看来简单、实则在具体情景下才能理解的翻译问题。译者可以发挥形象思维，推测言语中所反映的交际画面，从而把语言符号和它们所表现的客观世界联系起来，从而实现得体的翻译。

例 2 原文：1978 年，中国改革开放之初，正值喇叭裤在欧美国家的流行接近尾声之际，中国的年轻人几乎一夜之间就穿起了喇叭裤，这股流行风尚传遍了全中国。

译文：In 1978, it was about the end of bell-bottomed pants' popularity in Europe and America when China opened its door to outside world. Bell-bottomed trousers became popular among young people in China overnight and then were quickly spread to the whole country.

分析：汉英翻译时，译者要善于充分捕捉原文所承载的信息，再现原文的交际情景，让英语读者充分了解原文的语境意义。例句原文用简单的时间线铺垫，描述改革开放之初，喇叭裤在中国流行的现象，句子由若干流水分句构成，是典型的意合语言特征。从情景语境角度来看，原文具有语域标志结构"正值……之际"，是较为正式的表达，比常用的"正当……的时候"的表达方式要正式得多。由此推断，例句原文是学术类、报道类等严肃文体中的句子，情景语境方面属于正式交际场景，而非聊家常似的非正式场合的语言。在汉译英过程中，译者为再现原文的情景语境，使用了同样体现正式语境特点的"it was... when..."的强调句结构，这一结构强调喇叭裤在中国开始流行的时代背景，有助于不了解中国服饰发展历史的英语读者更清楚地了解喇叭裤在中国的流行特点。同时，译文为体现表达的严谨性，用拆译的方法将喇叭裤的流行与其所处的背景分译为两句，且英译文第二句将原文的后两个分句进行整合，由"and"连接两个谓语。这样，译文清楚再现了原文的逻辑关系，并对原文所包含的信息进行了全面而准确的传递，充分再现了原文的情景语境，有利于读者轻松解读译文。

三、文化语境

文化语境（cultural context）指语篇所涉及的文化社会背景，它主要包括文化习俗和社会规范，前者指人们在社会生活中世代传承、相沿成习的生活模式和习惯，后者指一个社会对言语交际的各种规定和限制。语言和文化总是紧密相连的，翻译作为一种语言交际行为不仅是一种跨语言的活动，也是一种跨文化的活动。一般来讲，翻译是将一种文化中的语言信息向另一种文化中传递，如果不考虑原文和译文所处的文化语境，不了解译文读者的文化背景和阅读期待视野，在翻译过程中就不能准确而充分地传递原文信息。

例3　原文：西兰卡普被称作"土家之花"，在土家族人民生活中有着实用的、礼俗的和审美的三方面意义，不仅以经久耐用著称，而且是土家族婚俗中的主要嫁妆。

译文：Xilankapu brocade, the most famous handicraft of Tujia ethnic group that have practical, ceremonial and aesthetic values in people's life, is not only famous for its outstanding durability, but also the principal dowry in Tujia wedding customs.

分析："西兰卡普"是一种土家织锦，在土家族语言里，"西兰"是铺盖的意思，"卡普"是花的意思，它是土家族人民的智慧和技艺的结晶，是中华民族文化中一种独特的存在。为了将这一中国特色文化体现出来，并满足英美读者了解中国文化的愿望，译者保留其"异味"，用异化的策略将其音译为"Xilankapu"。同时，考虑到英语读者的文化背景，为帮助他们理解这一具有文化特色的术语，译文附以 brocade 对"Xilankapu"进行补充说明。译文对原文中的"土家族"一词也采用近似的翻译策略，用音译法保留了"Tujia"所带给英语读者的异国情调，然后以"ethnic group"来对其进行补充说明，使英语读者在领略译文中的异国风情的同时，也能理解原文所传递的信息。除本例句中的音译加注译法外，有时根据所译文化意象在文中的地位或出现频率也可以采取其他灵活的译法。下面再举一例进行说明。

例4　原文：在中国的神话传说中，中华民族的祖先轩辕黄帝的元妃"嫘祖"，是公认的养蚕取丝的始祖。古代皇帝供奉她为"蚕神"。

译文：In Chinese legend, Leizu, the royal concubine of the Yellow Emperor, was the first one to raise silkworms and make silk. The ancient Chinese emperors all worshipped her as the silkworm goddess.

分析：轩辕黄帝和嫘祖是中国传统文化中的两个重要人物。其中，轩辕黄帝即古华夏部落首领黄帝，居轩辕之丘，号轩辕氏。黄帝以统一华夏部落与征服东夷、九黎族而统一中华的伟绩载入史册。他在位期间，播百谷草木，大力发展生产，始制衣冠、建舟车、制音律、作《黄帝内经》等，被尊为中华民族的人文初祖。嫘祖，又名累祖，为中国远古时期西陵氏之女，轩辕黄帝的元妃。她发明了养蚕，并首倡婚嫁，母仪天下，福祉万民，和炎黄二帝开辟鸿茫，告别蛮荒，被后人奉为"先蚕圣母"，系中国先祖女性中的杰出代表。嫘祖与炎帝、黄帝同为中华民族的人文始祖。例4对这两个人物的名字采取了不同的翻译方法。译文将"嫘祖"译为"Leizu"，采用音译的方法保留了原文文化意象所具有的异国情调，是典型的异化翻译。"嫘祖"这个人物的文化内涵在下文的"蚕神"传说中进行了具体阐释，有助于外国读者理解"Leizu"这个英语中的音译外来词。"轩辕黄帝"的译法有所不同，译者遵循传统译法将其译为"the Yellow Emperor"，采用的是直译的方法。译文略去原文中的"轩辕"二字不译，是一个典型的归化式处理，因为上下文中轩辕黄帝只是作为介绍嫘祖的背景信息，这样可以减少"黄帝"这个人物名字上负载的文化信息，将读者的注意力导向嫘祖以及与丝有关的历史文化。可见在服饰汉英翻译中，对于具有中国特色的文化意象的翻译，需要在理解文化与语境的基础上，结合文化意象在上下文叙事中的作用以及读者的认知需要进行灵活处理。

四、结语

语境分析在翻译过程中起着非常重要的作用，因为语境影响着对语言形式和意义的理解与表达，这种影响是多层次的。要使译文接近信达雅的标准，译者应考虑翻译语篇所在的语言语境，做到选词准确，上下文连贯，信息传递充分；要使译为表达得体，译者还应发挥形象思维，联系语篇所描述的情景语境；为保证译入语读者对译文的理解，译者还应结合文化语境，恰当处理原文中的文化负载词，适当使用异化和归化策略，必要时加以行文解释或文外注释，真正担负起文化交流使者的责任。对于具有丰富的中国文化内涵的中国传统服饰文化来讲，译者在英译过程中应充分考虑到语境的影响以及这种影响的复杂性，从语言语境、情景语境、文化语境和认知语境等方面进行综合考虑。总而言之，中国服饰文化英译是一个在多重语境因素制约下的跨文化跨语言跨时空的交际行为，要实现中国丰富多彩的服饰文化真正走向世界，需要译者在洞悉翻译语境的基础上，具体问题具体分析，运用灵活的翻译策略，使译文达到充分性和可接受性的完美同统一，以推动中国服饰文化走向世界。

参考文献

［1］ Newmark P. Approaches to Translation［M］. Oxford：Pergamon Press，1982.

［2］ 傅敬民，等. 英汉翻译辨［M］. 北京：对外翻译出版公司，2005.

［3］ Shaw R. The Translation Context：Cultural Factors in Translation［J］. Translation Review，1987（23）：25-29.

［4］ Gutt E. Translation and Relevance：Cognition and Context［M］. Shanghai：Shanghai foreign Language Education Press，2004.

［5］ 李运兴. 论翻译语境［J］. 中国翻译，2007（2）：56-62.

［6］ Nida E A. Language and Culture．contexts in Translating［M］. Shanghai：Shanghai Foreign Language Education Press，2001.

［7］ 彭利元. 再论翻译语境［J］. 中国翻译，2008（1）：30-32.

艺术专业学生英语学习元认知能力实践与研究

薛凤敏[1]

摘 要：元认知能力指个体有意识地理解和操纵自己认知过程的能力。探索如何培养艺术专业学生的英语学习能力是大学英语教学中的重要组成部分，而元认知能力也是其中之一。通过调研问卷、访谈等方式对艺术专业学生在英语学习中的元认知能力进行了研究，发现艺术专业学生具有一定的认知知识，但是在认知调控方面有所欠缺；通过有针对性地对学生进行元认知训练实践，发现元认知训练有助于加强艺术专业学生对学习过程的规划、监控、评估和调节，有效地提高学习主动性和英语成绩；提出学习者元认知能力的提升以及认知调控的训练是教师在艺术专业学生英语教学中不可忽视的一个方面。

关键词：元认知；认知知识；认知调控；元认知训练

一、研究背景

个体在处理信息解决问题的过程中，不仅需要解决问题的策略、方法，更需要通过对任务、自身能力和环境的认识和评估，为达成目标而计划、监测、检查、规范、评估、反思、协调这些策略、方法的能力，这些都是解决问题的关键因素。也就是对认知的认知，是一种心理活动，即元认知。元认知能力一直是二语学习中研究者关注的问题。

在我国，许多研究者的研究倾向于元认知策略的使用与二语学习的关系，如朱雪[1]研究了元认知策略与大学英语四级成绩的关系，发现二者之间呈正相关关系，同时还对比了不同英语水平的学生的元认知使用情况。Zhang[2]研究了贵州大学英语专业学生英语阅读中的元认知策略；陈琼[3]研究了英语专业学生元认知策略的应用。与英语专业和学习大学英语的其他专业学生相比，艺术专业的学生在英语学习方面具有一定的特殊性：由于入学前专业投入时间较多，造成了文化课基础薄弱、英语学习缺乏学习自主性等特点[4]。但是，针对艺术专业学生元认知能力的实证研究为数并不多。其中刘敏、宋楠[5]采用调查问卷和访谈的方式，调查了艺术专业和英语专业学生在英语学习方面的现状差异，发现相对于英语专业学生来说，艺术专业学生对英语的喜欢程度和畏难情绪上

---

[1] 作者简介：薛凤敏，北京服装学院文理学院，副教授。

存在着差异，并在此基础上提出了走学术英语的道路、对学生进行元认知培训等建议，但该研究并未对艺术专业学生的元认知意识和元认知策略的使用情况进行调查和具体分析。赵小亮[6]把元认知策略分为计划、监控和评价，对低年级的艺术类大学生的元认知策略的使用频率进行了调查，发现元认知策略的总体使用频率偏低，认为"教师应结合学生的整体水平对学生进行显性元认知策略培训"，但未对如何对学生进行培训以及培训后的效果如何进行探讨。

相对于其他专业学生来说，艺术专业学生虽然为数不算众多，但也是大学生中的一个重要群体，探索如何培养艺术专业学生的英语学习能力也是大学英语教学中的一个不可或缺的组成部分。因此，本文将通过实证研究探讨元认知能力训练是否对艺术专业学生的英语学习产生影响。

二、元认知与元认知测量

1. 元认知概念

元认知概念最早由美国心理学家 John Flavell 提出。Flavell[7]在《元认知与认知监控》一文中指出，各种认知需要通过元认知知识、元认知体验、目标（或任务）和行动（或策略）四类现象的相互作用来实现，其中元认知知识是作为认知个体的人根据认知任务、目标、行动和经验而存储的世界知识，元认知体验是伴随任何智力活动以及与之相关的任何有意识的认知的情感体验，目标（或任务）是指认知活动的目标，行动（或策略）是指为实现这些目标而采用的认知或其他行为。元认知是认知活动过程中的重要组成部分。元认知是一个抽象的概念，同时又具有广泛的含义，因此不同研究者对元认知的含义提出了不同的看法。Brown 等[8]把元认知划分为元认知知识和元认知策略。Pintrich 等[9]把元认知划分为三个组成部分：元认知知识、元认知判断与监控、自我调节与控制。

Lai[10]通过总结梳理众多研究者的观点，提出元认知包含两个组成部分：元认知知识和元认知调控。元认知知识指关于认知的知识，包括陈述性知识（即关于学习者本身和影响学习的因素的知识）、过程性知识（即关于学习策略的知识）以及条件性知识（关于何时以及为什么使用策略的知识）。元认知调控是对个体认知过程的跟踪、监控，包括计划活动、对理解和完成任务情况的监控，以及对监控过程和策略效能的评估。可以说，元认知知识是关于认知的知识，是一个人储备的关于学习的静态知识，元认知调控是对认知过程的调节和控制，是个体在学习过程中采取的具体监控学习过程的心理活动，因此，许多研究者把这两方面称为认知知识和认知调控，即元认知由认知知识和认知调控两部分构成。

2. 元认知能力测量

由于元认知不是一种显性行为，而是一种内在意识，个体本身很难清晰地意识并描述这种意识的存在，因此元认知能力的测量就成为一件比较困难的事情。

首先，测量工具的选择，即用什么来测量。元认知的测量工具通常可以分为两类，一种为个体的自我报告，如问卷和访谈；另一种为客观行为测量，如系统观察和有声思维。但是有声思维方式由于需要学习者一边处理问题一边报告他们处理问题的思考过程，势必会对处理问题产生影响，而系统观察对象人数少，很难大规模进行。调查问卷尽管有其缺点，如有些被调查对象可能反映的不是其真实情况，但其优势更多一些，如调查对象可以人数众多，操作简捷，客观真实，而访谈便于更深入地了解调查对象的真实想法[11]。因此许多研究者多倾向于使用问卷和访谈的方式来测量元认知。

其次，测量内容的选择，即测量什么。测量内容的选择实际上更多地反映了对元认知概念的理解。Purpura[12]经过一系列信度和探索性因素分析，最终将元认知策略问卷所包含的题项从40项减少到30项，分别代表4个策略类型变量和2个基本过程类型变量。Dowson[13]开发了目标定向和学习策略调查问卷（GOALES-S），旨在测量三个学业目标、五个社会目标、三个认知策略和三个元认知策略，Dowson对此问卷进行了效度验证，但也说明此调查问卷更适用于中学生。Schraw和Denisson[14]开发了元认知意识量表（MAI），通过因子分析可知，元认知由认知知识和认知调控构成，认知知识子量表涵盖三个因素，认知调控子量表涵盖五个因素。可以看出，许多研究者开发的调查问卷多是测量学习过程中所采用的具体的元认知策略，而Schraw和Denisson的元认知意识量表与上述众多研究者提出的元认知概念一致。因此本研究将采用此量表作为研究工具之一。

三、研究过程与结果分析

1. 研究对象

本研究的研究对象为某大学艺术专业二年级学生。该大学在学生入学时进行英语分班测试，根据测试成绩将学生分为A级、B级和C级。其中A级学生英语水平最高，B级为中等，C级为英语水平最弱班，而C级中艺术专业学生占多数。因此，本研究选取艺术专业C级学生为研究对象，更有利于发现艺术专业学生在英语学习过程中元认知是否存在问题以及元认知能力的培养是否有利于提高艺术专业学生的英语成绩。选择二年级学生作为研究对象的原因如下：第一，二年级学生积累了一定的英语学习经验，对自己的学习过程有比较成熟的理解，这使他们能够有意义地参与问卷中的问题回答。第二，大学期间一年的英语学习提供了一个相对稳定的成绩衡量指标。

2. 研究工具

（1）两套英语水平测试试卷。试卷题型、难度相同，均为大学英语二级难度。两套试题均从试题库随机选出。随机抽出一套试卷为前测试卷，另外一套试卷为后测试卷。

（2）调查问卷。本研究中所使用问卷以Schraw和Denisson开发的元认知意识量表（MAI）为基础，对其中一些问题进行了修改。修改原则是使问卷问题对英语课程的学习更具有针对性。例如，第四题原题为"为了有足够的时间，我会调整节奏"，修改为"为了有足够的学习英语的时间，我会调整学习节奏"；第9题原题为"当我遇到重要信息时，我会慢下来"，修改为"当我遇到重要的语言点时，我会慢下来"；第33题原题为"我发现自己能自动使用有用的学习策略"，修改为"我发现我在英语学习中能自动使用有用的学习策略"等。本量表共包含52个题项，2个维度，用以测量认知知识和认知调控，其中认知知识子量表包含3个因素，分别为陈述性知识（对自身优势和劣势的认识，涉及题项为 5、10、12、16、17、20、32、46)、过程性知识（关于策略的知识，涉及题项为 3、14、27、33）以及条件性知识（关于为什么和何时使用这些策略的知识，涉及题项为 15、18、26、29、35）。认知调控子量表包含 5 个因素，分别为计划（涉及题项为 4、6、8、22、23、42、45）、信息管理策略（涉及题项为 9、13、30、31、37、39、43、47、48）、监控（涉及题项为 1、2、11、21、28、34、49）、排错策略（涉及题项为 25、40、44、51、52）、评估（涉及题项为 7、19、24、36、38、50），用以测量目标设定、实施、评估学习策略的使用，错误纠正以及对学习效果的分析。量表为五级李克特量表，数字 1~5 用以表示受访者对该题项的同意程度：1 表示"我从未或几乎从未这样做"，2 表示"我很少这样做"，3 表示"我有时候这样做"，4 表示"我经常这样做"，5 表示"我总是或几乎总是这样做"。分数越高表示受试者越同意该项内容。完成该问卷大约需要 20 分钟。

3. 研究过程

研究开始于 2020 年 9 月，共分为两个阶段。

（1）第一阶段：问卷调查、前测和访谈。

为了不影响课上进度，笔者选择在开学初的一次课后对艺术班学生进行问卷调查。笔者对学生解释了问卷调查的目的。发放调查问卷 70 份，最终收回有效问卷 67 份。随后，实施前测。同样为了不影响正常课程进度，前测在 U 校园线上进行，要求学生在规定时间内独立完成测试，同时告知学生本测试目的，一方面是为了了解学生英语实际水平；另一方面为了使学生认真对待，本测试将作为平时成绩的一部分，请学生务必独立完成。笔者运用社会科学统计软件 SPSS17.0 对数据进行了分析。

第一，通过 Pearson 相关分析法探索了元认知各组成要素与前测成绩之间的关系，结果见表 1。从表 1 可以看出，元认知各组成要素与前测成绩都存在着显著相关，$p = 0.000$，也就是说，前测成绩随着元认知水平的提高而提高。还可以看出，陈述性知识、计划、监控和评估与前测成绩的相关系数都在 0.8 以上，排错策略也接近 0.8，说明这几个要素与成绩的相关性非常高。过程性知识、条件性知识和信息管理策略相关系数略低，但仍然呈显著正相关关系。

表 1　前测成绩与元认知因素相关性矩阵

项目	前测	陈述性知识	过程性知识	条件性知识	计划	信息管理策略	监控	排错策略	评估
前测	1								
陈述性知识	0.815**	1							
过程性知识	0.628**	0.614**	1						
条件性知识	0.653**	0.659**	0.688**	1					
计划	0.892**	0.788**	0.580**	0.624**	1				
信息管理策略	0.702**	0.652**	0.523**	0.502**	0.758**	1			

续表

项目	前测	陈述性知识	过程性知识	条件性知识	计划	信息管理策略	监控	排错策略	评估
监控	0.887**	0.746**	0.593**	0.603**	0.874**	0.725**	1		
排错策略	0.799**	0.732**	0.530**	0.605**	0.796**	0.670**	0.754**	1	
评估	0.899**	0.784**	0.521**	0.545**	0.901**	0.750**	0.897**	0.805**	1

**在0.01水平（双侧）上显著相关。

第二，对认知知识和认知调控的得分进行了配对样本 t 检验，结果如表2所示。由表2可以看出，认知知识的得分为2.9±0.36，认知调控的得分为2.50±0.50。对它们进行统计学检验后，得到 $t=12.089$，$p=0.000$，小于0.01，存在统计学差异，说明认知知识的得分和认知调控的得分存在显著差异，认知知识的得分显著高于认知调控的得分，说明学生的认知知识要好于认知调控。

表2 认知知识与认知调控配对样本 t 检验结果

项目	认知知识 M±SD	认知调控 M±SD	t	p
得分	2.9±0.36	2.50±0.50	12.089	0.000

第三，对元认知各元素的得分情况进行了描述性统计分析，结果见表3。由表3可以看出，认知调控中的各个因素的得分均值和中值均小于认知知识各因素的得分的均值和中值，进一步从各个要素说明学生虽然拥有一定的认知知识，但在认知调控方面做的较差。

表3 元认知各元素描述性统计

项目	认知知识				认知调控				
	陈述性知识	过程性知识	条件性知识	计划	信息管理策略	监控	排错策略	评估
均值	2.8843	2.9104	3.1194	2.5650	2.4013	2.4371	2.6836	2.4055
中值	2.8750	3.0000	3.2000	2.4286	2.3333	2.4286	2.6000	2.3333
标准差	0.38516	0.42796	0.41496	0.68215	0.38682	0.58049	0.47117	0.60178

通过以上问卷调查分析，表明艺术专业学生具有一定的认知知识，但是在认知调控方面做得比较欠缺。说明认知知识和认知调控是独立发展的，认知知识并未转化为高度的调控能力。这与Schraw和Dennison的研究结果一致，其研究结果表明，成年学生在元认知知识方面的差异并没有他们在调控技能方面的差异那么大。调控能力强者表现更好，显示出比调控能力低者更具有信心和准确性。因此，我们可以推断艺术专业学生的

元认知能力的欠缺更多体现在对认知过程的调控方面。英语成绩与认知知识和认知调控的相关性也证实了 Everson 和 Tobias[15]的研究结果，他们曾就认知调控与大学学习之间的关系进行了研究，结果表明，调控能力与英语、人文学科和学生总体 GPA 的期末成绩之间存在显著相关性。因此，元认知能力的培训应该更注重认知调控的培训。

为了进一步了解艺术专业学生对英语学习的看法，笔者又选取了 6 名学生进行了深度访谈。问题 1：是否有自己的长远英语学习目标？其中有 2 位同学回答的是希望过国家英语四级，四位同学认为自己无法通过国家英语四级，所以也不想以此目标，只希望能通过期末考试。问题 2：英语学习过程中是否制订了具体的学习计划？1 位同学回答自己计划了每天阅读一篇英语短文，5 位同学说没有具体学习计划，只能抽时间完成老师布置的作业。问题 3：在英语课后，是否对自己课上所学内容进行过反思？1 位同学回答课后会复习单词和重点句子的理解，5 位同学说很少在下课后再去考虑课上学习的内容。问题 4：英语学习中的障碍是什么？6 名同学都提到了基础弱，而且专业学习压力大，英语学习时间有限，3 位同学提到将来自己可能在工作中用不到英语，没有学习英语的动力。

(2) 第二阶段：元认知训练实践及后测。

根据问卷调查和访谈调查结果，笔者有针对性地对艺术专业学生的英语学习进行了元认知训练实践。训练包括两方面：认知知识培训；认知调控培训。

首先，为使学生了解教师采取措施的意义，认真对待教师将要采取的措施，笔者在课堂上向学生简要讲解了元认知的概念以及元认知能力对英语学习的意义。其次，采取明确的元认知培训措施，即：

(1) 认知知识培训在课堂上由教师在课程讲解过程中穿插进行，如英语篇章阅读策略、单词记忆策略、听力策略以及何时使用何种策略等。

(2) 认知调控培训由教师和学生协同进行，采取教师指导、学生具体实施的方式。具体如下：第一，要求学生根据自己的基础制订切实可行的学习目标。第二，根据目标确定学习计划。学习计划要求学生具体分为：每周阅读文章数量、阅读字数、通过百词斩学习单词数量。第三，监控学习过程。监控方式有三种：自我监控、小组监控、教师监控。自我监控：要求学生准备笔记本，此笔记本可用于两种用途，一部分用于上课时做笔记，一部分用于记录自己学习计划和过程。小组监控：学生自愿组成小组，每组成员 3~5 人，小组可由同宿舍成员、同专业或关系好的同学组成，目的是组员之间能够互相了解、互相督促。教师监控：教师每周检查一次学生的学习记录，及时给予反馈，对不能按计划完成的学生及时督促，对完成好的学生予以鼓励，并对学有余力的学生及时调整学习计划。

元认知训练实践为期八周，在第九周对学生进行了后测。

笔者对前测后测结果通过 SPSS17.0 进行了对比分析，分析方法为配对样本 t 检验，检验结果见表 4。配对样本 t 检验对比分析了前测成绩与后测成绩，以了解受试者后测成绩与前测成绩相比是否发生变化。表 4 显示，受试者前测成绩与后测成绩存在着显著性差异，$t = -3.546$，$p = 0.001$，后测成绩（$M = 59.73$，$SD = 9.21$）显著高于前测成绩

（$M=56.39$，$SD=8.52$），即后测成绩比前测成绩高出2.34分。

表4　前测成绩与后测成绩配对样本 t 检验结果

项目	前测成绩 $M±SD$	后测成绩 $M±SD$	t	p
得分	56.39±8.52	59.73±9.21	-3.546	0.001

后测成绩比前测成绩有了显著提高，除元认知训练实践带来的影响外，也可能有学生经过八周的学习产生的效应，也就是我们需要考虑，即使没有元认知培训，学生经过八周的学习之后成绩也有可能提高。为此，笔者进一步对部分学生进行了访谈，其中75%的受访学生认为，元认知训练有利于自己的英语学习，82%的学生认识到了制订学习目标的重要性，77%的学生认识到在学习过程中的监控、评估和调节修改的重要性，提高了自己的自主学习能力，同时也增强了对英语学习的兴趣。由此可以看出，后测成绩与前测成绩的显著性差异尽管可能有其他因素的参与，但元认知训练实践是带来变化的一个重要因素。

四、结语

元认知是一种高级思维过程，是对认知过程的主动管理与控制[11]。元认知能力使学习者可以更好地管理、指导、调控自己的学习过程，做好学习目标规划，学习过程监控和分析，并对学习策略加以调节，从而帮助学习者获得更高的成绩和更好的学习结果。

研究发现，艺术类学生在大学入学之前的英语学习中投入时间较少，造成底子薄弱、基础差，从而失去了对英语的兴趣，在英语学习中缺乏主动性，缺乏目标感和对学习过程的管理。为期八周的元认知训练实践证明，对艺术专业学生进行元认知培训，可以增强学生的元认知意识，提升目标感，加强学生对学习过程的规划、监控、评估和调节，有效地提高学生的学习主动性和英语成绩。

对于教师而言，需要意识到语言教学的一个重要方面是教会学习者如何更有效地学习，在语言教学中不仅要教授语言内容，还要教授学习者如何管理学习过程。根据具体情况对学习者进行认知知识和认知调控的培训，从而帮助学习者提升元认知能力是英语教学中不可忽视的一个方面。

参考文献

[1] 朱雪. 元认知策略与大学英语四级考试阅读成绩的相关性研究[J]. 考试与评价·大学英语教研版，2020，104（1）：88-93.

[2] ZHANG L. SEEPHO S. Metacognitive Strategy Use and Academic Reading Achievement：Insights from a Chinese Context[J]. Electronic Journal of Foreign Language Teaching，2013，10（1）：54-69.

[3] 陈琼. 元认知策略在英语专业综合英语课程中的应用研究[J]. 牡丹江教育学院学

报, 2020, 218 (11): 64-66.

[4] 王菲. 艺术类院校英语学习者元认知策略培养的必要性研究[J]. 赤峰学院学报 (自然科学版), 2014, 30 (9): 254-256.

[5] 刘敏, 宋楠. 大学英语翻译教学问题的元认知研究: 以艺术专业和英语专业对比为例[J]. 湖北科技学院学报, 2019, 39 (5): 73-78.

[6] 赵小亮. 低年级大学生（艺术类）英语学习过程中元认知策略使用调查[J]. 科教文汇, 2012 (7) 中旬刊: 125-127.

[7] FLAVELL J H. Metacognitive and Cognitive Monitoring: A New Area of Cognitive-Developmental Inquiry[J]. American Psychologist, 1979, 34 (10): 906-911.

[8] BROWN A, BRANSFOR J D, FERRARAAND R, et al.. Learning, remembering and understanding [A]. In J. H. Flavell & E. M. Markman (Eds) Carmichael's Manual of Child Psychology, Volume 1. New York: Wiley, 1983: 85.

[9] PINTRICH P R, WOLTERS C A, BAXTER G P. Assessing metacognition and self-regulated learning [A]. In G. Schraw & J. C. Impara (Eds.), Issues in the measurement of metacognition (pp. 43-97). Lincoln NE: Buros Institute of Mental Measurements, 2000: 44-53.

[10] LAI E R. Metacognition: A Literature Review Research Report [OL]. http://www.pearsonassessments.com/research, 2011.

[11] AKTURK A O, SAHIN I. Literature Review on Metacognition and its Measurement [J]. Procedia Social and Behavioral Sciences, 2011 (15): 3731-3736.

[12] PURPURA J E. An Analysis of the Relationships Between Test Takers' Cognitive and Metacognitive Strategy Use and Second Language Test Performance [J]. Language Learning, 1997, 47 (2): 289-325.

[13] DOWSON M, MCINERNEY D M. The Development and Validation of the GOAL Orientation and Learning Strategies Survey (GOALS-S) [J]. Educational and Psychological Measurement, 2004, 64 (2): 290-310.

[14] SCHRAW G, DENNISON R S. Assessing Metacognitive Awareness [J]. Contemporary Educational Psychology, 1994, (19): 460-475.

[15] EVERSON H T, TOBIAS S. The ability to estimate knowledge and performance in college: A metacognitive analysis [J]. Instructional Science, 1998, 26 (3): 65-79.

[16] WENDEN A. Metacognitive knowledge and language learning[J]. Applied Linguistics, 1998, 19 (4): 515-537.

法语中的性数配合难点

张佳[1]

摘　要：作为联合国第一书写语言，法语语言的严谨性是不容置疑的。其中一个重要因素就是法语名词、形容词以及过去分词等的性数配合。如何在学习的各阶段掌握法语性数配合的特点、难点，对于法语语言能力的整体提高也会大有助益。

关键词：名词；形容词；过去分词；性数配合

一、引言

法语因其用法的严谨性，国际上诸如法律条文等重要文件都是使用法语书写。作为联合国第一书写语音以及六种工作语言之一，法语被广泛应用于国际性社交和重大外交活动中。法语严谨性的一个重要体现就是它的性数配合现象。性数配合是法语学习中一个难点。在长期的教学过程中，本人对于学生容易忽略和混淆的主要问题进行归纳和总结，本文将尽可能列出法语常用不同词性各种类型的性数配合，期望帮助学生深入理解及掌握，提高语言运用能力。

二、各类性数配合

1. 形容词的性数配合

形容词用来表达人或事物的性质与状态。在句子中，法语形容词放在名词前或名词后来修饰名词，也可以直接跟在动词后作表语。在法语中，所有类型的形容词都需要根据所修饰的名词来进行性数配合。如：

Ces livres sont intéressants. （这些书很有趣）

Ma grande maison est verte. （我的大房子是绿色的）

Il y a une grande bibliotheque dans notre université. （我们学校有一个大图书馆）

Cette ville est tres belle et moderne. （这个城市既漂亮又现代化）

注意：当形容词用做副词，不再有形变。

法语形容词的性和数要和它们所修饰的名词相一致。因此，法语形容词相应的有四种形式：阳性单数、阴性单数、阳性复数和阴性复数。

---

[1] 作者简介：张佳，北京服装学院文理学院，讲师。

（1）形容词的阴性形式一般在阳性形式后面加字母 e 即可。如：un petit garçon（一个小男孩）→ une petite fille（一个小女孩）

（2）以-e 结尾的阳性形容词变成阴性时，形式不变。如：un travail facile（一项容易的工作）→ une question facile（一个简单的问题）

（3）以-en、-on、-el 结尾的阳性形容词变成阴性形式时，双写词末辅音字母再加 e。如：un ancien ami（一位老朋友<男>）→ une ancienne amie（一位老朋友<女>）

（4）以-x 结尾的阳性形容词通常变-x 为-se 构成阴性形式。如：un homme généreux（一个慷慨的男人）→ une personne généreuse（一个慷慨的人）

（5）以-er 结尾的阳性形容词变成阴性形式时，为-ère。如：un premier pas（第一步）→ une première fois（第一次）

（6）以-f 结尾的阳性形容词变-f 为-ve 构成阴性形式。如：un garçon actif（一个活跃的男孩）→ une fille active（一个活跃的女孩）

（7）以-c 结尾的阳性形容词变-c 为-que 构成阴性形式。如：le jardin public（一个公园）→ une école publique（一所公立学校）

（8）以 -eur 结尾的阳性形容词变 -eur 为 -euse 构成阴性形式。如：un homme trompeur（一个骗子）→ une action trompeuse（一场骗局）

（9）以-teur 结尾的阳性形容词变为-trice 构成阴性形式。如：un mot modificateur（变量词）→ une condition modificatrice（变量条件）

2. 冠词

定冠词、不定冠词以及部分冠词都有三种变化形式：阳性、阴性和复数。如：

un livre（一本书），une table（一张桌子），des livres（一些书），des tables（一些桌子）。

un homme（一个男人），une femme（一个女人），des hommes（男人们），des femmes（女人们）。

du fromage（奶酪），de la salade（沙拉），des pommes（一些苹果）

3. 名词

几乎所有法语名词都有单数和复数形式。除此之外，指人的名词也要区分阴阳性。

un cousin，une cousine，des cousins，des cousines（表亲）

un invité，une invitée，des invités，des invitées（客人）

un acteur，une actrice，des acteurs，des actrices（演员）

4. 复合名词

复合名词在做性数配合时有自己的规则。如：

des oiseaux-mouches（蜂鸟），des gratte-ciel（摩天大楼）

5. 无人称代词

一些无人称代词根据它们所取代的名词来作相应的性数配合。如：

Celle qui parle, c'est ma femme.（说话的那位是我妻子。）

D'autres vont venir.（其他人马上到。）

Lesquels voulez-vous？（您想要哪些?）

6. 人称代词

所有人称代词根据它们所取代的名词来作相应的性数配合。

Je te parle.（我跟你说。）

Il va nous donner les clés.（他会给我们钥匙。）

Dis-moi！（告诉我！）

7. 动词

在复合句中，用 avoir 来作助动词的动词，一般不需要作性数配合。但是，如果直接宾语提前时，动词要性数配合。如：

J'ai acheté la voiture.（我买了这辆车）-- Je l'ai achetée.（我买了它）

Les livres que j'avais reçus étaient intéressants.（我收到的那些书非常有趣。）

用 être 作助动词的动词，动词必须进行性数配合。如：

Nous sommes allés au cinéma.（我们去看电影了。）

Lise était déjà arrivée quand je suis rentré.（我回家的时候丽兹已经到了。）

8. 自反动词

在复合时态中，自反动词都根据 être 来变位，所以结构中的过去分词必须与主语性数配合。如：

Elle s'est levée à 7 heure ce matin.（她今早7点钟起床的。）

当自反动词后跟直接宾语时，直接宾语后置时，不需要根据主语做任何变化。相反，当直接宾语前置时，不管是用代词还是 que 引导，都需要做性数变化。如：

Les filles se sont lavé les mains.（姑娘们洗了手。）

注意：某些自反代词表示的是"对自己"或者"互相"的含义，所以过去分词不需要性数配合。如：s'acheter, se demander, se dire, se donner, s'écrire, se faire mal, s'imaginer, se parler, se plaire（à faire...）, se procurer, se promettre, se raconter, se rendre compte de, se rendre visite, se ressembler, se rire（de qqn）, se sourire, se téléphoner, 等等。

9. 被动式

被动语态的结构基本等同于 être+过去分词，此时，过去分词要根据主语来进行配合，而不是根据动作的施动者（原因）来变化。如：

Les poissons sont mangés par un chat.（这些鱼被一只猫吃掉了。）

Les voitures ont été lavées.（这些汽车已经被洗过了。）

La leçon sera écrite par un étudiant.（这节课将由一位学生记下来。）

三、结语

综上所述，本文对形容词、冠词、名词、复合名词、无人称代词、人称代词、动词、自反动词以及被动式中的性数配合现象进行了分类解析。由于缺少良好的语言环境，中国大多数学生普遍从小就缺乏对法语的感知，在有限的时间内，要想取得很好的学习效果，拥有一定要求的词汇量，并且能正确、熟练地变形和运用，并不是一件简单的事，它需要师生的积极配合和不懈努力，要不断探询更好更丰富的方法。学习语言的最重要的目的是交流。作为教师，提供给学生有效地的归纳和记忆方法和进行适当的课堂训练正是培养学生扎实基础知识和激发学生兴趣的有效手段。

参考文献

［1］马晓宏. 法语［M］. 北京：外语教学与研究出版社，1993.

［2］江国滨. 法语实用语法［M］. 上海：上海交通大学出版社，2003.

［3］吴云凤，胡瑜. 走遍法国［M］. 北京：外语教学与研究出版社，2006.

［4］孙辉. 简明法语教程［M］. 北京：商务印书馆，2009.

［5］周振华. 英语专业学生在学习法语常遇到的10个问题［J］. 法语学习，2002（6）：16-18.

［6］Michel Péron. Dictionnaire français-anglais［M］. Paris，Larousse，1996.

共产党人精神谱系贯穿艺术元素阐释下的"毛泽东思想与中国特色社会主义理论体系概论"课程研究

王晓娜[1]

摘　要：由于"毛泽东思想与中国特色社会主义理论体系概论"课程本身具有极强的理论性，以及艺术类高校和艺术大学生的独特特点，以艺术元素融入理论讲解，解决了艺术生基础差、理论难懂的问题，同时，贯穿以共产党人精神谱系，使之作为主线，能够增强学生对理论理解的深刻性与完整性。唯有如此，才能提高"毛泽东思想与中国特色社会主义理论体系概论"课程的育人实效，实现"立德树人""铸魂育人"的最高目标。

关键词：共产党人精神；艺术元素；毛泽东思想与中国特色社会主义理论

艺术类高校如何上好思政课，如何上好"毛泽东思想与中国特色社会主义理论体系概论"（以下简称"毛中特"）课程是每一位毛泽东思想与中国特色社会主义理论教师都急于寻求答案的问题。"毛中特"课程思政教师究竟应该如何守正创新进行教学改革？对于艺术类高校"毛中特"课程的教学改革而言，"守正"意味着要清晰而透彻地阐释理论，"创新"则意味着理论阐释方法的另辟蹊径。基于此，本文将探索以艺术元素阐释毛泽东思想与中国特色社会主义理论，同时贯穿以共产党人精神谱系，使"艺术元素""党史元素""理论元素"在艺术类高校"毛中特"课程中融合为有机统一体，提高"毛中特"课程的理论育人实效。

一、问题提出与文献回顾

艺术类高校和艺术类大学生的自身特点使得以艺术元素来阐释思政理论成为思政课改革创新的独特且有效的路径。依北京服装学院思政部所进行的"思政+艺术"教学改革来看，深度挖掘艺术类高校校史元素、充分利用艺术学生专业经典素材，对于提高艺术生对思政课的兴趣、改善思政课的育人效果，有着重大的理论意义与实践意义。然而，这并不意味着，以艺术元素来阐释思政理论使得"毛中特"课堂变得完美无缺、达到了最佳的效果。在北京服装学院"毛中特"课程实践改革过程中，出现了一些问题，

---

[1] 作者简介：王晓娜，北京服装学院思想政治理论课教学部，讲师。

这些问题成为"思政+艺术"改革深入推进的阻滞因素。

（1）艺术元素的融入易带来理论的碎片化。艺术素材进入课堂固然使得艺术类学生更容易理解理论性极强且较为枯燥的毛泽东思想与中国特色社会主义理论，但同时艺术经典案例的讲解占用的内容、时间特别不易恰当把握，很多时候艺术素材的讲解过多占用了理论阐释的篇幅，造成学生只懂案例，理论的理解仍不到位，理论阐释由此变得碎片化。

（2）学生对素材的关注远高于对理论入心的重视。艺术素材的出现的确引起了学生的兴趣，学生听到自己熟知的经典素材或与自己专业相关的新鲜素材，往往开始的时候会表现出极大的兴趣，但大部分的学生将这种兴趣仅仅停留在了素材本身上，对于素材所展现的理论内容往往自动屏蔽，由此理论入心效果依然有待提高。

（3）思政教师对艺术素材运用的不准确导致失去了理论阐释的育人目的。思政教师如若不能正确使用艺术素材，简单地为了融入而融入，那将会产生适得其反的效果。而艺术素材的融入及理论阐释的精准都并不是"毛中特"课程的最终目标，最终目标是最高、最难、最不易达到的。以上这些阻滞因素表明，要将"思政+艺术"教学改革在"毛中特"课程中继续推向深入，面临着突破瓶颈的巨大挑战。"毛中特"课程的最终指向是"立德树人""铸魂育人"，所以在艺术元素、理论元素之外，还应该贯穿一条"德""魂"之线。那么这条能够将理论连点成线、串线为面的"德""魂"之线是什么呢？

2021年2月20日，习近平总书记在党史学习教育动员大会上的讲话中，正式提出"共产党人的精神谱系"的概念。习近平总书记指出："在一百年的非凡奋斗历程中，一代又一代中国共产党人顽强拼搏、不懈奋斗，涌现了一大批视死如归的革命烈士、一大批顽强奋斗的英雄人物、一大批忘我奉献的先进模范，形成了井冈山精神、长征精神、遵义会议精神、延安精神、西柏坡精神、红岩精神、抗美援朝精神、'两弹一星'精神、特区精神、抗洪精神、抗震救灾精神、抗疫精神等伟大精神，构筑起了中国共产党人的精神谱系。"这次会议上，习近平总书记还指出"要在全社会广泛开展党史、新中国史、改革开放史、社会主义发展史宣传教育深入群众、深入基层、深入人心。""抓好青少年学习教育，让红色基因、革命薪火代代传承。"这为高校推进党史学习融入思政课教学、共产党人精神融入课堂提供了理论指导。"毛中特"课程终于找到了贯穿课程始终的"德""魂"之线，那就是共产党人精神谱系。

"毛中特"课程是党的发展史的理论教育课程，共产党人精神贯穿课程始终。当前学术界有关艺术元素阐释毛泽东思想与中国特色社会主义理论、共产党人精神谱系贯穿其中的相关研究很少。现有的研究虽然已经涉及"思政+艺术"的相关研究，但针对艺术类高校"毛中特"课程的专门研究却不多，而其中共产党人精神谱系作为主线的研究仍然是空白的。这为本文的研究开展提供了巨大的空间。基于此，结合艺术类高校自身特点、艺术高校"毛中特"课程教学特点、艺术大学生独特特点，将共产党人精神谱系做主线，用艺术元素做素材，实现共产党人精神、艺术元素、毛泽东思想与中国特色社会主义理论的有机融合，是达至"毛中特"课程立德树人、铸魂育人的可行路径。

二、共产党人精神谱系的丰富内容与核心特质

共产党人精神谱系，顾名思义，是由共产党人精神组成的。中国共产党在百年发展历程中，始终坚持马克思主义的意识形态地位、坚持马克思主义的中国化、坚持中国特色社会主义的具体实践，形成和发展了共产党人精神，建构了内容丰富的共产党人精神谱系。

1. 共产党人精神谱系的丰富内容

习近平总书记在中国共产党成立100周年大会上的讲话首次提出了"伟大建党精神"，即"坚持真理、坚守理想，践行初心、担当使命，不怕牺牲、英勇斗争，对党忠诚、不负人民"。伟大建党精神是中国共产党的精神之源，推动了中国共产党人精神谱系的构建[1]。1921年伟大建党精神为中国共产党领导革命竖起了一面旗帜，推动着中华民族民主革命不断向前发展，也推动着中国共产党人精神谱系的不断编织。土地革命期间，共产党人创造了八一精神、井冈山精神、苏区精神、长征精神等革命精神；抗日战争期间，锤炼了伟大的延安精神、抗战精神；解放战争时期，形成了西柏坡精神；新中国成立后，涌现了"两弹一星"精神、大庆精神、铁人精神、焦裕禄精神、雷锋精神；改革开放新时期，塑造了伟大的改革开放精神、小岗精神、特区精神、载人航天精神和抗震救灾精神；中国特色社会主义进入新时代，造就了伟大抗疫精神、脱贫攻坚精神等新时代的革命精神[2]。

中国共产党在百年筚路蓝缕、波澜壮阔的奋斗历程中形成了内容丰富的共产党人精神，这些精神有重大事件孕育的，如抗美援朝精神；有先进模范人物彰显的，如邓稼先精神；有重大灾难磨砺的，如抗洪精神等。这些精神的名称虽不同，但却有着共同的强大基因，彰显着共产党人的政治品格[3]。

2. 共产党人精神谱系的核心特质

中国共产党人的精神谱系是中国共产党在革命、建设、改革和强国的征程中所积累起来的精神财富，蕴涵着中国共产党人在认识世界、改造世界过程中的价值观。这些价值观构成了共产党人精神谱系的核心特质，包括共产党人实事求是的政治品格、勇于自我革命的鲜明特质、艰苦奋斗的实践品性、对党和人民忠诚的虔诚信念。

实事求是，与时俱进是中国共产党人的政治品格。实事求是，一切从实际出发，是党的路线方针政策的总依据，"是我们党的基本思想方法、工作方法、领导方法[4]。"毛泽东曾强调指出[5]："共产党员应是实事求是的模范，又是远见卓识的模范，因为只有实事求是，才能完成确定任务，只有远见卓识，才能不失前进的方向。"可以说，实事求是、与时俱进是中国共产党不断从苦难走向辉煌、从先进走向更加先进的重要法宝。

勇于自我革命是中国共产党人的鲜明特质。在一个世纪的奋斗历程中，中国共产党之所以能成为前进的领导力量、带领人民始终走在时代前列，根本原因在于党始终能够做到勇于自我革命，能够"一次次拿起手术刀革除自身病症"[6]。自我革命是中国共产党自我检视、自我修复的本质属性，也是中国共产党时刻保持战斗力的根本原因[7]。

艰苦奋斗抓实干是中国共产党的实践品性。马克思主义具有鲜明的实践品格，中国

共产党艰苦奋斗抓实干即是这一品格的特色呈现。面对新时代的改革难题和发展任务，习近平总书记不断强调"空谈误国，实干兴邦""喊破嗓子不如甩开膀子"，要求全体党员继续艰苦奋斗、大兴务实担当之风。在习近平总书记的号召下，共产党人积极发扬"时不待我、只争朝夕"的精神、钉钉子的精神来落实党的各项战略部署，践行着脚踏实地、真抓实干，推进着民族复兴事业步步前进。

忠诚于党和人民是中国共产党人的虔诚信念。党员忠诚于党和人民，在内心根植"四个意识"，旗帜鲜明地讲政治，是马克思主义的政治性在中国共产党人身上的具体映射[8]。毛泽东曾强调，共产党员"应该襟怀坦白，忠实"[5]。正是对党和人民的忠诚，造就了革命时期拥有钢铁般意志的中国共产党人。党的十九大章程明确规定[9]："坚决反对一切派别组织和小集团活动，反对阳奉阴违的两面派行为和一切阴谋诡计。"这是新时代全面从严管党治党、加强廉洁执政建设的理念根基。中国共产党始终坚持并贯彻全心全意为人民服务的根本宗旨，因此，共产党人忠诚于党也就意味着忠诚于人民，以人民为中心。

三、共产党人精神、艺术元素与毛泽东思想与中国特色社会主义理论融合的实现路径

共产党人精神贯穿着"毛中特"课程全程，如何将理论、艺术和精神契恰结合起来，以达到最好的课堂效果，共产党精神元素融入的点位尤为重要。如果把握不好则会适得其反，如党史故事篇幅过多、理论阐释过少，或者精神元素的融入不仅达不到更好效果，反而会破坏原有课程体系的清晰性等。精神元素、艺术元素、理论元素在"毛中特"课程中有机结合的三个重要点位有：阐释难度大的理论点、具有转折意义的理论点、理论体系的核心点。共产党人精神、艺术元素与毛泽东思想与中国特色社会主义理论的融合应围绕着这些重要点位展开。

1. 以阐释难度大的理论点带动共产党人精神、艺术元素与毛泽东思想与中国特色社会主义理论理论的融合

"毛中特"课程本身就具有理论性极强的特点，而其中又有很多难懂的理论点，增加了课堂理论阐释的难度。这时如果能够契恰地使用共产党人精神、艺术元素与毛泽东思想与中国特色社会主义理论融合在一起的案例进行讲解，就会降低阐释难度，使学生在熟悉易懂的素材中理解理论、把握理论。比如，新民主主义革命时期必须走农村包围城市、武装夺取政权道路的必然性。如何让学生更透彻地理解这一必然性呢？可以1973年画家何孔德、高泉、冀晓秋、陈玉先以湘赣边秋收起义为主题创作的油画《秋收起义》为素材来讲解。油画《秋收起义》中一面军旗迎风飘扬、镰刀、斧头和五角星标志着党领导的工农革命军已经建立起来了；从图画中的工农革命群众又可以看出工农革命队伍的团结一致、坚不可摧；右侧齐步向前的两名队员扎着头巾、肩扛着土炮、身背着大刀、展现了勇往直前的坚定信念；后面又有肩扛梭镖的少年和身着起义军军服的士兵敬仰着党的领袖，可见党与民众的鱼水之情。从《秋收起义》这幅油画的讲解中，学生们可以深刻感受到中国革命发动民众的必要性以及民众参与革命愿望之强烈，理解了这

一点，农村包围城市、武装夺取政权这一理论也就不在话下了。

2. 以具有转折意义的理论点带动共产党人精神、艺术元素与毛泽东思想与中国特色社会主义理论的融合

在"毛中特"课程教学过程中，很多同学都会有这样的疑惑，即到底如何理解三大改造消灭私有制而党的十四大又确定要发展社会主义市场经济的实践意义？甚至有同学会问，如果发展社会主义市场经济是中国特色社会主义经济繁荣的必由之路，那三大改造消灭私有制的意义何在呢？而且，又如何认识社会主义市场经济体系之下的权力腐败、权钱交易现象呢？这种情况下，应该以学生所学专业行业发展为素材进行讲解。如我校是纺织服装服饰类的高校，在讲解三大改造的必要性时，可以当时荣毅仁家族资本行业为例，资本主义固有的内在矛盾使得当时"供大于求"，即便生产的量是足够的，但老百姓多是买不起的，资本家企业也只能加工订货，从根本上限制了生产力的发展。而改革开放之后，服装行业的快速发展使得中国人从蠕动在中国大地上的"蓝蚂蚁"变成了"花蝴蝶"，再一次解放了生产力。这同时说明中国共产党始终坚持实事求是进行方针政策的制定。至于社会主义市场经济体系下的权钱交易带来的腐败问题，说明某些党的领导干部在利益诱惑面前失去了信仰，价值观发生了偏离。针对这些问题，中国共产党开展了"不忘初心、牢记使命"的主题教育活动、不断强调对党和人民的忠诚、下大力度"打虎、拍蝇、猎狐"，保障党的纯洁性，这正表明了中国共产党人精神中所蕴涵的自我革命的特质。

3. 以理论体系的核心点带动共产党人精神、艺术元素与毛泽东思想与中国特色社会主义理论的融合

共产党人精神谱系的核心特质在毛泽东思想与中国特色社会主义理论的分理论体系中都有所呈现，这对于分理论的深刻理解及理论发展脉络的把握有着重要的意义。如"以人民为中心"在不同的理论体系都得到了相应呈现。革命时期的不拿群众一针一线，到新时代的满足群众多样需求，都体现了如何具体在发展中贯彻群众路线。以北京服装学院为例，2021年为庆祝建党一百周年，北京服装学院党委组织实施"新时代中国乡村劳动者服装设计暨美好生活时尚工程"，于当年完成"百名教师、千名学生、千款设计"服装设计工作。这一典型案例使学生切身体会到，新时代人民精神文化需求的日益增长是社会主义服装服饰事业繁荣发展的强劲动力，群众的需求类型、需求层次在日益多样化和高层次化，对服装艺术的质量、品位、格调等都提出了更高的要求；而且必须牢记，人民群众是服装服饰艺术的鉴赏家和评判者，服装时尚创作是否成功，服装作品的价值能否实现，关键取决于人民的认同与否。只有把人民群众的服装文化诉求放在心上，用心、用情、用功去设计和创作，才能赢得人民群众广泛的精神共鸣和价值认同。因此，必须牢牢把握"为人民而设计"的工作导向，坚持与时代同步伐、以服装献人民、以明德领风尚的设计方向，在深入生活、扎根人民中进行无愧于时代的服装设计。

四、达至"毛中特"课程立德树人、铸魂育人的目标

"毛中特"课程最终要实现立德树人、铸魂育人的目标。然而这一目标的实现在新

时代高校教学过程中，尤其艺术类高校，遇到了种种挑战与困境。由此，探索如何提高"毛中特"课堂教学实效成为当前的当务之急。以艺术元素为素材、以共产党人精神为主线，使得精神元素、艺术元素和理论元素在"毛中特"课堂融为一体，是可行的改革创新路径。艺术素材的引入使学生对理论的理解更容易，共产党精神主线的贯穿则使得学生对理论的理解更深刻、更能够进行整体把握。然而，不可否认，这一路径并非完美无缺，在课堂实践过程中依然会遇到各种各样的问题与挑战，这些问题与挑战有待今后实践过程中及时总结与研究。

参考文献

[1] 王相坤.中国共产党人精神谱系的构建［N］.北京日报，2021-7-26（009）.

[2] 周进.中国共产党精神谱系的生成逻辑、精神内涵与当代价值[J].中国井冈山干部学院学报，2021（4）：21-27.

[3] 宋争辉.中国共产党人精神谱系蕴含强大基因密码［N］.中国社会科学报，2021-7-20（001）.

[4] 习近平.在纪念毛泽东同志诞辰120周年座谈会上的讲话[J].党的文献，2014（1）：3-10.

[5] 毛泽东选集（第二卷）［M］.北京：人民出版社，1966.

[6] 习近平新时代中国特色社会主义思想学习纲要[M].北京：学习出版社，人民出版社，2019.

[7] 崔进.红岩精神：革命精神与民族精神的共筑及其在新时代的价值[J].探索，2019（2）：162-170.

[8] 王培洲.新时代中国共产党人价值观的鲜明特质、基本向度及建构理路[J].学习论坛，2019（9）：27-32.

[9] 中国共产党章程[M].北京：人民出版社，2017.

"期待导向型"思政课教学的驱动因素探究

——基于北京服装学院大学生的扎根理论探究

张婷[1]

摘 要：思政课教学在应然层面体现为教师和学生双向互动的教育实践活动，而在实然层面却呈现出"教师叙事"多于"学生叙事"的样态。因此，如何聚焦以学生为主体的"期待导向型"思政课教学颇具现实价值。以F校大学生作为研究对象，以目的性抽样的方式对60名大二本科生进行半开放式访谈和初始语料获取，通过扎根理论的方法探究大学生对于思政课教学和教师的实际期待。研究发现，大学生对思政课教学和教师的期待主要表现为获得感、兴趣被激发和适宜的时空结构三个方面，事实上也构成了"期待导向型"思政课教学的驱动因素。鉴于此，要以建构好思政课教学价值为前提，以注重教师出场方式为关键，以场域环境和时间配置为保障，全方位满足学生的多元化期待乃未来提升思政课教学效果的基本路向。

关键词：思政课教学；期待导向；建构价值；出场方式

一、问题的提出

2019年3月18日，习近平总书记在学校思想政治理论课教师座谈会上指出[1]："思政课是落实立德树人根本任务的关键课程，思政课作用不可替代，思政课教师队伍责任重大。" 2019年10月，教育部发布了《关于一流本科课程建设的实施意见》，提出[2]：课程是人才培养的核心要素，课程质量直接决定人才培养质量……必须深化教育教学改革，必须把教学改革成果落实到课程建设上。思政课是大中小学课程中的重要组成部分，意义非凡，作用不可替代。"办好思政课"是习近平总书记在教育领域的重大关切，体现了党中央对于思政课的希冀与重视。因此，打造一流本科思政课程，扎实推进思政课教学改革，提升思政课教学效果是新时代"办好思政课"的必然要求。

关于加强思政课程建设，提升思政课教学效果的讨论和探索一直以来都是学术研究的热点与焦点。从具体研究视角来看，主要集中在以下四个方面：一是思政课教师的视角探讨如何提升教学效果。刘书林教授指出[3]，要多观摩其他教师的课、认真备课、搞

---

[1] 作者简介：张婷，北京服装学院思想政治理论课教学部，讲师。

好课堂讲授、重视教学效果的反馈和沟通、正确对待名誉和待遇，努力做受学生欢迎的思政课教师[3]。二是从思政课教学过程及诸要素来讨论如何提升教学效果。要着力端正教育指导思想、强化师资队伍建设、加大教学方法和教学手段改革力度以及构建科学的激励机制和考评指标体系等维度、视角进行思考和努力，以期实现思想政治理论课教学效果的根本改善和提升[4]。三是从创新教学模式方面来讨论如何提升教学效果，学者提出构建"专题教学、大班授课、小班讨论、社会实践"的教学模式[5]。随着"互联网+"、自媒体、人工智能与区块链等信息技术的介入，部分学者开始致力于研究思政课线上线下混合式教学模式，也有学者提倡"内容为王、数据驱动"的教学模式。四是从思政课教学规律方面来讨论如何提升教学效果。宇文利认为，思政课教学质量提升的关键在于尊重并运用好思想政治理论课教学的科学规律，坚持教书和育人相统一、立德树人、育人为本，坚持在价值目标指引下尊重学生成长的过程和现实，坚持从思想政治工作全局出发抓好思想政治理论课教学[6]。

回顾既有相关学术文献，学者们对提升思政课教学效果的研究视角主要集中在教师、教学要素、模式和规律等方面，鲜有以学生主体的视角来分析和研究。大多数论文以教师为中心研究叙事，而"学生的思政课堂状态""学生的思政课需求""学生的理想思政课堂"等问题少有问津，即"教师叙事"多过"学生叙事"[7]。然而，思政课教学是教师和学生双向互动的教育实践活动，思政课程建设需发挥学生的主体性作用，尤其是不能忽视学生对思政课的认识、需求与期待。在一定意义上讲，全面把握学生对于思政课的需求期待，恰是推进思政课教学改革，加强思政课程建设的切入点和思考点。思政课教学本质上是做学生的思想政治工作，了解学生对思政课的态度、期待和需求是思政课教学的首要前提，是决定思政课教学取得成功的关键[8]。基于此种认识、理念以及研究现状，研究拟以"学生期待"作为出发点，立足于高校思想政治理论课教学实际，紧紧围绕大学生对于思政课教学的主要期待以及如何将其作为未来高校思政课教学改革与转型的发展路向。

二、研究设计

1. 方法与步骤

在研究方法上，本研究主要采用了扎根理论方法。鉴于本文研究的对象和内容的限定，以学生"期待导向"作为中心，凸出"他在性"的构建过程，有必要以学生对思政课教学期待的诸类"现象"中抽象出可供学生主体接纳和适应的具体范式，因此，研究在遵循社会科学"归纳—演绎"的逻辑基础上采用扎根理论方法展开。为了实现资料的全面性和系统性，研究以"从资料的基础上建立理论"[9]为宗旨，以"搜集原始资料—开放式编码—主轴编码—选择性编码"为过程，搜集和了解大学生的基本观点和相关态度的语料。

本文的研究步骤如下：①搜集原始资料：选择不同专业的大学生进行半结构化访谈，设置访谈提纲，同时提醒学生可不受访谈提纲限制，仅以思政课教学的期待、教学效果进行观点表达，力求获取的信息全面有效；②进行开放式编码：将访谈获得的原始材料进行概念提取，形成初始范畴；③进行主轴编码：将提取出的概念进行分类，建立联系，形成主范畴；④进行选择性编码：将归纳提取出的主范畴归到于理论解释框架之内，阐释学生"期待主导型"思政课教学的驱动要素及效果提升的基本路向。

2. 数据来源

在选取样本方面，为了确保样本的客观性和合理性，本次研究遵循三大原则：①采访对象是大一以上年级学生，对于高校思政课教学已有一定的学习参与体验，并且形成了相关认识和观点；②受访学生的性别、专业、班级要满足随机分布原则，使样本更加多元化，避免因样本单一而形成误差；③理论饱和度原则，即不再有新的初始概念出现，信息达到了饱和状态。经检验样本数据，在第43位被访谈者的语料中，不再出现新的内容，样本达到了饱和。

遵照以上三大原则，利用中成智慧课堂互动平台进行访谈，内容主要涉及教学和教师期待两方面，访谈对象为大二年级本科学生，涵盖三类专业，男女比例均衡，共60人，访谈设置时间为20分钟（保障学生有足够时间思考与反馈），受访内容围绕学生对教师和教学的期待展开（表1）。学生可就思政课教学发表自己任何见解，当然也不局限于表1中的两个问题。

表1 样本基本情况

样本数量	专业类别	年级	访谈提纲（20分钟）
26（男）	工科类 文科类	大二	你对思政课教学有哪些期待？
34（女）	艺术类	（2019级）	你对思政课教师有哪些期待？

三、学生期待的维度与指向：基于三级编码的分析

1. 开放式编码

通过对中成智慧课堂访谈与互动收集到的原始资料进行整理、分析、提炼和归类，完成开放式编码（表2）。以"学生期待"为导向，从原始语料中提取与学生期待的思政课教学效果相关的要求、要素等作为初始概念，通过反复对比、分析和聚类，最终从原始资料中抽象出13个初始范畴，这13个初始范畴反映了学生对于思政课教师和教学期待的结构维度与表达指向，同时为主轴式编码和选择式编码提供了客观数据，也是构建"期待主导型"思政课教学模式的关键因素。

表2 大学生对于思政课教学和教师期待的开放式编码

编号	范畴	原始语料分析（初始概念）
1	获取知识	A9 期待可以在知识方面有更深的学习和认识，获取更加丰富的知识（21）
2	指导实践	A7 注重思政课理论和学生实际的关系，比如情侣分手了，要不要劝，运用了什么理论（20）

续表

编号	范畴	原始语料分析（初始概念）
3	解释现实	A22 思政课枯燥，原因之一在于远离生活中发生的种种，有些遥远，短期内感受不到学习理论所带来的成就感（22） A3 希望老师讲课能结合时事，传递目前世界上重大事件新闻及国际形势（12）
4	精神提升	A2 思政课老师一定是在学生的思想方面以及价值观方面有很大影响的才可以，思政课一直是我很喜欢的课，我觉得思政课可以让人的精神方面得到潜移默化的提高和升华（28） A17 希望能够输出三观，与我的思维形成碰撞，引起共鸣（2）
5	故事叙事	A1 上课过程中多一些有意思的小故事（38） A18 希望更多的结合生动的例子进行讲解（36）
6	语言技巧	A8 期待老师诙谐幽默的讲课，我之所以感觉哲学（思政课）很枯燥，是因为它将一些看得懂的文字组成了看不懂的句子（20） A11 期待老师讲话有趣，幽默诙谐，讲故事吸引人
7	视角新颖	A16 期待老师讲课视角新颖，以各种角度去吊起学生胃口，使学生觉得上课是一件很有乐趣的事情（7）
8	主体互动	A10 对思政课老师的期待，希望不要平板的讲知识，可以和学生多聊聊天（21） A15 最关键的是师生的配合，配合好了，在随便说说的过程中就已经学到了
9	情绪状态	A29 教学效果好坏，教师是关键，教师知识储备、教学方式和态度等都有关系（20）
10	因材施教	A36 太多内容性的东西和高中相同（4） A24 再浅显一些，照顾一下理科的孩子吧（3） A33 希望能够更多的结合学生的专业来讲
11	客观真实	A20 保持严谨性、客观性，讲述的课程要基于具体的材料，不是谣言，需要给出证明材料，全盘的笃定否定不给出让人信服的理由让人不能服气，大学生不是小孩儿说啥听啥（3）
12	学习环境	A43 我个人认为思政课的教学效果和教室也有很大关系，教室太大，我们距离老师很远，会影响教学效果（2） A39 专业课排课过满，影响了学生的精神状态，导致学生在通识课上精力不足（4） A22 教学效果和大家的学习氛围有关（5）
13	时间安排	A4 上午上课和下午上课，大一上课和其他年级上课，教学效果都有很大的区别（2） A38 课程进度是否安排合理，而不是很多课很多作业都堆在一个时间

2. 主轴式编码

主轴式编码（表3）是在开放式编码形成初始范畴基础上，运用聚类分析与属性归纳的方式形成主范畴的过程。研究发现，表1中诸类初始范畴之间存在一定的内在逻辑关系，表2着重从原始材料中提炼出的13个范畴作为基础材料，归纳出学生对于思政课教学和教师的三大期待，即获得感、兴趣激发与时空结构。

表3 主轴式编码

编号	主范畴	对应范畴	大学生对思政课教学的期待与认识
1	获得感	获取知识 精神提升 解释现实 指导实践	大学生期待获取知识、提升思想，期待结合现实和指导实践，实质是期待通过思政课能有获得感和满足感
2	兴趣激发	视角新颖 故事叙事 语言技巧 主体互动 情绪状态 客观真实 因材施教	大学生期待思政课教师教学视角新颖、多讲故事案例，幽默风趣；期待思政课教师因材施教、有感染力，理论阐释彻底、客观真实，其实质是希望思政课教学能够真正激发自己学习思政课的兴趣
3	时空结构	时间配置 场域环境	大学生认为思政课教学效果和上课时间、学习环境（教室、学习氛围）相关，即受时空结构的影响，反过来即大学期待适宜的教学时空结构

3. 选择式编码

选择式编码是在开放式编码和主轴式编码基础上的关键性步骤。选择式编码对原始材料和思政课实际教学效果进行比较，对已形成的对应范畴和主范畴与思政课教学效果进行关联，挖掘主范畴、对应范畴和思政课教学效果之间的关系，发现学生对于思想课教学和教师的期待，正是提升思政课教学效果的有力突破点，蕴含了对于思政课教师在教学过程中的两大要求，分别为构建课堂教学价值与设计有效出场方式，同时，也提出了思政课教学要有适宜的时空结构，需充分调动学生学习主动性的观点。

四、"期待主导型"思政课教学的驱动因素分析

通过扎根理论的方法发现，当代大学生对于思政课教学和教师的期待主要有三大驱动因素：一是课堂知识获得感；二是学习兴趣被激发；三是学习有适宜的时空结构。这些因素构成了提升思政课教学效果的关键环节，也是塑造"期待主导型"思政课教学的必要条件。

1. 期待获得感

期待是人的一种心理体验，其实质是人的欲望被满足的过程。通过扎根分析，发现大学生期待通过思政课教学，能够使自己有更多的获得感，主要包括知识获取、精神提升、现实解释与实践指导。这些期待与大学生的身份角色具有一致性，大学生既是学习主体也是社会行为主体。作为学习者，大学生更期望通过课堂学习获得更多理论知识，掌握社会生存技能，知识的获得感俨然成为他们的首要期待。

"希望思想政治理论课能使我们的知识储备更加丰富。"(20201213 LA)

马克思认为[10]："人的本质不是单个人所固有的抽象物,在其现实性上,它是一切社会关系的总和。"作为社会成员,大学生的精神需求也是他们的基本需求,大学生通过学习期待获得精神的满足、思想的升华；同时也期待更好地理解社会、融入社会,期待能够对社会现象做出正确判断、能够将所学知识、理论等转化为自己的实践能力,指导自己的行为。

"希望老师讲的内容能结合时事,希望可以更好地运用到生活中。"(20201213 ZJQ)

通过以上阐释发现,学生们在获得感方面提出了期待知识、思维和行动实践三方面的获得。

2. 期待学习兴趣被激发

著名教育学家赫尔巴特认为[11],兴趣是指人"内在的和明显地表露出来的活动力和积极性的总和"。兴趣与人的主动性息息相关,但是有无兴趣以及兴趣大小却不能仅仅归结于个人问题。当代大学生身份意识普遍强烈,将学习作为自己的首要职责,但是对于不同课程的学习兴趣却不同程度地受诸多方面的影响。针对思政课,大学生的感受和认知中留有"枯燥"的印象,期待思政课能够有趣有乐,期待能够激发自己的学习兴趣。

"更生动地进行思政课的讲解,能让我们对思政课有浓厚的兴趣,能有一些有趣的环节,只讲书本上的知识有些枯燥。"(20201213 HWR)

提高思政课的有趣性和学习兴趣值尤为重要。通过逐级扎根的方式发现,学生们主要期待教师在讲课的过程中能够做到故事叙事、视角新颖。语言要有一定的技巧,诙谐幽默、主次分明,要注重与学生的有效沟通互动,也要具备积极热情的情绪状态,同时,要顾忌到授课对象的实际情况,因材施教,注重讲授内容的客观真实性,理论要彻底。如此种种对于思政课教师的期待和要求,表面来看是对于思政课教师在教学过程中"出场方式"的期待,深层次来看则是对于自己的学习兴趣被激发、被增值的期待。

"关于提高思政课教学的效果,我认为最关键的应该是学生的学习兴趣,能激发学生的学习兴趣才是最根本的解决办法,否则就像表面功夫。"(20201213 LXD)

3. 期待适宜的时空结构

所谓思政课教学的时空结构,是指思政课教学的场域环境和时间配置。在访谈过程中,学生们认为思政课教学效果和课程安排的时间以及场域环境都有关系。

"繁重的专业课学习任务'挤占'了思政课的学习时间""上午和下午上思政课的效果都有区别""教室过大或过小影响思政课教学""班级的学习氛围也会影响教学效果"(表2)。

关于学生对于思政课教学的硬环境(场所大小)和软环境(场域氛围)以及时间问题的期待,则可归结为大学生对于思政课教学适宜的时空结构的期待。访谈发现,大学生对于思政课程的安排时段、周频次与合理性存有潜在期待；对于上课教室的空间大小，是否是阶梯教室、座位位置、投影设备清晰度以及与教师之间的空间距离都存在不同程度的期待。根据心理学和人体结构学知识，符合人生理和心理发展的场域环境有利于个体主观能动性的超水平发挥，提升自我效能感，同时，也能增强学生之间的互动能力，优化课堂知识输出的传播效果。

五、高校"期待主导型"思政课教学效果提升的基本路向

高校"期待主导型"思政课教学是以"学生"为中心开展的教学过程，旨在培养大学生的主体性价值。研究结论表明，当代大学生期待通过思政课能够在知识能力、认知思维等方面有获得感，期待学习兴趣被激发，期待学校塑造适宜的教学时空结构。以学生的期待为立足点，基于理论和实证研究的结果，尝试从前提、关键和保障的维度提出塑造学生"期待主导型"思政课教学的基本路向（图1），以期能够为思政课教学效果的提升提供一定的参鉴之处。

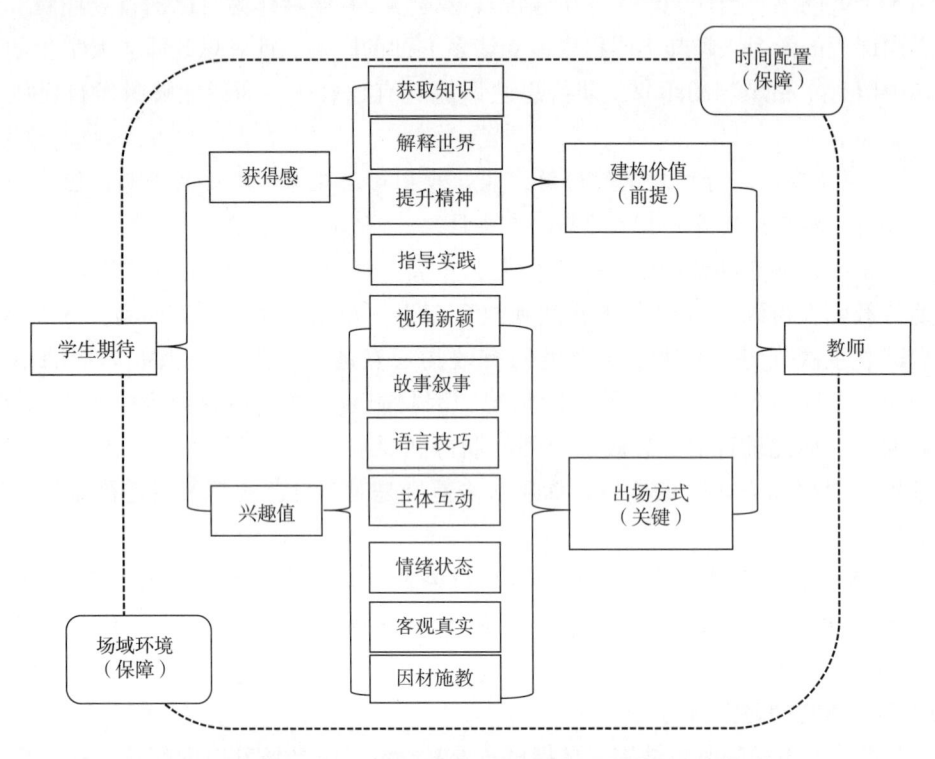

图1 构建学生"期待主导型"思政课教学模式的驱动结构

1. 着力建构好思政课教学价值，满足学生获得感之期待

古人语：亲其师，信其道，乐其学。学生信任对思政课教学效果的影响十分显著，而"信任"又和获得感密切相关。获得感可谓是"信任机制"的首要条件，缺乏获得感，信任机制就会崩塌。因此，获得感是大学生对于思政课教学的期待，也是思政课教学改革的目标、落脚点和突破口，还是思政课教学改革的动力，更是衡量思政课教学效

果、教学改革的试金石。教育部在《2017年高校思想政治理论课教学质量年专项工作总体方案》中指出，要"切实增强大学生对思政课的获得感"。如何满足学生的获得感，首先需要建构好思政课教学的价值，即设计好思政课教学的目标，尤其是要做好知识、思维和实践三个方面的目标设计，满足大学生对于思政课教学的获得感期待。

传递知识是任何课程存在和发展的根基，思政课也不例外。思政课教学首先要满足学生在知识领域的期待，确保学生"涨"知识。只有充分了解、掌握了思政课所传递的知识，学生们才能有切实的获得感体验。高校思政课是多门课程的集合，囊括了哲学知识、政治经济学知识、历史知识、社会运动发展规律、中国特色社会主义理论等。在具体教学过程中，应保证每节课都具有明确的知识目标，保证知识的准确性、多维性。

思政课教学还需要满足学生在思维领域的期待。思维可以细分为两个层面：一是思维方式；二是思维能力。人的思维方式在一定意义上和情感态度价值观同义，体现着人们思考问题的立场，而立场问题实质是价值观的"起点"。以人民为中心是马克思主义的根本立场，是中国共产党的宗旨立场，也是思政课教学应帮助学生牢牢把握的立场。思政课教学要帮助学生全面把握理解马克思主义及其继承者中国共产党所坚持的人民立场，从而产生对于马克思主义的认同、对中国共产党的认同，由认同进而升华为爱党、爱国、爱人民、爱社会主义的强烈情感。人的思维能力受先天和后天两大因素的限制和影响。思政课作为理论课，要注重对学生思维能力的训练，发挥好后天教育影响人思维能力的积极作用，尤其是要注重学生抽象思维的训练，使学生能够从复杂的现象中分析、剥离出事物的本质，不被外在表象迷惑，做生活的"明白人"。

思政课教学还要注重满足学生在行为实践领域的期待。有学者指出[12]："行为层面的获得感使得思想政治教育与个体行为需要的一致性得到契合，是获得感形成的最显性标志，并在实践进程中得以不断检验、增进和固化。"思政课教学对学生在行为实践方面的影响至关重要。为此，思政课教学需做到两方面：一是要做到联系现实世界。现实世界以其显著的可触碰、可感知的特点对"剧中之人"产生影响。当代大学生正处于世界观、价值观和人生观形成时期，思政课教学要联系现实世界展开，帮助大学生树立正确的三观，使学生明辨是非善恶，明确行为准则，为学生针对现实世界的问题和思考排疑解惑。二是要做到联系学生实际。学生的实践需要有正确指导，思政课教学要深入学生、了解学生期待、关切，将所传递的知识、理念、态度、价值观等同学生行为实践的需要建立联系，从而形成对于学生实践的指导，使学生有"懂我""受用"之感。

"获取知识、提升思维、解释现实、指导实践"是大学生对思政课教学获得感之期待，也有学者将其归纳为"思想认同带来的欣悦感、实践运用带来的效能感、成功收获带来的满足感"[13]。两种归纳是内容和形式的统一，前一种是获得感的内容，后一种是获得感的外在形式，二者共同寓于思政课教学价值之中。在教学准备阶段，教师应以学生获得感期待为着力点，构建好教学目标、明确教学之价值意蕴。

2. 注重出场方式，全方位激发学生学习兴趣

美国实用主义大师杜威认为[14]，"兴趣和目的，关心和效果必然是联系着的。目的、意向和结局这些名词，强调我们所希望和争取的结果，它们已含有个人关心和注意

243

热切的态度。"兴趣是最好的老师,兴趣与效果有着天然联系,提升思政课教学需要全方位激发、调动学生学习兴趣。这就要求在教学进行中,教师要特别注意自己的出场方式。

一是要做到视角新颖,注重故事叙事。俗语说:好的开始是成功的一半。在具体教学过程中,新颖的视角则是教学成功的一半。视角独特新颖,是抓住学生兴趣、吊住学生胃口的重要方式,这就要求教师要勤于思考联系,多寻找、积累、应运新视角。值得注意的是,思政课教学整体上来是马克思主义的视角,尽管追求耳目一新,最终也不能离开马克思主义的解释框架,或者说最终也要回归到马克思主义理论视角。"讲故事"也是吸引学生的重要方式,通过扎根研究,发现不少学生期待思政课教师多讲故事。"故事"以其生动性抓学生眼球、提高学生兴趣,思政课教师要注重故事叙事,以讲故事的形式,将故事背后的理论和逻辑讲清楚,寓理其中、深入浅出,方可启迪人心。

二是要运用语言技巧,注重教学文采。习近平总书记讲话语言独具风格,善用比喻、爱打比方,善用俗文俚语、古文诗词、经典名句,语风生动幽默、平实亲民、深入浅出[15],这些语言技巧使人们对他的讲话"听得进、听得懂、记得住、传得开"。语言是沟通和交流的工具,思政课教学是教师和学生面对面交流的实践活动。教师也应学习习近平总书记的语言风格,将教材术语转化为生活化表达,注重教学文采,语言幽默风趣,满足学生对于"有趣""优美"教学语言的期待,增加学习兴趣,提高教学效果。

三是要展开有效互动,注重学生主体性。在教学中,互动是提高学生注意力、激发学生主体性的重要途径。成功的教学互动一般具有两个特点:一是能够激发学生思考的兴趣;二是能够激发学生的表达欲望[16],高校思政课教学互动中存在着"浅表化"问题,为了互动而互动,没能够真正激发学生思考兴趣和表达欲望。这就要求教师要追求与学生之间的有效互动,注重互动内容,创新互动模式,采用信息化互动技术,提升互动覆盖面,使学生真正成为课堂的主体,通过调动学生参与课堂教学,激发学生学习兴趣。

四是要做到案例客观真实,注重理论彻底。通过扎根分析发现,学生不仅期待教师能够做到"故事叙事""案例分析",同时也十分注重故事和案例的真实性。"虚假"的案例和故事会使学生产生欺骗感,会较大程度消减学生对于课堂教学的信任,最终消减课堂教学效果。因此,教师在选取故事和案例过程中一定要考究故事、案例的真实性,避免编造、制造虚假故事和案例。马克思指出[10]:"理论只要说服人,就能掌握群众;而理论只要彻底,就能说服人。"大学生已有一定的思维能力,不仅追求真相,还期待被说服。思政课是理论性课程,在教学中,讲授阐释理论时要注重理论的彻底性,减少空谈和口号式的说教,以理服人。

五是要做到热情积极,因材施教。教师状态直接影响学生积极性,思政课教师要用最饱满的状态、最真诚的心和最高的热情拥抱课堂,满足学生期待。教师还需要真正了解学生,每个班级学生的专业、知识背景、思想实际都需要教师全面把握、因材施教,提升学生的学习效率。

3. 合理化时空结构，调动学生学习主动性

通过扎根理论发现，不少学生认为教学场域、教学时间都会影响教学效果。因此，提高思政课教学效果还需要注重时空结构的合理性，调动学生学习主动性。从分析的角度来看，一个场域可以被定义为在各种位置之间存在的客观关系的一个网络（net-work）或一个构型（configuration）[17]。在高度分化的世界里，社会由一些相对小的"场域"构成，场域中有"权力、资本和惯习"等要素。课堂教学就是一个微观"场域"，场域空间配置、场域主体关系，场域学习氛围影响学生学习主动性，进而影响教学效果。

首先，优化场域空间配置。场域空间配置影响教学效果，宽阔或拥挤的教室空间都会对教学效果产生负面影响，具体来说，教室空间过大，学生们落座"七零八散"，或者喜欢选择拥挤在教室后排就坐，教师和学生之间间隔较远，难以对学生听课状态做出清晰判断，也难以对学生形成有效监督和约束，从而降低了教学效果；相反，教室空间过小会出现有些学生因"拥挤"而选择逃课的现象，也容易对教师形成直观的"压迫"视觉效应。因此，思政课教学在排课阶段，要根据学生人数配置适宜的教室，同时也可适当摆放盆栽，增加绿意，营造和谐的场域空间，调动学生学习主动性。

其次，构建和谐场域主体关系。场域主体关系影响教学效果。教师和学生是思政课堂场域中的双主体，两大主体之间的关系也会影响教学效果。从教师教学风格来看，按照勒温的分类，可以分为民主型、权威型和放任型三种。三种类型中分别体现了不同的"权力"氛围，放任型教师的"权力"意识薄弱，缺乏对于学生的关照和约束，对学生课堂表现不予理睬，缺乏课堂有效管理，有些学生有时容易"放纵"；而权威型则表现为"一言堂"，教师垄断"权力"，缺乏与学生的沟通和互动，缺乏对于学生的理解，也难以形成良好教学效果；民主型风格，教师善于收放"权力"，注重观察学生、了解学生，重视与学生沟通和互动，学生有参与感，主体性被激发，相较而言教学效果就会明显理想。因此，思政课教学过程中，需要构建好场域主体关系，教师应学会"收放"权力，注重与学生平等沟通、真诚交流。

再次，营造勤学好学的课堂氛围。通过访谈资料与扎根分析，大部分学生认为课堂氛围会直接影响教学效果。课堂氛围和学生"惯习"相关，"惯习"是指"是一个开放的性情倾向系统，不断地随经验而变，从而在这些经验的影响下不断强化，或者调整自己的结构。它是稳定持久的，但不是永远不变的[18]。"学生在长期的学习过程中形成了相对稳定的习惯，同学之间相互影响、模仿，从而形成了班级学习氛围，课堂价值观以及课堂行动通常是大学生过去所有经验的聚合，是在长期的社会经验中发展形成的。大学生对待课堂的价值取向易受到其所在场域中集体意识和集体行为的影响，类似荣格的"集体潜意识"[19]。勤奋好学的学习氛围，有利于塑造、影响学生个体的学习兴趣和态度；相反，松散消极的课堂氛围则容易对个体形成不良影响。因此，从起点营造勤奋好学的课堂氛围，或者多措并举打破和改善传统不良"惯习"，是实现学生期待的基础性路径。

此外，思政课教学还需注意课程时间安排。部分学生认为，上课时间、课程安排与教学效果也有十分密切的关系。因此，学校在排课阶段要有总体协调意识和严谨的排课方法，充分考虑学生注意力、精力、体力等方面事实与规律，合理安排上课时间；教师在上课的过程中也要充分考虑学生认知规律，适时调整、有的放矢。

六、结语

思政课教学是目标性和过程性的统一，以学生期待为导向，在教学准备阶段全面考虑学生在知识、思维和行为实践三方面获得感的期待，有针对性地做好思政课教学目标设计，建构好思政课教学价值，为提高思政课教学效果做好前期基础性工作；在教学实施阶段，教师要注意出场方式，在引入视角、语言表达、主体互动等方面做足功夫，使思政课教学有趣有乐，全方位激发学生学习兴趣，为提高思政课教学效果做好关键性步骤。思政课教学效果的提升还需外在环境做保障，学校在高度重视思政课的基础上，要做好协调工作，尤其是要做好思政课教学场域和时间安排两方面的支持协调事宜，为提升思政课教学效果做好外部保障性工作。

参考文献

[1] 习近平. 思政课是落实立德树人根本任务的关键课程[J]. 内蒙古宣传思想文化工作, 2020 (10): 4-11.

[2] 教育部关于一流本科课程建设的实施意见[EB/OL]. [2021-01-20]. http://www.moe.gov.cn/srcsite/A08/s7056/201910/t20191031_406269.html.

[3] 刘书林. 努力做受学生欢迎的思政课教师[J]. 思想理论教育导刊, 2020 (5): 115-119.

[4] 张春梅. 影响高校思想政治理论课教学效果的问题因素及对策思考[J]. 社会科学家, 2011 (11): 122-124, 128.

[5] 李生敏. 构建高校思想政治理论课教学新模式[J]. 教育与职业, 2015 (20): 83-85.

[6] 宇文利. 努力掌握并用好思想政治理论课教学的科学规律[J]. 思想理论教育导刊, 2017 (9): 139-142.

[7] 董梅昊, 佘双好. 新中国70年来思想政治理论课教学研究回顾与展望[J]. 思想理论教育导刊, 2019 (10): 77-82.

[8] 顾云湘. 基于学生期待视野提升高校思政课教学内涵式发展[J]. 江苏高教, 2020 (9): 97-100.

[9] 朱丽叶·M. 科宾, 安塞尔姆·L. 施特劳斯. 质性研究的基础形成扎根理论的程序与方法[M]. 朱光明, 译. 重庆: 重庆大学出版社, 2015.

[10] 马克思, 恩格斯. 马克思恩格斯选集（第一卷）[M]. 北京: 人民出版社, 2012.

[11] 赫尔巴特. 普通教育学·教育学讲授纲要[M]. 李其龙, 译. 杭州: 浙江教育出版社, 2002年.

[12] 李合亮, 张旭. 思想政治教育获得感内涵的全面性认识[J]. 思想理论教育导刊, 2020 (8): 118-123.

[13] 程仕波.论大学生思想政治教育获得感的三种样态[J].思想教育研究,2020（10）：48-52.

[14] 杜威.民主主义与教育[M].王承绪,译.北京：人民教育出版社,2001.

[15] 张爱民.习近平讲话的语言风格及其对高校思政课教学的启示[J].吉首大学学报（社会科学版）,2019,40（S1）：40-43.

[16] 王林平,高云涌.用科学的教学互动激发思政课课堂活力[J].中国大学教学,2020（11）：28-32.

[17] 马克思,恩格斯.马克思,恩格斯选集（第一卷）[M].北京：人民出版社,2012.

[18] 布迪厄,[美]华康德.实践与反思—反思社会学导引[M].李猛,等,译.北京：中央编译出版社,1998.

[19] 胡仁东,刘静.场域论视角下大学生课堂问题行为的表现、成因及对策[J].教育探索,2015（5）：61-64.

当代中国故事融入思政课教学要义探究[1]

潘琪[2]

摘 要：讲好当代中国故事，是依托当代中国社会主义建设的生动实践揭示背后的客观规律，用可感可见的事实帮助学生认识社会发展趋势，深入了解深化对社会主义建设规律、共产党执政规律的理解，理解中国共产党为什么能、马克思主义为什么行、中国特色社会主义为什么好。思政课教学需要讲好中国故事的逻辑性、层次性，改进讲述方式，突出理论主旨。

关键词：中国故事；思政课；中国特色社会主义

马克思主义认为，一切社会观念都不是独立的、凭空产生的，背后反映的是社会经济关系。教育作为人类特有的社会实践活动，是一个不断发展的社会历史过程。它本身是在一定的经济基础之上产生的，同时又是推动经济发展的一个内在动力，在此基础上促进社会全面进步。此外，它还承担着培养人本身，决定着人自身走向的重要使命。因此，社会的发展变化能够为教育和理论的说服力提供了最强有力的支持。当代青年更加自信，更有底气平视世界，恰恰是基于中国社会快速发展、国力日益强盛的结果。正如习近平主席所指出的："中国特色社会主义取得举世瞩目的成就，中国特色社会主义道路自信、理论自信、制度自信、文化自信不断增强，为思政课建设提供了有力支撑。"他多次强调要讲好中国特色社会主义的故事，讲好中国梦的故事，讲好中国人的故事，讲好中华优秀文化的故事，讲好中国和平发展的故事。要组织各种精彩、精炼的故事载体，把中国道路、中国理论、中国制度、中国精神、中国力量寓于其中。将当代中国故事融入思政课教学可以增强理论信度，帮助大学生认识国情，了解社会，增强爱国情、报国志，树立远大理想，做能够担大任的时代新人。

一、思政课教学中讲好当代中国故事的逻辑性

讲好当代中国故事，是依托当代中国社会主义建设的生动实践揭示背后的客观规律，解读新中国的历史进程和改革开放的伟大成就，用可感可见的事实帮助学生认识社会发展趋势，深入了解深化对社会主义建设规律、共产党执政规律的理解，理解中国共

---

[1] 资助项目：北京服装学院教育教学改革立项项目"当代中国故事融入'基础'课教学研究阶段性成果"（项目编号：JG-1929）。

[2] 作者简介：潘琪，北京服装学院思想政治理论课教学部，副教授。

产党为什么能、马克思主义为什么行、中国特色社会主义为什么好。

1. 从实践到理论

讲好中国故事是对新时代中国特色社会主义有力量有色彩的理论诠释方法。讲故事目的重于手段，最终使理论更加深入人心。习近平总书记强调，"中国为什么能？中国共产党为什么能？国内外不少人都在思考这个问题。我们现在有底气、也有必要讲好中国故事。奏响交响乐、大合唱。"改革开放以来，中国发生的巨大社会变化在各个领域提供了无比精彩的故事，极大地改变了中国人民的生活和精神面貌。中国发展的实力、阶段、国际形象和地位以及话语权均发生了巨大变化，中国特色社会主义进入了新时代，中华民族伟大复兴迎来了更光明的前景。新阶段的新故事对大学生来说是可以感受可以求证的，这证明了马克思主义的正确性、中国特色社会主义道路的正确性和中国共产党领导的必要性。

2. 从当前到历史

讲好中国故事，是要展现真实、立体、全面的中国。讲好当代中国故事，不能割裂历史，需要把当代中国发展和党的历史、新中国的历史、社会主义发展的历史结合起来，通过完整的发展脉络讲清楚当代社会发展变化的精彩故事的深刻背景和必然性，以唯物史观为指导，本着实事求是、严肃认真的态度，选择案例，使受众在听故事的过程中深刻认识社会，认识为什么要信仰马克思主义，认识中国共产党为国家和民族作出的伟大贡献，深刻感悟中国共产党始终不渝为人民的初心宗旨。建构当代中国特色社会主义话语体系，把故事讲得更深入，更系统，体现思想政治理论课的理论性和深度。

3. 从中国到世界

全球化时代，国际竞争和国际比较都是不可避免的。特别是当前，伴随中美战略竞争的还有社会主义与资本主义的对比。习近平总书记在党的十九届中央政治局第三十次集体学习时的讲话中指出，要广泛宣介中国主张、中国智慧、中国方案，我国日益走近世界舞台中央，有能力也有责任在全球事务中发挥更大作用，同各国一道为解决全人类问题做出更大贡献。要高举人类命运共同体大旗，依托我国发展的生动实践，立足五千多年中华文明，全面阐述我国的发展观、文明观、安全观、人权观、生态观、国际秩序观和全球治理观。要善于运用各种生动感人的事例，说明中国发展本身就是对世界的最大贡献、为解决人类问题贡献了智慧。因此，当代中国故事融入思政课教学还要有国际视角，通过中外对比，社会主义和资本主义的对比帮助学生看清世界发展大势。

二、讲好中国故事的层次性

中国社会的发展变化是深刻的、广泛的。讲好中国故事可以从国家层面、社会层面和个人层面进行解读。

1. 国家层面

从国家层面来讲，中国实现了从站起来、富起来到强起来的伟大飞跃，为道路自信、理论自信、制度自信、文化自信的提供了新的坚实支撑。讲好中国故事就是要讲好中华民族伟大复兴的中国梦这一当代中国最宏大、最精彩的故事。习近平总书记曾充满自信地宣示：当今世界，要说哪个政党、哪个国家、哪个民族能够自信的话，那中国共产党、中华人民共和国、中华民族是最有理由自信的。中国自信，说到底，来自于坚韧不拔的奋斗，来自于扎扎实实的成就。中国创造了连续数十年经济增长的神话，坐稳经济总量世界第二的交椅。创新能力不断增强，重点领域取得了突破性进展，上可九天揽月，下可五洋捉鳖。民主法治深化发展，建成了中国特色的法治体系。人民生活水平不断提高，完成了脱贫攻坚任务，在共同富裕的路上迈出重要一步。生态环境明显改善，主动承诺碳减排目标，绿水青山就是金山银山的理念深入人心。应对突发的新冠疫情，中国党和政府充分体现了以人民为中心的理念，不惜一切代价挽救生命，在疫情防控方面展现了强大的治理能力，在国际比较中展现了力量，也赢得了国内外的认可。中国的发展拓展了发展中国家走向现代化的途径，为解决人类问题贡献了中国智慧、提供了中国方案，证明了中国道路的可行性和光明前景。

2. 社会层面

从社会发展和人民生活改善来看，中国取得的成绩是人民亲身可感的。新中国成立后，党团结带领人民完成社会主义革命，推进社会主义建设，重整山河，为摆脱贫困、改善人民生活打下了坚实基础。改革开放以来，党团结带领人民实施了大规模、有计划、有组织的扶贫开发，着力解放和发展社会生产力，着力保障和改善民生，取得了前所未有的伟大成就。从温饱到小康，人民的生活得到了极大提高，物质保障充分，精神生活越来越丰富。发展的主要问题转向解决不平衡不充分的问题。众所周知，刚刚过去的 2020 年，我国如期实现了全面建成小康社会的奋斗目标。2021 年 11 月，中国完成了历史性的脱贫攻坚任务，解决了千年难题，为世界提供了新的选择，做出了新的贡献。从 2013 年总书记提出精准脱贫到 2020 年完成脱贫任务，在党的领导下，在各界参与之下，接近 9000 万贫困人口实现脱贫。我国提前 10 年实现联合国 2030 年可持续发展议程的减贫目标，世界上没有哪一个国家能在这么短的时间内帮助这么多人脱贫，这对中国和世界都具有重大意义。这也是新时代中国共产党为民族谋复兴、为人民谋幸福的历史见证。

3. 个人层面

从个人层面来说，国家发展的成果为个体发展提供了越来越好的条件。致力于国家富强、民族振兴、人民幸福的中国梦既是国家的、民族的，也是个人的。国家的发展离不开个人的参与，国家的发展又为每一个人提供新的机遇和舞台。当今社会，我们可以感觉到越来越多的自由选择，越来越多的成才路径。学习好的、技术水平高的、有文体艺术才能的等等皆可找到体现自己人生价值的位置。特别是互联网时代，每个人皆可称为行走的麦克风，见证发展变化，传播中国力量。当代青年所体现出来的自信和阳光恰恰是因为国家社会的发展为个人的发展提供了宽广的平台。当代中国是自信的中国，当代的中国人也是自信的中国人。个人的精彩人生也是精彩的中国故事的背书。

三、讲好中国故事的路径

讲故事就是讲事实、讲形象、讲情感、讲道理，讲事实才能说服人，讲形象才能打动人，讲情感才能感染人，讲道理才能影响人。因此，讲好中国故事要讲出"事"与

"理"的结合，还要有生动的讲述方法。

1. 选好中国故事的载体

中国故事就是讲在马克思主义指导下中国革命、改革和建设的生动实践。大的方面是国家发展，小的方面是普通人的生活。无论是可歌可泣的革命和建设，还是硕果累累的改革开放，无论是波澜壮阔的精彩中国，还是芸芸众生的生活状况皆可反映国家、社会、时代的巨大变迁，可以展示中国国家、社会和人民生活的精神风貌。人物、事迹皆可反映中国精神。无论是"一带一路"沿线上繁忙的海上集装箱和中欧班列，还是震撼世界的"基建狂魔"的超级工程，无论是上天入地的科技神话，还是共享经济时代个人便利的生活都是中国的注解。讲好中国故事就是要把中国共产党、中国政府、中国人民为追求美好生活所做的努力和成就讲出来，用事实帮助学生认识中国，看到中国发生的变化，探究背后的原因。

2. 讲好中国故事的主旨

作为思想政治理论课教师，理论才是讲好中国故事的落脚点。以理论高度深化故事的主题，以时代站位凸显故事的价值。讲好中国故事要在讲述的基础上充分发挥育人功能，从中阐释正确的世界观和方法论，阐明马克思主义中国化的强大力量，帮助大学生坚定马克思主义信仰，树立远大的理想，增强爱国情，报国志，转化为爱国行。通过学习能够学会看待历史和现实的正确视角，认识社会发展的历史必然性，能够信服中国特色社会主义的好，中国共产党的能和马克思主义的行，自觉成为有理想、有本领、有担当的时代新人。习近平主席强调，中华优秀传统文化是中华民族的文化根脉，其蕴含的思想观念、人文精神、道德规范，不仅是我们中国人思想和精神的内核，对解决人类问题也有重要价值。

3. 用对话语表达方式

在思政课教学中讲好中国故事不仅要有血有肉，有情有理，还要重视表达方式，政治话语和生活话语结合起来。习近平主席本人就特别善于讲中国故事，无论是陈情还是论理，都能生动形象甚至是幽默地表达出来。作为思政课教师，不仅要用好材料，还要善于表达。要用好科学数据、图文表达等多种方式呈现出来，增加可感性。学术表达和典故运用以及口语化的表达都要穿插其中，把学生带到自己的故事情境之中，带到自己要表述的理论轨道之上，从当代信史转到当代理论的思考之中，传道解惑寓于故事之中。

参考文献

[1] 董晓彤. 让世界读懂中国：跟习近平学习"讲好中国故事"[C]. 2016年度文献研究个人课题成果集，2016.

[2] 公安部新闻宣传局. 习近平在党的新闻舆论工作座谈会上的讲话[OL]. [2020-05-01]. https：//baijiahao. baidu. com/s？id＝1666457814287797572&wfr＝spider&for＝pc.

[3] 公安部新闻宣传局. 习近平在全国宣传思想工作会议上的讲话[OL]. [2020-5-12]. https：//baijiahao. baidu. com/s？id＝1666457814287797572&wfr＝spider&for＝pc.

[4] 冯强. 新时代讲好中国故事的内涵与实践[J]. 福州党校学报, 2020 (5): 10-14.

[5] 王岩. 讲好红色故事赓续红色血脉 [OL]. [2021-7-23]. https://m.gmw.cn/baijia/2021-07-23/35018407.html.

[6] 新华社. 习近平主持召开学校思想政治理论课教师座谈会 [OL]. http://www.gov.cn/xinwen/2019-03/18/content-5374831.htm.

[7] 中国共产党新闻网.《习近平关于社会主义文化建设论述摘编》八 [OL]. http://theory.people.com.cn/n1/2019/0107/c40531-30507321.html.

[8] 新华网. 习近平在中共中央政治局第三十次集体学习时强调 加强和改进国际传播工作 展示真实立体全面的中国 [OL]. http://www.xinhuanet.com/politics/leaders/2021-06/01/c_1127517461.htm

[9] 习近平: 在庆祝中国共产党成立95周年大会上的讲话 [OL]. https://www.12371.cn/2021/04/15/ARTI1618471700127230.shtml.

习近平总书记"七一"重要讲话对"中国近现代史纲要"课程的指导作用

史学伟[1]

摘 要：习近平总书记"七一"重要讲话（以下简称"讲话"）是马克思主义中国化的最新理论成果，对推进"中国近现代史纲要"教学改革具有直接的指导作用。讲话中"三个深刻改变""四个伟大成就""九个必须"等重大论断凝练成的课程主要内容，"中国共产党""中华民族""人民"等高频词是课程讲授的主线，讲话中首提的"伟大建党精神"更是课程讲授的重中之重，而对青年的殷切期望更将成为激发广大教师守好阵地讲好课的强大动力。

关键词："七一"重要讲话；中国近代史纲要；伟大建党精神；古今中外法

2021年7月1日上午，中国共产党在天安门广场隆重举行庆祝建党100周年大会，习近平总书记发表了重要讲话。讲话全文7292字，58个自然段，语言精练，逻辑严密，立意高远，博大精深，蕴含着深厚的政治分量、理论含量、精神能量、实践力量，提出了一系列新思想新观点新论断，是马克思主义中国化的最新理论成果，是指引全党全军全国各族人民向第二个百年奋斗目标奋勇前进的政治宣言和行动纲领。通过认真读原著学原文，我深刻认识到讲话对推进"中国近现代史纲要"课程教学改革和建设提供了理论创新，具有直接的指导作用。

一、讲话的重要论断凝练出"中国近现代史纲要"的主要内容

习近平总书记站在建党和建国两个100年交汇点的历史方位，在讲话中开宗明义，"1840年鸦片战争以后，中国逐步沦为半殖民地半封建社会，国家蒙辱、人民蒙难、文明蒙尘。"这是对中国近现代基本国情的定性判断，指明了中国近代历史演变的原因所在。"太平天国运动、戊戌变法、义和团运动、辛亥革命接连而起，各种救国方案轮番出台，但都以失败告终。"这勾画出课程第一、第二、第三章的主要脉络。"在马克思主义同中国工人运动的紧密结合中，中国共产党应运而生""深刻改变了近代以后中华民族发展的方向和进程，深刻改变了中国人民和中华民族的前途和命运，深刻改变了世界发展的趋势和格局""中国共产党一经诞生，就把为中国人民谋幸福、为中华民族谋复

---

[1] 作者简介：史学伟，北京服装学院思想政治理论课教学部，副教授。

兴确立为自己的初心使命",这3段论述构成了课程第四章的灵魂,同时"三个深刻改变"的论述深化提升了原先的教学内容,为教学改革和教学建设提供了新的精神食粮。"为了实现中华民族的伟大复兴,中国共产党团结带领中国人民,浴血奋战,百折不挠,创造了新民主主义革命的伟大成就""创造了社会主义革命和建设的伟大成就""创造了改革开放和社会主义现代化建设的伟大成就""创造了新时代中国特色社会主义的伟大成就",这些论述就是课程第五~第十章主要内容的高度浓缩,"四个伟大成就"在逻辑上层层递进,"实现中华民族伟大复兴"的主题一以贯之。面向新时代,面对百年未有之变局,讲话又着重强调了"必须坚持中国共产党坚强领导""必须团结带领中国人民不断为美好生活而奋斗""必须继续推进马克思主义中国化""必须坚持和发展中国特色社会主义""必须加快国防和军队现代化""必须不断推进构建人类命运共同体""必须进行具有许多新的历史特点的伟大斗争""必须加强中华儿女大团结""必须不断推进党的建设新的伟大工程","九个必须"科学地回答了实现中华民族伟大复兴的领导力量、主要矛盾、理论指导、发展道路、外交方略、动力来源、战略保障等重大问题,既是课程第十章更是全课程的重点和难点之所在,又对教学改革提出了更高的要求和更严的标准,同时也为教学研究提供了坚实平台和广阔空间。

二、讲话的高频词构成了课程讲授的主线

在讲话中,"中国共产党"出现了116次,"人民"出现了86次,"中华民族"出现了44次,"发展"出现了34次,"历史"出现了33次,"奋斗"出现了24次,"伟大复兴"出现了22次,"党的领导"出现了15次,"马克思主义""中国特色社会主义"各出现13次,这些高频词汇犹如一粒粒珍珠有机贯穿起来,构成了"中国近现代史纲要"课程的讲授的主线。

与之相对应,要采取正确的方法才能把课程讲好讲深讲透。一是要树立正确的历史观和党史观。这方面必须旗帜鲜明,不能有丝毫的含糊,牢固树立以马克思主义世界观和方法论为指导,坚持实事求是的根本原则,充分认识"研究问题忌带主观性、片面性和表面性",客观公正的而不是主观臆断的,全面的而不是片面的,实质的而不是表面的认识和对待历史和党史的科学观点,防止一叶障目,不见森林,防止攻其一点,不及其余,反对歪曲丑化党的历史和党的领袖的言论和行为。二是要树立正确的方法论。毛泽东同志提出要懂得掌握和运用"古今中外法",就是要弄清楚所研究的问题发生的一定时间和空间,把问题当作一定历史条件下的历史过程去研究。所谓古今就是历史的发展,所谓中外就是中国和外国,就是己方和彼方。"古今中外法"就是全面的历史的方法。陈云同志提出了"不唯上、不唯书、只唯实、交换、比较、反复"的"十五字诀",前9个字是唯物论,后6个字是辩证法。做到以上两点,就可以以"中国共产党""中华民族""人民"等高频词为重点,用生动有据的史实向青年学生讲清楚"为什么马克思主义行、为什么中国共产党能"的道理,从而做到正本清源、守正创新。

三、讲话首提的伟大建党精神是课程讲授的重点

"一百年前,中国共产党的先驱们创建了中国共产党,形成了坚持真理、坚守理想,

践行初心、担当使命，不怕牺牲、英勇斗争，对党忠诚、不负人民的伟大建党精神，这是中国共产党的精神之源。"讲话在党的百年历史上第一次在理论层面明确提出伟大建党精神的概念，伟大建党精神内涵外延极其丰富，既是对井冈山精神、长征精神、遵义会议精神、延安精神、西柏坡精神、抗美援朝精神、"两弹一星"精神、改革开放精神、特区精神、伟大抗疫精神、脱贫攻坚精神等党的历史上的时代精神概括的进一步提升和再造，又具有鲜明的理论创新特质。4句话32个字形成了整体表达的概念，每句话8个字形成层面表达的合成词，这些合成词叠加起来形成了严密的逻辑结构，产生强大的思想表达力和概念冲击力，是马克思主义中国化的最新成果。"坚持真理、坚守理想"属于价值层面的表达，在伟大建党精神中具有统领作用；"践行初心、担当使命"属于实践层面的表达，是百年革命历史发展的动力来源；"不怕牺牲、英勇斗争"属于精神层面的表达，是中国共产党区别于资产阶级政党的鲜明底色；"对党忠诚、不负人民"属于品质层面的表达，贯彻党的根本组织宗旨，体现伟大无私的人民情怀。所有这些理论成果应结合中国近现代史中正反两方面丰富的原始材料，在课堂上原原本本地传授给学生，并使之在学生学习、生活实践中产生指导作用。

四、讲话对青年提出的殷切期望应成为教师讲好课程的动力

"未来属于青年，希望寄予青年""一百年来，在中国共产党的旗帜下，一代代中国青年把青春奋斗融入党和人民的事业，成为实现中华民族伟大复兴的先锋力量""新时代的中国青年要以实现中华民族伟大复兴为己任，增强做中国人的志气、骨气、底气，不负时代，不负韶华，不负党和人民的殷切期望"，习近平总书记的嘱托语重心长，言犹在耳，党的十八大、十九大报告中也有专门篇章对青年工作进行论述，充分体现了党和国家对青年人的殷殷期待。青年学生正处在世界观、价值观和人生观形成的关键时期，可塑性很强，易受外部环境的影响，兹事体大，属于"国之大者"，思想政治理论课作为对青年学生进行教育的主阵地，具有特殊的重要性。作为思政课教师，一方面责任重大，另一方面动力十足，在工作中应牢记科学研究无禁区，课堂讲授有纪律，以对党、对人民、对学生高度负责的精神，理直气壮地守好阵地，深入学习理论，密切联系国家发展的实践和学生思想动态的实践，生动准确地讲好课，成为青年学生健康成长的良师益友。

参考文献

[1] 习近平. 在庆祝中国共产党成立100周年大会上的讲话 [N]. 人民日报，2021-7-1.

[2] 毛泽东. 毛泽东文集第二卷[M]. 北京：人民出版社，1996.

[3] 毛泽东. 毛泽东选集第一卷[M]. 北京：人民出版社，1991.

[4] 李泽民. 改善工作方法，提高工作水平 [N]. 人民日报，1991-1-18.

"四史"教育融入艺术类高校"思想道德与法治"课程教学路径探赜

——以北京服装学院为例

付婉莹[1]

摘　要："四史"教育一直以来是高校思政课教学改革创新的核心部分。当前，随着党史学习教育的不断推进，"四史"教育凭借其具有权威性、系统性和深刻性，也逐渐融入高校"思想道德与法治"课程。尤其部分艺术类高校，通过"四史"教育与"思想道德与法治"课程直接有机结合，增强了教育的内涵与深度，对于学生形成全面、系统、科学的历史观具有积极的影响。本文将以北京服装学院为例，坚持问题导向，分析当前"四史"教育融入艺术类高校"思想道德与法治"课程教学路径中存在的问题，并结合艺术类高校实际情况，提出切实可行的创新路径。

关键词："四史"教育；艺术类高校；思想道德与法治；思想政治理论课

在庆祝中国共产党成立100周年之际，党史学习教育在全国不断推进，再一次将党史、新中国史、改革开放史、社会主义发展史教育（以下简称"四史"教育）提上了全新的高度。以史鉴今、资政育人，重视从党的历史中汲取智慧和力量是中国共产党的优良传统。这既是加强党的思想理论建设的重要任务，也是增强高校思想政治工作能力和做好高校立德树人工作的有效途径。在中国特色社会主义进入新时代的历史方位下，加强新时代艺术类高校"四史"教育，必须以党的教育方针为基础，以立德树人为中心任务，帮助艺术类高校大学生树立崇高理想，培养更多德智体美劳全面发展的社会主义建设者和接班人。通过增强"四史"教育在艺术类高校思想政治理论课教学当中的比重，采取多元化的融合途径，不断探索"四史"教育在党史学习中的重要作用，从而发挥出高校思政课多门课程共同推进的生动合力。其中，2021年修订完成的"思想道德与法治"（原"思想道德修养与法律基础"）课程作为高校学生的"开学第一课"，不仅具有较强的引领性，而且其内容与高校青年学生学习、生活比较贴近，能够充分发挥"四史"教育对学生实践活动的指导，切实将"四史"教育融入思想政治理论课的效果落到实处，在学生深刻领会"四史"教育背后深刻时代内涵的同时，积极作用于专业学习与

---

[1] 作者简介：付婉莹，北京服装学院思想政治理论课教学部，讲师。

文艺创作，共同谱写"德艺双馨"精神塑造的新篇章。

一、"四史"教育融入艺术类高校"思想道德与法治"课程的重要意义

（一）有效拓展了"思想道德与法治"课程的历史维度

2021年，原"思想道德修养与法律基础"课程修订为"思想道德与法治"课程，修订后的课程"思想道德与法治"课程内容与时俱进，呈现形式新颖，加强了对基本原理、重大理论问题以及习近平新时代中国特色社会主义思想的学习和研究。该门课程是教育部规定的高校必修思想政治理论课之一，通过人生价值、理想信念、爱国主义、道德、法治专题教学帮助大学生树立正确的人生观、价值观、道德观、法治观，提高思想道德素质和法律素质，使大学生努力成长为有理想、有本领、有担当的时代新人。

这门课是大学生入学上的第一门思政课，对于帮助学生适应大学生活、树立正确的理想信念和家国情怀、养成良好的道德品质、学法守法用法有直接指导意义。通过将"四史"教育融入艺术类高校"思想道德与法治"课程，能够在其理论论证的基础上，拓展课程的历史维度，通过中国共产党成立及发展中的鲜明案例，生动形象地阐述道理，使具有历史深度的理论与新时代相结合，变得更加易懂。同时，在历史的印证下，能够增强学生对于历史知识的掌握，让学生了解到老一辈的无产阶级革命者为了国家和人民所贡献的青春，并结合自身所处的人生阶段，从而设定更加积极奋进的理想目标。尤其对于艺术类高校学生而言，不仅是为社会创造艺术作品，而且更重要的是在思想上是否能够坚定社会主义信念，是否能够通过自己的艺术作品来传达正能量，是否能够用自己正确的人生观、世界观和价值观来为中华民族伟大复兴的中国梦贡献力量。艺术类高校大学生自身所肩负的文艺创作的历史使命，更加需要历史内涵的沁润，需要身处历史的维度，纵观整个人类与国家发展的全过程，真正建立起科学的历史观和人生观，有力回击历史虚无主义的影响，有效抵挡一系列国外不良文化思潮的影响，专注中国的历史，发出更加有力的中国声音。

（二）全面增强了"思想道德与法治"课程的思辨空间

"四史"教育融入艺术类高校"思想道德与法治"课程能够全面增强课程的思辨空间。通过以历史为鉴，并结合思想政治理论基础，从而激发高校学生对人生价值、理想信念、爱国主义、道德、法治的重要性，潜移默化地树立社会主义核心价值观，深刻领会马克思主义与中国特色相结合，所形成的各种伟大的思想与精神。通过"四史"中党史的学习，深刻体会中国共产党为了国家和人民筚路蓝缕、艰苦奋斗所开辟的道路；通过新中国史的学习，感受新中国成立初期老一辈无产阶级革命家如何自力更生，改变中国"一穷二白"的面貌，通过改革开放史、社会主义发展史的学习，全面理解改革开放所带给中国的崭新变化与社会的深刻变革，促使高校大学生真正感悟到中国共产党为什么"能"、马克思主义为什么"行"、中国特色社会主义为什么"好"。

（三）有力补充了"思想道德与法治"课程的现实映射

2013年7月习近平总书记在河北调研指导党的群众路线教育实践活动时曾说："历史是最好的教科书，也是最好的清醒剂。"只有不断回顾来时的路，才能使我们不管身

处何种时代，都能够防微杜渐，居安思危。因此，"四史"教育融入艺术类高校"思想道德与法治"课程能够有力补充课程的现实映射。历史上的每一次事件的得失，都能够在现实生活中得到映射。在中国革命道路中所总结出的宝贵经验，对于高校大学生而言都具有现实借鉴价值，从建党初期的一艘红船，驶出嘉兴南湖，最终与全国各族人民一起，形成了一艘力挽狂澜的时代巨轮。尤其在2020年全国上下与全球性传染疫病的斗争中，证明了中国人民的选择是正确的。因此，这些从历史中走出，又深刻扎根于社会现实的历史成果，都是"思想道德与法治"课程发挥其现实影响力的有力论证。

二、当前"四史"教育融入艺术类高校"思想道德与法治"课程的教学路径

（一）"四史"教育融入"思想道德与法治"课前导入

"四史"教育融入"思想道德与法治"在教学路径上的表现是全方位的，首先就体现在课堂导入环节上。尤其在当前，随着科技的发展，许许多多依托多媒体技术所产生的课堂导入技术，也被广泛地运用到高校思想政治理论课。以北京服装学院为例，在"思想道德与法治"的导入环节，依靠微课的形式，并结合党史小知识、党史学习教育有关的短视频。例如，在讲述《崇高的理想信念》中，通过提出"我国第一个翻译共产党宣言的是谁？"这一问题，引起学生们对于《共产党宣言》的兴趣，从而在后续揭晓答案的过程中，讲述马克思主义中国化的进程，最终引出"中国特色社会主义是我们的共同理想"以及当今大学生要"胸怀共产主义远大理想"的后续知识，达到让学生们能够带着问题进入"思想道德与法治"课程的目的，不仅能够确保学生在课上的注意力，而且可以让学生在潜移默化中掌握许多丰富的党史知识，也为"思想道德与法治"后续具体课程的教学打下坚定的基础。

（二）"四史"教育融入"思想道德与法治"课堂活动

"思想道德与法治"课程所涉及的内容虽然与艺术类高校学生联系较为紧密，但是由于艺术类高校大学生思想活跃，重视视觉化冲击，而思想政治理论课理论知识的严谨性和严肃性，在一定程度上会让艺术类高校大学生感觉到这门课程过于沉闷。通过课堂教学实践笔者发现，在艺术类高校的"思想道德与法治"教学过程中，通过讲述案例，结合历史与社会，对消除课堂的这种沉闷感具有明显的作用。因此，"四史"教育融入"思想道德与法治"课堂活动增添了课程的生动性，以"四史"案例和故事对课程中坚定的理想信念、优秀的道德品质进行佐证，并依靠多种形式的课堂活动，在保证正常教学秩序的基础上，能够提升课堂的活跃氛围，使学生真正参与其中，成为思政课堂的主人。

（三）"四史"教育融入"思想道德与法治"课后评价

一直以来，"思想道德与法治"课程的教学评价经常满足于利用课后习题与小论文的形式来进行检验。艺术类高校大学生往往无法即时反馈这种形式的评价和检验课程效果的方式，不仅无法调动学生的积极性，同时还会以理论理，使某些思想政治理论流于形式，不能体现思政课教学实践性的要求。因此，"四史"教育融入"思想道德与法治"课后评价，可以通过"以史为鉴"系列作业、"我记忆中最深刻的一段党史"等主题，

进行专题或主题写作，以"四史"教育为学生框定作业范围，而在作业形式上，既可以利用短视频及艺术作品来进行创作，也可以充分发掘艺术类高校学生的专业知识，通过丰富多彩的艺术形式，表达自己的内心情感，从而展现学生的能力和水平，从方式与内容来全面提升学生的思想政治理论素质，促进积极正能量价值观的塑造。

三、当前"四史"教育融入艺术类高校"思想道德与法治"课程教学路径存在的问题

（一）教学准备中缺乏对"四史"教育资源的深入积淀

"四史"教育融入艺术类高校"思想道德与法治"课程的教学路径存在的问题，表现在课程的教学准备中缺乏对"四史"教育资源的深入积淀。具体表现是，教师在教学准备中缺乏对"四史"教育的深度认识。通过调研走访，部分艺术类高校教师认为"四史"教育所涉及的部分知识会在"思想道德与法治"课程之后的其他思想政治理论课必修课中有所体现，因此，在本课程中进行大篇幅的涉及和研究，将会引起对其他课程的影响。这种思想就是没有准确把握"四史"教育重要性所形成的。在这种思想的影响下，部分教师对于"四史"教育与"思想道德与法治"课程的融合缺少思路，最终将影响教学的效果。

（二）教学方式上缺乏对"四史"教育活动的实践创新

随着艺术类高校"思想道德与法治"课程的创新与改革，许多丰富多彩的实践活动已经作为教学活动补充出现，尤其一些"四史"教育活动更是大大提升了学生们的课堂兴趣。但是，目前对于"四史"教育活动无论在形式还是在内容上，仍旧过于保守，缺少守正创新的力度与广度。经过广泛调研，主要表现在，部分艺术类高校将"四史"教育活动仍旧限制在课堂内部，在课堂内部进行"四史"教育主题的某些案例分析、分组调研、作品赏析等，虽然形式上看似创新，但仍旧以教师讲述为主，学生被动接受的形式仍旧普遍存在，学生无法切身融入和参与到"四史"教育活动当中。这种形式在前几次使用时，会令学生眼前一亮，一旦周而复始，往往会再次走上陈旧的老路。

（三）教学评价上缺乏对"四史"教育成果的现实感悟

历史是最生动的教科书。其生动性不仅表现在其对于历史的传承，而且在于通过历史引领时代，在当今社会中体现出与时俱进的现实感悟。目前，在"四史"教育融入艺术类高校"思想道德与法治"课程教学路径中，恰好缺乏对"四史"教育成果的现实感悟。无论是"四史"教育的开展，还是与"思想道德与法治"课程融合形成的课堂成果，往往流于形式，经常以一纸论文的方式来检验，最后以具体分数来对学生进行学习效果的衡量和评判。在这种评价方式的影响下，某些学生不再重视课堂的表现，而是只将精力放在课后作业和结业论文上，对"四史"教育只知其事，而不知其实。另外，作为艺术类高校学生，如何通过"四史"教育来实现学生对艺术作品在历史观和价值观上的感悟，也应作为教学评价的重要因素，否则，将会使"四史"教育虽融入艺术类高校"思想道德与法治"课程，但教学过程无法突出艺术类高校特色，不利于艺术类高校"德艺双馨"精神的弘扬与塑造。

四、"四史"教育融入艺术类高校"思想道德与法治"课程教学路径的对策与建议

（一）充分发掘教学路径中"四史"教育资源的深刻内涵，充分利用现代化教学手段，探索形成联动互补的混合式教学模式

首先，需要确立与"四史"教育融入艺术类高校"思想道德与法治"课程教学相配套的权威的备课系统，让教师在课前就具备专业、系统的"四史"教育素养，深刻理解艺术类高校学生进行"四史"教育的深刻内涵和重要作用，以此为引领推动教学准备的实际效用。其次，面对信息化的深入发展，思政课在教学内容、教学方法、教学手段都要进行改革，才能在"四史"教育的引领下增强"思想道德与法治"课程的吸引力和教育实效性。以北京服装学院为例，通过探索混合式教学模式，用"有内涵"的课程、"有新意"的方式和"有温度"的关爱筑牢思政课堂主阵地，积极利用现代化的信息科技手段，培养学生自主创新学习的能力，构建"以学生为主体，以教师为主导"的混合式教学新模式。在思政课教学过程中，开展线上（"在线慕课"+"中成手机智慧课堂"）线下（"课堂教学+翻转课堂师生互动"）联动互补的混合式教学，形成了"交互式+开放式"联动互补的混合式思政课教学模式，推进了独具特色的"四史"教育的引领下艺术类高校思想政治理论课教学创新与发展。

（二）全力确保教学路径中"四史"教育活动的与时俱进，建立与艺术专业融合的"思政+艺术"教学实践活动

应全力确保教学路径中"四史"教育活动的与时俱进，令历史真正照进现实，使各类活动能够满足艺术类高校学生的实际需求。可采取"走出去"和"引进来"相结合的形式，一方面鼓励学生们走出校园，在教师的带领下走进党史学习教育基地，利用现场教学的模式，融情于景，触景生情，让学生身临其境地感受到"四史"中的英雄事迹；另一方面，可以鼓励学生自发形成具有院系或者班级特色的教育活动，不拘泥学生的创新性，同时积极激发学生充分发挥艺术高校的专业特性，让专业与"四史"教育进行全方位的融合。

《高校思想政治工作质量提升工程实施纲要》明确提出思想政治教育的"实践育人质量提升体系"，就是要"坚持理论教育与实践养成相结合，整合各类实践资源，强化项目管理，丰富实践内容，创新实践形式，拓展实践平台，完善支持机制，教育引导师生在亲身参与中增强实践能力、树立家国情怀"。通过"四史"教育引领下在"思想道德与法治"课程进行"思政+艺术"教学实践创新，能够让艺术类大学生充分理解并深刻认识党为国家和民族做出的伟大贡献，深刻感悟党始终不渝为人民的初心宗旨，充分体会到个人发展和国家发展的密切关系，从而使艺术类大学生坚持以人民为中心的创作导向，创作出更多符合主旋律题材的艺术作品。以北京服装学院为例，在"思想道德与法治"课程教学过程中，思政课教师立足首都地域优势，指导学生参观博物馆、纪念馆、名人故居等，学生通过创作绘画、摄影、雕塑等多种方式的艺术作品来表达或探讨党和国家历史对艺术的影响、对社会主义核心价值观的理解、对传统文化的思悟和对社

会生活的观察和思考等。融"四史"、理论、艺术于一体，如春风化雨、润物无声般将晦涩的理论诠释得鲜活、生动，构建起了全员育人、全过程育人和全方位育人"三位一体"贴近社会需求的思想政治理论课教学创新与发展。

（三）坚持内容为王，探索形成思政课"教学—专题—科研"教学特色，科学提升教学路径中"四史"教育评价的现实感悟

在"四史"教育引领下的"思想道德与法治"课程教学过程中，坚持内容为王，在教学的整体性、专题式、研究型上下功夫。以北京服装学院为例，积极探索形成以"思想道德与法治"课程作为整体系统，在保证完整性的基础上，初步实现由教材体系向教学体系的转化。同时，在整体性的基础上根据课程的教学目标和教学特色，将教学模块细化设计为各类专题，将"四史"教育融入各专题，进行专题式教学。另外，在"四史"教育融入"思想道德与法治"课程教学过程中，科学提升教学路径中"四史"教育评价的现实感悟。通过学习自评与互评相结合的方式，提升课堂打分在课程评价中所占的比重，让学生将学习的重心转移到学习过程当中，而并非最终应付作业，获取成绩。以北京服装学院为例，通过开展师生交流座谈、教师参与指导暑期学生社会实践团等活动，将"四史"教育融入学生实践当中，加强大学生"四史"宣传教育，充分展现大学生暑期社会实践活动成果。帮助艺术类高校青年学生学好与现实相结合的"大思政课"，进一步增强使命担当、社会责任感，坚定理想信念，让"四史"教育成为真正促进"思想道德与法治"课程走进社会，实现现实感悟的有力武器。

参考文献

[1] 习近平. 在党史学习教育动员大会上的讲话[J]. 求是，2021（3）：4.

[2] 习近平. 在全国高校思想政治工作会议上的重要讲话[N]. 人民日报，2016-12-08（2）.

[3] 中共教育部党组. 高校思想政治工作质量提升工程实施纲要[Z]. 2017-12-4.

[4] 习近平. 在庆祝中国共产党成立100周年大会上的讲话[J]. 求是，2021（14）.

[5] 习近平主持召开学校思想政治理论课教师座谈会强调：用新时代中国特色社会主义思想铸魂育人贯彻党的教育方针落实立德树人根本任务[N]. 人民日报，2019-03-19（1）.

[6] 宋俭，廖玉洁. 将"四史"教育融入高校思想政治理论课教学体系的思考[J]. 思想理论教育，2020（7）：24-29.

[7] 靳诺. 围绕立德树人加强"四史"教育[J]. 思想政治工作研究，2020（5）：22-24.

[8] 习近平给复旦大学青年师生党员回信勉励广大党员在学思践悟中坚定理想信念在奋发有为中践行初心使命[N]. 人民日报，2020-07-01（1）.

薛冰老师"大学英语"课程深入浅出的教学方式分享

郭燕[1]

摘　要：语言文化学院薛冰老师多年来一直承担北京服装学院（简称"北服"）"大学英语"课程教学工作。近两年，通过对薛老师多次听课，发现不仅讲课效果好，教学方式深入浅出，还融入课程思政的内容。本文依据对薛老师督导听课记录，总结及分享薛老师教学方式，为其他老师的教学工作提供一定的参考。

关键词：大学英语；深入浅出；课程思政；教学方式

一、薛老师深入浅出的教学方式

1. 语言生动有趣

薛老师采用中英文双语授课，讲课娓娓道来，非常有亲和力，讲到重要知识点时，启发和引导学生积极思考。熟悉班上每一位学生的名字，随时点名与学生互动，学生课上注意力非常集中，踊跃参与教学互动。

薛老师幽默诙谐的语言使课堂气氛非常活跃，语速适中，教学张弛有度，没有让学生疲于奔命喘不过气来，不知不觉两节课就愉快地度过了。

2. 课堂信息量大

薛老师上课 PPT+板书，以板书为主。板书是用 Word，直接打字，信息量大。每讲到重点词汇时，薛老师在 Word 上打字，下面的学生需要马上记笔记，否则就进入下一页。

薛老师的板书不是简单地将教材中的单词或句子列出，而是写出重点词汇及句子结构，讲解词汇及句式特点，随时随地的拓展。重点突出，词汇丰富，信息量大，但随写随翻页，学生为了捕捉精髓，全都全神贯注听讲并认真记笔记，不敢有丝毫懈怠，放眼望去，课堂上没有一个开小差的，同学们一直在做笔记，或看黑板听讲。

3. 强调词汇拓展

薛老师非常重视学生词汇拓展，认为"词汇构建语言学习的基础"。为提高学生的汇量，方便学生记忆单词，每堂课，薛老师通过英语单词的前缀、后缀、词性及相关词

---

[1] 作者简介：郭燕，北京服装学院教学督导组，教授。

介绍，拓展英文词汇量，每堂课下来多达几十个词汇，均为四、六级英语考试的常见词汇，对学生非常有用。

例如，"大学英语1"第3单元课文 A Digital Campus（Unit 3 Section A Digital Campus）中的 undergraduates（本科生），薛老师用板书写出：大一新生——freshman；大二学生——sophomore（suffer more）；大三学生——juniors；大四学生——seniors，4个与在校大学生相关的词汇。还有大学的学科，工科——engineering；理科——science；文科——arts 等。上述词汇对于学生非常有用。

又如，regulate 调整（动词），拓展到 regular 有规律的（形容词），regulation 规章、规则（名词）。

再如，课文中 Laptop-free——without a laptop，没有带笔记本电脑，薛老师将 free 单词进行相关拓展，Smoke-free zone 禁烟区；Duty-free shops（DFS）免税店等。两节课下来，足足记了几页纸的笔记。

第7单元课文 When honesty disappears（Unit 7 Section A），与 Honesty 相关的反义词有：cheating（欺骗），lying（撒谎）and fake（假冒），讲解三个词义的区别。还如，Disappearing 消失的同义词为 Vanishing 等。

例举一些不诚信现象有：Fake food（假食品）；Gutter oil（地沟油）；Official corruption（官员腐败）；Academic cheating（学术造假），薛老师给出了中英文表述，便于学生记忆。

4. 目标清晰，突出重点

在每个单元讲授时，薛老师先给出教学目标。例如，第7单元课文 When honesty disappears（Unit 7 Section A）的4个教学目标：（1）To discuss some social phenomenon about dishonesty；（2）To further understand the text；（3）To apply the phrases and patterns；（4）To master the paragraph writing skill.

薛老师围绕以上4个教学目标组织教学活动进行课程设计。例如，讨论社会不诚信现象（To discuss some social phenomenon about dishonesty），在前文已阐述；掌握段落写作技巧（To master the paragraph writing skill），薛老师给出作业题目（Writing Topic）是与不正之风（unhealthy trend）相关的内容。

在讲解课后练习时，薛老师不是简单地领着学生做一遍题，而是先讲解填空练习的方法和技巧。例如，第一步是分词性，将所给的选项按照词性归类（名词、动词、形容词或副词）；第二步是空格前后词组搭配，是搭配名词、动词、形容词还是副词。

二、融入课程思政

1. 文化自信，引出翻译技巧

2020年10月26日是重阳节，薛老师结合重阳节进行课程思政，讲授重阳节的由来，两种英文表述形式、翻译技巧，同时，增强了学生的文化自信。例如，China's Senior Citizens' Festival 或 The Chongyang Festival。

引出翻译技巧的讲授。结合重阳节的中译英，薛老师讲授了中文与英文表述方式的差异，中文——意合语，英文——形合语。

最终给出了完整的英文译文：The Chongyang Festival (China's Senior Citizens' Festival), which falls on the 9th lunar day of the 9th lunar month, in a time to show respect for the elderly generation。让学生感动生动有趣，不再畏惧中译英翻译，对英语学习产生了浓厚的兴趣。

2. 名人名言警句，引出背景知识讲授

结合第 7 单元课文 When honesty disappears，薛老师首先用莎士比亚和马克·吐温两位文学大师名言警句引出"诚信"。

No legacy is so rich as honesty（威廉·莎士比亚）——没有比诚实更珍贵的遗产。If you tell the truth, you don't have to remember anything（马克·吐温）——如果你讲真话，就不用去记住任何事情了。

引出背景知识讲授及相关内容的英文表述，加深学生对课文内容的理解和词汇的掌握。采用中英文表述，强化了学生英文词汇记忆，提高了学生英语学习的兴趣。

介绍威廉·莎士比亚一生流传下来的作品包括 375 首诗歌（poems）、37 部戏剧（plays）和 154 首十四行诗（sonnets）。其中，四大悲剧和四大喜剧分别是：《哈姆雷特（Hamlet）》《李尔王（King Lear）》《奥赛罗（Othello）》《麦克白（Macbeth）》；《威尼斯商人（The Merchant of Venice）》《仲夏夜之梦（A Midsummer Night's Dream）》《皆大欢喜（As You Like It）》《第十二夜（Twelfth Night）》。

马克·吐温的代表作有：《汤姆·索亚历险记（The Adventures of Tom Sayer）》《哈克贝利·费恩历险记（The Adventures of Huckleberry Finn）》《百万英镑（One Million Pound）》。马克·吐温的名言警句：Kindness is the language which the deaf can hear and the blind can see——善良是聋子能听见，盲人能看见的语言；Classic-a book which people praise and don't read——"经典之作"是人人皆称赞却不愿去读的书；I was seldom able to see an opportunity until it had ceased to be one——我总是等机会错过了才发现我曾有过机会；To quit smoking is very easy, because I have quit it thousands of times——戒烟是很容易的，因为我已经戒烟数千次了。

3. 以诚信主题，引出社会主义核心价值观

在布置第 7 单元作文作业时，薛老师首先讲授"诚信"词汇的不同层面的含义，国家层面用"integrity"，社会层面用"honesty"，由此引出了社会主义核心价值观的翻译：Core Socialist Values。

同时，给出社会主义核心价值观相关词汇的英文译文，富强（prosperity）、民主（democracy）、文明（civility）、和谐（harmony）、自由（freedom）、平等（equality）、公正（justice）、法治（rule of law）、爱国（patriotism）、敬业（dedication）、诚信（integrity）和友善（friendship）。

核心价值观是文化软实力的灵魂——soul of cultural soft power，一个国家的文化软实力，取决于其核心价值观的生命力（vitality）、凝聚力（cohesive force）和感召力（charisma）。

4. 备课认真，精心设计教学内容

教学内容精心设计，备课认真。2021年5月12日课上，引出全国防灾减灾日（National Day of Disaster Prevention and Reduction）的英文表述，再引出国际护士节（International Nurses' Day），南丁格尔是护理教育的奠基人。

"大学英语2"第六单元课文（Unit 6）课文题目是 Less is More（少即是多），围绕标题进行深入扩展。

首先，引出 Less is More 理念提出者著名的建筑师路德维希·斯密·凡德罗，其建筑设计风格是用自然元素，如玻璃的通透展示建筑的简约美。

其次，用名人警句，引出 Less is More 名家观点，讲解林语堂著名的三部著作，通过911幸存者斯科特·索南沙因的著作《延展》，讲授"Less is More 断舍离"，还以心理学家对人们节俭行为调查发现的四条规律，给出"Simplicity is profundity"和"Frugality is a virtue"，融入课程思政内容。

最后，通过习主席2013年讲话提出的"大力宣传节约光荣、浪费可耻的思想观念，努力使厉行节约、反对浪费在全社会蔚然成风"，引出光盘行动（Clean Your Plate）和绿水青山就是金山银山（Lucid waters and lush mountains are invaluable assets）的英文翻译。

整个课程围绕 Less is More，引导学生简约、节俭的价值观，不仅融入课程思政的内容，还拓展了学生对相关概念的英语表达方式。

三、结语

"大学英语"课程既是必修课，也是基础课，多达200多个课时，历时两学年，学生基础不同，能力不同。教师在完成教学任务的同时，激励学生学习积极性，帮助学生顺利通过四六级英语考试。

薛老师深入浅出，娓娓道来的英语教学方式，诙谐幽默的语言，生动有趣的课堂气氛，营造一种温馨和谐的学习情境。启发式教学，与学生互动，引导学生积极思考，激发学生学习英语的兴趣。把日常生活用语的英文表述随时随地告诉学生，让学生自然而然地融入大学英语学习中，轻松快乐地记忆和学习英语。

同时，薛老师精心设计教学内容，使整个教学过程贯穿文化自信、社会主义核心价值观，通过相关词汇和短语的中译英、英译中，润物无声地将课程思政融入英语教学中，非常值得借鉴。

管理研究

新技术革命背景下艺商交叉学科人才培养模式初探

——以时尚管理专业方向为例[1]

马琳[2]

摘 要：本文以艺术学科与管理学科的艺商交叉学科为研究对象，分析新技术革命背景下艺商交叉学科人才培养方式的必要性与可行性，并以北京服装学院商学院工商管理专业的时尚管理专业方向为示例，进行艺商交叉学科人才培养模式改革的初步探索。

关键词：新技术革命；艺商交叉学科；人才培养模式；时尚管理专业

近年来，我国逐步推进"新文科"的建设与改革，以培养符合我国经济社会发展阶段特定人才需求以及新一轮技术革命需求为目标。2019年4月，教育部启动"六卓越一拔尖"计划2.0，引领高校专业结构优化，实现高等教育内涵式发展，其中明确提出"新文科"建设。2021年7月，教育部公布首批新文科研究与改革实践项目，鼓励交叉学科的融合建设类项目。

当前新技术革命背景下，学科交叉既是新文科建设的本质要求，也是实现新文科建设目标的重要途径。本文以艺术学科与管理学科的艺商交叉学科为研究对象，分析新技术革命背景下艺商交叉学科人才培养方式的必要性与可行性，并以北京服装学院商学院工商管理专业的时尚管理专业方向为示例，进行艺商交叉学科人才培养模式改革的初步探索。

一、新技术革命背景下艺商交叉学科建设的必要性

新技术革命一般指以互联网技术为基础、大数据和人工智能为代表的第四次工业革命，带来生产智能化、组织平台化，引发新的管理理念、政策法规、伦理价值观等。

1. 现代管理学科要求借助艺术设计知识提升市场适应性

一方面，新技术革命带来生产供给端与消费需求端的高度融合，直接导致对管理学

---

[1] 资助项目：北京服装学院2019年教育教学改革项目"基于'课程思政'理念的时尚管理专业方向培养方案改革研究"（项目编号：ZDJG-1906）；教育部首批新文科研究与改革实践项目"基于艺商融合的交叉学科人才培养创新——以时尚管理专业方向为例"（项目编号：2021140009）；北京服装学院2019年教育改革项目"以本为本，全国提升本科教育质量背景下，我校本科专业人才培养的研究与实践"（项目编号：2DJG-1911）。

[2] 作者简介：马琳，北京服装学院商学院，副教授。

科与艺术学科知识融合的需求增长。互联网、人工智能技术普遍应用前，管理学科更多关注于企业内部通用流程的一般管理方法与实践。当时的需求端信息一般仅应用于产品研发的起始阶段，待设计出符合消费者需求的产品后投入生产，此后需求端信息将退出企业管理的核心流程。由于管理知识的重要应用场景无须更多的产品信息，因此当时的管理学科知识可以应用于多个行业，具有较广泛的通用性。

而新技术革命带来的互联网技术的普及，可以迅速搜集大量需求信息，并且将信息应用于生产的各个环节，覆盖企业管理的全部核心流程。需求信息直接进入智能化生产流程，组织结构平台模式进行管理，都需要管理者预测产品信息变化对企业的影响。因此，管理者必须成为行业专家，透彻了解产品功能、外形、应用场景等与需求信息密切相关的专业知识。这些相关专业知识覆盖多科领域，既包括生产技术类知识，又包括产品设计类知识。其中，生产技术实现知识为生产工艺中的核心专业知识，一般为生产实现阶段的主要知识。产品应用设计知识为生产工艺中各环节的设计知识，多用于生产实现阶段的规划阶段，此为管理者最应具备的、特定行业的产品应用设计知识，即特定行业的艺术学科知识。

另一方面，随着社会生产技术水平的普遍提高以及商业模式的高度复制性，企业可以加强产品应用设计的独特性来增强消费者的品牌忠诚度，也对管理者加强艺术领域知识，尤其是特定行业的艺术领域知识提出明确要求。

因此，面对新的生产流程、组织结构、沟通方式，企业的管理方法必须进行变革，适应新技术革命下生产供给端与消费需求端表现的新特征、市场竞争展现的新形式，缓解来自消费端及竞争对手的压力。从而产生了基于艺术实践活动规律的管理应用学科，即艺商交叉学科。这也是国内外众多商学院纷纷开设艺术类课程的主要原因。

2. 日益复杂的艺术学科需要管理理论提高工作效率

技术的发展，既扩展了艺术创造的内容范围，也改变了艺术创造的呈现方式。有些艺术产品的生产、艺术活动的开展往往需要大型团队进行集体创造与管理，对于团队的管理要求越来越高。在艺术产业不断成熟过程中，具有高超艺术素养的艺术创造人员并不少，但兼具艺术创造技能的管理人员却极度缺乏。并且，如何提高消费者与艺术创造者的沟通效率，提高在竞争日益激烈的艺术市场中实现艺术作品与艺术活动的最大市场价值，提升艺术学科非盈利价值取向的补充，也需要更专业的商科知识。因此，艺术学科不可避免地逐渐深入商科领域。

以上分析，无论是商业活动中设计元素的增长，还是艺术活动自身复杂化系统化趋势的出现，均要求新技术革命背景下建立艺商交叉学科。

二、新技术革命背景下艺商交叉学科建设的可行性

新技术革命可实现交叉学科对教学内容、教学手段等特殊要求，从而使交叉学科的人才培养成为可能。以艺术学科的设计学、商科的管理学为例，新技术革命带来的新教学手段、教学技术的应用，直接催生了艺商交叉学科——时尚管理这一特色专业方向。

管理学要求学生进入企业，在团队协作中了解管理者与被管理者之间的沟通过程；设计学要求学生参加实践，在创造中将艺术设想变成实体物品。而新技术革命中的虚拟模拟技术，可令学生使用模拟软件进行虚拟产品设计，在网络模拟环境所构建的虚拟团队中进行管理实践，实现跨学科知识的学习与实践。这种虚拟模式实验手段，既令学生掌握了多学科知识，又增强了学习体验感。

　　此外，新技术革命可以实现教学过程的多样化。例如，教学内容的个性化定制，无时空限制的教学场景，多样的教学互动方式，更合理的教学效果分析等。这些教学过程中新技术的应用，也提高了一般是新学科的交叉学科人才培养的社会认可度，从客观上提高了交叉学科建设的可行性。

三、时尚管理专业方向人才培养模式的建设设想

1. 时尚管理专业方向人才培养的应用背景

　　改革开放40余年来我国社会经济建设取得显著成就，社会主要矛盾已转化为人民日益增长的美好生活需要和不平衡不充分发展之间的矛盾。其中，时尚产业的蓬勃发展，正是人民日益增长的美好生活需要的重要体现。在北京建设国际消费中心城市、国际科技创新中心，大力发展数字经济的背景下，时尚产业的发展也成为最新增长亮点。随着时尚产业各类产品及活动的不断丰富，相关产品生产及活动的组织管理日趋复杂化、系统化、专业化，时尚管理这一交叉学科应运而生。然而，目前我国在既懂管理又懂设计的时尚管理专门人才培养方面的不足，以及符合社会主义价值观的时尚产业发展规划方面的欠缺，已成为制约我国时尚产业发展的主要瓶颈之一。

　　针对时尚产业发展所需的时尚管理人才的培养教育中，工商管理类的商科类通识知识、艺术设计类的艺术类鉴赏设计能力、数据分析类的软件操作能力等，均是合格的时尚管理人才应具备的基本知识能力，也是人才培养的重要内容，具有鲜明的交叉学科特色。

　　以时尚管理专业方向为例，加强与艺术、设计专业的跨界融合，聚焦纺织服装行业、时尚和文化创意产业，创新研究方向，突出集科学性、艺术性和国际化为一体的专业特征，突出服务首都建设和产业发展的贡献特征，形成工商管理学科逻辑与时尚管理前沿发展相结合的独特优势。

2. 时尚管理专业方向人才培养的总目标

　　基于艺商融合全新规划时尚管理专业方向的专业课程与实践教学体系，坚持社会主义价值观进行贯穿全过程的课程思政改革，最终实现坚持社会主义价值观的时尚产业复合型管理人才的培养。人才培养改革的总目标包括：

　　（1）坚持社会主义价值观的指导原则，实现覆盖时尚管理专业方向交叉学科人才培养全过程的课程思政改革。

　　时尚产品从本质上讲就是文化产品，必须服务于国家战略以及维护社会道德伦理秩序。时尚管理人员，既要掌握专门技能，更要具有崇高的人文理想、深刻的人文内涵。因此，必须坚持社会主义价值观的指导，实现课程思政全覆盖。

鉴于时尚管理专业方向所体现的社会文明建设内涵，积极探索在该专业方向上明确社会主义价值观的教学指导引领，从而与国外时尚类高校的教学目标进行本质区分，更好地平衡艺术时尚性、经济效益与社会效益之间的关系。

（2）依照管理学与设计学交叉学科特点、服务北京时尚产业的发展目标，服务北京服装学院建成艺术类高水平特色大学的办学目标，规划时尚管理专业方向人才培养体系与实践教学体系。

时尚管理专业方向的课程体现管理学与设计学的交叉学科，将从课程模块设计、精品教材建设、精品课程建设、实验模拟环境建设等方面建立完整的人才培养体系。

主要依托商学院现有时尚管理专业方向特色课程、本校设计类院系的专业核心课程，以及团队成员主持的相关教改项目及科研项目成果，构建时尚管理专业方向的人才培养方案以及相关教材、课程、实验室等方面的建设。

（3）坚持产学融合，引进产业界资源进课堂，并为学生提供实习机会，实现管理学与设计学交叉学科的实践操作能力培养目标。

时尚管理专业方向是管理学理论与设计学实践的有机结合，产学融合是实现教学效果的重要途径。产学融合规划涉及教学内容开发、教学过程合作、实习场地建设、教研咨询融合等方面。

鉴于商学院目前拥有大量的校外实习实践合作企业、企业实践导师，曾主持过多项企业咨询类项目，开展过多种形式的校企合作论坛或工作营，因此具有进行深度产学融合的相关资源。

3. 时尚管理专业方向人才培养的特色

基于以上人才培养目标的设定，工商管理专业时尚管理专业方向的人才培养具有时尚型、艺术性、国际化等三大特色。

（1）交叉学科商业实践的时尚型特色。时尚管理专业方向是典型的管理学与艺术学交叉学科，培养既掌握时尚企业商业运营管理规律，又具备时尚行业设计专业能力的复合型人才。这一交叉学科属性，要求人才培养必须进行时尚行业商业实践，从而实现复合型人才培养目标。

工商管理专业时尚管理专业方向自开设以来，无论从课程设置还是实习实践基地建设上，均充分体现人才培养的商业实践性。已开设大量时尚行业相关课程，建有多个实习实践基地。

未来将进一步加强产学合作，开设时尚行业工作训练营、时尚行业实习实践基地、时尚行业定制课程等。

（2）时尚设计展示管理的艺术性特色。时尚管理专业方向作为典型的新文科交叉学科专业方向，要求学生既能进行商业模式规划、商业运营管理，又能进行时尚产品的静态及动态展示，具有较高艺术素质。因此，要求开设时尚产品设计及展示相关的方法类及工具类课程。

工商管理专业时尚管理专业方向已开设相关的方法类及工具类课程，包括"时尚产业开发""时尚产品展示设计导论"等。

未来将注重计算机辅助设计工具类、时尚行业数据分析类、时尚产品互动展示类等课程的开发。

（3）面向全球时尚产业的国际化特色。时尚管理专业方向为国际一流的时尚艺术类高校的经典人才培养方向，目前国内时尚纺织类高校也多以国际一流时尚艺术类高校的课程设置作为课程体系的基础。因此，要求时尚管理专业方向的人才培养对标国际一流时尚艺术类高校，积极引进国际一流课程、教材及师资，并结合我国社会经济发展现状、我国时尚产业发展阶段，制订时尚管理专业方向的人才培养方案。

工商管理专业时尚管理专业方向一直坚持国际化办学特色。首先，学生分流选拔时，强调具有较高外语水平或愿意加强外语学习的学生；其次，已开设多门双语课程；最后，定期邀请国外高校教授进行全英文授课。

未来将进一步加大双语课程比例，提高邀请国际知名教授全英文授课比例。

4. 时尚管理专业方向人才培养的课程模块设计

为实现对本专业方向的通用型的管理及创新技能、时尚企业的运营管理能力、艺术素养及时尚设计技能、数据分析及设计工具应用、实践操作与展示管理能力、时尚行业的国际化视野六大教学目标，融合管理学、设计学、设计管理学等学科及实践环节，将课程体系设计为工商管理基础课、时尚管理特色课、素质与技能训练课等三大模块。

（1）工商管理基础课。参照教育部《普通高等学校本科专业类教学质量国家标准》相关规定，设置工商管理核心基础模块，包括工商管理核心课、工商管理素质课等两类。

主要课程包括"管理学""战略管理""组织行为学""会计学""市场营销学""微观经济学""经济法""统计学""领导力""国际企业管理"等。

（2）时尚管理特色课。根据管理学与设计学交叉学科的基本要求，进行学生商务运营管理与时尚设计能力的综合培养，设置时尚管理特色方向模块，包括服装产业特色课、时尚设计特色课、时尚商业特色课等三类。

主要课程包括"服装学概论""服装生产与运作管理""服装电子商务概论""服装设计学""时尚产品开发""时尚展示设计导论""时尚整合传播""时尚管理概论""时尚趋势分析""时尚创意与策划""国际时尚零售"等。

（3）素质与技能训练课。面向数据化交互时代的商业特色，进行学生数据分析能力与艺术鉴赏能力的培养，提高数据化工具与艺术设计整合的应用能力，设置科学与艺术素质模块，包括科技方法类、职业素质类、实践训练类等三类课程。

主要课程包括"统计软件应用""Python与数据科学""时尚商务数据分析""商务沟通与礼仪""商务英语""时尚美学""专业认识实习""ERP原理与应用""时尚管理工作坊"等。

四、结语

新技术革命为交叉学科的发展提供了机会，也为行业特色大学开展行业特色教育提供了便捷的实现条件。北京服装学院发挥其在纺织服装行业、时尚行业、文化创意产业等领域的优势，合理进行学科布局，积极培育交叉学科，已取得较显著成效。

目前商学院已初步建立时尚管理专业方向这一艺商交叉学科的人才培养模式，并成功获批教育部首批新文科研究与改革实践项目，为进一步实施教学改革提供有利条件。未来将对时尚管理这一学科的学科基本原则、类别层级框架、实践应用方法等进行深入研究，进一步明确学科体系范式，以及聚焦于时尚产业众多门类中特定行业等。

参考文献

[1] 于杨，尚莉丽. 新技术革命背景下新文科建设的价值指向与路径探索[J]. 教育理论与实践，2021，41（21）：3-6.

[2] 管顺丰，杜晓茹，魏惠兰. 艺术管理学理论范式的演变特征与建构空间研究[J]. 艺术百家，2018，34（6）：42-49，210.

[3] 魏惠兰，管顺丰. 设计管理学的演进路径与建构空间研究[J]. 设计艺术研究，2019，9（6）：26-30.

[4] 陆琰，陈睿. 体验营销背景下的"艺商工"复合型服装人才培养模式探讨与改革[J]. 教育教学论坛，2016（17）：149-151.

艺术类高水平特色大学基层教学组织建设的创新路径研究与探索[1]

田红艳[2]

摘 要：本文基于当前高等教育新形势下，艺术类高水平特色大学提升本科人才培养质量对基层教学组织建设提出的新要求，系统梳理了当前基层教学组织建设工作中的经验成效以及存在的不足与面临困境，认真研究、积极探索如何在艺术类高水平特色大学建设进程中，不断完善基层教学组织建设与管理，以不断提高一流本科人才培养质量。

关键词：基层教学组织；人才培养；路径研究

加强基层教学组织建设，全面提高教师教书育人能力，是推动高等教育高质量发展的必然要求和重要支撑。基层教学组织是高校教学任务的具体承担者，在实现立德树人、促进专业成长、促进学生发展、促进教师教学成长与发展、推进教育教学改革、全面提高人才培养质量等方面发挥着重要作用。作为艺术类高水平特色大学，要实现培养一流人才的目标和使命，必须充分重视基层教学组织的建设与管理，不断强化组织功能、创新组织形式、增强建设实效。

一、基层教学组织发展历程

教育部高等教育教学评估中心 2021 年 7 月发布的《高等教育质量监测国家数据平台数据填报指南（通用篇）》中对基层教学组织的释义为"基层教学组织：学校成立的教师教学共同体，是落实本科教学任务、促进教师教学成长与发展、组织开展教学研究与教学改革（含专业、课程、实验室建设等）、承担群体性教学活动、指导学生学习等的最基本教学单位。"对基层教学组织类型的解释为"基层教学组织类型：包括学院/系教研室（中心）、实验教学中心、课程组、教学团队、教学研究与发展中心/平台、其他等。"

---

[1] 资助项目：2021 年"纺织之光"中国纺织工业联合会高等教育教学改革研究立项项目"'为学生成才、为教师成长'的艺术类高水平特色大学教学成果培育机制的研究与探索"（项目编号：2021BKJGLX075）；北京服装学院 2018 年教育教学改革立项重点项目"以本为本的以激励加大本科教学投入为导向的教师评价体系的构建与实践"（项目编号：ZDJG-1812）。

[2] 作者简介：田红艳，北京服装学院教务处，副研究员。

教研室是我国高校基层教学组织的主流形态，是推动我国高校教育内涵式发展的基石。高校教研室从20世纪50年代形成后，经历了初创期、定型期、恢复和转型期、虚化期四个基本阶段[1]。2012年，教育部颁布《关于全面提高高等教育质量的若干意见》，明确提出要"完善教研室、教学团队、课程组等基层教学组织，坚持集体备课，深化教学重点难点问题研究。健全老中青教师传帮带机制，实行新开课、开新课试讲制度。完善助教制度，加强助教、助研、助管工作。"文件的颁布标志着基层教学组织的发展步入了新的阶段[2]。

2018年6月教育部召开新时代全国高校本科教育工作会议，坚持以本为本，推进"四个回归"，指出人才培养为本，本科教育是根，作为高校本科教学和教研的基本活动单元的基层教学组织的作用愈加凸显。2019年教育部颁布《关于深化本科教育教学改革全面提高人才培养质量的意见》，提出"加强基层教学组织建设。高校要以院系为单位，加强教研室、课程模块教学团队、课程组等基层教学组织建设，制定完善相关管理制度，提供必需的场地、经费和人员保障，选聘高水平教授担任基层教学组织负责人，激发基层教学组织活力。"2021年7月，教育部下发《教育部高等教育司关于开展虚拟教研室试点建设工作的通知》，开启信息化时代新型基层教学组织建设的重要探索。

从1950年我国高校学习苏联模式建立的教研室基层教学组织至今，在70余年的历史中，基层教学组织在提高人才培养质量、壮大师资队伍、推进教育教学改革等方面都起到了非常重要的促进作用。

二、学校基层教学组织发展现状与取得成效

学校坚持以本为本，聚焦发挥基层教学组织在立德树人中的基础性作用，随着学校转型为艺术类高校和高水平特色大学的办学类型的确立，在基层教学组织建设上，学校着力于提升一流人才培养质量、加强一流课程建设、加快促进教师专业成长、团队建设水平、提升教研教改能力，深入推进基层教学组织建设改革创新，取得了显著成效。

1. 基层教学组织建设基本情况

多年来，历经专业建设和课程建设历史沿革，学校基层教学组织主要围绕专业建设、专业课程建设、基础课程建设、实践教学环节四条主线发展设立。目前共建有教研室、教学系（部）、课群、教学实验中心等四类共计57个一级基层教学组织。其中教研室31个，教学系（部）14个，课群10个，教学实验中心2个。此外，一些专业教研室还下设基础课程、专业特色课程、实践课程、专业拓展课程、育人团队、工作室、跨专业创新团队、开放实验室等课程建设团队、教学团队、实践中心以及以学业导师为主的专业辅导基层组织等。目前，基层教学组织建设覆盖全部教学单位，在学校的人才培养中发挥了重要的基础作用。

2. 基层教学组织建设取得显著成效

学校在基层教学组织建设与管理上积极进行探索实践，有效促进了人才培养能力与水平的提升，在专业建设、课程建设、团队建设、教研教改等方面都取得了显著成效。

（1）基层教学组织促进专业成长。学校依托各专业教研室基层教学组织多年建设与发展，形成了以艺为主，艺、工、经、管、文等学科交叉融合、协调发展的专业格局，形成了一批优势本科专业，包括 7 个国家级特色专业、9 个北京市级特色专业、6 个北京市品牌专业、2 个卓越工程师教育培养计划专业、2 个北京市综合改革试点专业、2 个北京高校重点建设一流专业、9 个国家级一流专业建设点和 6 个北京市级一流专业建设点。服装设计与工程专业通过教育部工程教育专业认证，轻化工程专业通过英国染色家协会（SDC）国际认证。

以服装与服饰设计专业建设为例，该专业不断提升人才培养质量与水平，打造立体化基层教学组织，构建以设计表达等课群为主的课程管理基层组织，开展教学设计、研究等工作；构建女装、数字服装等方向学业导师为主的专业辅导基层组织，对学生进行专业辅导和教学质量评价与反馈；组建校外导师团队，引进具有跨学科和实践经验的优秀人才，不断提高教师国际化程度与行业背景；通过教学能力培训、海外访学、产业实习、实践教学及学术活动、教师试讲、课群教学活动、讲课比赛和教学论文宣讲等教研活动提升教师本科教学与实践能力；出台激励机制和薪酬分配政策，形成良性、公平、公正的评价和奖惩制度，建立健全科学合理的评价考核体系，激发教师的工作积极性。该专业获批国家级特色专业、北京市级特色专业、北京市品牌专业、北京市综合改革试点专业、北京高校重点建设一流专业，2019 年获批教育部"双万计划"国家级一流专业建设点[3]。

（2）基层教学组织促进金课建设。基层教学组织建设有效地促进了学校的课程建设质量与水平，截至目前学校建有 5 门北京市级精品课程和 2 门国家级精品视频公开课，"服装设计效果图""设计思维与方法 1""服装数字科技" 3 门课程荣获首批国家级一流本科课程，13 门课程获批北京高校"优质本科课程"，其中"中国国情教育系列课程"获批北京高校优质本科课程重点委托项目，"设计思维与方法""信息图形"获批北京高校优质本科课程重点项目。

以"设计思维与方法"课程教学团队建设为例，在构建面向未来的设计师通识基础课平台的背景下，团队打破传统课堂一名教师贯穿一个课程的传授模式，由课程负责人带领具有国际背景、来自不同专业不同设计领域的 20 余位青年教师以及外籍教师一起设计课程和协同备课，以"学生、学习"为中心，采取多元、多维的方式使学生认识和体验"像设计师一样思考"的思维框架。课程的持续建设使不同专业的教师们形成了每学期开课前定期培训和集体备课、协同授课的惯例，不仅保证了课程内容清晰，实施有效，还由此建立了开放型的教学研究平台与基层教学团队。该团队建设的"设计思维与方法 1"课程经过多年积累与沉淀于 2020 年荣获首批国家级一流本科课程（线上线下混合式课程）[4]。

（3）基层教学组织促进团队建设。通过基层教学组织建设，在教学团队建设上也取得了显著成效。学校建有 1 个国家级教学团队，4 个北京市级优秀教学团队，2019~2021 年连续三年遴选推荐的"基于设计责任感培养的环境设计系本科育人团队""服装与服饰设计专业本科育人团队""基于可持续发展教育理念的新媒体本科育人团队"全部入选北京高校优秀本科育人团队。

以"基于可持续发展教育理念的新媒体本科育人团队"建设为例，带头人以科技部国家级课题、首都设计提升计划、国家高端外专项目、北京市创新团队、市级重点实验室科研基地建设课题等为支撑，充分发挥思想引领行动的作用，将可持续发展协同创新方法融入教育教学改革，以"弹性化"的人才与课程结构孕育具备自我组织力的基层组织教学文化；建立专业方向主持人机制，以知名教授带领专业教师队伍，探索基层教学组织建设创新模式；建立全球引智平台，引进行业专家、国际专家及团队直接导向专业教学一线，并以"X 工作室制"打破知识边界、行政边界、系统和文化边界，形成基层教学质量改进文化；建立由教授牵头的课程主任制和延展的 X 工作室机制，按照知识聚落和课程群弹性自组织开放师资，加强教师团队动态协作，发挥课程配置系统效应，形成课程设计、过程控制、成果展示、反思改进的持续改进闭环机制和基层教学质量文化[5]。

（4）基层教学组织推进教研教改。基层教学组织建设还有力的调动了教师教学研究与改革热情，近 3 年，涌现出一批高水平教学研究与改革项目。"基于新工科理念下的服装设计与工程专业改革与人才创新培养""面向未来纺织产业需求的高分子材料专业升级探索与实践"获批教育部第二批新工科研究与实践项目；"基于艺商融合的交叉学科人才培养创新——以时尚管理专业方向为例"项目获批教育部首批新文科研究与改革实践项目。"基于 OBE 教育教学理念的国际化服装人才培养整合式课程体系研究"等 12 个项目获批北京高等教育"本科教学改革创新项目"。2021 年 25 个项目获批"纺织之光"中国纺织工业联合会高等教育教学改革研究项目。教学研究与实践项目的有效实施也促进了高水平教学成果的凝练与产出。"服装创新教育——基于'艺工融合'的人才培养模式改革"荣获国家级教学成果二等奖，"基于 TPO 知识系统的男装课群系统创新与实践"等 16 项成果荣获北京市高等教育教学成果奖；"艺工融合类院校大学生艺术素质与科学素养教育体系的构建与实践"等 46 项成果荣获"纺织之光"中国纺织工业联合会纺织高等教育教学成果奖。

以"面向未来纺织产业需求的高分子材料专业升级探索与实践"教育部第二批新工科研究与实践项目为例，该项目依托高分子材料与工程、轻化工程、艺术与科技 3 个专业教研室和基础化学教研室等基层教学组织，充分发挥基层教学组织和党支部对教学的保障作用，同时根据专业特点，设立基础课程、专业特色课程、实践课程、专业拓展课程等课群团队，开展教学设计、实施、研究与创新工作；构建学业导师为主的专业辅导基层组织，负责对学生进行专业辅导和教学质量评价与反馈；同时加强高校基层党支部的战斗堡垒作用，助力教师的政治素养和水平的提升。2020 年高分子材料与工程教研室党支部荣获"北京高校先进党组织"荣誉称号。基层教学组织的持续建设以及通过各专业教研室之间以及专业教研室与基础教研室之间的强化合作，促使了教学研究与能力的同步提高[6]。

三、当前基层教学组织建设工作存在的不足与面临困境

1. 合作交流有待加强

在教师梯队建设上，个别基层教学组织尚存师资队伍梯队建设较薄弱、年龄结构不尽合理等问题，需加快加大人才引进力度和培养力度；部分基层教学组织之间存在教师之间合作、交流较少的情况，内部缺乏研究团队，一些教师还是根据自己的研究兴趣单打独斗，重视各门课程本身的独立性和完整性，忽略课程间的平行关系和穿插融合，导致重复的知识点未删减、空缺的知识点未增补、承上启下的知识点未衔接、老旧的知识点未更新，使教学合力和整体培养优势不能最大限度地发挥作用[7]；由于教学和科研任务繁重，部分中年教师参与教研教改、业务培训等专业成长机会的积极性有待提高。

2. 激励机制尚显不足

基层教学组织建设过程中尚存责、权、利不匹配的问题，一些教师专业成长更多地依赖于个人的主观能动性，基层教学组织提供的助力较为有限。此外，在日常教学和课程建设等任务外，基层教学组织建设经费、项目支持等方面需要基层教学组织主动积极规划，而不同基层教学组织负责人及成员由于承担教学、教研、科研、社会服务等方面的差异，在能力、精力及主动性方面存在差异，造成了基层教学组织发展不平衡和管理难度较大的问题。

四、加强艺术类高水平特色大学基层教学组织建设的若干建议和举措

1. 加强顶层设计，进一步强化基层教学组织建设与管理

随着学校转型为艺术类高校、高水平特色大学办学类型的确立以及高等教育新时代的到来都对基层教学组织建设提出了更高的要求。因此，需要更加高度重视、不断规范基层教学组织建设与管理工作，强化顶层设计，完善制度体系、管理体系和评价体系，例如在制度建设上优化《教学研究室工作条例》为《基层教学组织管理办法》，以依托专业建设的教研室基层教学组织形式为主导，鼓励以专业建设、课程建设、团队建设、教学研究改革等为主题开展多元探索，辅以新媒介、新技术，创新基层教学组织建设发展路径，形成基层教学组织建设管理的新思路、新方法、新范式，构建多层级、多学科领域、多类型的新型基层教学组织创新体系，调动组织活力，充分保障基层教学组织在人才培养环节中的各项重要作用得以充分发挥。

2. 强化艺工商融合高水平艺术类大学办学特色，促进学科交叉融合

不同学科之间有其内在的联系性，福楼拜曾说过"艺术跟科学在山脚下分开，总有一天会在山顶相遇。"因为所有学科均涉及教学问题，因而所有专业和课程在教学学术上必然产生交叉式、融合式和创新性发展态势。新工科和新文科建设都是以创新和注重跨界交叉融合为其显著特征。学校应充分发挥艺工商融合高水平艺术类大学办学特色，促进理工结合、工工交叉、工文渗透，孕育产生交叉专业，推进跨院系、跨学科、跨专业培养一流人才。在各基层教学组织内部和基层教学组织之间搭建平台，将教学安排、教学改革、学科建设、课程建设整合起来，突破基层教学组织的内外瓶颈，相互促进、

相互融合,进行各类跨学科的、多维度复合性的基层教学组织形式探索。将基层教学组织建设成为能极大推动教师专业成长发展的平台和人才培养质量高地。

3. 加强制度和评价体系建设,促进基层教学组织不断焕发新的活力

突出各教学单位的办学主体地位,以有利于人才培养、教师发展、学科交叉融合、提高基层教学组织工作效能为原则,完善基层教学组织建设和管理的制度体系和评价体系,规范其运行程序,形成结构合理、功能健全、运行有效的基层教学组织。依托校级基层教学组织管理的制度文件,强化基层教学组织内的集体备课制、同行听课制、考教分离制、集体阅卷制、新教师助教制和青年教师导师制等基本制度的目标管理和过程管理。在评价机制上,强化优秀基层教学组织的激励机制,对基层教学组织进行年度考核,建设遴选一批优秀基层教学组织,发挥辐射引领作用,推动教师加强对专业建设、课程建设、教学模式、教学方法、教学手段、效果评价等方面的研究探索,促进人才培养水平和教育教学质量全面提升。

总之,基层教学组织建设是一项长期系统工程,需要长期坚持,在今后工作中将继续统一思想,时刻把握专业发展前沿,进一步加强各基层教学组织之间的交叉融合,增强合力,突破创新,为高等教育高质量发展提供有力支撑。

参考文献

[1] 曾建潮,吴淑琴,张春秀.虚拟教研室:高校基层教研组织创新探索[J].中国大学教学,2020(11):64.

[2] 张倩,王金平,王霞.基层教学组织促进专业成长:以上海财经大学浙江学院会计系为例[J].商业会计,2021(1):121.

[3] 服装艺术与工程学院.北京服装学院服装与服饰设计专业国家级一流本科专业建设点信息采集表:20.

[4] 艺术设计学院.北京服装学院优秀基层教学组织典型案例:"设计思维与方法"课程教学团队:1.

[5] 艺术设计学院.2021年北京高校优秀本科育人团队申报书:基于可持续发展教育理念的新媒体本科育人团队:48.

[6] 材料设计与工程学院.材料设计与工程学院基层教学组织建设情况调研报告:1.

[7] 美术学院.美术学院基层教学组织建设情况调研报告:5.

高校公共选修课现状分析及问题研究

——北京服装学院公共选修课调研报告[1]

白雯静[2]

摘　要：高校公共选修课作为通识教育的重要组成部分，对学生实施素质基础教育，提升综合素质具有不可替代的作用和特殊地位。公共选修课体现了贯彻素质教育理念，提高学生综合素质的人才培养目标。通过对北京服装学院近五年公共选修课的调研，从课程建设、公选课管理、教学成果、存在的问题等展开研究，分析引发问题的原因，寻求解决问题的路径，促进公共选修课更好地发挥育人功能。

关键词：公共选修课；课程建设；综合素质

"培养什么人、怎样培养人、为谁培养人"是教育的根本问题，素质基础教育平台课程担负我校人才培养通识教育的重要作用，发挥通识教育价值引领功能，以立德树人为根本，培养德智体美劳全面发展的社会主义建设者和接班人。公共选修课作为我校通识教育的重要组成部分，对学生实施素质基础教育，提升综合素质具有不可替代的功能和作用。

一、高校开设公共选修课的意义和作用

20世纪初，我国引入"选课制"，在新中国成立之后，我国效仿苏联的高等教育模式，采取了学年制教学，改革开放后，我国的高校逐步恢复了学分制，选修课因此得到了高校的重视和推广。经过几十年的发展，高校的公共选修课无论在实施学分制高校还是实施学年学分制高校都普遍开设，并形成了较为完整的课程体系和管理方式。公共选修课的作用主要体现在如下几个方面：

1. 健全人格，多元思维的综合素质培养

通识教育的培养目标是通过德智体美劳全面培养，塑造学生健全的人格和掌握认识自我及世界的方法，把学生培养成为有责任感的成人和公民。北服公共选修课通过自然科学、社会科学、人文科学、艺术体育、创新创业五个维度，旨在促进学生雄厚基础，

---

[1] 资助项目：2018年度北京服装学院教育教学改革一般项目"我校特色公选课课程体系构建与制度研究"（项目编号：JG-1829）。

[2] 作者简介：白雯静，北京服装学院教务处，高级会计师，助理研究员。

拓宽知识领域，培养健全人格，滋养心灵，让学生掌握多个领域的基本原理和思维方法，进而提升综合素质。

2. 完善知识结构，扩展多学科知识学习

我校作为艺术类应用型大学，今天的艺术设计早已不再局限于传统意义上的"设计"本体范畴，而是已经成为构建公共社会生活过程和提高人类生活品质的综合手段，艺术类专业与各学科在知识和能力方面的关系也日益融会贯通、相互迁移，逐步体现出复杂的跨学科特质。如果学生们能通过通识教育，系统了解一些社会与人文、历史与哲学、工程与技术、环境与生态等学科的知识，将有助于运用多种知识解决专业问题，从而更加深刻地理解设计艺术，更加准确地把握设计对象。

3. 促进师生间、学生间交流互动，锻炼学生协同合作能力

公共选修课是面向全校的选修课程，在学校的教学管理制度下教师申请开设何种课程，学生选择修习哪门课程，可以跨越学科边界、学院壁垒、年级的限制。在与不同知识背景的老师和同学共同学习的过程中，学生的沟通、交流与协作能力得到锻炼和提升。

二、我校近五年公共选修课整体情况概述

1. 公共选修课课程设置

我校人才培养方案课程体系由素质基础教育、学科基础教育、专业教育三大部分组成。其中在素质教育平台开设面向全校学生的公共选修课程，该课程模块内容包括自然科学、社会科学、人文科学、艺术体育、创新创业五类，要求所有学生每个类别至少选修一门、至少修习10学分方可毕业。公共选修课体现了贯彻素质教育理念，提高学生综合素质的人才培养目标，在整个人才培养方案中具有不可替代的作用和特殊的地位。

2. 公共选修课管理现状

（1）管理模式。我校公共选修课程规划及管理由学校统一发布实施，二级学院、教学部自主申报教学计划，承担上课任务，此外教务处引进大学慕课网络课程作为补充的管理模式。

（2）严把新开公共选修课质量。对于首次申请开设的公共选修课的教师需进行试讲环节，经校督导组代表、开课学院专家小组评审通过后，方可具备开课资格。

（3）新开公共选修课的宣传与推介。为了让广大学生了解新开公共选修课，教务处每学期于选课前夕在学校公众号上发布新开公共选修课推介，内容包括课程介绍，教师介绍等，并附上本学期公共选修课目录，供学生选课参考（图1）。公众号点击量巨大，起到了很好的宣传推介效果。

（4）学生评教。北服每学期公共选修课组织学生评教，评教结果整体情况良好，其中2020~2021学年第一学期优秀率达到92%。

3. 近五年来公共选修课课程建设情况

（1）发挥公共选修课特色，赋能学生成长。以学生为中心，开设"有意义、有趣

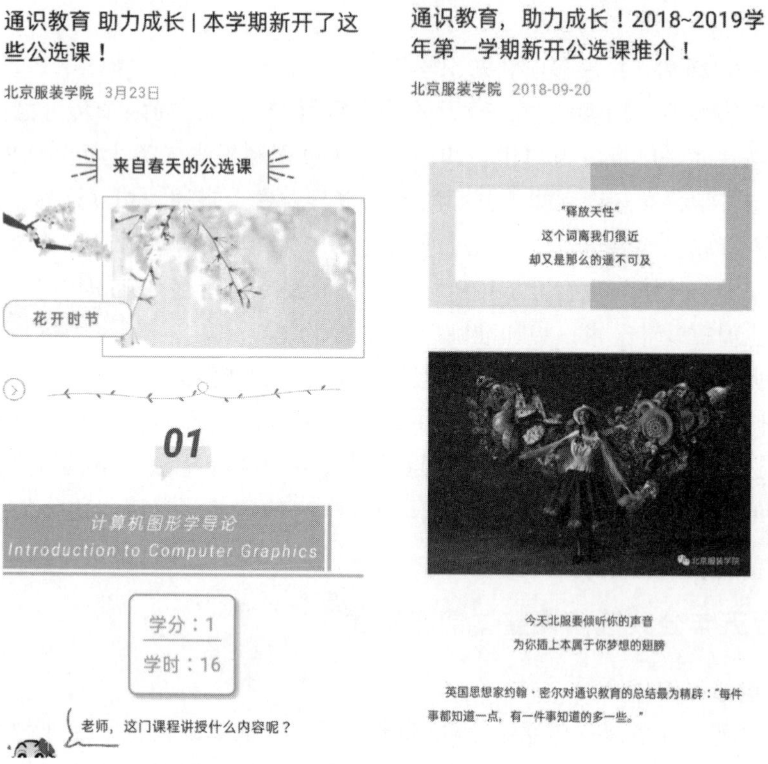

图 1 公众号显示内容举例

味"的公共选修课是我校公共选修课课程建设的特色。在新开课老师培训中强调公共选修课与专业课的区别,第一是属于素质培养范畴,课程应有利于学生综合素质的提高,体现课程的知识性,此为"有意义";第二是完全选修课程,课程面向全校各专业学生,课程名称和教学内容如何能够吸引学生选课,怎样成为一门受欢迎的公共选修课?课程应有利于学生获得心灵的滋养,此为"有趣味",体现课程的趣味性,使学生在相较于专业课而言较小的学业压力下学习,受到启迪,获得感强。

（2）发挥公共选修课平台优势,赋能教师成长。鼓励教师拓展教学技能,公共选修课是我校开展混合式教学,录制线上课程最早的课程类型。鼓励教师发挥个人学术专长,深入思考课程创新,通过在公共选修课平台不断实践磨合,开发出好的课程。鼓励教师发挥兴趣特长开设公共选修课,教师参与兴趣高,带动了教学效果。

（3）赋能教师、学生,公共选修课建设结出教学成果。"服装数字科技"作为校级公共选修课是北服最早开始建设的线上课程,并在实际教学中开展了混合式教学实践,经过几轮开课不断完善,2020 年获得首批国家级一流线上课程。

"中国传统图案"在新开课试讲环节时,主讲老师展示的课件精美程度体现了极高的艺术水准,成为课程质量的有力保证,在经过几轮开课后,获得 2019 年北京市优质本科课件的称号。

"设计数学"是一门面向设计学类、美术学类专业学生的数学课程,主讲教师创新研发《设计数学》课程，开设公共选修课，获得了北京市教改立项资助，经过多轮教学实践，在与学生的不断互动，相互磨合后形成了1门比较完善的课程，现已成为某些设计专业的学科基础必修课。

"服装大师的设计历程"是由语言学院与服装艺术与工程学院教师联合开设的跨学科课程，采用了混合式教学的模式，教学效果良好，不仅受到本校学生的普遍欢迎，更被其他院校选用作为校级公共选修课。

"理论批评""名家领读经典"属于讲座式公共选修课，课程负责人为教授，聘请了校内外高水平讲师，课程质量上乘，知识信息量大，受到广大学生的欢迎。

三、我校近五年公共选修课现状分析及存在的问题

我校公共选修课有两种形式，以校内教师开设线下课程为主，引进校外慕课（线上课程）为辅。从实际情况来看，二者差别较大，因此分别进行分析。

1. 线下公共选修课开课数量少，课堂容量小，不能满足学生选课需求

我校每学期开设线下公共选修课在50～80门，选课人数为3000多人次，98%以上的课程可以做到满员开课。此外，一些校内公共选修课受实验室、机房等场地的约束，课程人数规模一般在20人左右。总体来说课程数量不足和课程规模较小，导致公共选修课课程量无法满足学生选课需求，课程数量及容量与学生选课需求不匹配。

我校校内公共选修课由各教学单位承担教学任务，2017～2021年总体开课量不足，各教学单位公共选修课的开课数量呈现两种情况，一类是基本维持一定的数量，但增量不明显。另一类开课量严重不足，某些学院每学期只申报开设一两门公共选修课。

公共选修课开课量不足主要有三种原因：一是教授开课数少，教师因教学科研任务量大，无法顾及开设公共选修课；二是某些教师对公共选修课不甚了解，未认识到公共选修课的重要性，一旦了解后有积极参与开设公共选修课的意愿；三是教师缺少主动开设意愿，如果有政策规定和要求，会积极参与开设公共选修课。

2. 北服学生对线上公共选修课有明显的选择偏好

2017～2021年校内开设线上课程35门/学期，选课人数为5000多人次/学期。线下课程开设数量和课堂容量有限，使得线下课程变得极为抢手，学生以选课成功为目标。而线上课程不受现实条件限制，课程种类也较为丰富，通过对我校学生公共选修课选择偏好分析，能够更好地了解我校学生对公共选修课的认知水平，发现学生素质教育培养的薄弱环节。

（1）北服学生对文学修养、表达与写作方面的课程偏好度低（依据实际选课情况，选取部分课程为例，表1）。

表1 文学修养、表达与写作方面的部分课程选课情况统计

开设学期	课程名称	限选人数	选课人数
2018～2019 第二学期	大学语文	100	28

续表

开设学期	课程名称	限选人数	选课人数
2018~2019 第一学期	应用文写作	300	3
2018~2019 第一学期	多元对话：比较文学概论	300	4
2018~2019 第二学期	大学生魅力讲话实操	100	5

（2）北服学生对人文、社会科学方面的课程偏好度低（依据实际选课情况，选取部分课程为例，表2）。

表2 人文、社会科学方面的部分课程选课情况统计

开设学期	课程名称	限选人数	选课人数
2018~2019 第二学期	中国的社会与文化	100	20
2021~2022 第一学期	管理素质与能力的五项修炼——跟我学"管理学"	400	11
2021~2022 第一学期	组织行为与领导力	400	42

（3）北服学生对自然科学类的课程偏好度低（依据实际选课情况，选取部分课程为例，表3）。

表3 自然科学类的部分课程选课情况统计

开设学期	课程名称	限选人数	选课人数
2021~2022 第一学期	人工智能	400	22
2020~2021 第二学期	移动互联网时代的信息安全与防护	520	54
2019~2020 第一学期	《上帝掷骰子吗：量子物理史话》导读	150	8

（4）北服学生对艺术类、美学方面课程更为接纳（依据实际选课情况，选取部分课程为例，表4）。

表4 艺术类、美学方面的部分课程选课情况统计

开设学期	课程名称	限选人数	选课人数
2021~2022 第一学期	舞蹈鉴赏	400	400
2018~2019 第二学期	中华诗词之美	100	260
2018~2019 第一学期	中国戏曲·昆曲	300	300

从以上北服学生选课偏好度显示：①我校学生乐于选择熟悉的艺术类课程，对不熟悉的学科参与度不高，这与我校开展公共选修课教学，完善学生知识结构，提升综合素质的初衷相违背；②艺术学科属于文科范畴，有良好的文学修养和写作功底是从事艺

创作和设计作品的坚实基础，我校学生对此类课程缺乏兴趣，需加以引导和指导；③学生选修自然科学、社会科学等方面的课程人数较少，这些课程学生因不熟悉而有畏难情绪，特别是自然科学课程让文科生望而生畏。在选择引进线上课程过程中，还需选择一些更贴合学生水平的线上自然科学课程，选择与学生兴趣更贴合的社会、人文科学课程。

3. 学生对公共选修课缺乏了解，选课比较盲目

学生对公共选修课是什么样的课程一知半解，有些学生认为上公共选修课就是为了修够毕业的学分，避重就轻，盲目选择学习较为熟悉的学科、修分容易的课程。有些学生认识不到公共选修课对提升个人综合素质，完善知识结构有很好的帮助，不愿付出时间和精力学习具有挑战度的课程。因此选课比较盲目，缺乏系统性和科学性。

4. 公共选修课课程质量管控未形成闭环管理

公共选修课管理流程比较复杂，分为前、中、后端，多主体共同参与，共同完成公共选修课的闭环管理。教务处负责公共选修课制度制定，组织申报、审批、选课，下达教学计划，主要在前端管理。开课教学单位作为中端管理主体，负责开课资格审核、课程教学大纲、教学日历、作业、考试等管控，须将公共选修课统一纳入学院日常教育管理的内容。校级教学督导作为后端管理主体，须不定期进行课堂秩序的检查、听课、评课形成闭环管理。

四、公共选修课建设与管理对策研究

1. 加强公共选修课制度建设，修订完善公共选修课管理办法

学校层面制定公共选修课办法，明确公共选修课在人才培养方案中的地位与作用，发挥通识教育价值引领功能，激发学生学习兴趣，拓宽学生视野，完善知识结构，促进学生德智体美劳全面发展。

学院应根据学生人数按一定比例开设公共选修课，解决我校公共选修课开课数量不能满足学生选课需求的主要矛盾。将公共选修课纳入学院日常课程管理体系，完善监督机制，形成闭环管理。完善对教师公共选修课评教体系，学生评教、督导评教、三方评教。

2. 加强公共选修课的宣传力度，指导学生科学选课

扩大宣传方式和渠道，明确开设公共选修课初衷及学习意义，多维度、全方位解读课程，帮助学生了解公共选修课的意义和课程的作用，帮助学生树立正确的选课观念，学以致用、全面提升综合素质，激发学生潜在能力与个性特长的充分发展。

3. 组织教师进行系统的公共选修课培训

让教师了解公共选修课的特殊性，与专业选修课的不同之处，例如课程目标、内容、面向学生等要素。组织基层教学组织集体备课，研究公共选修课教学方法、教学内容。请优秀的公共选修课教师进行公开课示范，在青年教师讲课比赛中加入公共选修课竞赛环节等。

五、结语

公共选修课是贯彻党的教育方针，全面落实立德树人根本任务，坚持"培养德智体美劳全面发展的社会主义建设者和接班人"总体培养目标的重要一环，是培养复合型、创新型人才不可或缺的课程，是培养教师教学能力，培育创新课程的重要渠道。

公共选修课不是"编外"课程，以 OBE（产出导向）理念为指导，将"学生中心、产出导向、持续改进"的理念贯穿到公共选修课建设过程中，明确公共选修课课程目标与人才培养目标、毕业要求的支撑关系，持续改进公共选修课建设与管理。

参考文献

[1] 教育部．教育部关于印发《高等学校课程思政建设指导纲要》的通知（教高〔2020〕3号）．[2020-05-28]．

强化学生调查与反馈，提升毕业设计（论文）质量

——基于 2021 届毕业生毕业设计（论文）问卷调查[1]

顾萍[2]

摘 要：毕业设计（论文）是本科人才培养的重要教学环节，也是衡量学校教学质量和办学水平的重要指标。2021 年 6 月初，北京服装学院（以下简称"北服"）组织开展了对 2021 届毕业生关于毕业设计（论文）的专项问卷调查，调查内容涉及课题情况、教师指导、学习投入、学习效果等方面，还调研了就业对毕业环节的影响情况等。通过对调研数据的分析，梳理了目前存在的问题，并提出了解决建议。

关键词：毕业设计（论文）；问卷调查；课题；质量

毕业设计（论文）是高等学校本科生教学计划的重要组成部分，是理论与实践相结合，教学与科研、生产相结合的过程，是本科生必不可少的教学阶段，是对学生进行综合素质教育的重要途径，它有着任何课堂教学或教学实习所不可替代的功能，因而在人才培养过程中具有特殊地位。毕业设计（论文）质量也是教育部普通高校本科教学工作水平评估和审核评估指标体系中衡量高校教学质量、办学水平和办学效益的一项重要指标。

2021 年 6 月初，北服教学督导与评价办公室对本校 2021 届毕业班学生开展了毕业设计（论文）相关问题的问卷调查工作，问卷内容涉及课题情况、教师指导、学习投入、学习效果等方面，还调研了就业对毕业环节的影响情况等，目的是了解学生的基本情况、评价情况，以及意见和建议等，从中获得有价值的反馈信息，使学校和各学院透过数据分析问题，为今后的工作改进提供参考和依据。

一、学生参与情况

问卷调查共覆盖 2021 届本科毕业生 1433 人，其中，457 人参与调查，参与率为 31.89%。由于临近期末答辩等，使答题情况受到一定影响，但回收样本代表性较强，能够较为客观地反映学生的实际情况。具体到各学院，大部分学院均接近或超过 30%，参

---

[1] 资助项目：2018 年度北京服装学院教育教学改革重点项目"本科专业评估指标体系及运行管理机制的研究与实践"（项目编号：ZDJG-1813）。
[2] 作者简介：顾萍，北京服装学院发展规划处、教学督导与评价办公室，副研究员。

与率最高的是美术学院，为 74.63%，参与率最低的是材料设计与工程学院，为 12.93%。详见表 1。

表 1　参与调查学生人数情况

学院名称	总人数	参与人数	参与率/%
服装艺术与工程学院	341	83	24.34
服饰艺术与工程学院	148	46	31.08
材料设计与工程学院	232	30	12.93
艺术设计学院	199	58	29.15
时尚传播学院	155	71	45.81
商学院	291	118	40.55
美术学院	67	51	74.63
合计	1433	457	31.89

二、主要数据统计情况

问卷共包括 14 道客观选择题，一道主观题。选择题包括课题来源、性质及评价，图书文献资料来源，学习投入，教师指导及评价，学习效果，成绩情况及评价，毕业设计（论文）对就业的影响等，覆盖环节较多，反馈数据能够客观说明学生的整体情况，对今后工作的改进具有一定的参考和借鉴意义。各题目的回答情况如下：

1. 在校期间收获最大的实践教学环节（单选）（表 2）

表 2　对收获最大的实践教学环节的调查的统计情况

学院名称	样本总数	毕业设计（论文）	毕业实习	专业(生产)实习	社会调查	课程设计（论文）	军事训练
服装艺术与工程学院	83	69.88	12.05	13.25	0	2.41	2.41
服饰艺术与工程学院	46	58.70	13.04	19.57	0	8.70	0
材料设计与工程学院	30	86.67	3.33	10	0	0	0
艺术设计学院	58	72.41	15.52	5.17	1.72	3.45	1.72
时尚传播学院	71	67.60	14.08	14.08	0	2.82	1.41
商学院	118	72.03	19.49	5.08	0.85	1.69	0.85
美术学院	51	94.12	1.96	3.92	0	0	0
合计	457	73.30	13.13	9.63	0.44	2.62	0.88

从表2可以看出，学生对毕业设计（论文）的认可度最高，达到73.30%。此外，毕业实习和专业（生产）实习分列第二、三位，分别为13.13%和9.63%，也得到学生的认可，证明了其在培养方案中的重要性。

2. 毕业设计（论文）课题的来源（单选）（表3）

表3 对毕业设计（论文）课题的来源的调查的统计情况

学院名称	样本总数	占比/% 学生自选	教师提出	其他
服装艺术与工程学院	83	73.49	21.69	4.82
服饰艺术与工程学院	46	97.83	2.17	0
材料设计与工程学院	30	36.67	60	3.33
艺术设计学院	58	68.97	24.14	6.90
时尚传播学院	71	92.96	7.04	0
商学院	118	81.36	14.41	4.24
美术学院	51	96.08	3.92	0
合计	457	80.52	16.41	3.06

从表3可以看出，全校超过80%的课题来源于自选，其中，服饰艺术与工程学院学院、美术学院和时尚传播学院均超过90%。自选比例最低的是材料学院，该学院60%的课题为教师提出，这与学院工科背景下教师开展广泛科研有关。

3. 毕业设计（论文）课题的性质（单选）（表4）

表4 对毕业设计（论文）课题的性质的调查的统计情况

学院名称	样本总数	部级课题	市级课题	校级课题	横向课题	虚拟课题
服装艺术与工程学院	83	0	2.41	15.66	0	81.93
服饰艺术与工程学院	46	0	2.17	4.35	0	93.48
材料设计与工程学院	30	0	13.33	46.67	0	40
艺术设计学院	58	0	5.17	5.17	1.72	87.93
时尚传播学院	71	0	1.41	7.04	0	91.55
商学院	118	0	0	30.51	0.85	68.64
美术学院	51	0	3.92	0	0	96.08
合计	457	0	2.84	15.97	0.44	80.74

从表 4 可知，在课题性质方面，前四个选项为纵向及横向类的真实课题，第五个选项"虚拟课题"主要来源于师生自选课题，统计结果与第二题"题目来源"相互得到了印证，全校超过 80% 的题目来源于自选的虚拟课题。材料设计与工程学院教师科研工作开展较好，真题比例高，接近 60%。相对而言，服饰学院、美术学院和时尚传播学院三个艺术类学院的虚拟课题最高，占比均超过 90%。

4. 你对毕业设计（论文）题目的评价（单选）（表 5）

表 5　对毕业设计（论文）题目的评价的调查的统计情况

学院名称	样本总数	有理论意义	有实用价值	理论意义和实用价值兼具	不清楚
服装艺术与工程学院	83	18.07	13.25	67.47	1.20
服饰艺术与工程学院	46	21.74	13.04	63.04	2.17
材料设计与工程学院	30	6.67	16.67	76.67	0
艺术设计学院	58	22.41	17.24	56.90	3.45
时尚传播学院	71	19.72	8.45	64.79	7.04
商学院	118	22.88	14.41	59.32	3.39
美术学院	51	21.57	19.61	45.10	13.73
合计	457	20.13	14.22	61.27	4.38

从表 5 可知，超过 95% 的同学认为自己的课题具有理论价值（20.13%），或实用价值（14.22%），或理论意义与实用价值兼具（61.27%）。表明北服的选题整体质量较高，得到学生的普遍肯定。

5. 你的毕业设计（论文）图书文献资料的主要来源（单选）（表 6）

表 6　对毕业设计（论文）图书文献资料的主要来源的调查的统计情况

学院名称	样本总数	自己查阅检索	教师提供（推荐）	其他
服装艺术与工程学院	83	90.36	8.43	1.20
服饰艺术与工程学院	46	91.30	8.70	0
材料设计与工程学院	30	96.67	3.33	0
艺术设计学院	58	89.66	8.62	1.72
时尚传播学院	71	73.24	25.35	1.41

续表

学院名称	样本总数	占比/%		
		自己查阅检索	教师提供（推荐）	其他
商学院	118	89.83	9.32	0.85
美术学院	51	86.27	11.76	1.96
合计	457	87.53	11.38	1.09

在学生选题后，到正式开始课题研究，以及研究过程中必须大量阅读图书资料和相关文献，以了解本学科本研究方向的研究现状及已取得进展等，并通过参考借鉴，以进一步明确课题研究方向、启迪思维，对课题开展研究工作具有重要意义。查阅检索文献资料的能力也是本科生必备的能力之一。北服一直鼓励和要求学生自己查阅检索相关文献资料，注重对学生相关能力的培养。从表 6 可知，接近 90% 的同学为自己查阅检索资料，另外，教师提供图书文献资料的比例超过 10%。

6. 做毕业设计（论文）花费你的时间多吗？（单选）（表 7）

表 7 对毕业设计（论文）花费时间的调查的统计情况

学院名称	样本总数	占比/%		
		很多时间	正常	很少时间
服装艺术与工程学院	83	62.96	37.04	0
服饰艺术与工程学院	46	52.27	47.73	0
材料设计与工程学院	30	53.33	46.67	0
艺术设计学院	58	39.66	60.34	0
时尚传播学院	71	43.66	56.34	0
商学院	118	43.59	56.41	0
美术学院	51	62.75	37.25	0
合计	457	50.22	49.78	0

该指标是调研学生的学习时间投入情况。从表 7 可知，从全校范围看，表示做毕业设计（论文）投入很多时间和正常时间的比例各约 50%，说明学生对该环节足够重视，时间投入较多，也侧面证明了毕业设计（论文）的学习量和工作量设置较合理。具体到各二级学院，情况略有差异，其中服装艺术与工程学院、美术学院两个学院表示投入了很多时间的学生比例最高，分别为 62.96% 和 62.75%。

7. 你与指导教师的交流频度（单选）（表8）

表8 对学生与指导教师的交流频度的调查的统计情况

学院名称	样本总数	占比/% 每天交流	每周交流	每月交流	很少交流
服装艺术与工程学院	83	2.41	90.36	6.02	1.20
服饰艺术与工程学院	46	13.04	82.61	4.35	0
材料设计与工程学院	30	23.33	76.67	0	0
艺术设计学院	58	5.17	89.66	3.45	1.72
时尚传播学院	71	7.04	81.69	11.27	0
商学院	118	3.39	94.92	1.69	0
美术学院	51	23.53	76.47	0	0
合计	457	8.53	86.87	4.16	0.44

该指标考察的是师生的交流互动情况。良好的教学效果需要通过师生的有效互动来促成。师生间的交流互动是激发学生学习兴趣的重要途径之一，对提升教学培养效果有着积极影响。北服规定，在毕业设计（论文）环节期间，指导教师对学生的指导、检查和答疑，每周不得少于1次，每次对每名学生的指导不少于0.5学时。表8中数据表明，与老师高频交流（每天交流、每周交流）的学生比例高达95.4%，绝大多数学生与教师交流互动频繁。

8. 你对指导教师是否满意？（单选）（表9）

表9 对指导教师满意度的调查的统计情况

学院名称	样本总数	占比/% 很满意	满意	不满意	很不满意	说不清楚
服装艺术与工程学院	83	72.29	26.51	0	1.20	0
服饰艺术与工程学院	46	80.43	19.57	0	0	0
材料设计与工程学院	30	83.33	13.33	3.33	0	0
艺术设计学院	58	65.52	34.48	0	0	0
时尚传播学院	71	77.46	22.54	0	0	0
商学院	118	77.12	19.49	0.85	0	2.54
美术学院	51	86.27	11.76	1.96	0	0
合计	457	76.59	21.88	0.66	0.22	0.66

充分发挥指导教师的作用是确保毕业设计（论文）质量的重要保障。为充分发挥指导教师的"主导"作用，北服实行毕业设计（论文）指导教师负责制，并对指导教师在开题、过程指导、中期检查以及答辩评分等全流程进行细致的规定，使各项工作有章可循。从表9可知，2021届学生对指导教师表示满意（"很满意"和"满意"视为满意）的比例达98.47%，表明绝大多数指导教师能够认真履行了自己的职责，学生满意度高。

9. 通过毕业设计（论文），提高了你哪方面的能力？（多选）（表10）

表10 对毕业设计（论文）的作用的调查的统计情况

学院名称	样本总数	综合运用基础理论知识能力	实验动手能力和实践能力	自学能力	分析问题和解决问题的能力	总结归纳或数据分析能力	论文撰写能力
服装艺术与工程学院	83	89.16	77.11	92.77	87.95	83.13	79.52
服饰艺术与工程学院	46	89.13	93.48	84.78	93.48	80.43	80.43
材料设计与工程学院	30	80	93.33	96.67	90	83.33	86.67
艺术设计学院	58	77.59	68.97	87.93	86.21	65.52	62.07
时尚传播学院	71	74.65	66.20	80.28	71.83	71.83	80.28
商学院	118	90.68	51.69	91.53	85.59	81.36	88.98
美术学院	51	86.27	82.35	78.43	82.35	74.51	86.27
合计	457	84.90	71.12	87.75	84.68	77.46	81.18

从表10可以看出，6个方面能力得到提升的比例均超过70%。数据表明，通过做毕业设计（论文），学生的综合能力和素质得到了提高，落实了教学目标。

10. 在毕业设计（论文）过程中，影响你取得更好成绩（成果）的外在因素主要是什么？（多选）（表11）

表11 对毕业设计（论文）的外在影响因素的调查的统计情况

学院名称	样本总数	目标任务不够明确	技术或实验条件不够	缺乏必要的图书文献资料	指导教师的启发、指导、帮助不够	工作量大，时间不够	其他原因
服装艺术与工程学院	83	15.66	65.06	28.92	7.23	54.22	16.87
服饰艺术与工程学院	46	17.39	65.22	28.26	4.35	45.65	30.43
材料设计与工程学院	30	16.67	73.33	20.0	6.67	53.33	20

续表

学院名称	样本总数	占比/%					
		目标任务不够明确	技术或实验条件不够	缺乏必要的图书文献资料	指导教师的启发、指导、帮助不够	工作量大，时间不够	其他原因
艺术设计学院	58	25.86	56.90	29.31	6.90	46.55	29.31
时尚传播学院	71	23.94	40.85	30.99	4.23	49.30	26.76
商学院	118	24.58	41.53	38.98	6.78	29.66	31.36
美术学院	51	25.49	41.18	27.45	3.92	50.98	31.37
合计	457	21.88	52.08	31.07	5.91	44.86	26.91

表11中数据表明，外在影响因素占比最高的是"技术或实验条件不够"，占到52.08%（其中以材料设计与工程学院最高，达73.33%），其次是"工作量大，时间不够"，达44.86%（服装、材料、美术三个学院均超过50%），第三是"缺乏必要的图书文献资料缺乏"，达31.07%（各学院均超过20%，其中，商学院、时尚传播学院超过30%）。服装艺术与工程学院以及美术学院表示"工作量大，时间不够"的学生比例分别为54.22%和50.98%，而第6题"做毕业设计（论文）花费的时间多吗？"中两个学院表示"占用很多时间"学生的比例最高，分别为62.96%和62.75%，二者的答题情况相互得到印证。建议两个学院在今后的毕业设计（论文）环节对时间和工作量进行科学评估，使时间和工作量更好地匹配，以确保毕业设计（论文）的质量。

11. 在毕业设计（论文）过程中，影响你取得更好成绩（成果）的内在因素主要是什么？（多选）（表12）

表12　对毕业设计（论文）的内在影响因素的调查的统计情况

学院名称	样本总数	占比/%					
		缺乏必要的基础理论知识	文献资料运用能力不够	外语水平不够	计算机应用能力不够	不够努力	其他原因
服装艺术与工程学院	83	44.58	48.19	24.10	30.12	12.05	21.69
服饰艺术与工程学院	46	41.30	39.13	26.09	13.04	13.04	30.43
材料设计与工程学院	30	50	53.33	26.67	33.33	10	16.67
艺术设计学院	58	50	44.83	24.14	32.76	17.24	24.14
时尚传播学院	71	59.15	33.80	16.90	14.08	14.08	29.58
商学院	118	51.69	51.69	26.27	25.42	16.10	17.80

续表

学院名称	样本总数	占比/%					
		缺乏必要的基础理论知识	文献资料运用能力不够	外语水平不够	计算机应用能力不够	不够努力	其他原因
美术学院	51	50.98	43.14	21.57	19.61	27.45	27.45
合计	457	50.11	45.30	23.63	24.07	15.75	23.41

表 12 中数据表明，内在影响因素最高的是"缺乏必要的基础理论知识"，占比达 50.11%。书到用时方恨少，能够认识到这一点，对学生而言是一次很好的触动。其次是"文献资料运用能力不够"，为 45.30%。其他几个因素也都占有一定比重，需要加以重视。

12. 在做毕业设计（论文）期间，找工作占用你的时间精力情况（表 13）

表 13 对找工作占用时间的调查的统计情况

学院名称	总数	占比/%		
		占用很大	占用较大	占用不大
服装艺术与工程学院	83	18.07	39.76	42.17
服饰艺术与工程学院	46	19.57	32.61	47.83
材料设计与工程学院	30	20	30	50
艺术设计学院	58	24.14	31.03	44.83
时尚传播学院	71	14.08	47.89	38.03
商学院	118	11.86	50	38.14
美术学院	50	18.00	20	62.00
合计	456	16.88	39.04	44.08

注 美术学院有一位同学未回答此问题。

该问题考察的是找工作对毕业设计（论文）的影响。北服毕业设计（论文）工作全部安排在大四阶段，其中，毕业论文都安排在大四下学期，毕业设计（艺术类）一般在大四上学期开始，跨越到大四下学期，期间有的专业还安排有毕业实习环节。就业及升学与毕业环节在时间上的冲突对高校而言是普遍存在的。从表 13 中可以看出，表示找工作占用时间很大和较大的学生的比例为 55.92%，表明就业对毕业设计（论文）有一定影响。

13. 做毕业设计（论文）是否对你找工作有所帮助？（单选）（表 14）

表 14　对毕业设计（论文）对找工作是否有帮助的调查的统计情况

学院名称	样本总数	占比/% 帮助很大	帮助较大	帮助较小	没有帮助	说不清楚
服装艺术与工程学院	83	10.84	21.69	26.51	22.89	18.07
服饰艺术与工程学院	46	10.87	30.43	28.26	15.22	15.22
材料设计与工程学院	30	6.67	30	30	20	13.33
艺术设计学院	58	24.14	20.69	29.31	12.07	13.79
时尚传播学院	71	19.72	12.68	33.80	14.08	19.72
商学院	118	10.17	24.58	41.53	14.41	9.32
美术学院	51	5.88	19.61	37.25	21.57	15.69
合计	457	12.91	22.10	33.48	16.85	14.66

该问题是调研毕业设计（论文）是否对找工作有帮助，即正面影响。回答有帮助（帮助很大、帮助较大）的学生比例为 35.01%。在找工作过程中，随着学生对行业企业的逐步了解以及对市场了解的逐步深入，会逐步清晰自己的课题研究方向和思路，对做好毕业设计（论文）具有一定促进作用。反之，做好毕业设计（论文）也能促进学生就业。例如，近年来，在每年的北京国际时装周期间，学校会举办"北服时装周"及各类专业的毕业设计作品展，遴选优秀作品进行动态和静态秀。在展示过程中，参观的专家、学者以及社会各界人士对学生作品显示出浓厚兴趣，有些作品被参观者收藏，部分学生直接被企业录用。

14. 你认为你班同学们的毕业设计（论文）成绩结果怎么样？（表 15）

表 15　对本班同学毕业设计（论文）成绩评价的调查的统计情况

学院名称	样本总数	占比/% 成绩偏高	成绩偏低	成绩合理
服装艺术与工程学院	83	8.43	7.23	84.34
服饰艺术与工程学院	46	13.04	6.52	80.43
材料设计与工程学院	30	0	6.67	93.33
艺术设计学院	58	1.72	5.17	93.10
时尚传播学院	71	16.90	5.63	77.46
商学院	118	7.63	7.63	84.75
美术学院	51	11.76	9.80	78.43
合计	457	8.97	7.0	84.03

从表 15 可知，全校 84.03% 的学生认为成绩评定合理，材料设计与工程学院和艺术设计学院认为成绩合理的比例最高，分别为 93.33% 和 93.10%。认为成绩评定合理比例

最低的是时尚传播学院和美术学院，分别为 77.46% 和 78.43%，这两个学院中认为"成绩偏高"的占比较高，分别是 16.90% 和 11.76%。我校自 2005 年以来，坚持过程评价和结果评价相结合的方式进行成绩评定。成绩分为三部分：指导教师评阅，专家评阅，以及答辩委员会，分别进行百分制评分，最终成绩依次按 30%、20% 和 50% 计算得出。最后，专业答辩委员会按照优秀率不超过 15%、优良率不超过 45% 的学校要求，对学生的最终成绩进行协调。

15. 你对毕业设计（论文）的意见建议（主观题）

在主观意见建议方面，近 200 名学生提出了自己的看法及意见。意见主要集中在毕业环节流程和节点安排、时间安排、仪器设备和专业设备、毕业论文格式要求、毕业设计（论文）系统的使用、毕业展筹划和宣传等方面。

三、反映出的问题以及解决措施的建议

通过本次问卷调查以及从上述数据的统计分析可以看出，目前在北服的毕业设计（论文）工作中仍然存在一些问题，解决措施建议如下。

1. 毕业设计（论文）的真题率较低

毕业设计（论文）作为应用型本科院校实践教学的重要组成部分，是学生内化所学知识、提升科研素养、培养创新精神、提高实践能力的核心环节。调查数据显示，除材料设计与工程学院的真题比例达 60% 以外，其余学院的真实课题均处于 10%～30%。全校超过 80% 的课题来源于虚拟课题，与行业企业的实际相脱离，课题的意义性和实践性受限，使学生毕业设计（论文）应用型不强，成果转化率不高[1]。虚拟课题多究其根源是教师目前开展的各级各类项目较少，学校需进一步推进教师的科研工作，促进教师与行业企业密切合作，与生产经营紧密联系，广泛开展与社会发展、生产、相关行业建设和北京市经济建设相关学科的立项研究工作，并促进将教师在研的课题投入本科毕业设计（论文）中，提高学生真题真做比例，让学生在真实课题的研究和训练中接触科研，树立科研意识，提升科研能力。

2. 目前学校的技术或实验条件不够，未能很好地满足需求

全校 52.08% 的学生反馈"技术或实验条件不够"，其中以材料设计与工程学院最高，达 73.33%，服饰艺术与工程学院为 65.22%、服装艺术与工程学院为 65.06%、艺术设计学院为 56.90%，均超过了学生半数。办学空间不足和教学经费的制约，一直是学校长期以来存在的问题，一定程度上影响了教学资源的配置和教学活动更好地开展。为解决此问题，北服积极争取北京市资源与资金支持，2019 年芍药居新校区的正式投入使用，一定程度上缓解了办学空间紧张的问题，但仍然未能完全解决，今后可以通过继续争取上级支持、进一步合理配置学校现有教学资源提高资源使用效益、强化校内资源共享协同合作、强化校企深度合作以及充分利用"虚拟仿真"项目等措施来弥补不足，以更好地满足教学需求。

3. 在毕业设计（论文）时间安排和工作量安排上需进一步优化

目前，北服全校的本科毕业设计（论文）均安排在第四学年，这个时间段学生面临

着实习、就业或考研的综合压力，还需要应对一系列烦琐的毕业准备工作，学生思想波动较大，严重制约了学生在毕业设计（论文）上的时间和精力投入[2]。高质量的毕业设计（论文）需要有时间的保证，因此，为保证充分的时间，可以将其提前至大三第二学期，这时学生时间相对充裕，师生提前介入课题，开展选题、开题，错开实习和就业（考研）的高峰。目前部分高校已经采取此种办法，例如华北水利水电大学[3]。时间调整后，与工作量大的相互矛盾也能得以缓解。各学院和指导教师也要高度重视时间及工作量的匹配问题，科学规划，合理设置工作量和进度。工作量过大会导致学生疲于应付，进而造成兴趣下降、不认真、抄袭应付的后果，影响毕业设计（论文）质量。

4. 学生的基础理论知识仍需加强，对文献资料的运用能力仍需提升

毕业设计（论文）作为本科生毕业前的一门综合实践课程，是对本科生在大学期间所学理论和实践教学课程总体效果的一次集中检验，更是培养学生对专业基础知识和基本专业技能进行综合应用的必备课程。通过本次调研，发现部分学生存在专业理论知识不扎实、基础不牢、资料检索和查询能力以及资料的运用能力欠缺等问题，影响了毕业设计（论文）的质量。北服及其二级学院应进一步加强对学生的学风教育，促进学生上好每一堂课、学好每一门课，夯实基础、打牢地基，只有构建好坚实的专业知识和技能体系，才能更好地完成毕业设计（论文），以及应对将来进入社会参加工作中的各种挑战。文献检索和运用能力是科研工作的必备能力，学校可以加强学生相关能力的训练，例如，开设文献检索课，开办讲座，或者发挥指导教师作用，对学生文献检索及运用多加指导和训练等，提升学生通过阅读大量文献后发现问题、提出问题和解决问题的能力，加强创新能力训练。

本科毕业设计（论文）是本科培养过程中至关重要的一个环节，也是衡量学校教学质量和办学水平的重要指标。"新时代高教40条"第12条明确指出，"加强对毕业设计（论文）选题、开题、答辩等环节的全过程管理，对形式、内容、难度进行严格监控，提高毕业设计（论文）质量。"北服长期以来一直非常重视本科毕业设计（论文）的过程管理以及质量监控，建立了一套完整的管理制度和质量标准，强化选题、开题、中期检查、答辩等环节的管理。近年来，在答辩前还新增了抽查盲审环节，强调原创，杜绝抄袭。

本次问卷调查本着以学生为本的理念，遵循加强对学生的调查及信息反馈，促进整改和提高的原则，梳理了调查中反映出来的问题，并提出解决建议，旨在进一步提高毕业设计（论文）质量，全面培养和提升学生的综合能力。

参考文献

[1] 冯立超, 于雪梅, 李杨, 等. 校企合作提高本科毕业设计质量的研究[J]. 机械设计与制造工程, 2017（1）：112-113.

[2] 赵丽新, 杜溟, 陈明, 等. 本科毕业设计（论文）质量监控体系构建与实践[J]. 高等教育研究学报, 2014（1）：56-58.

[3] 孟俊贞, 王香涵, 王鹏举. 双一流背景下提高本科毕业论文（设计）质量的探索[J]. 大学教育, 2021（9）：45-48.

图书馆资源推介性软文探究

张海明[1]

摘　要：图书馆对馆藏文献资源的推介是面向读者的广而告之，某种程度上也是一种广告，只不过是不以营利为目的广告。近年来源自广告业的软文式宣传也被引入图书馆文献资源推介领域。本文即拟探讨在图书馆资源推介过程中出现的软文宣传现象，分析其特点、意义与价值以及和传统图书馆资源推介方式的关系。

关键词：软文；图书馆；资源推介

软文源自广告业，是相对于传统硬性广告而言的一种文案。软文将宣传对象与文章巧妙结合，润物无声地达到宣传或者营销的目的[1]。图书馆对馆藏文献资源的推介是面向读者的广而告之，某种程度上也是一种广告，只不过是不以营利为目的广告。所以近年来软文式宣传也被引入到图书馆文献资源推介领域。本文即拟探讨在图书馆资源推介过程中出现的软文宣传现象，分析其特点，意义与价值以及和传统图书馆资源推介方式的关系。

一、图书馆文献资源推介的传统方式

电子文献和纸质文献是当代图书馆馆藏资源的两大组成部分，电子文献和纸质文献相互依存，优势互补[2]。书单推送是推介纸质文献资源的传统方式，一般包含书目名称、内容提要、出版信息与馆藏位置。书籍的推介往往也是阅读推广工作的一部分。馆藏数据库资源的推介通常与产品说明类似，告知读者数据库内容构成、用户对象、应用流程等。

二、图书馆资源的软文引导式推介

传统的图书馆资源推介方式可称为直陈式推介，即面向读者直接推介资源。软文是对图书馆文献资源的引导式推介，其基本样式是软文在前，文献资源查询与使用信息附在其后。通常情况下，纸质书籍文献资源要注明作者，版本信息、索书号和馆藏地点；数据库资源要说明网络查询路径和具体使用流程。

软文阅读完毕，要使读者对软文所宣传的文献资源产生兴趣，或使其产生一种好奇

---

[1] 作者简介：张海明，北京服装学院图书馆，高级讲师。

探触的心理。例如，诗经名篇《蒹葭》中有"蒹葭苍苍，白露为霜。所谓伊人，在水一方。蒹葭萋萋，白露未晞。蒹葭采采，白露未已。"等语句。于是，白露时节，有些图书馆在微信公众号专门发布有关诗经《蒹葭》的推文，精讲语句，欣赏其美，文后介绍馆藏的《诗经》文献信息。

图书馆资源推介性软文撰写的最终目的及落脚点是向读者宣导使用资源。以成语"抛砖引玉"作比，软文是引玉之"砖"。作为文案，内容是软文的主体，是一篇优质软文的基础。文章应做到条理清晰、字句优美、层次分明。另外，软文区分于其他文章的重要特征是注重在文中配有图片、音乐、视频、动画等多种元素。相较于单纯的文字内容，图文并茂使软文更加丰富多彩，更能引起读者阅读兴趣。

三、当今图书馆资源推介性软文的分析

随着信息的发展，有价值的不是信息，而是注意力[3]。推介性软文的撰写首先需要思考吸引受众的注意。当今图书馆资源推介性软文主要分成以下几个类型：

1. 结合新闻事件撰写

高校学生思想活跃，关心时事。基于此，有些推介软文结合新闻时事撰写推出。例如，结合2021年6月17日神舟十二号载人飞船，发射成功，顺利将3名航天员送入太空这一新闻，北京电影学院图书馆微信公众号发布由数据库库克音乐提供的推文"用音乐感受浩瀚宇宙的魅力"，推介了星球大战等科幻片经典音乐。再如，2021年8月初，东京奥运会百米半决赛，苏炳添以9.83秒的成绩获得小组第一晋级决赛，成为首位闯进奥运男子百米决赛的中国人。新闻媒体发文联想1932年中国参加奥运会的第一人刘长春，比较同为短跑运动员的刘长春与苏炳添的不同奥运之路与截然相反的历史结局，感叹国家的荣辱兴衰，复兴发展。基于这一新闻效应，晚清及民国期刊全文数据库在微信公众号发出推文"这场奔跑，跨越了89年"。推文中所引用的关于刘长春的报刊文字和图片均取自于晚清及民国期刊全文数据库，从而巧妙地告诉读者该数据库是查阅民国报刊进行学术研究的宝库。

2. 结合关键时点撰写软文

人类社会在发展的过程中为了铭记过往、警示后人或传承风俗与生产经验，确定形成了许多节日、节气与重大事件的纪念日。纪念或庆祝活动使关键时点常能引起人们的关注。结合关键时点是图书馆资源推介性软文撰写的一个重要切入点。

（1）节日视角下的软文推介。传统节日承载着我们这个民族共同的文化记忆，是中国人生活情感的共同表达。一个个节日习俗，犹如一种纽带，联结着传统与现代、过去和现在，不仅营造了浓厚的节日氛围，也激活着人们的共同记忆，引发精神共鸣。有鉴于此，2018年北京师范大学图书馆在微信公众号开设了"岁时民俗节庆"专栏。此专栏在中国每个重要传统节庆到来之日，介绍节庆的民俗特点，推荐与节庆传统文化相关的馆藏图书，并邀请朗读者以优美的声音朗读文学作品中对节庆的描绘，引导大学生关注中华优秀传统文化，引导对传统文化深入认知与阅读。

晚清及民国期刊全文数据库也聚焦传统节日在微信公众号推出系列软文。软文援引

自身典藏的近代报刊文字资料与图片，介绍晚清及民国时期的节庆习俗。除了传统节日，国庆节、妇女节、母亲节等近现代节日在图书馆资源推介软文中也被聚焦。表1所示为节日视角下软文节选。

表1 节日视角下软文节选表

软文名称	发布机构	发布日期
丹心从来系家国——中秋国庆特辑	首都师范大学图书馆	2020年10月1日
三八国际劳动妇女节丨智慧女性特辑	中华女子学院图书馆	2021年3月5日
5.1丨劳动人民要过节	复旦大学图书馆	2017年4月28日
【感怀母恩】让爱在温馨中绽放 母亲节	复旦大学图书馆	2014年5月12日

（2）软文的重要选题节气。近年来，人们对二十四节气的关注度逐年提高，节气文化也不断融入现代人的生活之中，润泽着我们的身心。二十四节气是中华民族时间生活的重要组成部分，与每个人的具体生活直接相关。2016年11月30日，中国"二十四节气"被正式列入联合国教科文组织人类非物质文化遗产代表作名录。在这种情况下，二十四节气也逐渐成为软文的重要选题。

北京师范大学图书馆2017年3月至2018年2月推出【岁时民俗·节气】24期系列软文。软文总结古代节气文化，追溯节气风俗，融合相关文学诗词。华东理工大学图书馆也于2021年2月初立春起持续推出"二十四节气"系列软文至今。

（3）重大事件纪念日，撰写软文的结合点。忘记历史无以开创未来。设立重大事件纪念日是现代人们"从今思古"，不忘历史的重要方式。图书馆界也以重大事件纪念日为主题撰写软文，推介资源。2021年建党百年之际，晚清及民国期刊全文数据库利用自身资源优势，发出系列推文"在近代文献中寻找马克思主义"。2021年9月18日，沈阳师范大学图书馆发布微信推文"'九一八事变'90周年祭：牢记历史，吾辈自强"。

3. 聚焦受众的爱好与兴趣，推出软文

了解读者想要什么，知道读者的需求才能更好地为读者服务[3]。围绕受众的爱好与兴趣进行策划与设计也是图书馆资源推介性软文的一个重要发展趋势。天津财经大学图书馆结合集邮爱好，在2021年推出系列软文"方寸之间话党史"。针对现代社会读者中有许多是旅游爱好者，也结合中国"读万卷书，行万里路"的文化传统，华东理工大学图书馆在2016~2019年推出"周游记"专栏，面向读者中的爱游者，征集旅游笔记，整理编辑发布在微信公众号上，游记之后，再附上馆内收藏的相关书籍。

四、图书馆资源推介性软文的思考与实践

软文的本质属性是推介和宣导。对图书馆而言，软文就是以润物细无声的方式把馆藏文献资源向读者广而告之。精品软文讲求选题的聚焦度、文字的可读性、表现形式的多样性，并表现出系列化、品牌化的倾向。2017~2018年北师大图书馆相继推出的【岁

时民俗·节气】与【岁时民俗·节庆】是软文精品化、系列品牌化的杰出代表。每篇软文往往是诗文、美图、音视频朗诵的集合。

软文内容精益求精，本身越来越具有独立的"阅读"价值，体现出"微阅读"的作品特性。上海图书馆直接把微信公众号上的软文系列直接命名为"微阅读"。今年9月25日是文学大家鲁迅诞辰，上海图书馆在微信公众号发出推文"微阅读 | 他生于140年前，他是B站最火的作家，他究竟读过多少书？"

博采众长，笔者也一直致力于图书馆资源推介性软文的撰写。2018年9月以来笔者先后在北京服装学院图书馆微信公众号上，建立了"读享旅途""周年追忆""语出经典"三个软文专栏。

"读享旅途"专栏以"文旅结合"为切入点，是对"读万卷书，行万里路"文化传统的彰显。"周年追忆"专栏是以重大事件纪念日为选题。"语出经典"专栏是在时政新闻与文化经典引用之间寻找契合点，进行软文撰写。这一专栏创设于2020年初，是基于当时经典文化诗词名被广泛引用，激励斗志，传情表意。栏目的主旨是语句精华，感触经典即以经典文化名句为引，释读其意，列其源起，并推荐图书馆内的相关文献书籍资源。

五、软文推介在图书馆资源服务中的定位

软文是图书馆资源推介服务的一种方式，其伴随着微博、博客、微信公众号等现代网络宣传平台的出现而兴起。除图书馆工作人员撰写，一些软文也出自于资源供应商，如库克音乐、QQ阅读、晚清及民国全文数据库。资源供应商将其软文视作自身产品的柔性宣传手段，或独立发布，或提供给各图书馆。

软文品质的提升、表现形式的多样化使软文本身日益具有阅读欣赏性。与传统的直陈式推介相比，软文推介是一种间接引导式推介。这种推介主要适用于文化社科类资源。理工类文献资源内容原理比较复杂，更适合应用书单、使用说明等直陈式推介。总之，软文推介与传统的直陈式推介互为补充、相得益彰。

参考文献

[1] 董洁，等．软文助推文化传播[J]．文化产业，2021（10）：47-48．

[2] 梁爱香．图书馆电子文献与纸质文献的协调发展[J]．情报杂志，2011（A1）：178．

[3] 陈国英．阅读推广视域下的图书馆营销变革研究[J]．图书馆学研究，2020，18：83．

国外图像类资源开放获取实践及其启示

张闪闪[1]

摘　要：文章围绕开放环境下用户需求变化的特征，分析了哥伦比亚大学数字图书馆、纽约大都会艺术博物馆和克利夫兰艺术博物馆的图像类资源开放获取的实践，并从三个方面给出了开放环境下艺术类图书馆如何建设图像类资源以便更好地开展学科服务，进而为"双一流"学科建设提供支持。

关键词：图像类资源；开放获取；学科服务

一、开放获取与学科服务

随着信息技术的飞速发展，大数据、人工智能、云计算等新技术的应用正在冲击着图书馆的服务方式，教师、学生等对信息（知识）的需求和获取方式也发生了变化，如何提供高质量、精准化的服务是图书馆积极应对新技术、新需求所带来的挑战的努力方向。学科服务是高校图书馆围绕母体机构的科研用户需求在科研生命周期过程中所提供的一系列有形的或者无形的服务，包括文献信息资源获取、信息咨询、科研数据管理、机构知识库、学术出版、数字人文、科研评价等[1]。目前，国家已经出台的一系列政策中均与学科服务有或多或少的关系，如《普通高等学校图书馆规程》（教高〔2015〕14号）明确规定"图书馆应积极拓展信息服务领域，提供数字信息服务，嵌入教学和科研过程，开展学科化服务，根据需求积极探索开展新服务"[2]。《统筹推进世界一流大学和一流学科建设总体方案》（国发〔2015〕64号）提出要"加快建成一批世界一流大学和一流学科"[3]。《高等学校数字校园建设规范（试行）》（教科信函〔2021〕14号）提出"高等学校应鼓励将机构知识库建设与科研资源管理相结合，重视其他机构知识库的搜集、整理、揭示、关联与共享。同时，高等学校应鼓励机构知识库之间的数据共享"[4]。如何有效支撑和保障学校"双一流"战略，在普通高校资源购置经费普遍紧张的情况下，如何借助与整合网络上的开放资源，建设具有学科特色的数字资源库，丰富科研服务的范围，推动高校图书馆学科服务的创新与发展，成为业界和学界亟待解决的课题。

---

[1] 作者简介：张闪闪，北京服装学院图书馆，副研究馆员。

二、国外图像类图书馆资源开放获取实践

开放环境是经济政治、科学研究、思想文化全方位开放的社会环境，开放性生产方式、开放性政治生活、开放性价值观念构成社会开放的重要维度[5]。开放环境下图书馆知识信息获取的重要中介地位，公众信息获取渠道发生根本性变化，用户更加注重信息的可获得性和便捷性，图书馆正面临互联网、新媒体、商业化服务的激烈竞争。国际图联（IFLA）聚焦此问题，发布趋势报告警示全球图书馆采取行动[6]。在此背景下，艺术类高校图书馆也同样面临资源开放的问题，如纽约大都会艺术博物馆于 2017 年 2 月 7 日宣布实施"开放获取"新政策；克利夫兰艺术博物馆于 2019 年 1 月 23 日正式发布其开放获取 Open Access（开放获取）项目，使用知识共享零版权（CC0）标识与其收藏有关的高分辨率图像和数据（包括 3D 图像或模型）；OpenGLAM 倡议组织（开放美术馆、图书馆、档案馆和博物馆）确定公开许可的艺术图像在商业和非商业使用方面的障碍[7]。通过对国外图书馆、博物馆开放资源建设情况的分析，可以丰富学校资源，拓宽资源获取渠道，丰富知识发现形式，推动学科服务纵深发展，为"双一流"学科建设提供深度特色的学科服务提供基础。

1. 哥伦比亚大学数字图书馆的开放获取实践

哥伦比亚大学数字图书馆（Digital Library Collections，以下简称 DLC）[8]对很多早期资料进行数字化，如照片、海报、图纸、物品、手稿、哥伦比亚稀有和特藏材料，内容包括哥伦比亚大学的特色馆藏，包含了埃维利建筑与美术图书馆（Avery Architectural & Fine Arts Library）、联合神学院伯克图书馆（Burke Library at Union Theological Seminary）、斯塔东亚图书馆（C. V. Starr East Asian Library）、善本和手稿库（RareBook & Manuscript Library）中的各类特藏资源，目前，DLC 存储库包括超过 533,000 个图像和文档。

（1）开放获取的范围。所有馆藏范围内的数字资源，在使用过程中要遵循提供方的合法权利。若是仍处于版权法保护的资源（即图像中标注"无版权"的），仅限于教学、研究使用。

（2）开放获取的元数据。所有在线收藏的数据，包括作品名称、图像介绍、日期、馆藏位置、图像原始出处、地理位置、分类、介质、版权状况等。

（3）数据的引用。针对于每张图像，DLC 直接提供引用格式，包括 APA 格式（美国心理协会刊物准则），芝加哥格式和 MLA 格式（美国现代语言协会）三种，方便科研人员直接使用。

示例：

①APA：James, G. P. R. (George Payne Rainsford) . (1852). Adrian; or the Clouds of the Mind: a Romance. *Columbia Digital Library Collections* [*Columbia University Libraries*]. [Book]. Retrieved from https://dlc.library.columbia.edu/catalog/cul: vq83bk3jpg.

②芝加哥：James, G. P. R. (George Payne Rainsford) . "Adrian; or the Clouds of the Mind: a Romance." Book. 1852. *Columbia Digital Library Collections*

[Columbia University Libraries]. Accessed 19 Sep 2021. https：//dlc.library.columbia.edu/catalog/cul：vq83bk3jpg.

③MLA：James，G. P. R. (George Payne Rainsford). *Adrian*；*or the Clouds of the Mind*：*a Romance*. 1852. Book. Rare Book & Manuscript Library，Columbia University. *Columbia Digital Library Collections*. 19 Sep 2021.

（4）数据的下载。DLC 提供 4 种尺寸的格式进行下载，不需要注册，所有图像均可进行下载，但图像大小基本为 5~200KB。元数据无法直接下载。

2. 大都会艺术博物馆的开放获取实践

大都会艺术博物馆（The Metropolitan Museum of Art，以下简称 The MET）是创建、组织和传播广泛的数字图像和数据，记录博物馆的丰富历史、收藏、展览、事件、人物和活动。2017 年 2 月 7 日，大都会艺术博物馆实施了一项名为"开放获取"的新政策[9]，提供通过主网站及其子域（包括通过移动设备访问的网站以及可下载的移动应用程序）和应用程序接口（API）以支持博物馆收藏、保存、研究、展览和鼓励对艺术作品的欣赏和提高知识的使命。该政策允许其认为属于公共领域的艺术作品的图像在遵循 CC0 知识共享协议的条件下广泛、免费、不受限制地使用。公开了所有其在公共领域中的艺术品的高分辨率图像，总数超过 40.6 万幅。这项政策是对 2014 年学术内容开放获取（OASC）的更新。

（1）开放获取的范围。公共领域的作品的图像，或者博物馆放弃其可能拥有的任何版权的作品的图像可以广泛、免费、不受限制地使用。无论商业用途还是非商业用途，均可以使用，遵循 CC0 协定。

（2）开放获取的元数据。所有在线收藏的数据，包括作品名称、图像介绍、日期、文化、介质、地理位置、尺寸、图像来源、入藏号、艺术史年表、API 接口等基本信息。其中图像介绍详细描述了图像的背景以及作用。根据知识共享零版权（CC0）协定，此数据可供所有人使用。

（3）开放获取的权限。所有标有 OA 标识的图像，均可以毫无限制地下载、共享、修改和重新设计组合。

（4）数据的分享。数据可直接通过页面分享到 Facebook、Twitter、Pinterest，同时也可以复制链接和通过邮件的形式发送。

（5）数据的引用。针对博物馆认为受版权或其他限制的材料，用户可以下载使用，但是必须标注作者和来源，同时引用应包括"www.metmuseum.org"。

（6）数据的下载。大都会博物馆所有 OA 的图像均可点击下载按钮直接下载，无须注册。元数据可以通过网站上的 .csv 文件进行下载，此格式支持对 The MET 数据的分析，对研究人员和学生的研究具有重要作用。

（7）数据的重用。数据重用是科研人员对科研数据集进行原始意图以外二次使用的活动，是对开放获取理念的良好践行，大都会博物馆通过与帕森斯艺术、媒体和技术学院合作的数据可视化理学硕士项目，将开放获取的 API 嵌入课堂中支持研究、学习和创新，形成了多个创新成果，基于 The MET 开放获取数据得出的研究成果部分样例如图 1

所示。

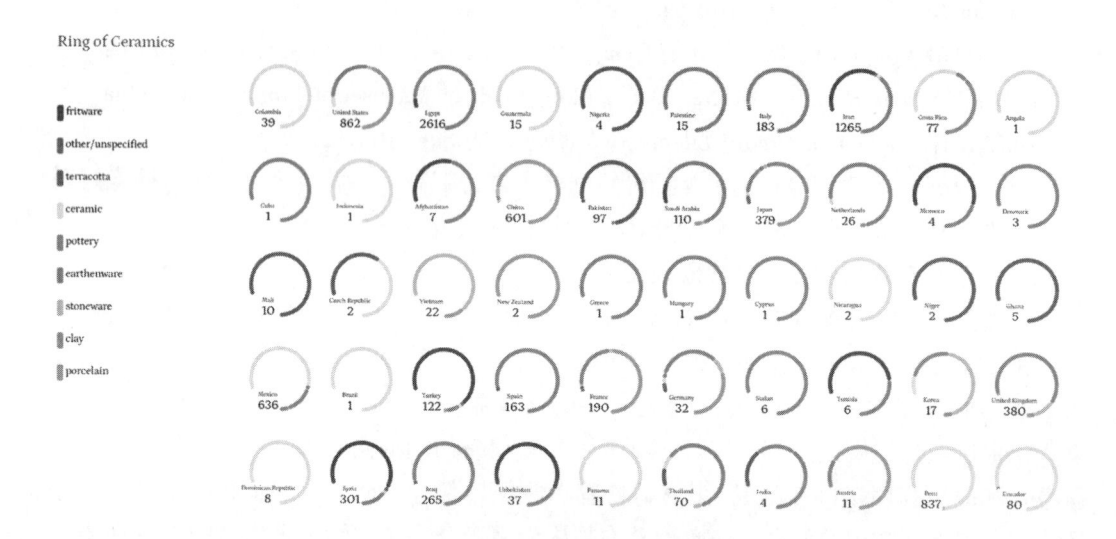

图 1　全球陶瓷戒指材质分布情况[10]

注：每个国家都有一个独特的"戒指"，对 The MET 陶瓷系列中每种陶瓷类型的比例进行分析。每种陶瓷都有不同的颜色表示，并取一个切片表示其在相应国家/地区的所有陶瓷中的比例。

3. 克利夫兰艺术博物馆的开放获取实践

克利夫兰艺术博物馆（The Cleveland Museum of Art，以下简称 CMA）成立于 1913 年，其使命为"永远造福于人类"。博物馆致力于帮助尽可能广泛的观众了解和参与世界伟大的艺术。克利夫兰艺术博物馆是世界上最全面的艺术博物馆之一，也是俄亥俄州东北部的主要民间和文化机构之一。

2010 年以来，CMA 就开始了开放获取的实践，允许用户从其网站下载用于个人非商业用途的低分辨率艺术品图像。2019 年 1 月 23 日，CMA 正式发布其 Open Access（开放获取）项目[11]。其收藏的高分辨率的图像和数据（包括 3D 图像或模型）可以通过互联网免费获取。这意味着 CMA 藏品中超过 3.4 万个公共领域艺术品的图像，或者 CMA 放弃其可能具有的任何版权的图像，可以用于商业、学术或非商业目的使用。此外，无论作品本身是在公共领域还是在版权范围内，都可以无限制地获得与 6.3 万余件作品相关的元数据。博物馆通过与 Creative Commons 合作，利用 CC0 版权公约开放相关数据的版权限制。

（1）开放获取的范围。此次 Open Access 中认定为 CC0 的内容主要包括 4 个部分：公共领域艺术品的图像、与公共领域艺术品相关的元数据部分、其图像和基础权利受版权限制的艺术品的元数据部分、用于 CMA 收集 API 的软件代码。也即所有艺术品的元数据均进行公开，而公共领域的艺术品数据的 Web、打印和全尺寸未压缩版本的链接均包含在可以下载的数据集中。未经 CMA 事先同意或许可，可免费使用和修改指定为"知识共享零版权"（CC0）的开放访问图像和数据，用于商业和非商业目的。未标识为

"开放获取"的图像只能用于有限的非商业、教育和个人用途，或用于适用的美国版权法中定义的合理使用。

（2）开放获取的元数据。所有在线收藏的艺术品数据，包括艺术品名称、艺术品创作时间、作者（名字、国籍、生卒年份）、艺术品国度与时代、材质、尺寸（带框尺寸与不带框尺寸）、捐赠人、艺术品号、展示场地、艺术品描述、作者传记、艺术品出处（流传经过）、引文出处、展览历史、地理位置、分类等。

（3）开放获取的权限。所有数据均有标识。其中，标识为"CC0"的表示图像和元数据均可以毫无限制地下载、共享、修改和重新设计组合；而标识为"C"的表示仅可以下载元数据，无法下载图像。

（4）数据的分享。数据可直接通过页面分享到 Facebook、Twitter、Pinterest，同时也可以复制链接和通过邮件的形式发送。

（5）数据的引用。针对于每张图像，克利夫兰艺术博物馆也会提供相应的引用，但并未规定具体格式，其引用内容为 ｛｜cite web ｜ title = Tea Table ｜ url = https：//clevelandart. org/art/1991. 45 ｜ author = Carlo Bugatti ｜ year = c. 1907 ｜ access-date = 19 September 2021 ｜ publisher = Cleveland Museum of Art｝ ｝，在实际引用过程中，作者可根据需要自行完善引用格式。

（6）数据的下载。对于采用 CC0 版权政策的公共领域版权作品，提供 3 种下载内容，包括"JPEG 格式与藏品信息""高分辨率的 TIFF 格式图像""元数据"。其中"JPEG 格式与藏品信息"包含 1 个可打印格式的图像、1 个网页版可用图像和 1 个文本信息。针对没有被标注为 CC0 版权政策的藏品影像，仅提供"元数据"的下载，此类影像可以通过图像和数据服务进行请求，已有的图像数据需要支付 75 美元的费用，若需要更多影像数据，则需要支付额外的费用（图 2）。

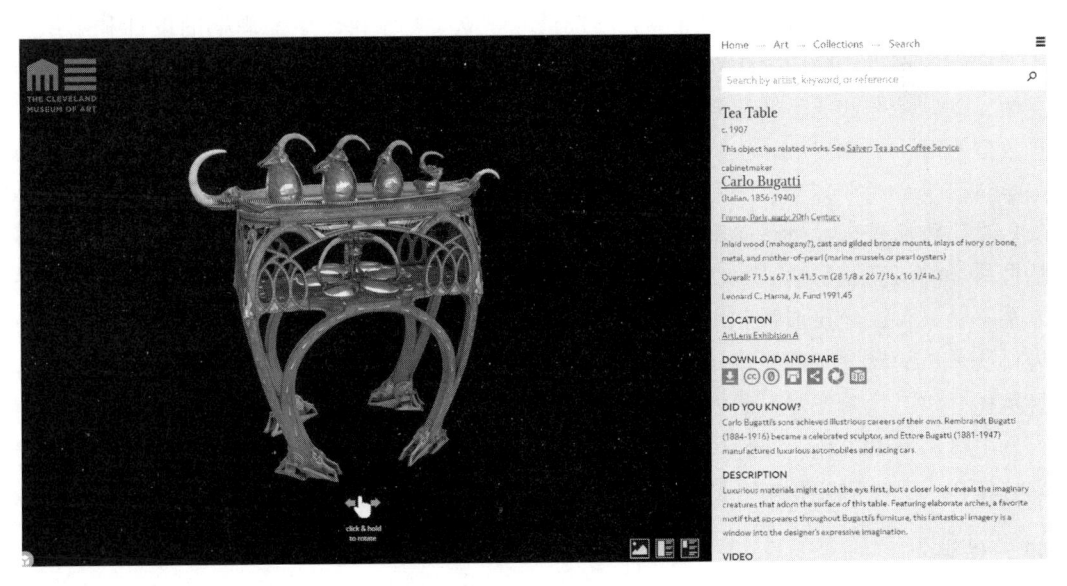

图 2　藏品及其元数据信息

三、艺术类院校图书馆开展学科服务的发展建议

1. 关注国家政策，完善机构学科服务政策

《中国特色新型高校智库建设推进计划》《普通高等学校图书馆规程》《统筹推进世界一流大学和一流学科建设总体方案》《高等学校数字校园建设规范（试行）》等政策的实施，为图书馆的科研服务提供了强有力的政策支持。科研服务、机构知识库的可持续发展都离不开政策的支持，目前，我们国家已经出台了一些开放获取方面的政策以促进科研服务，如《国家自然科学基金委员会关于受资助项目科研论文实行开放获取的政策声明》，北京服装学院也已经出台了《北京服装学院呈缴本》制度，但是艺术类资源如何开放获取、艺术类科研资源如何管理等系列配套政策亟待制定与完善。

2. 整合开放资源，加强资源共建共享

馆藏资源是图书馆服务的根基，合理完善的资源建设体系对于大学图书馆发展具有重要意义，这一体系的完备，离不开特色资源建设与资源之间的共建共享。信息技术的飞速发展为用户在网络上共享文献资源提供了便捷，一方面，艺术类院校图书馆在继续夯实商业信息资源体系的基础上，应该向开放信息资源扩展，不断整合网络上的开放资源，充分解读其政策，研究其开放程度、方式和用途约束以及对竞争、隐私和公益保护的政策，尤其是图像类资源的版权问题，结合本校师生需求将此部分资源引入；另一方面，面对不断增长的资源采购费用，艺术类图书馆应该加强交流与合作，"因馆制宜"发掘馆藏特色资源，充分挖掘各艺术类大学图书馆的资源和服务优势，分工协作、优势互补，共同推进高水平艺术类大学图书馆的示范与引领作用，推动艺术类图书馆综合服务能力的整体提升。

3. 优化服务体系，学科服务向纵深发展

面向开放信息环境知识服务的需求，艺术类图书馆需要从"坐式服务"向"主动型的智慧服务"转变。目前，国外部分高校已经建立了基于科研生命周期的设计和组织服务，如帝国理工学院图书馆在研究建议、基金资助、研究实施、学术出版、机构知识库存缴、课题结题和成果转化7个承前启后的环节中，提供了解用户学科、基金申请、科研数据管理、学术出版、机构知识库和科研评价等服务内容[12]；伦敦国王学院图书馆也按照科研生命周期环节，开放存取、创意与基金申请、信息管理、信息传播、科研评价、科研数据管理提供科研服务[13]。通过开放获取，大都会艺术博物馆的艺术作品在维基百科上的年浏览量达到了2.25亿次[14]。而目前我国艺术类高校图书馆科研支持服务体系不够完善，建议加强"前端"和"后端"服务，基于科研生命周期设计服务体系，为科研人员的概念与创意设计、课题申请等提供服务；此外，也可以与学校科研管理处等机构合作，为院系、科研人员提供文献计量、数据管理等服务，主动地为各院系科研人员提供高度精准化、个性定制化的信息推送、知识集成等深度的知识增值服务，针对学校特色，突破同质化服务的界限，为"双一流"学科建设提供支持。

四、结语

在开放信息环境和数据密集型科学研究中，高校图书馆文献保障服务功能迅速被边

缘化，开放信息环境正在颠覆图书馆"馆藏"根基[15]。高校图书馆必须打破传统馆藏建设模式，基于用户的资源需求环境创新资源建设理念，以一流学科建设为服务重点，重新构建业务布局，重视开放获取资源，使其能够为"双一流"建设提供更加充足的学科资源。

参考文献

[1] 孟祥保. 英国高校图书馆科研服务现状调研及启示[J]. 图书情报工作，2017，61（13）：53-61.

[2] 教育部关于印发《普通高等学校图书馆规程》的通知[EB/OL]. [2021-09-21]. http://www.moe.gov.cn/srcsite/A08/moe_736/s3886/201601/t20160120_228487.html

[3] 国务院关于印发统筹推进世界一流大学和一流学科建设总体方案的通知[EB/OL]. [2021-09-21]. http://www.moe.gov.cn/jyb_xxgk/moe_1777/moe_1778/201511/t20151105_217823.html.

[4] 教育部关于发布《高等学校数字校园建设规范（试行）》的通知[EB/OL]. [2021-09-21]. http://www.moe.gov.cn/srcsite/A16/s3342/202103/t20210322_521675.html.

[5] 占美柏. 社会开放与当代中国的宪法发展[J]. 武汉大学学报（社会科学版），2003（5）：580-584.

[6] IFLA. Riding the waves or caught in the tide? Insights from the IFLA trend report[R/OL]. [2021-09-21]. https://era.library.ualberta.ca/items/0788c5b7-c30d-4503-b374-04314cfd288f/view/66c50368-0f41-4582-a55f-c432ac876061/insights-from-the-ifla-trend-report_v2.pdf.

[7] VALEONTIF, TERRAS M, HUDSON-SMITH A. How open is OpenGLAM? Identifying barriers to commercial and non-commercial reuse of digitised art images[J]. Journal of Documentation, 2020, 76（1）：1-26.

[8] Digital Library Collections[EB/OL]. [2021-09-21]. https://dlc.library.columbia.edu/.

[9] Image and Data Resources Open Access Policy[EB/OL]. [2021-09-21]. https://www.metmuseum.org/about-the-met/policies-and-documents/open-access.

[10] Zui Chen. Ring of Ceramics[EB/OL]. [2021-09-21]. https://azuic.github.io/ceramic-rings/index.html.

[11] The Cleveland Museum of Art Advances Open Access Movement[EB/OL]. https://www.clevelandart.org/about/press/media-kit/cleveland-museum-art-advances-open-access-movement.

[12] Research support[EB/OL]. [2021-09-21]. http://www.impefial.ac.uk/admin-services/library/researeh-support/.

[13] Research support[EB/OL]. [2021-09-21]. http://www.kcl.ac.uk/library.researchsupport.index.aspx.

[14] Celebrating Three Years of Open Access at The Met[EB/OL]. [2021-09-21]. https：//www.metmuseum.org/blogs/collection-insights/2020/met-api-third-anniversary.

[15] 孙坦. 开放信息环境：学术图书馆信息资源建设的重定义与再造[J]. 中国图书馆学报, 2013, 39（3）：9-17.